1961年，与《古代汉语》编写组叶圣陶、王力、萧璋等先生合影

1981年5月与萧璋先生及研究生在武汉古琴台

1982 年在陆宗达先生书房

在中文系 83 级教育实习动员会上讲话

2000 年 10 月 9 日在汉语文化学院成立大会上与教育部副部长袁贵仁一起为学院揭牌

2000 年倡议学院邀请各方面专家来院做应用语言学系列讲座,先生做第一讲:应用语言学概论

2002 年 11 月 7 日在学院上课

2006 年 9 月 23 日为学院做讲座:词义的演变与解释

2006 年 9 月 24 日在京郊与中文 AP 教材《加油》编写组商讨工作

2006 年 11 月 8 日到通州潞河中学看望汉语国际教育专业学生

2006 年 12 月 14 日为香港大学中文学院做学术讲座

2007 年 1 月 4 日在博士后出站研究工作报告会上

2007 年 9 月 15 日出席中国教师发展论坛

2008 年 4 月 19 日在澳门出席首届儒释道对话暨论坛

2008 年 12 月 13 日为 2008 级国际汉语教育硕士专业研究生做讲座:跨文化交际

2009 年 2 月 27 日在博士论文答辩会上与伊朗驻华大使亲切握手

在山西省阳城县北留镇皇城村出席北京师范大学词书研究与编纂中心和皇城相府集团联合举办的"《康熙字典》暨词典学国际学术研讨会"开幕式上

2009 年 7 月 13、14 日在从教 50 周年学术研讨会上

出席《孙诒让全集》编纂工作会议

为中文信息处理高级研修班学员颁发证书

在北京师范大学汉语文化学院作学术报告

目　录

前　言

李建国

2008 年 3 月，在连续担任第九、第十届全国人大常委会副委员长和第十届、第十一届民进中央主席之后，许嘉璐先生卸去国家领导的行政职务；如果连同此前四年的国家语委主任的职期并算，许先生正式从政已历十又四个春秋了。14 年中，他虽然从未脱离教职；但毕竟主要精力萃于行政管理、社会活动，专业学术只能是从政之余事。现在，年过古稀的他终于走出政坛，回归学界，重执教鞭，做自己所喜爱的事，这无论对于他，他的师友，他的学生，还有他的家人，都是再好不过的事了。古语有之："太上有立德，其次有立功，其次有立言。虽久不废，此之谓不朽。"对于读书人而言，果能"三立"固佳，否则仅以"立言"名世，著书立说，传至其人，亦不失人生绝好的价值取向。许先生从业以来，先执教，后从政，而本质上始终是一介书生。书生也者，以书为生之谓，读书、教书、著书是毕其一生的事。许先生的书房取名"日读一卷书屋"，恰是书生的活写照。正是基于此种考虑，并依照学界的惯例，他的几位老学生，提议在他执教 50 周年的时候，就先生所立之言，举行一次学术研讨会，以示庆贺。学生们俱欣欣然而有喜色，及至请示许先生时，他却不同意，以为自己的学养不够，造诣不深，不愿张扬。后因弟子们的一再坚持，他拗不过，只好勉强应允，不过却将会议的规格一降再降，将参会人数一减再减。最后决定由他还任院长的北京师范大学汉语文化学院主办，与会者则是以他参加王力主编《古代汉语》后独立执教的 62 级以下的学生、入室门生、私淑弟子及过从较密的后学为主，适当邀请他曾工作过的单位的好友。于是才有了 2009 年 7 月 13 日"庆祝许嘉璐先生从教 50 周年学术研讨会"的召开。

学术研讨会，顾名思义，当然是同道同行以文会友、切磋学问的会议。许先生自 1959 年大学毕业留校任教以来，先师从陆宗达先生学习

《说文》，后随萧璋先生研治训诂，左右采获，夯实了传统语言学的根基。在以后的岁月里，虽有"文化大革命"狂潮的一度阻断，而许先生之从师为学不辍，学问日益精进。先生本材质聪明颖悟，复又勤奋好学，为人热情豁达，教学授课，口才引人，著书立说，文采斐然，故气场甚旺，声名远播。50年来，特别是近30年，他以训诂学立名当世，操训诂之管钥，研究《说文》学、《文选》学、名物学、词汇学，进而拓展疆域，举凡文化学、辞书学、应用语言学乃至计算机语言学等，多所涉猎，并有发明。这些研究成果，已结集出版的就有《未成集》、《未辍集》、《未安集》、《未了集》、《未惬集》、《未淡集》、《语言文字学论文集》、《语言文字学及其应用研究》、《古代文体常识》、《中国古代衣食住行》、《古语趣谈》、《曲艺创作浅谈》等，至于讲学中的即兴发挥，妙语高论，更是精义纷呈，不胜枚举。无论是教学实践，还是治学思想，许先生执教的50年，值得学人研究者所在多有。

世间诸种事物，皆有过程，有因必有果。学术研讨会的成果，即是会议论文集之出版存世。本次研讨会后，由于种种原因，参会者论文的撰写和修改的时日迁延，将届一年方得完稿。又因为会议规模所限，参会者各尽其情，论文所涉，仅为许先生道德学问之荦荦大者，如文化学、训诂学、应用语言学、辞书学、计算机语言学；有些方面，如许先生的教学艺术、许先生与编辑出版、许先生与古籍整理等，均未论及。即就现有文章而言，总体上说，对于许先生学术思想之研究，学术成就之展现，论述尚有不周，开掘似觉肤浅。许先生治学，以传统语言学为根基，将考据之学与义理之学相贯通，微观研究与宏观研究相结合，高屋建瓴，纵横旁达，通古今，兼中外，于宗教人文学科无不涉猎，博学而有所成名。今日许先生，正所谓老骥伏枥，志在千里，仍然在殷勤教书，刻苦读书，不辍著书。我们期望在今后的岁月里，先生有更多的论著，其言立于后世，以待学人继续钻研，则再次举办的学术研讨会，其规格之高，规模之大，论文之深广，定非本次本书之可比也。

庆祝许嘉璐先生
从教50周年学术研讨会致辞

中国训诂学研究会会长　李建国

尊敬的许先生，

各位嘉宾，先生们，朋友们：

今天我们欢聚一堂，隆重庆祝许嘉璐先生从教50周年。在这个喜庆的日子里，我代表中国训诂学研究会向尊敬的许先生致以最热烈的祝贺和最衷心的祝福！

众所周知，许先生以训诂学名世，在半个世纪的教学生涯里，特别是近30年来，与汉语训诂学结下了不解之缘，对汉语训诂学的复生和发展影响至巨，贡献重大。

许先生1959年从北京师范大学毕业后留校任教，先是师从陆宗达先生研治《说文》，学习章黄之学，后又师事萧璋先生学习训诂，参加北大王力先生主编《古代汉语》教材的编撰，左右采获，融会贯通，夯实了中国传统语言学的功底。20世纪70年代末，中国内地实行改革开放，恢复研究生考试，许先生又协助陆、萧两先生指导首届古汉语硕士研究生的学业，并参加南京大学洪诚先生主办的青年教师训诂学培训班。也就是在培训班学习期间，他与同学共同倡议成立全国性的训诂学术团体。在他的多方奔走、斡旋和协调下，经过一年多的筹备，1981年5月，在武汉隆重成立了中国训诂学研究会。因众望所归，陆宗达先生被选为首任会长，许先生则为首任秘书长。中国训诂学研究会的成立，标志着汉语训诂学重新登上学术殿堂，第一次有了群众性的学术团体，凝聚国内从事训诂教学和科研的学术力量，从而使植根于中国本土的汉语训诂学以前所未有的规模和力度在更加广阔的领域里发展开来。

此后，学会举办各种训诂培训班，广泛开展学术交流活动，编辑出版传统语言学经典名著，轰轰烈烈，有声有色，开创了中国训诂学研究会的全盛局面，一时为国内学界所瞩目。1985年，许先生继徐复先生之后担任第三届中国训诂学研究会会长，直到1996年因公卸任。此后，他仍然密切关注和大力支持着学会的工作。中国训诂学研究会自成立以迄于今，许先生为之付出了大量心血，可以说，没有许先生的躬行实践、无私奉献，就不会有中国训诂学研究会的今天。

除了领导训诂学会，团结训诂学者开展学术交流、编辑出版训诂学经典名著、培养训诂专业人才外，许先生更多地关注训诂教学、训诂理论和方法的探讨。

早在中国训诂学研究会成立大会上，与会者即一致呼吁高等院校应尽早恢复或开设训诂学课，以使这门实用价值很大的学科得到普及。时过一年，内地即有数十所高校开设了训诂学课程，但无统一的教材。因应急需，陆先生与许先生及时撰写了《关于训诂学教学的几个问题》，根据自己的教学实践，就课程的性质、目的、内容以及教学方法、师资队伍建设、教材编写等方面提出意见，引领了此后训诂教学的发展。

许先生在教学实践中体会到，解释古代文献时训诂的确最重要，但只运用传统训诂的方法，仍然解释不了某些语言现象。究其原因，古今文化的隔膜是重要的一条。由此他得出"从根本意义上讲，训诂学就是古代文化的阐释学"的论断，主张既继承传统，又要突破传统，将训诂学与文化学相贯通，宏观研究与微观研究相结合，考据与义理相统一，综合运用多学科知识以求训诂之旨。他关于《尔雅》的文化学研究，就是采用这些理念和方法的成功范例。如对《尔雅》的分卷、分类的研究，对《尔雅·释亲》中亲属称谓词语的研究，仅仅从训诂学的角度是无法揭示其内涵和作者旨意的。由于许先生对中国古代礼制曾下过苦工夫，花过大力气，有着坚实深厚的礼学功底，积蕴既多，沉思亦久，复从人类学、社会学、民族学、历史学、文化学等多种角度，综合考察研究，故其结论多前人所未发，也更接近事物的本真。

大学教师的职责本分是教书育人。许先生从师大到国家语委再到全国人大，由大学教师到部委官员再到国家领导人，社会角色不断转换，职务职位逐步升迁，但万变不离其宗，始终是教师其人，书生本色。北京师范大学的校训是"学为人师，行为世范"，前者指人的道艺学问堪为人师，后者指人的品德操守当为世范。学为人师固不易，行为世范尤其难。许先生之于二者，则庶几得之，是深受尊敬和爱戴的人民教师。50年来，他遵承师命，殷勤教学，刻苦为人，为国家培育了大批英才，特别是训诂学人才。在今天的与会者中，就既有46年前他教过的老学生，又有历届受教的入室弟子和私淑弟子，还有正在攻读学位的新弟子和再传弟子，可谓人才济济，桃李满天下。

尊敬的许先生，中国训诂学研究会的同道学者最诚挚地感谢您！我们将秉持前辈学者和您的教诲，继续发扬汉语训诂学的优良传统，树立世界性的学术视野，吸纳先进的学术理念，应用科学的治学手段和方法，不断开拓创新，将汉语训诂学的研究推向新境界。我们衷心希望许先生一如既往地关心和指导中国训诂学研究会的工作，将"为天地立心，为生民立命，为往圣继绝学，为万世开太平"的古训作为终生诉求，老骥伏枥，再创新的辉煌！

最后，祝许先生身体健康长寿，学术青春永驻！祝学术研讨会圆满成功！谢谢大家！

热烈祝贺许嘉璐先生从教50周年

教育部语言文字应用研究所所长　姚喜双

尊敬的许嘉璐先生，

各位嘉宾，老师们、同学们：

值此隆重庆祝许先生从教50周年之际，我谨代表教育部语言文字应用研究所、国家语委普通话与文字应用培训测试中心，向先生致以最热烈的祝贺和最美好的祝愿！对先生为国家教育和语言文字事业做出的卓越贡献表示崇高的敬意！

先生是著名语言学家、我国语言文字工作的杰出领导人。自1959年从教于北京师范大学以来，先生50年的耕耘和心血都与语言文字事业息息相通。20世纪90年代初，先生就担任了国家语委的兼职委员；1994—2000年，先生担任国家语委主任六年有余；之后，先生又担任国家语委咨询委员会主任至今。近20年来，在先生的正确引领和科学指导下，国家语言文字工作顺应社会主义市场经济体制建设的要求，顺应工业化、信息化时代发展的需求，语言文字规范化、标准化建设取得了显著成就，为国家统一、民族团结、社会进步、文化繁荣做出了突出贡献。

先生对我国语言文字法制建设居功至伟。先生是制订国家语言文字法的首倡者，1994年全国"两会"期间，先生联合22位全国人大代表和全国政协委员，发出了《关于加强语言文字管理、尽快立法的倡议书》；担任国家语委主任和全国人大常委会副委员长期间，先生亲自主持了《国家通用语言文字法》的调研、起草、审议工作，在立法过程中发挥了不可替代的领军作用；也是在先生的鼓励和推动下，《国家通用语言文字法》施行八年来，全国25个省（自治区、直辖市）、6个省会城市或计划单列市相继制定了语言文字法实施办法，这在我国法律建设史上是少见的。

先生对我国普通话推广事业贡献卓著。在先生的倡导下，1998年国务院批准每年 9 月的第三周为"全国普通话推广宣传周",至今已举办 11 届，参与的群众数以亿计；在先生的领导下，1994 国家语委颁布了普通话水平测试等级标准，至今已测试近 3000 万人次；在先生的推动下，1999 年创立了城市语言文字工作评估机制，至今已有 30 多个一类城市、300 多个二、三类城市通过达标评估。上述三项措施，为推广普通话发挥了并正在发挥着巨大作用，对经济社会发展做出了重要贡献。

先生为我国语言文字规范化、标准化、信息化发展做出了重大贡献。据不完全统计，新中国成立以来，我国先后制订各类语言文字规范标准 140 余项，先生领导、指导或参与研制的就占近一半，而其中的绝大多数又与中文信息处理和信息交换、信息技术有关。先生在国家语委工作期间，亲自组织领导了新中国第一次全国语言文字使用情况调查，成立了国家语委中文信息司，充分体现了先生求真务实、高瞻远瞩、讲究科学的大思路、大气魄，极大地促进了国家信息化事业的建设和发展。

先生对教育部语言文字应用研究所的发展十分关心，1994—2001 年先生亲自兼任所长七年多，不再兼任所长后，先生仍然时时关注着我所的各项建设和发展。在我们制订"十一五"发展规划期间，先生在国事百忙之中写来了上千字的书面指导意见，包括对我所的科学定位、发展思路和具体举措，对推动语言文字应用研究、培训测试与汉语国际推广的有效对接，对全国应用语言学会的筹建等。此外，我们无不时常受益于先生的指点和支持。先生对语言文字研究富有哲理的思考，对语言文字文化内涵的深刻认识，先生闪耀着智慧的学术思想，都成为推动语言文字应用研究和学科发展的宝贵财富。先生崇高的爱国热忱、高尚的科学道德、正直坦荡的人格、严谨求实的学风、勇于创新的探索精神，永远值得我们敬仰和学习。

衷心地祝福先生和夫人健康长寿、幸福欢乐！

贺信 贺诗 贺联

贺　信

尊敬的许先生：

　　值此先生从教50周年庆祝会召开之际，谨向先生致以热烈的祝贺并表示崇高的敬意！

　　50年来，先生为我国教育和学术事业殚精竭虑，在中国语言学研究、国家语言文字工作、汉语国际推广等诸多领域做出了卓越贡献，培养了一批批优秀人才，有着深远而重要的影响。先生担任国家领导人多年，不仅废寝忘食致力于繁重的国家事务，同时还以自己的威望关心和推进教育和语言文字研究工作，从未中断学术研究和学生的培养，先生热爱教育，钟情学术，堪称教育界和学术界的楷模。

　　80年代中期以来，我即受到先生的教诲和关心扶持。先生关于传统学术创新、关于汉语言文字与中国文化关系以及语言文字研究应关注现实语文生活的教导，直接影响了我的学术发展道路；先生关于高等教育改革的思考以及对我所从事工作的期待，对我有着深刻的启迪；先生每次来皖都要挤出时间约我汇报学习、研究和工作情况，每次畅谈先生都寄望殷切，令我深获教益、难以忘怀！借此机会，我要向先生表示衷心的感谢！

　　因我校党代会同期召开，我无法赴会表达感谢与祝贺之情，深感遗憾。谨此预祝庆祝会圆满成功！敬颂先生身体安泰！

黄德宽敬上

2009 年 7 月 10 日

贺　诗

七言诗一首

学问溯源追许郑，
传承薪火继章黄。
满园桃李风光好，
一代传人事业长。

五言诗一首

绛帐恩难忘，
师颜总可亲。
杏坛播圣火，
椽笔著鸿文。
训诂推经史，
育材灌本根。
程门长立雪，
桃李岂无荫。

62级学生　陶　涛

贺　联

纵横八万里辅政佐国心忧天下
经纬五千年论语说文身范后生

64级学生　郭芹纳撰联　乙丑夏日

全球化时代的文化思考

——许嘉璐先生的文化学研究

教育部语文出版社　李建国

　　提　要　文化是人类所创造的一切物质、制度与精神。它既是民族灵魂和精神家园，又是社会人的根本需要，其功能即在调节社会生活中人与人的关系，人与自然的关系，现世与未来的关系。社会精英是文化的先导，他们秉持文化自觉精神，引领文化创造和发展。文化学的要旨是以文化自觉观察研究文化现象，做到对过去、现在和未来文化的自觉。文化内构有表层、中层和底层，底层文化是基础和主干。民族文化在与异质文化交融对撞中发展，只有底层文化深厚者不为异族同化。在历史与现代、中国与外国的文化对接中确立民族文化的定位，以再造全球化时代多元文化格局。哲学的透视、多学科综合考证以及宏观与微观结合的方法，无疑是突破成法、促进文化学研究的主要驱动力，而以人为本、经世致用的人文关怀则是文化学研究的根本诉求。

　　关键词　文化自觉　文化学　方法　成就

　　许嘉璐先生以训诂学名世，在长达半个世纪的教学生涯里，植根于中华本土的训诂学是他始终不渝的最爱。传统训诂学以解释语言文字为核心进而阐释古代文化，是与古人对话以究天人之际、通古今之变的学问。因此，对中华文化的关注就天然地成为许先生学术研究的有机构件。纵观他对文化的关注，大抵经历了由专业学术的自觉文化到哲学层面的文化自觉的转变，通过对微观和宏观、局部和总体、古代和现代、中国和外国的文化分析，对文化学做了卓有成效的探索和研究。由于他学养深厚且身居高位，这种探索和研究，可以称得上是统揽全局，高屋建瓴，具有独特的视角、深邃的思考和精辟的见解。

一　从自觉文化到文化自觉

许先生关于文化的思考和研究，久历年所，经由北京师大教授到国家语委主任再到全国人大副委员长的社会角色转换，这种思考和研究工作，亦从语言教学拓展到语言文字管理，进而到国家文化事业。对文化的认知，亦随之由浅到深、由表及里、由专业到专门。一言以蔽之：从自觉文化到文化自觉。

最初许先生对文化的关注，是出于遵从师命、守候民族文化家园和弘扬传统学术文化的考量。许先生1959年大学毕业后，始受业于陆宗达先生，学习传统小学，研治《说文》，后又从萧璋先生学习训诂，参与王力《古代汉语》的编写，左右采获，融会贯通，具备了传统语言学的坚实基础和丰厚学养。陆先生是近代章黄学派的嫡传，像黄侃先生当年教导他一样教导自己的学生："文字与音韵如鸟之两翼，只有训诂学才是这只鸟的主体。学语言学，特别是关于古代的语言，首先应该为读古书、传承古代文化做些实实在在的事情。"[①] 许先生在运用训诂学的实践中，逐步加深了对训诂的体认："我在实践中亲身体会到解释古代文献时的确训诂最重要：要运用训诂的方法，就需要熟悉文字的形体和声音。可是我发现这些都用上之后，有的语言现象仍然解释不了。究其原因，古今文化的隔膜是重要的一条。……于是，我又去探索古今文化的差异。"[②] 这是从训诂学术专业需要出发，关注古代文化问题。如果仅仅局限在这个专业自觉的层面上，充其量还只是一个学者的人文关怀。随着学习实践的深入，在后来的教学科研中，他进一步突破语言学的界域，将训诂学与多学科贯通起来，考察训诂学与古代文化的关系及其作为阐释学工具的本质："我始终觉得，从事文学、历史学、社会学、哲学的，自然关心文化问题，研究、教授语言学的也应该如是；至于像训诂学这类专门和古代文献打交道的专业，尤需文化学作为自己业务的'后盾'。道理似乎是不用说的。语言（还有它的书写符号文字）是文化的最主要的载体，其本身也是一种特殊的文化形式，缺乏文化学这根弦儿，拉出的曲子总会差点味儿。何况，从根本意义上讲，训诂学就是古代文化的阐释学；每个时代对古代文献的理

---

① 转引自《中华文化漫谈》，见《未惬集》，贵州人民出版社2005年版，第79—80页。

② 同上。

解和解释固然不能不受解释者那个时代文化的影响，但其根基全在于对传统文化方方面面知识的积累和看法，如果在这个基础上对自古及今的规律和走向有所涉猎，就更好了。简言之，训诂学不过是打开前世文化之门的第一把钥匙。研究工具的人总该对工具使用的对象多有些了解吧。反过来说，如果只知字形字义，则将犹如隔靴搔痒，终不得古人语言之神。正是由于这样看待文化与我的本行的关系，所以近年来乐此不疲，而且我也确实从中得益匪浅，甚至有愈益自觉肤浅之感，而这又催促我加快脚步。"①

毫无疑义，促使许先生"加快脚步"研究文化问题，探讨文化发展"从古及今的规律和走向"，是在他担任部委和国家领导、社会角色转换后所受客观形势的刺激。1994 年调任国家语委主任后，他的学术生涯发生了极大的转折。为应对全新业务职能的挑战，他开始学习和钻研中文信息处理，深感在信息网络化的时代，国民素质的根本，说到底，是"自己民族传统文化与时代精神的结合"②，二者缺一不可。这就跳出训诂学术本行，从社会主体人的角度来思考文化问题。《周易》："观乎人文，以化成天下。"文化，用费孝通先生的话说是"人造的人文世界"，它伴随人类的产生而发展，离开人类社会，就无所谓文化。所以人的民族文化素养是人的素质的基础，只有与时代精神结合起来，才是一个健全的具有文化自觉精神的人。从 1998 年开始，许先生担任全国人大副委员长，由部委领导变为国家领导，职位的转换，进一步引发了观察、认识、思考问题的视角的变化。其时正值经济全球化，我国要加入 WTO，世界范围内掀起文化研究的热潮，其中更夹杂着"文化一体化"的喧闹。先是美国哈佛大学亨廷顿的《文明的冲突》，预言未来世界的命运决定于儒教文化与基督教文化的冲突；后有美国加州大学伯克利分校列文森的《儒教与中国的现代化》，断言按照中华文化的传统和发展走向，中国不可能进入现代化，中国之进入现代化，是西方人给中国送来的。③ 这些有点惊世骇俗的放言高论对许先生的刺激太大了，于是他比过去更多地关注起文化问题来。这种关注，用许先生的话说，从师大到国家语委，是"横着跨出一步，跨度是五千公里"，但终归是与语言文字打交道；从国家语委到全国人大，"又纵向地跨出了一步，大约又是五千公里，跨到了历史学、宗教

---

① 《未惬集·自序》。

② 《中华文化漫谈》，见《未惬集》，第 83 页。

③ 同上书，第 83—84 页。

学、民族学、心理学、哲学、文化学交叉的这样一个领域"①，则迈入社会人文学科交汇的境界。从此他立足于全球化时代的制高点上，上下几千年，东西数万里，仰观俯察，纵横捭阖，研究分析文化问题，眼界越来越开阔，思考越来越深刻，完成了从自觉文化到文化自觉的升华。

二 文化自觉

20世纪末叶以来，全球化浪潮风起云涌，国际竞争更加激烈，知识经济在国家综合国力中的比重日益增加，经济全球化、社会教育化、教育信息化、信息网络化的趋势以加速度的态势向我们提出前所未有的挑战。文化问题成为学术界讨论的热门话题，它既是国家发展战略的大问题，也是涉及世界格局和国际关系的大问题。为抵制文化霸权主义和应对文化单一化等问题，建构多元化的全球文化，保护多样化文化生态，我国著名社会学家费孝通先生从自我学术反思扩大到民族文化反思，率先提出文化自觉的命题。其要义是正确认知、理解和诠释自己民族文化的历史，并以此为基础，联系现实，尊重和吸收异质文化的经验和长处，从传统和创造的结合中去看待未来，加强文化转型的自主能力，构建新的文化语境。许先生积极响应费先生的倡导，对文化自觉的命题作了具体深刻的阐发。他说："所谓文化自觉，指的是科学地把握文化发展的总规律，对自己民族文化的过去、现在和未来及其对社会发展的作用的清醒的认识。对文化过去的自觉，不仅是对已有文化遗产的盘点，而且要研究祖先何以创造了那样的文化，以今日观之其长短何如，怎样让这些遗产作用于现在人们的心灵（直接的，显性的）；对文化现在的自觉，是要站在世界和我们社会发展的前沿，根据文化发展的规律，科学地实施，有力地引导；对文化未来的自觉，是要对如何建设发展先进文化有总体、长期的预估和规划。"②他将文化自觉归结为对文化发展演变总规律的科学认识和把握，包括对文化过去、现在和未来三个阶段的自觉认知，突出文化自觉的实践性，即主动地总结历史文化的经验教训，科学地实施现代文化建设，前瞻性地思考和规划未来文化发展："在世界格局和走向中思考文化问题，即要想到经济全球化带给我们在文化上的负效应，要识别世界各国文化中优秀的内容和形式。要在历史的长河背景下思考文化问题，即了解中华文化的过去、

---

① 《中华文化漫谈》，见《未惬集》，第83—84页。
② 《首善之区需要首善文化》，见《未惬集》，第236页。

现在和未来，既要对中华文化的底蕴、可以消化异质文化充满信心，又要看到基于农耕经济的文化有些已经不能适应现在和未来的社会生活。"①这就是说，文化自觉就是在世界格局和走向中对民族文化的过去、现在和未来的理性思考，既要深刻了解民族文化的传统底蕴并自觉维护光大之，又要清醒认识民族文化的历史局限和现实状况，以便从中外文化的互补中、从传统与创造的结合上看待未来，发展民族文化。

许先生强调知识精英在文化自觉中的先导作用。费孝通先生说："文化自觉只是指生活在一定社会中的人对其文化有'自知之明'，并对其发展历程和未来有充分的认识。"② 其实迄今为止的世界，无非是人类所认知的世界；人类创造了文化，自当知其历路。但是由于社会中人的地理环境、经济地位、知识素养、认知能力等方面的差异，文化自觉的程度也因之有高低强弱之分，并且很难达到全体人员的高度一致。所以许先生认为："文化自觉，从来不是指民族全体成员对文化的理性思考并得出科学的结论，而是指民族的执政者和知识阶层的'先知先觉'。要做到文化自觉，需要有科学的理论指导，需要有对民族文化的历史和现状的深入了解，需要以从民族根本利益出发为根本动力。"③ 这里所谓的"先知先觉"，并非莫须有的超人和神仙，不过是智商较高的先进的知识精英和社会贤达。对于世界的认知和文化的创造，从来都是以他们为先导的。荀子所说的"故君子以为文，而百姓以为神"④，就是指社会精英在人类认识世界、创造文化中的先导作用。文化自觉不只是文化先导者自身的材质需求，而且还需向社会成员推广和普及，以完成全民族的文化自觉。这是一项长期的艰巨的工作。所以许先生认为，文化自觉"主要还是由知识界，特别是学校系统深思文化问题，形成共识，并把这种自觉向全社会扩散；同时，文化自觉还有一层含义：知识界本来就是新知识的创造者、新文化的传播者，因而应该本着自己对文化的理解，为社会贡献更多更好的文化产品，特别是有关中层和底层文化的产品。"⑤ 因此，知识界"任何时候都要自觉地为雅文化与俗文化、礼与俗按照其自身固有的互动规律进行沟通创造条件，并积极促进之。这是民族凝聚、延续、发展、壮大须臾不可

① 《中华文化与异质文化》，见《未惬集》，第 174 页。
② 费孝通：《反思·对话·文化自觉》，《北京大学学报》1997 年第 3 期。
③ 《论民族文化的雅与俗》，见《未惬集》，第 252 页。
④ 《荀子集解》卷十一，《诸子集成》（二），中华书局 2006 年版，第 211 页。
⑤ 《中华文化的过去、现在和未来》，见《未惬集》，第 184 页。

缺少的，也是民族文化自觉最集中的表现。"①

　　文化自觉是当前的首务。"彰往而察来，而微显阐幽"②，许先生回顾20世纪中华民族百年沧桑的历史说："这是中华民族从封闭保守、消沉萎靡到猛然觉醒、振衣而起的历史，是用鲜血和生命探索救国治国之路的历史，是文化逐渐自觉、传统文化与现代社会结合的历史。"③ 但是当新世纪来临之时，我们的民族文化自觉又当如何呢？许先生不无忧虑地说："如果从大众来看，可以说我们已经陷入了文化危机。我用三句话概括：对传统文化，遗忘了；对近代传统，遗弃了；对商业文化，盲从了。……只有文化自觉了，深厚的民族文化底蕴才能成为继续前进的基础，否则将是包袱。现在令人担忧的是文化的迷失，自信力的丧失。"④ 因此之故，他特别指出："文化自觉的问题在当代比任何时候都更为重要而迫切。"⑤但要实现民族的文化自觉，任重道远，尚需时日。诚如费孝通先生在《反思·对话·文化自觉》中所说："当代中国文化必须经过文化自觉的艰巨过程，才能在这个已经形成中的多元文化的世界里确立自己的位置，经过自主的适应，和其他文化一起，取长补短，共同建立一个有共同认可的基本秩序和一套各种文化能和平共处、各舒所长、联手发展的共处守则。"许先生也说："在人类最先进思想的引导下，中国传统文化与现代化的结合一定会产生有中国特色的社会主义文化，而这一文化的成熟之日，就是中华民族全面复兴之时。"⑥ 不言而喻，当此之日，也是新的民族文化自觉之时。而文化学的任务，归根结底，是对文化现象的自觉。

三　文化学研究

　　因了文化自觉意识，许先生开始全面关注文化学。他广览前人和时贤的相关著作，披沙简金，对文化学进行了深入的学习研究。在此过程中，或比较诸说，择善而从；或折中各家，独标一帜；或深观默察，自出机杼。综观他的发言为文，关于文化学的思考大抵有如下方面。

---

① 《论民族文化的雅与俗》，见《未惬集》，第253页。
② 《易·系传》。
③ 《中华文化漫谈》，见《未惬集》，第83—84页。
④ 同上书，第83页。
⑤ 《文化建设与经济发展》，见《未惬集》，第196页。
⑥ 同上书，第198页。

（一）文化的本质、功能和特色

文化有狭义和广义之分。狭义的文化，主要指精神产品，如艺术、建筑、学术等。广义的文化是什么，古今中外，学者所下定义数以百计，可谓见仁见智，莫衷一是。学术术语的界定，细分利于专业研究，统括便于社会认知。许先生综合比较各家之说，从哲学高度概括了文化的定义："我比较同意如下的说法：文化是人类所创造的一切物质、制度与精神。"① 简言之，文化是人类所创造的物质财富和精神财富的总和。他说："从一定意义上讲，文化即'人化'。'人是万物之灵'，灵就灵在人是文化了的动物。有没有文化，是人与其他动物的分水岭。因此，'以人为本'，'一切为了人民'，就要除了在物质方面关心人之外，还应该在文化上关心人。……文化是人类的根本需求。"② 文化即"人化"，是人类独具的材质，也是人之为人的根本和守护，同时也是人类的心灵归宿和精神家园，唯有人才会有文化的诉求。正是在这一点上，将人与动物、人类社会与动物世界区分开来。这是一方面。另一方面，由于各个国家和民族的起源不同，历史发展有别，同一地球村的各个国家和民族，具有不同的文化。因此，"文化是民族性十分强烈的现象，是民族的标志和灵魂；是民族凝聚力量之所在，创新力量的源泉，是民族的根。"③ 它既是国家与民族发展的起点，又是民族高扬的旗帜和重要标志。一个民族，一个人，如果失去了自己固有的文化，亦即丧失了根本和灵魂，成为游走于世、散无友纪、只能依附异国他族的羁旅。

从文化的这种"人文"本质出发，许先生认为文化的根本功能是"调节人类在社会生活中的各种关系，包括人与人的关系，人与自然的关系，现世与未来的关系。"④ 而其中的礼制文化尤其重要："礼实际上是作为雅文化中最集中、最仪式化部分出现的，是文化自觉的产物，是社会发展到高级阶段对民族文化的拣择与升华，是对人们行为制度性的、有形的约束。这种约束也是社会的需要，其作用并不止于规范人们的行为，而且是人际交往的形式和工具。"⑤ 礼制文化是人们道德素养、行为规则的集

① 《关于文化》，见《未惬集》，第 139 页。
② 《中华文化与异质文化》，见《未惬集》，第 163 页。
③ 同上。
④ 《论民族文化的雅与俗》，见《未惬集》，第 245—246 页。
⑤ 同上书，第 247 页。

中表征和交往的形式工具，属雅文化范畴，引领民族文化发展的方向，所以许先生特别关注礼制文化的研究。

由此，许先生认为，首先，文化是上层建筑，它是人类的精神家园和心灵归宿，无所不在，不知不觉，永不停止，既具有人类的共性，又具有国家民族的个性。其次，文化具有极大的内在的扩展性和延伸性。所谓扩展性，是指从人类创造的某一点可以扩散到其他领域。所谓延伸性，是指文化可以纵向地传承，也可以横向地传播。文化的这种扩展和延伸的能力极为巨大，非人力所能左右。再次，文化具有外在的发展力。这是指文化接触的影响力。一种文化可以通过文化接触和文化冲突对另一种文化产生影响，接触的双方中的任何一方对于异文化都是既吸收、又排斥的。如果完全是吸收，那就会迅速地被同化。因为还有排斥的一面，所以，异文化对于本民族文化的影响总是局部的，不会触动文化的整体，更不会触动文化的根基与核心。文化接触往往促进双方文化的丰富和发展，特别是在自身文化比较完善的情况下，其选择性更强。文化接触还有一个特性，这就是接触的双方受到对方的影响，越是社会化的基层影响越大。而一旦异文化被社会的知识层特别是当政者所接受，它就会成为民族文化中不可分的一部分。[1]

（二）文化的种类和构成

从不同角度观察，文化因其内容形态、种属关系的差别，可分为不同种类、不同层次、不同属性的文化。就人类文化发展的大类言之，可以分为农耕文化、游牧文化、工业文化和商业文化。这几种文化在当今世界各国中的分布并不均衡划一，多数情况是以一种文化为主而兼有其他文化，发展中国家尤其如此。就民族文化性质而言，同种民族的文化属于同质文化，不同民族的文化是异质文化。就内容涵盖而言，同质文化中又有主体文化和亚文化之分。亚文化也有多种类别，如地域文化、民族文化、行业文化，等等。许先生对各种文化的属性、特点都有所论述，但关注最多的还是中华文化。

以中华文化为主生发开去，许先生探索文化的内部构成及其相互间的关系。他认为文化构成可分为表层、中层和深层三个层次。表层文化又可以称之为物质文化，是人类对物质的利用，通常体现在人的衣食住行领域，因此也包括了生产力形式。中层文化又可以称之为精神文化，主要是

① 《关于文化》，见《未惬集》，第149—152页。

以物质为媒介表现精神的形态，包括艺术、科学、宗教、制度、礼仪、风俗等。深层文化又可以称之为哲学文化，是渗透在前两层文化中的观念、意识和哲学。三者之间，"深层文化是一个民族在长时间生存、繁衍、发展过程中逐渐形成、凝固下来的，它是保证民族凝聚、继续生存、繁衍发展的共同意识，是处理人际、天人之间以及现实与未来关系的原则"。它"因为经过了数以千年计的表层和中层的反作用而不断地'修订'、加强，已经深深植根于民族的血液中，所以极难改变。"而"表层文化最易为人所感知，也最易演化，最易吸收异质文化中的成分"①。但是，"既然表层和中层有着反作用，所以表层和中层变得久了，也就要动摇底层文化"②。而实际生活中的文化，"往往是三个层次彼此交叉，关系非常密切，因而很难区分。底层文化渗透在表层和中层文化之中，表层、中层文化也映射在底层文化里。"③ 这就是文化构成既相区别、又相联系的三个层面，以及内部成分间流转变化的一般规律。许先生进一步认为，中层文化和表层文化又有雅俗之分："人类自劳动有了剩余，社会开始出现阶级和阶层，生产有了分工，因而需要文化并且可以有相对的精细和粗糙之分，于是在同质文化的中层和表层遂有了雅俗之别。……我们按照传统的习惯，把经过更多加工、比较细腻、涉及人较少的文化称之为雅文化；反之，为俗文化。……二者相互依存，彼此制约，并在一定条件下向对方转化，因而雅与俗之间边界也是模糊的。"④ 文化的分类分层研究，可以帮助人们洞见精微，认知、掌控文化演变的规律，因势利导，自觉推动不同类层文化的互动，拓展和创新文化。

（三）文化发生发展的规律

许先生在系列演讲中对中华文化的发生演变作了全面系统的阐述，在与异质文化的比较研究中，着重思考和探索人类文化共同的规律。

文化和人类是同时出现的，自有人类开始，即有文化之创造，故二者的历史一样久远。换言之，人类的历史就是文化的历史。许先生认为，人类文化发生、发展的总规律，是各个民族和国家的文化都逃不脱的。这些规律主要是：

---

① 《论民族文化的雅与俗》，见《未惬集》，第239—240页。
② 《中华文化的过去、现在和未来》，见《未惬集》，第179页。
③ 《文化建设与经济发展》，见《未惬集》，第190页。
④ 《论民族文化的雅与俗》，见《未惬集》，第240页。

1. 文化的发生，受制于人与自然的关系："人类的初始文化主要是受了生活环境和物质生产条件的刺激而发生的；而一旦文化发生了，最初形成的文化底层将对尔后的文化产生永远拒绝不了的影响，打上磨灭不掉的痕迹。"① 以中华文化为例，"中华文化发生于黄河中下游。这样的环境，使得中华民族的初民较早地进入农业时代。中华民族文化发生面临的是两个方面的挑战：农耕生产的稳定性、延续性和应对大自然挑战的能力。"② 自然环境和人们应对环境的能力，决定文化生成。

2. 文化的发展都是在初始文化的基础上进行的，并不断受到新的自然和社会因素的影响："文化和宇宙间的万事万物一样，其特征都是基于其'胚胎'的种种因素。不同民族的文化之所以各具特色，也应该是基于其初始时期的主客观因素。"③ 文化基因是文化的根本，决定文化的特色。

3. 任何时期的文化都与当时的生产力、生产关系相应互动。就是说，人类应对自然、改造自然的能力，即生产力和生产关系始终是决定文化形态及其特色的主因。中华文化基本上是农耕文化。农耕文化的特点是：重家族，重继承——因而轻平等、轻权利；重安定，重和谐——因而少变革、反争斗；重自然，重现实——因而反造作、轻来世；重伦理，重自律——因而乏个性、轻法律。如果与游牧经济和工业经济相对照，就可以很清晰地看出，农耕文化的这些特点是由农业生产所决定的。④ 在其后的传承中，也始终带着农耕社会的特点，如经世致用的儒学是中华民族的主流文化，官府和学校是文化传承的两个系统，国都又总是文化的中心等。

4. 文化发展需要从异质文化中吸取优秀的、适宜于本民族的因素；只有异质文化间的交融互动，才能丰富固有文化并促其发展。许先生考察中外文化史后说："任何文化，如果长时间不和异质文化接触——包括交流、摩擦、冲撞，从异质文化中吸取营养，单凭自己的内部动力，是难以有大的发展的，通常还要萎缩，甚至衰落；而在与外来文化接触时，如果自身底蕴不足，则可能被异质文化淹没，也就是被同化，没有了自身的文化，民族也就在实质上灭亡了。"⑤ 而本体文化强大者则得到发展、提高，

---

① 《中华文化的过去、现在和未来》，见《未惬集》，第 177 页。
② 《民族文化的发生、发展与生存环境》，见《未惬集》，第 105 页。
③ 同上书，第 103 页。
④ 《中华文化与异质文化》，见《未惬集》，第 165—166 页。
⑤ 《中华文化的过去、现在和未来》，见《未惬集》，第 182—183 页。

或催生新文化。

5. 文化的核心是意识、观念和哲学，即深层文化，应以文化自觉对待之。深层文化是民族文化的灵魂，也是建构和再造中层和表层文化的基础，最为深厚稳固。只有文化自觉了，文化建设方能主动而有大作为。"虽然文化会随着生产力的发展而自然发展，但是如果能进入自觉状态，情况就不一样了，文化的建设将是主动的，更为积极的，已有的文化动力将更大，方向更明确，进展更迅速。"①

6. 人类文化从来是多元的，过去是，现在是，将来也是。人类学、民族学和考古学研究表明，人类起源即不主于一宗，多源民族的同处共存才能构成绚丽多彩的人类文化。在其后的发展中，也因了文化的多元化，争奇斗艳，"才能形成异质文化，也才能有异质文化间的接触、互补、交融，促使各个文化沿着自己的道路向前发展，因而也才有人类文化的总体进步——文化的多元化是其自身不断向前演进的前提条件。"② 至于将来世界文化的走向，鉴往知来，许先生断言："通观'二战'后，特别是柏林墙倒塌之后的国际走势，我们深深感到，伴随着经济全球化、科技现代化、政治多极化的发展，应该有一个文化的多元化的进程。"③ 并且，"在全球化和政治多极化的趋势中，世界需要文化的多元化。多元文化的世界可以给人类带来各国人民之间的友好相处，给世界带来和平与繁荣；反之，则将是很危险的。"④

（四）文化与经济

20 世纪末叶以来，高科技迅猛发展，世界已进入信息网络化时代，经济全球化首当其冲。中国的民族精英们以高度的文化自觉，主动打开国门，走向世界，迎接全球化的挑战。而中国的国情如何呢？许先生分析道："目前的中国社会处在何种状况呢？如果说中国是个巨人，那么，她的一只脚已踩到了后工业化社会、数码经济、网络经济、电子商务时代，而另一只脚还踩在几千年前孔子时代的耕作方式上。全世界二百多个国家中，只有中国有这么大的跨度。要想均衡发展，达到全面小康，如果不根据这种特殊的情况采取相应对策，制定相应的法律、法规，就会碰得头破

---

① 《中华文化的过去、现在和未来》，见《未惬集》，第 183 页。
② 《论民族文化的雅与俗》，见《未惬集》，第 250 页。
③ 《为民族文化的抢救、保护与建设做贡献》，见《未惬集》，第 20 页。
④ 《中华文化的过去、现在和未来》，见《未惬集》，第 176 页。

血流。"① 这就是说，目前中国社会正面临双重的机遇和挑战：一方面，具有五千年历史的农耕文化面对前所未遇的西方异质文化的考量，必须解决好历史传统与现代文明的对接；另一方面，中国所面对的现代化又是西方"机械文明"和"信息文明"的历史重叠，必须解决好中西方现代文明的对接。在这个纵横交错的时空坐标点上，要想追步时代大潮，尽快缩小与西方发达国家的差距，任务艰巨，时间急迫，必须有相应的治国方略和对策。从战略高度概括言之，就是物质文明和精神文明一起抓，双管齐下，不可偏废，更不可或缺。具体说来，主要是要协调好经济发展和文化建设的关系。

经济是基础，这是人所共识。但是向来研究经济问题的学者，总是就经济论经济，忽略经济中的人文因素，缺乏经济学的人文观照。许先生根据信息化时代知识更新、学术交融、行业兴替快捷的特点，从哲学角度指出："对于经济问题，资产阶级学者总是就物与物的关系形式进行研究和论述；而产品的生产、经营和消费哪一环节都离不开人，因此研究经济问题，必须注意到人与物、人与人的关系。人与物、人与人的关系，这是什么呢？就是文化。"② 经济创造人类的物质财富，经济的发展和归宿，都始终离不开人。研究经济问题，必须注入人文关怀，不能见物不见人。文化既然是人类所创造的一切物质财富和精神财富的总和，经济仅是其中之一，那么文化与经济的关系，只能是整体与部分的关系。并且这种关系，将随生产力发展而变化，生产力越发达，经济与文化的关系就越密切。所以许先生说："从这个角度说，今后的经济是文化经济。经济的竞争，归根结底是文化的竞争。如果中华民族在文化问题上变得自觉了，对中华文化的来龙去脉搞清楚了，并且把中华传统文化和现代化结合好，可以预见中华民族在未来世界中的经济地位一定是举足轻重的。从另一个角度说，只有发达的经济而没有先进的文化并非真正的强大；如果只谈经济，不谈文化，经济的发展也难以持久。就一个国家而言如此，就一个企业来说也如此。"③ 他倡导把民族文化传统和时代环境相结合，将文化建设与经济发展相并论，强调现代经济活动中的人文关怀和文化依托，发展文化经济，复兴中华民族。就目前经济的发展趋势看，随着文化产业和企业文化的发展，经济与文化将进一步联姻，势必拓生新型的经济——文化经济。

---

① 《文化建设与经济发展》，见《未惬集》，第 197 页。

② 《在第三届中华管理英才论坛开幕式上的讲话》，见《未惬集》，第 17 页。

③ 《文化建设与经济发展》，见《未惬集》，第 195 页。

学为人师　行为世范——庆祝许嘉璐先生从教50周年学术研讨会论文集

文化作为软实力，其重要性日益显明。许先生引用当今世界的共识说："各国学者一致认为，在当今世界上，没有先进的科学技术，国家是不能强大起来的；但是如果没有先进的文化，则强大是不可能持久的。"① 正是从这个根本意义上，他提出惊世骇俗的论断："一个国家或民族，要生存，要发展，就要发展经济，不断创造物质财富，同时还需要不断发展自己的文化。物质是国家和民族的衣食，而文化则是灵魂。物质生活固然是重要的，没有物质无法生存；文化也许是更重要的，没有文化则与其他生物无异，社会要解体，国家要灭亡。"② 文化既然是一个民族生存发展的种子和灵魂，没有种子，生命都无从延续，又遑论其他？

（五）文化建设和重构

近代以来，世界教育普遍存在着重科技、轻人文，重技能、轻伦理的缺失，这已是各国学者的共识。许先生说："有一个不可否认的事实是，自工业革命开始，几乎在全世界范围内，学校就偏重于教授处理人与自然关系的技能，忽略了关于处理人与人、个人与社会、现世与未来关系的教育，换言之，忽略了伦理道德、性格意志等方面文化的教育和熏陶。现在，越来越多的学者指出，当今各国所遇到的种种令人困扰的社会问题，无不与此有关。"③ 由于教育上的这种缺失以及长期以来"斗争哲学"在认识论上的偏颇，善于破坏旧社会而拙于建设新世界，导致中国内地传统文化断裂、衰微及至走上绝境，新文化的发展缓慢而无统系。因此，当实施改革开放、国门大开、西方文化汹涌而来时，面对五光十色的异质文化，国人、特别是青年，眼花缭乱，无所适从，遂陷入文化迷惘和自信缺失。许先生用这样三句话概括当前大众文化的危机："对传统文化，遗忘了；对近代传统，遗弃了；对商业文化，盲从了。"④ 对此，许先生以高度的文化自觉和世界性的眼光，提出了如下的主张。

一要加强学校的文化教育，重视伦理道德、性格意志的培养，消除文化的自我迷失。从学校文化教育抓起，亦即从青少年的人文素质抓起，这是克服文化危机的根本所在。它既是应对目前文化危机的当务之策，又是文化建设的基础工程和战略举措。

全球化时代的文化思考

---

① 《在浸会大学的讲辞》，见《未惬集》，第204页。

② 《民进与文化建设》，见《未惬集》，第280页。

③ 《在浸会大学的讲辞》，见《未惬集》，第205页。

④ 《中华文化与异质文化》，见《未惬集》，第173页。

二要以文化自觉的精神，健全体制和机制，构建新文化体系。他说："从清末到现在，中国在异文化冲击下，对自己的文化进行理性反思、调整、构建，现在虽然有了基本的结论，但在文化方面还只是个纲，要完成调整、构建整个体系还要花费很大力气，很长时间。明乎此，就不会对当前的文化现象仅仅停留在惊呼、感叹、抱怨的层次上，而应该透过纷繁复杂的表象清醒地看到我们正在经历怎样的过程，现在正处在一个什么样的阶段，应该怎样应对；同时，了解中华文化的博大精深，了解中华文化发展的过程和曾经经历过的劫难，就会既充满信心又有思想准备。未来的文化，一定比现在的更美好。"① 文化建设不同于物质生产，不可能立竿见影、一蹴而就，它是一个长期的渐进的系统工程，"既需要民族传统文化的积累，更需要艺术家、评论家（包括民间的）的长期努力，还需要社会和市场提供它所需要的环境，这是一个逐步缓慢的成长过程，不能急功近利，不能做表面文章。急功近利和表面文章之不可取，是因为它从根本上违背了文化成长的规律。要给文化建设营造环境和条件，最重要的是适合文化成长的体制和机制。"② "像中华文化这样底蕴深厚者，在异质商业文化强大刺激下，经过一段时间的调整或者重构，一旦新的文化系统形成，就将以超越历史已有高度的面貌出现，这时外来的文化挑战不但不构成威胁，而且将对自己有所补充。"③

　　三要实施文化建设工程，多层面、全方位齐抓共管。具体而言，一要高度重视以家庭、行业、城市为主的社区文化建设。最小的社区是家庭，最大的社区是行业和城市，它们是大众文化的最基础最密集的单位空间，从大众文化生活抓起，建设坚实的民族文化基础。二要以雅文化为先导，以雅带俗，协调发展。"就文化的发生看，俗文化是源头；就文化的发展看，雅文化带动整个文化前进的动力要超过俗文化。鼓励雅文化就是鼓励文化的不断提高，引导社会不断向上，追求高层的文化。也就是从根本上帮助俗文化的发展。"④ 因此，要克服文化问题上雅与俗、领导与群众、专家与受众的脱节，自觉推动雅俗文化的交流互动。三要保护和抢救民族文化遗产。因为"这是在抢救和保护中华民族的历史，在那里面镂刻着中华民族从远古走到今天的足迹。它可以让我们以及后代子孙知道我们是

---

① 《关于文化》，见《未惬集》，第156页。
② 《首善之区需要首善文化》，见《未惬集》，第238页。
③ 《论民族文化的雅与俗》，见《未惬集》，第251页。
④ 《中华文化的过去、现在和未来》，见《未惬集》，第186—187页。

从哪里来的，将要到哪里去"①。

四要建设好大学校园文化。高等学校是培育社会知识精英的基地，也是雅文化生产和传输的场地。建设高校校园文化，用具有不同学校各自特色的文化陶冶学生，使他们成长为社会所欢迎的栋梁，把他们在学校所得到的文化修养带到社会中去，引领大众文化的发展。

五要建设好地方文化，巩固多民族国家一体多元的文化格局。文化上"民族的、地方的，往往是全国的、世界的"②，所以要保护少数民族文化和地方文化，克服文化认识上的近视和偏见。"现在少数民族有一味向主体文化靠拢的趋势，这既是好事，又有可能是少数民族文化消失的迹象。而一旦中国只剩下一种文化，我们的文化也就停滞了。"③ 只有保护并发展各民族、各地方的优秀传统文化，中华民族的主体文化才能得到充实、进步和繁荣。

四　文化研究的方法

中国的文化研究，在 20 世纪三四十年代曾一度出现过热潮，其中不乏学术大家和经典名作。此后文化研究长期停滞不前。直到 20 世纪末叶，在世界文化研究的热潮中，中华文化研究再度兴起。但总的说，在沉寂了几十年后的这种研究，无论其理念和方法，深度和广度，基本上没有超过前次。原因何在？许先生分析说："我在看了一些有关中华文化的研究著作之后，有这样的不满足，这就是：真正客观的、冷静的、深层的研究太少；主观的、情绪化的、微观的、表层的研究相对多一些。这妨碍着中国人的反思，也妨碍着中国之外的世界深入地了解中国。"④ 这就是说，截至目前的这种因应世界文化热潮的中国文化研究，有些浮躁不实，急功近利，缺乏全球化的学术视野和理性思考，也欠新的视角和方法，因而少有突破性的进展。因此，许先生不囿成法，另辟蹊径，转而从深层研究文化兴衰变迁的规律。他说："对文化的深层进行研究，是指我不满足于梳理、描写传统文化的素材，也不满足于对具体文化现象规律的探索，而是要深入到文化的底层，研究表层和深层的关系，洞察文化起（兴起）、延

① 《中华文化的过去、现在和未来》，见《未惬集》，第 186 页。
② 《中华文化的过去、现在和未来》，见《未惬集》，第 187 页。
③ 《关于文化》，见《未惬集》，第 158 页。
④ 《中华文化源流概述》（下），见《未惬集》，第 75 页。

（延续）、兴、衰的偶然性和必然性。因此，宏观研究与深层研究密不可分。唯有深入而又能跳出原来的研究范围，才能宏观；另一方面，唯有具有了宏观眼光，才能更为深入。"① 这是他文化研究的总路数。若析言之，主要有如下方法。

（一）哲学透视法

许先生自步入政界后，在繁忙的公务之余，坚持"日读一卷书"，阅读了包括哲学在内的大量中外学术名著，眼界大开，心思密致。他说："'即使对司空见惯的事物进行观察，也需要具有哲学的头脑。'卢梭的这句话对我的启发相当大。哲学本来的意义是一切事物的总规律，它覆盖着我们的日常生活。"② 自然，研究文化问题也离不开哲学的观照。他概括说："哲学的研究的核心，或者说是基本问题，自古到今大概是三方面的内容：第一是人和天的关系；第二是人与人的关系；第三是现实与理想的关系。其他的哲学内容都是由这三个问题派生的。"③ 凭借哲学思想的利器，观察思考文化问题，高屋建瓴，洞若观火。于是他提出文化自觉的"三段论"——过去的自觉、现在的自觉和未来的自觉，将文化的历史传统、现实需求和未来走向结合起来思考。同样以哲学眼光透视文化构成，提出文化内部构建的"三层说"，而"哲学是一个民族的文化的最深层、最核心的内容，是文化的最后结晶"④，对文化整体起着主导作用。也是从哲学切入研究语言文字，洞见了语言文字的本质："在所有文化表现形式中，语言（和文字）有着极其特殊的地位：它是一种特殊的文化现象，同时又是最重要的文化载体，因而是民族文化、民族精神的直接体现。"⑤ 近代以来，汉语文字研究是"本体论"的天下，只将语言文字看成文化的载体，注重其表层意义和符号组合规则的研究，而轻忽了其深层的文化内涵。许先生说："直到今天，语言学界，特别是训诂学界，偏重考据忽视理论的倾向犹在，懂得哲学，能够沟通哲学与语言学的人很少。这恐怕是我们的语言学难以产生新思想新方法的一个重要内因。"⑥ 他在《汉语汉字与哲学》的长篇演讲中，专门就汉语的特点及其在字、词、句及诗

---

① 《中华文化源流概述》（下），见《未惬集》，第76页。
② 《汉语汉字与哲学》，见《未惬集》，第114页。
③ 同上书，第111页。
④ 同上书，第114页。
⑤ 《媒体与语言·序》，见《未惬集》，第310页。
⑥ 《汉字阐释与文化传统·序》，见《未惬集》，第292页。

词歌赋中的哲学底蕴进行分析，认为"中国人的思维是综合性的，和西方的分析性极不相同。中国人不大在意概念的精确性，因而对句子的理解是含混的。……中国人的思维习惯对汉语的影响还只是事情的一个方面，另一个方面，是汉语的特点又反过来促进和强化了中国人的思维习惯，是反作用的问题。"① 汉语的特点是"以物质方式，来显示汉民族的二分的思维习惯、哲学理念，由此而产生了诗歌、对联等艺术形式，这些艺术形式又反过来加强了汉语讲究对称、平衡的特点，加强了汉民族二分的观念。"② 其余如对中华文化的主干——儒家学说发展演变的认识，对雅俗文化依存关系的认识，对异质文化交融互动的认识，等等，无不充满哲学的睿智和思辨。

（二）综合比较法

广义的文化既然是人类所创造的一切物质的和精神的总和，那么涉及的问题也就包罗万象。许先生一经接触，即感到："原来文化问题竟如此既深且广，不仅需要众多学科的知识，而且要对世界各大洲主要文明的代表国家与民族的文化有所了解。"学习多学科的知识可以获得多个视角，可以更透彻地观察分析某些文化现象；而了解各种异质文化是为了便于比较，因为"比较是认识事物的基本方法之一，所谓'不怕不识货，就怕货比货'是也"③。这种比较，可以是横向的，也可以是纵向的，还可以是纵横交叉起来进行的。许先生应用比较的方法，在与两河流域文明、希腊文明的对比中，更深刻地理解到中国儒文化的特征是"重群体轻个体，重义务轻权利，重和谐轻征服，重人世轻鬼神"，从而论断"中华文化是一种注重功利性的文化。"④ 又如对比中外历史上异质文化的冲击，看到只有文化底蕴深厚的民族才是不可战胜的："有希伯来文在，有犹太教教义在，有犹太社区文化在，犹太人就能在世界上顽强生存。反面的例子也有，匈奴、鲜卑也曾经很强大，但由于没有强大的文化，都消亡了。埃及法老文化也没了，现在的埃及是另一种人。古希腊、罗马都是如此。"由此他论断："无科技，无以强国；无文化，足以亡种。"⑤正是从中外文化

----

① 《汉语汉字与哲学》，见《未惬集》，第129页。
② 同上书，第131页。
③ 《未惬集·自序》。
④ 《文化建设与经济发展》，见《未惬集》，第193页。
⑤ 同上书，第196页。

发展的纵横对比中，他了解了人类文化发展的规律和民族文化的特色。

（三）微观与宏观结合法

这是许先生一贯倡行的治学方法。他在讲学和著述中，常常应用各学科知识，从不同角度，"聚焦"于具体问题，深刻透彻说明之；然后从中跳出来，又由个别到一般，推阐出普遍性的原则、方法或规律。对经学、训诂学的研究是如此，对文化学的研究更不例外。他说："对于民族文化，既不可只着眼于文化的某一或某些部分，只着眼于某一层次的文化，也不可只关注、研究文化的整体。微观上应该从民族、地域、行业等不同角度研究其各个组成部分，即研究亚文化及其各个品种；宏观上应该着重研究底层文化以及不同层次文化之间的关系。"① 他关于《尔雅》的文化学研究，就是采用微观与宏观结合法的成功范例。如对《尔雅》的分卷、分类的研究，对《尔雅·释亲》中亲属称谓词语的研究，仅仅从训诂学的角度无法揭示其内涵和作者的用意。由于许先生对中国古代礼制下过苦工夫，花过大力气，有着坚实深厚的礼学功底，积蕴既多，沉思亦久，复从人类学、社会学、民族学、历史学、文化学等多种角度，综合考察研究，故其结论多前人所未发，也就更接近真实。"这种在坚实的事实基础上而又超越具体材料的探讨才是灵魂，是精华，是学术之所以不断前进的主要内动力。"② 在学术史上，理念的不断更新，研究方法的日益精密和科学，显然是至关重要的。

五 文化研究的特点和成就

许先生根基训诂，融合百家，立于时代前沿，以科学的理念和方法，研究文化学。他的研究高屋建瓴，实事求是，具有强烈的经世致用性。

（一）注重传统文化与现代化的对接

这是有关民族文化传统的延续和发展的问题，是在历史的空间纵轴上探究古今文化之变。目的是从传统和创造的结合上去看待未来。他说："中华文化是中华民族赖以生存繁衍几千年的无形财富，其深厚的底蕴过

① 《论民族文化的雅与俗》，见《未惬集》，第252页。
② 《〈尔雅〉分卷与分类的再认识》，见《语言文字学论文集》，商务印书馆2005年版，第322页。

去是我们能战胜外敌、克服内患的法宝，今天是我们得以迅速发展的原因之一，将来也将是中华民族全面振兴所必需的力量来源。因此，我们必须保存、弘扬和发展中华优秀的传统文化，并且随时与时代精神相结合，永远保持中华文化的先进性。"① 当今世界已是信息网络化时代，传统的纸质媒体已失去独尊地位，文化的创造和传播发生了革命性的变化，多媒体互联网真正实现了足不出户而知天下。许先生非常敏锐地觉察到这种历史巨变，提出网络文化的新问题："网络不过是个工具，文化是其形成、承载和传输的内容。因此一个极为严肃而严重的问题就提到了我们的面前，这就是：中华民族悠久博大的文化传统如何与最现代化的网络技术相结合，创造出社会主义新文化，以丰富人民的生活，提高人民的素质，增强民族凝聚力。"② 为了进一步探讨传统文化与现代的对接，从 2002 年开始，他倡导创立了"海峡两岸'中华传统文化与现代化'学术研讨会"的平台，汇集两岸学者共同研讨民族文化的复兴，再造中华文化。

（二）注重探索人类文化的前途和走向

这是关于民族文化与世界文化对接的问题，是在地域空间横轴上探究中外文化的融合。目的是在世界文化格局中，找到民族文化的自我定位，确定其存在的价值和对人类可能做出的贡献。许先生指出："在新世纪，文化和经济的关系越来越紧密，二者正在逐渐地融合到一起。因此，中国的未来，我们的综合国力，我们在世界上的地位，在很大程度上将取决于我们的文化是否能始终与时俱进，是否能坚持发展其先进性。这是历史的规律所决定的。这一规律已为古今中外的大量历史事实所证明。这样，中华传统文化如何科学地与现代化结合，如何吸收外来异质文化，以使自己不断地补充时代的内涵，成为中华民族前进的动力，就必然成为人们极为关心的问题。"③ 中国已走向并逐步融入世界大家庭，正确认识民族文化和异质文化，经过自主适应，和其他文化一起取长补短，各抒其长，联手发展，共建人类和谐共处的多元文化格局。用费孝通先生的名言说就是："各美其美，美人所美，美美与共，天下大同。"

（三）注重民族文化素质的提高

这是关系民族文化发展的根本大计，是因应现实、面向未来的战略考

---

① 《在中华书局 90 周年庆祝大会上的讲话》，见《未惬集》，第 2 页。

② 《在网络文明工程启动新闻发布会上的讲话》，见《未惬集》，第 12 页。

③ 《在中华书局 90 周年庆祝大会上的讲话》，见《未惬集》，第 1 页。

量。究天人之际，通古今之变，要在人的文化素质。身为教师，许先生深知国民在民族文化创造和发展中的主体地位和作用，多年来殷勤教学，培育人才，守候传统，普及文化。早在 20 世纪 80 年代初，他就从物质文化和典章制度材料的搜集、整理入手，计划按古代衣食住行、宗法祭祀、婚丧嫁娶、朝野礼仪、姓名避讳、地望山川、战争狩猎等的顺序撰写一批文化普及读物，作为礼俗文化材料的长编。在此基础上，再写几本专门的文化论著。出版于 1988 年的《中国古代衣食住行》就是这种普及读物中的一种。此后因为职位的变化，这个计划未能实现，但陆续主编了《中国古代礼俗词典》、《文白对照十三经》、《文白对照诸子集成》、《二十四史全译》等书，用以普及历史文化，提升民族文化素质。以人为本是文化学研究的根本诉求，许先生对文化的思考和研究，始终贯彻着这种精神。

慎思明辨　光大弘扬

——许嘉璐先生训诂学之治学精神和理论贡献

广州大学文学院　孙雍长

嘉璐先生之训诂学的治学精神和理论贡献，可以四语十六言概括之：慎思明辨、实事求是、传承创新、光大弘扬。

训诂学重在一个"朴"字，苟无实事求是之心，徒欲标新立异，哗众取宠，则尽失训诂朴学之本色；既欲实其事求其是，若无细密之研究，则徒有热爱真理之心，而难得持守、揭示真理之效，故慎思明辨既为实事求是之体现，亦为实事求是之必然。训诂学为我国传统学术之根基，中国传统文化时至今日尤有弘扬光大之必要，故现代之训诂学既须传承，尤须创新。既传承又创新，必得光大弘扬之效。所以我们认为，"慎思明辨、实事求是、传承创新、光大弘扬"此四语十六言，不仅为嘉璐先生之训诂学的治学精神和理论贡献之概括，也是我辈研治训诂学所当恪守之精神和遵循之大道。

以个人的粗浅体会，嘉璐先生近三十年来研治训诂学所体现的"慎思明辨、实事求是、传承创新、光大弘扬"之精神与贡献，着重反映在以下四大方面。

一　廓清训诂学之性质

训诂学的性质究竟是什么？这是训诂学研究中颇有分歧意见的一个问题。有些学者至今坚持认为训诂学就是词义学或语义学。嘉璐先生早在20世纪80年代即已指出并正确论证了训诂学并不等于词义学，也不等于语义学[1]。我们知道，"训诂学"这一名称可以指训诂之学术或学问，也

---

① 许嘉璐：《论训诂学的性质及其他》，载《湖南师范大学学报》（哲学社会科学版）1986 年增刊（古汉语专辑）。

可以指训诂之理论学科。但无论是训诂学术还是"训诂学理论",都难以与现代语言学中的"词义学"或"语义学"对等起来。黄侃说:"'诂'者,故也,即本来之谓;'训'者,顺也,即引申之谓。'训诂'者,用语言解释语言之谓。若以此地之语释彼地之语,或以今时之语释昔时之语,虽属训诂之所有事,而非构成之原理;真正之训诂学,即以语言解释语言,初无时地之限域,且论其法式,明其义例,以求语言文字之系统与根源是也。"① 所谓"用语言解释语言",即"训诂之所有事",大体而言便是指训诂之学术,亦即学术史上的"训诂学"。嘉璐先生认为,作为一种学术或学问的训诂学,其内容范围涉及语言·言语的诸多方面,而且涉及许多边缘学科。诠释词义虽然是训诂学的主要内容,但却不是唯一的内容。而且,训诂对词义的解释主要是实用的,不是非要研究词义的内在规律不可;即使涉及词义的某些内在规律,如段玉裁之谈引申,王念孙之说义通,也多半只是为了给实用的解释提供一些理论根据罢了。而所谓"真正之训诂学",即训诂理论之学,其任务主要是研究训诂"构成之原理","且论其法式,明其义例,以求语言文字之系统与根源"。很显然,这些内容也绝非"词义学"所能赅括,甚或与"词义学"是颇不相干的。嘉璐先生还明确指出:"其实训诂学也不等同于西方的语义学。语义学是研究语句的字面意义的科学,而不考虑语言环境(广义的)和言外之意。训诂学的一个独到之处就是既注意语词本身的意义,与客观事物间的关系,又特别注重语言环境。这个环境既指语言中跟使用者直接相关的指别成分,又包括了跟语言运用有关的心理、生物、社会等现象。换言之,如果一定要跟西方语言学中的学科比附的话,我们可以认为训诂学近于语文学加语用学,却离词义学更远。"这就是说,"训诂学"之所以不等于"词义学"或"语义学",并不是由学者们之学术见解有何不同而决定,而完全是由训诂学本身的内容、性质及其与邻近学科之关系所决定的。

或以为,若不将传统训诂学"改变"为词义学,训诂学便不能跻身于现代科学的行列。其实,学术发展的事实并非如此,也不会如此。无论是一种学术还是一门学科,它能否跻身于现代科学的行列,决定性的因素只能是它本身是否具有现代科学性和现实生命力。我国文献语言典籍浩繁,其训诂任务远远没有完结。作为一种学术或学问来说,训诂工作在今天仍然有其存在的价值和意义;作为一门理论学科来说,今天的训诂学应

① 黄侃述、黄焯编:《文字声韵训诂笔记》,上海古籍出版社 1983 年版,第181 页。

当研究如何运用现代科学思维方法和理论来总结、检讨训诂之原理、方法、经验及其得失，使之更有利、更有效地为现代的训诂实践工作服务。现代训诂学的建立，有赖于方法论的更新与完善，以及内容范畴的开拓。如果仅仅把研究范围确定在古代文献语言的词汇而且偏重词义方面，这并不能构成现代训诂学的本质特征。例如，清代学者王念孙，他毕生的学术研究主要是训诂，而他的训诂研究之范围，也主要是确定在古代文献语言的词汇而且偏重词义方面，如果认为只要将研究范围确定在古代文献语言的词汇而且偏重词义方面就能构成现代训诂学，那么，王念孙的研究早已就是"现代训诂学"了。

训诂学自为训诂学，词义学（或语义学）自为词义学（或语义学）。任何学者都有权、有自由将自己的主旨研究确定在训诂学或词义学范围之内。但是，我们不能认为只有如我之研究才是现代训诂学之研究，才是现代"真正的"训诂学。廓清训诂学的性质，辨疑祛惑，厘正是非，并非仅仅是一个为现代训诂学"正名"的问题，更重要的是，它排除了学术思想上的一些不必要的个人引导或干预，保障了训诂学之传承与发展的健康途径。

二 阐发训诂著述之成就

作为一种"以语言解释语言"的学问，应当说在历史上并非只有中国才有"训诂学"。只是随着时代的推移，随着社会文化、语言文字的变易，世界其他地区类似我国训诂学的一些学问，如古印度的诠经学、欧洲古代的 philology 等，在后世都已逐渐消亡。只有中国训诂学因了民族文化和汉语汉字的强力和深厚的承传性而得以存在下来，并且历经汉代、清代和近现代三大兴盛阶段而获得了长足的发展，成为中国学术领域中一个非常重要的基本的组成部分，成了汉民族语言文字研究和语用研究的一门独特的学问。其间在两汉时代，传注和辞书形成训诂两大体系，为训诂学术的广泛发展奠定了牢固的基础。由魏晋南北朝至隋唐，义疏体逐渐形成，在传注训诂中酝酿了考释训诂的新因素。到了有清乾嘉时代，以词义考证为主要旨趣的考释训诂终于蔚为大观，成为训诂领域中最具学术色彩的第三大体系。"传注训诂"、"辞书训诂"和"考释训诂"这三大体系的形成和确立，标志着训诂之学术在训诂实践方面业已臻于鼎盛，这便是我国传统训诂学历史阶段之主流。嘉璐先生有对《尔雅》、《说文》之研究（《〈尔雅〉分卷与分类的再认识》，载《中国语文》1996 年第 5 期）；《读

〈尔雅·释亲〉——〈尔雅〉的文化学研究之二》，载许嘉璐《语言文字学论文集》，商务印书馆 2005 年；《〈说文解字〉释义方式研究》，载《词义和词典编撰的学问》，上海辞书出版社 1985 年；《〈说文解字〉在词典史上的地位和价值》，载《许慎与〈说文〉研究论集》，河南人民出版社 1991 年；《何添〈王筠《说文》六书相兼说研究〉序》，载何添《王筠〈说文〉六书相兼说研究》，吉林文史出版社 2000 年等文），有对《黄帝内经太素》杨注、《水经注》杨疏之研究（《略论杨守敬〈水经注疏〉》，载《古籍整理研究学刊》1999 年第 2 期；《〈黄帝内经太素〉杨注例评》，载《古籍研究》1998 第 4 期），有对章、黄、沈、杨诸大家之研究（《章太炎、沈兼士二氏语源学研究之比较》，载《沈兼士先生诞辰一百周年纪念论文集》，紫禁城出版社 1990 年；《黄侃先生的小学成就及治学精神》，载《训诂研究》第一辑，北京师范大学出版社 1981 年；《苍史功臣，叔重净友——〈说文〉杨氏学述略》，载《杨树达诞辰百周年纪念集》，湖南教育出版社 1985 年等），对传统训诂学三大体系中的一些重要著述或学者作出了解剖麻雀式的研究范例。

嘉璐先生对《尔雅》的研究，同样体现了慎思明辨之精神与特点。例如，关于先秦文献典籍中的训诂材料，在众多的训诂学教材以及有关文章中，都只是笼统地提到有"正文中的训诂"而罗列之，嘉璐先生则发人之所未发，认为先秦的训诂材料实当分为三大类："一类是作者（或说者）的自注，是为本文（或本人）的语言（包括引文）的立论寻找权威性根据，是'随文释义'的极端。例如《左传》中的'止戈为武'之类"，"一类是为了说明专业术语的特定含义而下的学术性定义……例如《墨经》中对数学、光学和哲学等领域中一些词语的界定"，"一类是为了读者（或听者）准确了解作者（或说者）的语言或引文而加以说明。例如《国语》所记载的叔向说《昊天有成命》、《尸子·广泽》所列的训'大'的'十有余名'"。并认为其第一类即"止戈为武"之类"并不是真正的训诂"，只有其第三类才是"严肃的语言训释"，"是后代训诂学所遵循的'正途'"，因为只有这一类训诂是"着眼于全民语言，按照语言自身的规律对其意义进行说明"。

古今对《尔雅》的研究，不外乎字词意义之疏证考据和条例体制之归纳阐发，而嘉璐先生则是站在现代科学之高度，从认知语言学、语义学、辞书学、逻辑学以及文化学的角度来看待《尔雅》之分卷与分类，从而使《尔雅》这一部训诂著述之成就与意义获得了全新的阐释和确立。嘉璐先生指出：一是因了有相当丰厚的文化积累，二是因了有"专业的"

文化人的存在，才产生了"实是为文化的阐释而编纂的"、"古代文化的一种集中展现"的《尔雅》。而关于《尔雅》文化学的重大意义，嘉璐先生则从全书体例之分卷与词语之分类两大方面作了全面而详细的分析研究，最后高屋建瓴地指出："训诂学必须与文化学、人类学、历史学相结合。一方面在研究训诂学时要利用这些学科的成果，对语言现象进行多方面的、综合性的分析研究，另一方面训诂学的研究成果要为这些学科提供工具和具体结论。'合则双美，分则俱伤'，学术研究中亦然。"①

同样，嘉璐先生研究《说文》的立足点和高度，也是值得我们注意的。以往，人们只是指出《说文》是我国第一部字典，而嘉璐先生则站在世界文化史的角度，明确指出并充分论证了《说文》实乃"世界上第一部规范词典，将永远在词典编纂史上放射出耀目的光辉。"② 嘉璐先生既从宏观上肯定了《说文》在词典史上的地位和价值，也从微观上深入挖掘了《说文》释义方式的"至今有些还不为人所知"的"规律和经验"，为我们今后的辞书编纂和古籍整理工作提供了充分的启示。嘉璐先生站在现代学术的高度上指出："我们的祖先在词典编纂史上所走过的路，犹如一个跳高运动员的试跳。自《史籀篇》、《尔雅》到《方言》，还仅仅是助跑。现在已经到了跑道的尽头，所差的就是奋力一跃。而《说文》正是这第一次的飞跃。它所达到的高度是前所未有的，而且是在尔后相当长的一段时间内未被突破的——许慎是第一位词典学运动最高纪录的保持者。""现在流行的看法是：'现代词典的出来为时并不久远，似乎起源于欧洲中世纪语言混杂之际。'这个论断如果专指欧洲的情况，当然是准确无误的；但若用以概括全世界的词典编纂史，那就至少是不全面的。持此论者对于中国这样一个东方文明古国的情况了解得太少了。《说文》正是词典学家们所说的'现代词典'。它不但对编写词典中的一些基本问题（'如：词典的对象，编写的目的，选词，词的用法'，以及释义方法等）一一做了回答，而且在实践中已经贯彻了词典学的最基本的原则……许慎所做的正是'现代词典'编纂者所要做的工作：'研究、编排、评价和解释语言事实，而不仅仅是整理编者偶然得知的或是个人认为可信的资料。'而其工作的成果——《说文》一书的编纂方法、体例以及

慎思明辨　光大弘扬

---

① 《读〈尔雅·释亲〉——〈尔雅〉的文化学研究之二》，见《语言文字学论文集》，商务印书馆 2005 年版，第 351 页。

② 《〈说文解字〉在词典史上的地位和价值》，见《语言文字学论文集》，第 64、84 页。

科学化的水平，也是丝毫不逊于西方 16、17 世纪编纂的词典的。"①

即便是一些极其细小的问题，嘉璐先生也每每以历史唯物主义的态度和辩证的方法对待而研究之。例如，以往，人们在介绍和讨论训诂方式时，对"互训"问题多以"循环论证"相责难。嘉璐先生通过对《说文》中的互训之例的具体而详细的研究，发人之所未发，得出了非人云亦云的深刻而精辟之见："《说文》之用互训是积极的，而非消极的；其中包含着对历时现象的分析，而并非单纯进行共时现象的系联。后人或以为这种方式有'辗转互训'的'弊端'，实是由于许慎之作《说文》全是'为今'，没有预估到两千年后人们对古语的隔膜，因而未能满足人们由隔膜而产生的彻底理解古语的需要。后人只需深察、防止以今测古，便可以去掉对互训的偏见。"②

三　揭示词义同步引申之规律

词义变化的基本规律是"引申触类，反复旁通"。或以为："小徐系《说文》，始有引申一例"，"徐楚金始言引申之义"③。南唐徐锴著《说文系传》四十卷，这是历史上最早的比较全面地研究《说文解字》的一部著作。在这部著作中，无论是前面的《通释》（三十卷），还是后面的《通论》（三卷），的确都有一些阐述字词义项之间内在联系的说法，但并不多见；而所谓"研究引申的方向、层次"，则尤难看出。其实，比徐锴早七百多年的郭璞，即已有非常浓烈的词义引申观念。只可惜，或因不明古音通假，或因昧于古字古义，郭氏说引申多疏阔迂远，甚至牵强附会。不过，郭氏的引申说虽多失误，但他具有如此自觉而鲜明的词义变通观念，却是难能可贵的。应当承认，研究古汉语词义变化，第一个具有"引申"之观念的大概便是郭璞了。不过，我们更应当承认，提出"本义"为基点，并紧紧注目于"本义"，大量罗列"引申"义项，阐发"引申"系列，还是应以清代段玉裁为第一人。我们从他的《说文解字注》一书中可以看到，其"引申"之说已相当明确、相当突出了。在注《说文》时，段氏的论述开拓了"引申"说的境界，其最大贡献即在于，

① 《〈说文解字〉在词典史上的地位和价值》，见《语言文字学论文集》，第88—89 页。
② 《〈说文解字〉释义方式研究》，见《语言文字学论文集》，第 102 页。
③ 章太炎《检论》卷五《订名》附录《正名杂义》、《文始·略例乙》。

它使人们明确地意识到了词义衍生的规律性和词义的系统性。但是，由于段氏注《说文》的目的主要在于证发许书，所以对于词义引申规律本身并未作出更深入、更系统的理论的研究。对词义引申规律进行深入、系统的理论研究，乃是由近百年以来章太炎、黄侃、陆宗达等学者推动起来的。应当承认，词义引申的客观规律是存在的，"词义引申"说的提出和研究无论于训诂学还是词义学也都有它的理论意义和实际意义。问题在于，近现代的训诂研究中，有些学者谈"词义引申"过于强调"本字本义"，显出了这一学说的某些局限性。因为"引申"说的基点是"本义"，而认定"本义"的原则又是汉字"形音义三者相应"，所以近现代由治《说文》而谈"引申"的学者都很强调"求本字"。其实，"本字"有不得不讲者，也有不必刻意深求者。"古人用字，贵时不贵古"，所以讲"本字"当以约定俗成者为是，不当专求造字之本字。若一依《说文》而求"本字"，谓"假借"之本字当为"姑且"，"伴奂"之本字当为"字霣"，"拼命"之"拼"的本字当为"拌"或"粤"，腐朽之"朽"的本字当为"殠"，"昭穆"之"昭"的本字当为"佋"，《周易》之"易"的本字当为"覡"，"豫备"之"豫"的本字当为"叙"，"宪法"之"宪"的本字当为"契"，凡此之属，虽于"本形本义"或不无契合，然要非语言社会用字之实情，乖于"训诂之旨本于声音"之要义，难为宏通之见。颜之推曾说："世间小学者，不通古今，必依小篆，是正书记"，"吾昔初看《说文》，蚩薄世字，从正则惧人不识，随俗则意嫌其非，略是不得下笔也。所见渐广，更知通变，救前之执，将欲半焉。若文章著述，犹择微相影响者行之；官曹文书，世间尺牍，幸不违俗也。"① 颜氏用字之经历得有此种辩证体会，我们当今治训诂之学而讲求"本字"，似乎也可从中悟出一些道理：将"正字"与"本字"统一起来，从容消息，始不过于骇俗。汉字为表意体系的文字，固然可以据其"本形"而求其"本义"，据其"本义"而求其"本字"；若汉字亦如西文之但表音者，则当何求"本义"？又何有"本字"？而"词义引申"之说又当如何表述？段玉裁"本字本义"之说，意在发明许书，然其流弊所至，反昧真谛，实可叹者。"引申"说的局限还表现在将一切词义变化现象都视为"本义"引申的结果，没有看到词义变化伴随着"引申"规律还有"渗透"规律的存在。我们注意到，在上古汉语中词义的变化似乎主要体现为"引申"，所以按"本义·引申"说多能将其变化轨迹解释清楚；自唐

慎思明辨　光大弘扬

---

① 《颜氏家训·书证》。

宋及其以后词义的变化则似乎更多的是体现为"渗透",许多"渗透"义变现象便难以用"本义·引申"说来董理其由来。"本义·引申"说把词义的变化看作孤立的现象，忽视词与词、词义与词义之间的相互影响，这是不符合自然辩证法的。此外，"引申"说要探讨的是"词义引申"问题，但其着眼点却又强调汉字的"形音义"。其实"字"和"词"并非一致的关系。若着眼于"词"，则文字只是一种书写符号，"本义、引申义、假借义"三种类型的"词义"的划分便又不是同一层次的问题。所以有人提出"字无引申义，词无假借义"，都是值得认真反思的。嘉璐先生《论"同步引申"说》一文的发表①，突破了对词的个体延伸情况进行考察的局限性，使引申理论更接近于语言实际的正确认识。"同步引申"说所着眼的不再只是个体的词的"本义"，而是语言系统中词与词之间的一定关系。"同步引申"说不仅详细地归纳了"同步引申"的规律，而且精辟地分析了"同步引申"规律产生的"语言"和"心理"两方面的"基础"，为研究词义的发展变化开拓了崭新视野和广阔前景。同步引申律是对本义引申律的"反动"，"同步引申"说也就是对"本义·引申"说的突破和发展。因为"同步引申"说更加注重语言的系统性，而不是只注重于词的"本义"的个体延伸，所以，这一学说的提出有他重要的理论意义和实践意义。嘉璐先生指出，我国古代的小学家如王念孙等人已经注意到同步引申的事实。但从理论上将这一语言事实加以深刻分析和论述，则先生之钜功实不可没。这里有必要再次重申，本人的《古汉语的词义渗透》成文于1981年，发表于1985年，嘉璐先生《论同步引申》刊布于1987年，似乎晚于拙文。其实不然。本人曾多次强调，先生"同步引申"之见解实早在80年代初即已向受业诸生宣讲。本人的"词义渗透"观，既得益于王念孙学说，亦受教于先生之"同步引申"说。先生的"同步引申"说更不是学生拙文《古汉语的词义渗透》所能替代的。"同步引申"说既注意到了词与词间引申的相互影响、彼此渗透的关系，同时也强调词义引申发展的同步（平行）系列性，这是"词义渗透"说所未及的。

此外，"同步引申"说所归纳的反义词间词义引申发展亦呈反义性的同步引申轨迹，则更是"词义渗透"说所未尝注重的。不过另一方面，"词义渗透"说所注意到的义相渗透的前提因素不止是"通感"和"联想"问题，还考虑到了语言系统的自身因素如语音、语法关系所导致的意

---

① 载《中国语文》1987年第1期。

义流转变通，而这些则都与"本义·引申"无关，所以又不属于"引申"的问题。后来学界或言"转训"，或言"同化"，或言"沾染"，或言"词义引申组系的'横向联系'"，名虽各异，实皆不出"同步引申"说之范围。

四　倡导训诂学现代创新之研究

（一）倡导传承与创新相结合

关于传承与创新，嘉璐先生曾指出："就训诂学界的总体说，只讲传统是不行的。……只讲传统就没有了发展。试看历代训诂大师，……哪一位是那么'忠实'于前代毫无独创的？又有哪一位把训诂学带到了完美无缺的境地没有给后人留下开拓的余地？时代的发展必然向学术提出新的问题，带来新的发展，这是个现实问题，而不是个理论问题，毋庸絮絮。"嘉璐先生《训诂学的衰微与复兴》（《训诂学研究》第一辑，北京师范大学出版社 1981 年）、《语言文字学的传统：辉煌的过去》（许嘉璐《未辍集》，中国社会科学出版社 2000 年）、《语言文字研究的困境和出路》（许嘉璐《未辍集》，中国社会科学出版社 2000 年）等文，都体现了传承与创新相结合的倡导思想。

嘉璐先生一贯注重训诂学方法的研究和方法论的探讨。在讨论训诂学方法问题时，嘉璐先生同样倡导应将传承与创新相结合。"传统训诂学的方法经历了千百年的积累、考验和删汰，至今仍在指导着训释实践"，所以必须传承；"但是由于这些方法缺乏理论的或哲学的论证和说明，在实践中难免被误用和歪曲"，所以还必须创新。"训诂学方法论的研究刚刚起步。在现阶段最重要的是在继承传统的基础上消化和吸收不管是中国的还是外国的人文科学、自然科学的方法。"①

（二）倡导训诂学研究与社会文化研究相结合

先生指出："传统训诂学以训释实践为其主要形式，以文献语言的内容和形式为其对象，因此它具有综合性的特点，语言以及用语言形式表现的名物、典章、文化、风习等都在其诠释范围之内。现代训诂学开始了对诠释工作的理论研究，更重视训诂学的语言学性质，削弱了对语言所表现

---

① 《关于训诂学方法的思考》，《北京师范大学学报》1988 年第 3 期。

的内容的注意。近几十年来又由于学科的分工，治训诂者也相应地习惯了对语言规律的研究而对社会的、文化的现象却生疏了。这样，训诂学出现了封闭性。如果说这一变化是训诂学发展史中不可避免的阶段，那么，现代的训诂学就应该在更高的层次上把训诂学与社会学、文化学等结合起来。这就是所谓训诂学研究的延伸。"①

先生《礼、俗与语言》（许嘉璐主编《中国古代礼俗词典》序）、《说"正色"——〈说文〉颜色词考察》（《中国典籍与文化》1995年第2期）、《读〈尔雅·释亲〉——〈尔雅〉的文化学研究之二》（许嘉璐《语言文字学论文集》，商务印书馆2005年）等文，堪称训诂学研究与社会文化研究相结合之典范。

（三）倡导宏观研究与微观研究相结合

嘉璐先生指出："把语言以及语言的各个部分的内部看成是统一的系统，这是多年来的习惯。实际上这并不符合事物的客观法则亦即辩证唯物主义。例如形音义是统一的，也是不统一的，否则就不会有字的孳乳、词义的分化、假借字等现象。又如语言约定俗成的过程也是统一与不统一的过程：语言是社会的，也是个人的，甚至可以说语言（语音、词汇、语法、修辞）发展的起点往往是个人无意地背离常规的使用和有意的创造。社会对个人的语言现象并不只是约束，它也进行选择。一旦某种个人的语言被社会所接受、进入到全民的语言，这一具体的发展过程就终止了，语言得到了暂时的相对统一。而另外一些个人的语言现象则被社会拒绝，于是消亡。语言的这种竞争造成了语言发展的随机性。由于我们过去过分强调了语言的社会性一面，把问题看简单了，因而妨碍了对文献语言的更细致的观察。此外如语言与客观现实、语言与思维之间，也是既统一又不统一的。这样看待语言并不意味着语言是杂乱无章的，而是把它看成了动态的统一和平衡。这是语言观问题，也是方法论问题。"①

在训诂学方法的研究上，嘉璐先生一方面强调"应该把定量研究与定性研究、归纳与演绎、验证与思辨结合起来。这些就都是宏观上的方法问题"，另一方面强调"训诂学的微观研究也不能满足现状，应该充分利用我们历史文献特别丰富、训诂学传统特别悠久这一优势而努力前进。"

统一是相对的，不统一才是绝对的。如"亡秦"之类的词语的使用

---

① 《关于训诂学方法的思考》，《北京师范大学学报》1988年第3期。以下所引皆同。

之不被认可，即是未看到语言的个人因素和语言系统的统一性问题。贾谊《过秦论》"亡秦族矣"，许慎《说文叙》"亡新居摄"，"亡秦"、"亡新"无非是一种蔑称，如同说"短命的秦朝"、"短命的新朝"。未亡之秦而称"亡秦"，未亡之新而称"亡新"，严格来说，这种用法也是不符合语言的社会性的，是作者的"创新"用法。有人把"亡秦族矣"的"亡"看成是动词谓语，把"秦族"看成一词，看成是"亡"的宾语，便是囿于"语言社会性"的常规用法，忽略了作者使用语言文字的一些个人因素。方孝孺《逊志斋集》卷六《客谈二事·吴士》："遇元季乱，张士诚称王姑苏，与国朝争雄，兵未决。""国朝"指明朝，但朱元璋与张士诚彼此称王之时，明朝并未建立。尚未建立而称"国朝"，与尚未灭亡而称"亡秦"、"亡新"一样，都是一种站在后来人的政治立场上所使用的带感情色彩的说法罢了。

（四）倡导训诂学方法论之研究

嘉璐先生有感于近几年经常受到来自两方面的刺激："一个方面是在训释考据工作时有运用前人经验而失当，而探求新意又过于离奇的现象；另一个方面是释义或论述训诂规律时的一般化、肤浅和陈旧。"因而深深感到"现在是谈论方法论的时候了"。所谓"方法论"，简单地说，就是"把实际已普遍使用的科学方法上升到理论的高度，用认识论去阐释和论证这些方法。"

嘉璐先生认为，"对于训诂学工作者来说，方法论的探索是回避不了的。传统训诂学的方法经历了千百年的积累、考验和删汰，至今仍在指导着训释实践。但是由于这些具体方法缺乏理论的或哲学的论证和说明，在实践中难免被误用和歪曲。在训诂学逐渐普及的今天，从方法论的角度给人以指导，维护传统训诂学方法的严肃性是十分迫切的任务。例如，声近义通、一声之转、循声求义本是先哲的重要发现，也是训诂学的重要观点和方法，但是五十年前就有人居然用这种方法证明许由就是伯夷，也就是皋陶，鲧就是共工，就是玄冥、冯夷、台骀。现在又有人使用同样的方法把伏羲、羲和、女娲、嫦娥、太昊、帝喾、黄帝，乃至后来的狐仙证明为一，共工即洪江，等等，比当年的古史辨派更进一步。其结论可靠与否姑置无论，单说判定某字'转'的根据就背离了训诂学的方法。例如为了说明伏羲即羲和，先说伏借为溥，溥羲即伟大的羲。且不说伏、溥韵能否相通，就以训诂学已知的规律说，假借乃是一种社会习惯，不能甲乙只在此处相借而他处不见。伏借为溥即于文献无征，何况文献中从未有过

'溥羲'。伏羲既是溥羲，羲字也就可以单指，于是进而证明羲＝羲和。为此，作者先定下一条古音规律：凡今音 xi 者古皆读为双音节 xi-e，连续即成为 xie。这个大前提首先就成了问题。从古音史上实在得不出这样一个规律，因而也就违背了训诂学讲音转、义通的原则。其他如昊之与黄、共之与洪、工之与江，也无不是'非训诂的'。不然，任何人用了这一法宝都可以证明刘备就是吕布、宋江是孙皓转世、猪八戒是唐伯虎的音转了。训诂学方法的这种滥用应该引起训诂学家们的深思，引起对方法理论化的重视。""传统训诂学的方法在深入研究古代文献语言的今天显露了它的不足，这是当前促使人们研究方法论的另一个动力。清代以前的训诂，基本是'指示性的'诠释，即由经学家、训诂学家告诉人们'这是什么'，虽然其间也有分析，但并未深入到语言的内部规律。这种指示的来源不外两个：前人成训和诠释者的经验。而前人的成训又来自同样的两个来源。如此推究上去，最后只是经验一途而已。当然时代越晚，归纳和验证的比例越大，但传统训诂学的哲学基础基本上是经验主义的似无疑义。清人对此有所突破。'以经证字'口号是归纳法的大纛，'以声音通训诂'则表现了深入语言内部的自觉。可惜他们没有再开拓一步，也没能再深入些，以摆脱'指示性'的局限。"

对训诂学深入开展方法论的研究，可以反过来促使训诂学方法的发展和创新。相反，方法论研究的缺乏或滞后，则正是学术缺乏生命力的重要原因。"依靠经验所做的指示性诠释无不带有诠释者的主观主义和相对主义色彩（波普尔也有类似看法，见《猜想与反驳》中译本 18 页，上海译文出版社 1986 年）。即如以声音通训诂，你以此为语源，我以彼为语源，你说该转为甲，我说该转为乙，至于甲乙转时又取各自多项意义中的哪一项，也会见仁见智不一。尚需证明的东西被拿来作为指示的依据，这是传统训诂学最大的局限之一。另外，传统的方法以让人知道'是什么'为满足。即如词义的发展演变，最完美的结论是某引申为某，又引申为某；某有某义，故引申为某。至于词义引申的内因外因、引申的随机性和必然性、引申途中是绝对均衡的还是也有从混沌到有序的过程、其间有无由量到质的突变、如何测知关节点等这些更为深入的问题，是进一步研究（而不是诠释）文献语言所必然遇到，又远非归纳条例、形音义互相求的方法所能解决的。这就需要方法的发展、创新。"

方法的创新，必须充分汲取哲学的思辨。"大约从乾嘉时代起，语言学家们几乎忘记了哲学，重实证而轻思辨，重感性而轻理性，不善于把实际已普遍使用的科学方法上升到理论的高度，用认识论去阐释和论证这些方法。我国古代人文科学的混沌状态使得先秦的许多思想家也兼为文献学家、语言学家；从汉至唐，许多语言学家也精通哲学；这一传统随着宋明理学的衰灭而中止了。清初大儒顾炎武等人把有明之亡归咎于理学的空疏，于是提出经世致用的口号，由他们倡导和创建的考据学派及其学风直接哺育了乾嘉一代学术。而到了乾嘉，由于学术发展所造成的分工，更由于对哲学的偏见，竟视小学与哲学为对立物，表现出来的就是汉宋之争（虽然汉学不等于小学，宋学不等于哲学），其结果是两败俱伤。当时只有一个戴震，二者皆精，因而在治小学的方法方面建树也多，只可惜和者盖寡，连他的学生们如段玉裁、王念孙，也没有学到这一手，因而只能承其一体，在局部上发挥发展（雍长案，当然不是苛求语言学家兼为哲学家，或哲学家兼为语言学家，只是说应当了解和懂得一些对方的基本知识，在方法论上二者应当贯通而不是对立，结合而不是分离。在这一方面，应当说王优于段）。这一时期所形成的传统，影响是巨大的。直到今天，语言学界，特别是训诂学界，偏重考据忽视理论的倾向犹在，懂得哲学，能够沟通哲学与语言学的人很少。这恐怕是我们的语言学难以产生新思想新方法的一个重要原因。"

而关于方法论研究的内容，嘉璐先生认为，"现在起码可以进行以下的工作：第一，站在现代科学的高度认识和论证古人所使用的方法；第二，运用已被其他学科证明有效的方法说明已知的训诂学现象；第三，运用其他学科的一些方法去认识未知"。嘉璐先生指出的这三点，恰恰正是当今训诂学研究者所欠缺和应当努力面对的重要问题和重要方向。

嘉璐先生还意味深长地指出，方法论研究的倡导和探讨，并不是为掩盖不学无术而表现出来的一种学术投机和标新立异。无论是从事训诂学术之实践，还是进行训诂理论之研究，"慎重和稳妥也是必要的。训诂学是门很实在的学问，无论使用什么样的方法最后都要落实到一本书、一句话、一个词上去，懂就是懂，解不通就是解不通，一点假也掺不得。如果不能验之于事而是，就会问之于心不安，因为那将蒙了读者，贻误后人。可是如果因为偶尔碰上声称古人都该推倒实际只是换换名词儿的'理论'就以为是创新的代表，并由此而产生逆反心理，更想求慎求稳，则也不必。那是个学风问题，与方法论的探讨无涉。"

慎思明辨　光大弘扬

许嘉璐先生与当代中国训诂学

北京师范大学汉语文化学院　　朱瑞平

先生字若石，祖籍江苏淮安，1937 年 6 月 3 日生于北京。

先生 1954 年考入北京师范大学中文系，1959 年毕业并留校任教。由助教、讲师、副教授晋升教授，历任古代汉语教研室主任、中文系主任、北京师范大学副校长，中国训诂学研究会秘书长、副会长、会长，北京市政协副主席，中国民主促进会中央常委、副主席、主席，第七、第八届全国人大常委，国家语言文字工作委员会主任，第九、第十届全国人大副委员长。现为北京师范大学、华东师范大学、中国社会科学院研究生院教授、博士生导师，并担任长城学会会长、中华社会救助基金会会长等职。

先生自留校后，即师从我国著名语言学家陆宗达及萧璋、俞敏诸先生习文字、声韵、训诂之学，又先后请益于王力、洪诚、周祖谟、徐复、胡厚宣、殷孟伦、黄典诚诸先生。1961 年，随萧璋先生一起参加王力先生主编的《古代汉语》编写工作，与诸名家朝夕相处近三年，获益匪浅。其后，长期从事古代汉语、训诂学、《说文》学（"许学"）及古代文化、古籍整理、辞书编纂等方面的教学、研究与实践工作。今年逾古稀，犹夜以继日，笔耕不辍。

大凡学者，若具有敏锐的眼光和清晰的思路，必长于宏观的研究；若具有良好的功底和踏实的精神，必善于微观的分析。先生在训诂学研究领域，对宏观和微观都很注意，且均有建树。

先生认为，训诂学即古代语言解释之学，其解释的核心是语义。它是研究中国古代文献和文化的利器，是一门综合性、应用性、验证性的学科，重在指导实践（注释和翻译古书、编纂辞典），而不在纯理论的研究；对于传统的训诂学，不应以不符合今天"学"的概念而否定，而对于未来可能出现的"理论训诂学"，也应视为正常而予以支持。对于我们丰富的民族传统文化，如果没有训诂学这把钥匙，是无法很好地继承和弘扬的；对汉语史的研究、语言学理论的丰富和发展等，也都离不开它。可以说，训诂学将与中国文化同始终。

先生也多次阐述这样的观点：任何学术研究，方法的问题永远是关键问题。学术的发展史，其实也是该学科研究方法的演进史。但千百年来，中国的语言研究，缺乏理性的思维和理论的建设，学者们不善于把实际已经普遍使用的科学方法上升到理论的高度，用认识论去阐释和论证这些方法。直到今天，语言学界，特别是训诂学界，偏重考据忽视理论的倾向犹在；懂得哲学，能够沟通哲学与语言的人很少。这是我们语言学难以产生新思想、新方法的一个重要内因。先生认为，研究训诂学，应以传统方法为主，慎重地参以新法。在具体的研究中，要正确处理好继承与发展、归纳与演绎、定量与定性、描写与分析、封闭研究与延伸研究的关系，把训诂学的对象作为一个统一与不统一相结合的矛盾体来研究。我国传统语言学留给后人的并非只是丰富的材料，更为可贵的是一整套具有民族特色的研究方法和优良传统，对此我们必须加以继承和发扬。继承前人的知识、精神是必要的，但方法也同样重要。要站在现代科学的高度去认识和论证古人所使用的方法。没有对前人成功方法的继承，一味地从西方语言学中直接借鉴，我们就将永远步他人后尘，他人之履亦必难以适我之足，训诂学理论的体系也终将难以建立。在继承传统的基础上，消化和吸收中国和外国的人文科学（如哲学、心理学）、自然科学的方法，运用那些已被其他学科证明有效的方法说明已知的训诂现象，运用其他学科的一些方法去认识未知，会给训诂学带来新的气象和生机。他不太赞成"语文现代化"、"研究方法的现代化"等提法，认为现代化应该是传统和时代的有机融合，绝不是割断历史，也很少有完全"舍其旧而新是谋"、"另辟蹊径"而能成功的。因此，他十分注意认真钻研从毛郑到段王，从俞（樾）孙（诒让）到章黄各个时期学者的著作，并从中总结经验。他撰写的《黄侃先生的治学精神与方法》、《"文选"黄氏学训诂探赜》、《章太炎、沈兼士语源学研究的比较》、《近代俗语词研究的先驱（黎锦熙）》、《〈说文〉杨氏（树达）学述略》等论文都是试图总结前人成功的经验和方法。其中《黄侃先生的治学精神与方法》是国内首次系统总结黄侃先生学术的论文，《近代俗语词研究的先驱（黎锦熙）》弥补了学界对黎氏学术研究的缺漏，均受到学术界同行们的重视。总结的目的是为了继承，为了从前人的经验中获取对今天的研究仍具有指导意义的东西。在继承的基础上，他从宏观上提出训诂学研究的延伸问题。

对训诂学与古代文化的关系，先生也多有论述。他认为，传统"小学"原本对文化现象是十分关心的，名物、典章、礼仪风习，都在训诂学研究的视野之内。但是当训诂学彻底摆脱了经学附庸的地位而变成独立的学问之后，也就远离了文化。现代训诂学开始了对训释工作的理论研究，更重视训诂学的语言学性质，而削弱了对语言所记录的内容的关注。又由于近几十年学科分工的不断细化，治训诂学者也相应地习惯了对语言规律的研究，而对社会文化现象却生疏了，训诂学因之出现了封闭性。但是，传统"小学"产生和发展的土壤原本就是文化，或者说"小学"就是为文化的阐释而生的，而那个时期文化最集中的记录则是经书。丰富的民族传统文化，没有训诂学这把钥匙，是无法继承和弘扬的；对汉语史的研究、语言学理论的丰富和发展等，也离不开它。"小学"与文化的分离实际上是违背了其本有的规律。事实上，"小学"自身也因此而受害——训诂学的框架和理论基本上还停留在半个多世纪前的格局中，文字学除了考释，和历史学的关系也是若即若离，没有大的变化。如果"小学"依然观照文化学，从文化学和广泛的文化现象中吸取营养，其发展必将呈现出一种对传统回归的态势。同时文化学研究得到"小学"这一利器的帮助，可以挖掘得更深，更接近真实。这种双向的介入和靠拢，或者称之为交叉、渗透，是历史的必然。从更高的层面说，经典是载道的，训诂学是治器的，治器的目的其实应该是明道，不问道的治器永远也得不到真谛。

数十年来，先生以训诂学为工具，对古代文化现象加以梳理，先后撰写了《先秦婚姻说略》、《中国古代衣食住行》、《古语趣谈》、《〈黄帝内经太素〉杨（上善）注例释》等论著，主编了《中国古代礼俗辞典》。撰写这几种书，意在提醒研究者注重语言的深层背景。他的《礼、俗与语言》、《〈尔雅〉分卷与分类的再认识——〈尔雅〉的文化学研究之一》、《说"正色"——〈说文〉颜色词考察》等论文，又注重从文化学的角度对语言问题加以研究。比如他认为，历来对《尔雅》许多问题的研究缺乏自觉的文化学和学术史视角，而"《尔雅》实是为文化的阐释而编纂的，因而它的出现也是古代文化的一种集中展现"，"其中最值得大书特书的，是《尔雅》的词语分类观。从文化的角度说，这是华夏之族的类概念在语言领域的实践运用"。关于颜色词，"西方的语言文化学和语言哲学都比较注意颜色词和知觉之间的关系，因为这除了与文化有至为密切的关系外，还是人的知觉、认知、心理、重新识别与语言之间关系的很好的例证"。《说"正色"——〈说文〉颜色词考察》也是从文化和人类认知历史等角度入手，而《论〈水经注疏〉》、《〈黄帝内经太素〉杨注例释》等文就是先生突破传统研究范式的成功尝试。这些论著的共同特色是用训诂学的方法对古代文化现象的最主要载体——汉字及汉语进行分析，从中看出现象背后的本质、渊源和规律。先生曾计划自"物质文化"、"中介文化"（制度等类）入手，继"衣食住行"后，依次撰宗法祭祀、姓名避讳、婚丧嫁娶、朝野礼仪、战争狩猎、地望山川诸册，然后集成，进而渐成跨训诂与文化之理论专著。然时不与便，多年校务、政务、教务缠身，此事实难遽就。至近年，乃稍得闲暇，《未慊集——许嘉璐论文化》及一批论文问世。

先生还指出，训诂学的延伸研究还可以理解为与其他学科的综合研究和比较研究，像考古学、人类学、社会学、民俗学、文化学、文艺学、心理学、教育学以至数理等学科，不仅它们的研究成果、研究方法可以被汉语史的研究汲取和借鉴，这些学科研究本身也可以与汉语史研究更紧密地结合起来。诸如出土文献语言研究、汉语与中国文化关系研究、汉语文学语言史研究、汉语词汇演变与汉民族心理关系研究、汉语习得与汉语阐释原理研究、汉语的机器解读研究等，都是已经或可能引起人们注意的课题。

先生多次强调哲学思辨对语言学，包括对训诂学的重要意义。语言学是实证性的学科。在对语言进行逐步深入了解的过程中，先用归纳的方法从大量的语言材料中总结出规律，据此把语言的现状描写清楚，进而对比和联系同语系的和不同语系的语言，加深对语言的来龙去脉和共性个性的了解，都是必然的、必需的。贯穿于整个过程中的，是随着对语言认识的加深，不断发展和改进的语言研究的方法。方法包括三个层面：学科的独特方法、一般的研究方法、上升到哲学意义上的方法，这三者是密不可分、相互勾连、相互渗透、相互促进的。实证的语言科学，研究到一定阶段，必定要有哲学的思辨，并以思辨的结果指导另两个层次方法的改进。训诂学研究的对象是已经成为过去的事实的语言，是实实在在、无法改变的事实，通常成为主导方法的是实例的归纳和验证，而不是主观的思辨，仅靠推理、演绎是得不出新的存在的。但训诂学又不拒绝思辨和演绎，不排除在某些具体问题上根据已知的规律做假设，但这种假设最终还是要用充分的事实来验证。同时，传统训诂学习惯于对语言/言语现象作定性分析。实际上，如果没有一定的穷尽性的研究作为基础，定性就容易产生主观随意性，从而降低研究结果的科学性。所以，先生总是特别强调以定量研究作为支柱，避免单一的定性研究。汉语史研究的材料主要是古代的书面语言，即使是俗语，也是见诸文字的，这样在研究时就应该而且也比较容易运用穷尽、定量的方法。先生在个人的研究中即努力实践这种方法。

例如对《说文》中的颜色词，考察的办法和步骤如下：

1. 找出《说文》说解中的所有标志颜色的词；

2. 统计其中各种颜色词的数量；

3. 考察其中颜色词联用的情况；

4. 观察颜色词在不同部首中的分布；

5. 得出初步结论，在文献中进行检验。

此外，在《关于"唯……是……"句式》、对《左传》中"贰"字的考察等，都是这些方法的实践，特别是穷尽性研究的特色甚为明显。先生从20世纪80年代就向同行呼吁，在研究中要充分利用计算机技术所带来的便利。事实上，计算机技术使得定量研究更为方便和可靠。

语言学研究包括对历时现象和共时现象的研究两方面。共时的研究就是对同一时间平面的语言现象的研究。所谓共时当然是相对的：自其变者而观之，数年即成古今；自其不变者而观之，数百年也可视为一个时间平面。历时研究即对语言现象的纵的历史的研究。前者可视为平面静态描写，后者可视为纵向动态的考察。语言学研究须由这两个方面入手，才可以构成语言学研究的全部。我们古代的训诂大师虽也懂得这些道理，但他们的想法还较笼统，观察还不够细。先生对词义的考察，体现了他的研究实践实际上也是基于这一认识的。比如关于词义引申，近年来学者们不仅注意对单个词意义的引申状况进行描写，还注意到了相关的词在意义演变过程中彼此渗透和伴生的现象。先生提出了"同步引申"的理论，即认为词义引申在传统的一个词内部的纵向发展之外，还存在不同词之间词义上的横向联系。词义的引申常不是词的个体孤立地、彼此隔绝地进行的，一个词意义引申的过程常常"扩散"到与之相关的词身上，带动其他词也沿着相类似的线路引申。这种引申是一种历时现象，是词在其演变过程中某一阶段的现象。具有同步关系的诸方面在此阶段之前或之后具有不同的源头与发展趋向；一个词在其意义演变的不同阶段可以和不同的词发生同步关系。词义的自由发展和同步引申是词义引申过程中矛盾的统一，其结果是促进了某些词义的演变发展，同时又限制了引申线路的过于歧异与紊乱。先生的这一研究是对词义理论的发展。

先生自1994年出任国家语言文字工作委员会主任，从此他又对语言文字应用研究给予了极大关注。他认为，学术研究都有基础研究和应用研究两大块，二者从来都不是对立的，一个是植物的根，一个是茎、叶和果。没有基础研究，就无法认识事物的基本规律，也就谈不上应用；没有应用，基础研究提供给人们的规律就无法在更广泛的范围内得到验证，也就发现不了已有的认识有什么不足，下一步该朝哪儿走。同时，脱离了应用的基础研究，恐怕很难有真正的进步，更不用说突破。从语言学的整体说，研究者既应该面向社会最急迫的需求，也应该有长远的眼光，进行扎扎实实的基础研究，当然，这两块既不是彼此绝缘的，更不是相互矛盾的，而是密切相关、相互促进的。他曾说："学术研究，基础与应用，皆社会所需者。齐头并进，则相得益彰，偏于一隅，则一隅难保，且古今中外，万事万物远离大众所需而得长命者，几希，况学术耶？"

先生一贯支持语言学理论的研究，担任国家语委主任以后更加力推动。他认为，我国语言学界，一向注重对具体语言现象的研究，缺乏对理论问题的探讨，包括对所使用的方法，也很少提升到规律性和理论的高度加以总结。一百年前西方语言学的方法和理论传入中国后，情况有所改变；五十年代和八十年代又出现了两次引进国外语言学的高潮。汉语史研究领域在此过程中实际上也在逐步地吸收语言学理论中对自身有用的东西。但是，由于种种原因，汉语史和语言学理论的研究彼此脱节的现象至今还没有显著的改变。一方面语言学理论界对汉语史缺乏研究和了解，另一方面汉语史界的理论修养比较欠缺。这一情况实际上制约了我国语言学研究的发展和根植于中国语言学的理论建设。鉴于此，我们要学习西方的理论，因为在现在的语言学理论著作里，有很多是属于人类语言的共性的东西。理论的学习可以培养我们宏观的、有关规律性的思维。当然，我们的具体研究成果，从具体语言现象中悟出的道理，极有可能会对语言学理论作出重要的补充。具体到训诂学，也不应排斥理论研究，相反在这方面应该加强，因为具体语言的研究若无理论的指导，则易趋古而不及古，流入盲人骑瞎马之境。所以，当代学者要做基础研究与应用研究、理论研究与具体语言研究的"两栖学者"。

训诂学不是一门理论学科，而主要是一门应用学科，是一种工作。它既有学术价值，更有重大社会价值。现在的训诂学工作价值就在于它能够直接指导人们更有效地实践：整理古籍、编纂辞书和进行语文教学。早年间，他就曾多方呼吁，搞训诂的也应该搞一搞古籍整理，正如研究古汉语的要练练文言文，研究诗歌的不妨自己也写几首诗歌一样。他自己更亲力亲为，先后主持整理《小学考》、《朱骏声三代文集》、《〈说文解字〉读》、《文白对照十三经》（亲自翻译《周礼》、《仪礼》）、《文白对照诸子集成》、《二十四史全译》等项目。他始终认为，训诂与整理古籍是互为因果，互相推动，共同前进的。

辞书编纂，实际就是"许学"与"雅学"的光大。近年来先生首先从辞典学、训诂方式、与现代方言的关系等多个方面对《说文》进行探讨，撰写了《〈说文解字〉在辞典编纂史上的地位和价值》、《〈说文解字〉释义方式研究》、《〈说文〉杨氏学述略》等论文，弥补了前人研究的不足。这些可以看作是对辞书编纂理论的研究。作为辞书编纂的实践，先生则主持编纂有《中国古代礼俗词典》、《传统语言学词典》、《古今字汇释》、《汉字标准字典》、《汉语模范字典》、《小学生规范字典》、《小学生标准字典》等，也指导了《现代汉语规范词典》等书的编撰和《汉语大字典》的修订工作。把训诂学研究的最新成果以辞书的形式反映出来，这也充分体现了训诂学的应用特色。最近几年，先生又尤其强调当代词典编撰应该在借鉴西方近现代词典学理论与实践经验的基础上，更多吸收中国传统语文词典释义的精髓，使汉语词典更具有中国特色。

运用训诂学理论指导语文教学，是当代训诂学的另一重要特色。先生撰写的《汉字形符的类化和识字教学》、《汉字声符的分化和识字教学》、《小学识字实验研究概况及展望》等论文，从汉民族心理上的类化（同化）、分化（异化）倾向和汉字形、音、义结合的特点出发，分析了形声字的发展规律，并试图让这一规律在汉字教学中发挥作用，帮助缓解儿童、文盲、外国人学汉字难的问题。

先生治学，讲求实事求是。例如在对待前人的研究成果问题上，他主张不顶礼膜拜，也不轻易地一概抹杀。他认为，即使是最伟大的遗产，也只能代表某个特定时代所达到的高度；即使是历史上最蹩脚的论著，只要它存留至今，也会有它一定的价值，就连其失误之处也可以为后来者借鉴。在研究工作中，他反对追求时髦和故弄玄虚。有人喜欢生造些新名词，玩些新瓶装旧酒的把戏，他以为都不足为法。

先生治学，亦特别注重方法。比如读书，他很欣赏"傻读"，故而对黄季刚先生说的"最聪明的人往往用最笨的方法"这一句话特别感兴趣。比如古人尤其重视背书，那就是一种"傻读"。当然，先生也说，"傻读"也是要动脑子的。同时，读书——尤其是读经典，要怀着敬畏之心，比如读《论语》，读老杜的诗。但怀敬畏之心又不等于不提出疑问来，因为人无完人，书无完书。对于古人与古书，我们不迷信，也不顶礼膜拜。

先生认为，学无师承是一种遗憾，但如果过分强调遵守师法、家法，不敢越雷池一步，就会限制思想和学术的发展。我们的传统教育体系是很注重师承的。晚清以来洋学堂兴起，的确给我们的教育带来了新的理念、新的方法、新的气象，但古代公私之学如私塾、书院等讲师承之类的很多优秀传统也就此被丢掉了，甚是可惜。

先生颖悟过人，而治学又有一种刻苦执著的精神。他的书斋名曰"日读一卷书屋"，政事繁杂，尚能日读一卷，殊为难能。先生多年的习惯，常于访客走尽、电话铃歇、夜深人静之时开始读书、思考、写作。尝见其闲章二枚，一曰"乐乎斯道，安于清贫"，一曰"不知老之将至"，其为学不辍，只争朝夕盖如斯。景仰黄侃先生，把黄侃的名言"刻苦为人，殷勤传学"视为安身立命之本，自谓宁以"殷勤传学"而误著述。但仅十年，政务之余，则陆续出版有《未辍集——许嘉璐古代汉语论文集》、《未成集——论新时期语言文字工作》、《未安集——许嘉璐说教育》、《未惬集——许嘉璐论文化》、《未淡集——许嘉璐散文选》、《未了集——许嘉璐讲演录》等专著，其用力之勤于此可见一斑。启功先生曾为其书黄侃所集联云："好学深思，心知其意；多闻阙疑，慎言其余"，此亦先生所遵循者。

近三十年来，训诂学得以复兴与普及，与中国训诂学研究会有着直接关系。中国训诂学研究会 1981 年成立，先生作为该会的首任秘书长，后又继陆宗达、徐复先生出任研究会会长，为该学会的筹建和发展付出了大量心血，为中国当代训诂学的普及与复兴作出了贡献。在卸去会长之任后，仍长期以关注学会发展的方式关注训诂学在新时期的发展。

附 记

2009 年，先生从教五十年，亦瑞平承教三十年。作为老学生始终追随先生左右三十年，终于学无所成，甚至于先生之学亦未敢自信已得窥堂室之美，实令人愧怍而汗发于背。自思榆木疙瘩经三十年润溉亦当开花，何资质驽钝如斯乎？亦生性疏懒使然耶？或二者兼有之？先生从教五十年学术研讨会后，同门议各出所撰文结集出版，以为祝贺，乃凭记忆匆成此文以应之。至于先生学术之精妙深湛，固非后生小子管窥蠡测所能缕述，所可能者，待暇日系统重温先生著述，略记心得一二而已。

许嘉璐先生在辞书研究与编纂方面的贡献

商务印书馆　史建桥

提　要　许嘉璐先生十分重视辞书的研究和编纂，提出要用今天的学术眼光来看待字典辞书在人类的社会生活、社会发展中的地位和作用，加强词典学、字典学的研究及人才的培养，改进编纂方法和技术手段。他致力于传统语言文字学的研究，从辞书学的角度对中国的经典传统辞书《说文》、《尔雅》、《康熙字典》等给予了科学的评价和独到的见解，并主持编纂了传统语言文字学方面的工具书。注重语言与文化关系的研究，组织和鼓励编纂出版中国文化方面的辞书。极力倡导语言文字的规范，反对语言文字在社会应用中的混乱现象，支持和推动规范化语文辞书的出版。强调基础教育的重要性，进行小学识字教学的研究，组织编写供小学生使用的学习型辞书。许先生对于辞书的理论研究和编纂实践，是值得认真总结的。

关键词　辞书　辞书学理论　辞书编纂

许师嘉璐先生自 1959 年开始从教以来，在 50 年的时间里，一直致力于传统语言文字学、语言与文化以及应用语言学等方面的教学和研究工作，取得了显著的成就。同时，先生还十分重视相关辞书的研究和编纂，撰写了《〈说文解字〉在词典史上的地位和价值》、《〈说文解字〉释义方式研究》、《〈尔雅〉的分类与分卷的再认识》等多篇辞书学方面的论文，主编了《中国传统语言学辞典》、《中国古代礼俗辞典》、《汉字标准字典》、《现代汉语模范字典》、《小学生规范字典》、《小学生标准字典》等辞书，担任了《现代汉语规范词典》的首席顾问，为中国的辞书事业作出了重要贡献，产生了很大的影响。许先生还在一些有关辞书研讨和编纂出版的会议上发表讲话，为自己主编的辞书作序，为其他专家学者如曹述敬先生主编的《音韵学词典》、宗福邦等先生主编的《故训汇纂》等多部辞书作序。在讲话和序文中，许先生就辞书编纂的意义和价值、辞书编纂的特点和难点、辞书理论的建设以及手段的现代化等方面进行了深入的阐述，这些对于辞书学理论的研究，辞书编纂方法的总结，都是很有意义的。

在庆祝许先生从教 50 周年之际，我作为一个专事于辞书编纂与研究的弟子，有必要将先生在辞书编纂方面的成绩，在辞书学理论上的建树，作一个全面的梳理，并谈谈自己的一些心得。

一

2007 年 5 月，首届"海峡两岸《康熙字典》学术研讨会"在山西晋城召开。许先生到会出席开幕式，并作了题为《弘扬中华辞书文化，促进两岸学术交流》的讲话①。这个讲话，可以说是许先生对辞书研究与编纂长期思考的一个总结性的阐发，提出了一些重要观点。

在这个讲话中，许先生首先对《康熙字典》的历史价值给予了高度评价，认为"《康熙字典》在《说文解字》之后 1600 年问世，按西方学者的术语，可以说就'现代意义上的词典'而言，它是第一部。所谓'现代意义上的词典'，当然有几个标志，如对于一个字的解释形音义俱全，如容易检索，等等。直到今天，我们所编的各种字典与词典，应该说基本上没有超越《康熙字典》的矩矱"。所以要重视对《康熙字典》的研究，加强海峡两岸的学者在辞书领域的交流。

接着，许先生提出要用今天的学术眼光来看待字典辞书在人类的社会生活、社会发展中的地位和作用。他说："字典辞书实际上是社会个体走向更广阔世界的桥梁与工具。它是超越时空的，它是民族的和人类的知识的载体、文化的载体。""任何一部为当时社会所编的字典，就是那个时代文化的缩影，是文化与知识的汇集、积淀与浓缩，同时也是一个民族乃至人类对于语言——在我们中华民族还要加上文字，即对语言文字——认知的标记和规范。""认识一个中国字，必须形、音、义三者俱备，每一个注解，都是这个时代的人对自己语言和文字的认知的记录。""说字典可以帮助人认识字、看懂书、长知识，这是平常我们说到的，我觉得恐怕还应该用社会学、哲学等的理念再度审视，提高对字典辞书的认识。"

在强调了字典辞书是知识和文化的载体，是一个民族乃至人类对于语

---

① 载《辞书研究》2009 年第 4 期。

言或语言文字认知的标记和规范，具有非常重要的社会功用之后，许先生又提出："因为字典比其他工具书重要，所以字典学或者词典学就显得重要。"编写字典词典不能只凭借经验主义，"经验是宝贵的，用理性主义对语言的观察来编词典，未必编得好，但我们也不能完全拒绝理性主义。换句话说，有些问题应该提高到理论上来认识，从理论上分析"。他从两点举例来说明辞书编纂中理论认识和研究的重要性：一是词典的释义问题，现在"字典最常用的释义方式是定义式、描写式"，"多少年来，我们也是这样做的，但是真正做起来就会发现义界非常难下"，"所以到底对词典的释义如何要求，这些都可以重新审视"；二是辞书编纂者的主观认识与字词所反映的客观之间的关系问题，"没有一部字典辞书没有作者的主观意识在内，主观的干预，贯穿在从选词、选字一直到释义的全过程"，"这个关系怎么摆？这也是需要研究的"。因此他针对当前辞书编纂的现状，特别强调辞书编纂中理论指导的重要："现在社会上的词典良莠不齐，除了那种以经商的方式来编辑、剽窃以及笑话（不是错误）百出的词典之外，即使是认真编写的词典也是良莠不齐，也需要系统的、有说服力的、从实践当中来的理论加以指导。"他要求"进入了 21 世纪，词典学不仅要在理论上有所建树，还应该有这么一个课程"，专门培养从事辞书研究和编纂的人才，还"应该引进现代化的手段"。

在讲话最后，许先生把他的观点概括为两点："重新认识字典辞书在人类文明传承发展中的地位和作用"；"加强词典学、字典学的研究及人才的培养，手段也需改进"。这两点视界高远，论点精辟，对于加强中国辞书理论的研究，促进中国辞书事业的发展，是很有教益的。

二

对于传统语言文字学的研究，许先生一直视为自己的本行，着力甚深。其中与辞书编纂有关的，一是从辞书学的角度对《说文解字》和《尔雅》这两部重要典籍的研究，二是主持《中国传统语言学辞典》的编纂，三是为相关辞书所作的序。

《说文解字》是中国第一部以形系联，系统解析汉字形音义的字典，在中国辞书史乃至世界辞书史上享有崇高的地位。许先生在《〈说文解字〉在词典史上的地位和价值》[①] 一文中指出："《说文解字》作为世界

---

① 载于《许慎与〈说文〉研究论集》，河南人民出版社 1991 年版。

上第一部规范词典，将永远在词典编纂史上放射出耀目的光辉。"对于《说文解字》在辞书学意义上的价值，许先生认为"并不仅仅在于成书时代之'早'，还在于它所实际达到的令人惊叹的水平，在于至今仍然可以给予我们许多关于词典编纂工作的教益"。先生还指出，"世界各国的词典编纂工作，似乎和语言学的研究有过'指示的'与'描写的'阶段相应，差不多也都曾经经历过'指示性'和'知识性'的阶段"。他说，所谓"指示性"，"即词典的编纂都只简单明了地告诉人们某词是什么意思，其根据与口吻都是'权威性'的，似乎无须指出该词为什么是这个意思；换言之，指示性词典所承担的任务是明其当然，而不是明其所以然。我国的《尔雅》即属此类"；所谓"知识性"，即"不仅要向人们指出'是什么'，而且要满足人们要求懂得'为什么'的欲望"。而"《说文》就是这样一部带有独特风格的首创性著作"，"《说文》的贡献，并不限于为当时人们提供了一部高水平的规范性的详解词典，也不只是给后世以至现在编纂词典的工作以众多的启示"，"此后，它又长期被视为文字之圭臬，继续发挥作用。《说文》之功可谓大矣"。这些见解都十分新颖独到，发人深思。

释义，是辞书编纂的核心。对释义及其方式的研究，是辞书理论研究的重要内容。许先生从《说文解字》入手，撰写了《〈说文解字〉释义方式研究》[①] 一文。他根据黄侃先生概括的"以语言解释语言"的互训、义界和推因三种方式，指出"互训、义界和推因这三种方式在《说文》之前早就产生、存在了。但只有到了许慎手里才有意地把三者有机地结合起来使用，使三者各显所长，把释义的工作推进到一个新的高度。《说文》是自周至汉训诂的集大成者"。许先生还着重强调："《说文》释义的规律和经验，至今有些还不为人所知。进行深入的挖掘和总结，对于今后的辞书编纂和古籍整理工作是很有意义的。"在文中他还提出，要保证辞书编纂的质量，做到有关词语释义的周密配合，"关键的问题是提高编写人员的语言修养（不单是语言学、词典学的一般知识和理论），把像许慎这样的古代大师的经验化为己有"。这番话值得我们辞书编纂工作者予以充分的重视。

《尔雅》是中国第一部按义类编排、释词解义的词典，对训诂学、辞书学的影响十分深远。许先生抓住《尔雅》以义系联这个区别于字书、

---

① 载《词典与词典编纂的学问》论文集，上海辞书出版社 1985 年版。

韵书等古代辞书的根本特点，撰写了《〈尔雅〉的分类与分卷的再认识》[①] 一文，指出："《尔雅》的出现，标志着其时华夏先民对事物类别和语词认识的深度。用这一点和其前后类似的著作相比，应该感叹其对'类'的认识水平之高。"他还将《尔雅》的编纂同西方拼音文字的辞书编纂进行比较："欧洲早期的词典，也是按意义排列的。即使出现了字母表之后，词典开始用音序排列了，意义排列法也依然在使用。例如文艺复兴时期常常同时编纂两种排列方法的词典。这是因为当时的词典编纂者认识到了意义排列法的好处。现在，拼音文字国家的词典基本上是用音序排列法，但是为弥补其不足，也出现了按概念类别排列的词典。这是历史的循环——古老传统的回归。"两相比较，"《尔雅》不但要早十几个世纪，而且创建了意义排列法，为后世树立了楷模"。从而对《尔雅》按义类编排在辞书学上的意义和价值作出了充分的肯定。在《义类和类义——兼论雅学》[②] 一文中，许先生对"义类"和"类义"下了明确的定义："义类就是词义的类别。这里所说的词义，是指词的概括义、静态义，表现出来的外在形式就是词典当中记录的或者说词典当中所描述的意义。""类义就是同一义类的词所共有的意义。"许先生认为，在解释词义时，要注意词义的系统性和层级性，同时要注意类义与同一个义类当中的其他词的关系，并和文化学、心理学、哲学等学科结合。在此文的"余论"中，许先生还指出了词义的对称性和词义变化的平行性，就是同步性的特点。也就是先生所概括为的"同步引申"。先生将古代雅学中有关"义类"和"类义"的论点上升到用系统论的观点来解释词义，这对于辞书的编纂来说是一个重要的启示。

许先生不仅从传统语言文字学的研究中探求辞书学的理论，总结辞书编纂的方法，而且还组织专业人员，亲自主持编写了《中国传统语言学辞典》[③]。这部专为从事传统语言学研究人员使用的辞书属于专科性辞典，先生在该书的序中谈到了编纂这部辞书的目的和作用："传统语言学的总结，其精华的开掘，也是今后语言学理论建设所必需的。但是，我国古代语言学著作（包括旧时归于经学类的一些注释书）可谓汗牛充栋，初学者苦于不得其门，无从下手。"因此，"我们编写了这本《传统语言学辞典》，以期使读者一册在手，可以综览传统语言学的概略，又可以此作为

① 载《中国语文》1996 年第 5 期。
② 载《未了集——许嘉璐讲演录》，贵州人民出版社 2002 年版。
③ 河北教育出版社 1990 年版。

进一步阅览、检寻的线索"。序中还提到了编纂这部辞典的程序和方法："为保证书的质量，每个词条都经多人之手：分别撰稿后组内传阅，然后由分支负责人修改，最后由主编、副主编定稿。"体现出编纂这部辞典的认真严谨的态度。

除此之外，许先生还为其他专家学者编纂的有关传统语言文字学的辞书写序，热情地赞扬这些专家学者埋头苦干、甘愿为人作嫁的精神和为专业建设、为辞书事业所作的贡献。在为曹述敬先生主编的《音韵学辞典》所写的序中，许先生特别强调此书"无哗众之意，唯求实之心"，"钩玄提要，语不虚设"，编纂这样的辞典，"教者学者，一编在案，可免寻访之劳，有裨于学林"。在为宗福邦等先生编纂的《故训汇纂》所写的序中，许先生说"编纂或编写工具书，是件吃力而不讨好，能者不愿为，不能者不能为，却有功于世的工作"，盛赞《故训汇纂》的编纂成功，"这是训诂学界的一件大事，是一切研究古代典籍与文化者的一大福音"；"《故训汇纂》就是为对语言文字学有兴趣的人们准备的一个资料宝库，其有功于当代和后代巨矣"。

三

语言和文化的关系，是许先生多年来一直关注并致力研究的重要命题。早在 1995 年，先生就在《〈汉字阐释与文化传统〉序》[①] 里说道："大约十年前，我深感训诂学、文字学到了必须向文化学领域伸展的时候了"，"传统'小学'产生和发展的土壤原本就是文化，或者说'小学'就是为文化的阐释而生的"。在《语言与文化》[②] 一文中，许先生提出了三个重要的论点：一、语言是一种特殊的文化现象；二、语言是文化的最重要载体；三、语言对文化的巨大反作用力。他还精辟地指出："正是由于语言是一种特殊的文化，是文化的重要载体，所以语言理解就包含着文化理解，同时语言理解需要文化理解；语言理解的层次越高，文化理解也就越高，需要的文化理解也越高。"这一论断，揭示了语言与文化之间的辩证关系，也给辞书史的研究带来新的视角，具有重要的意义。

许先生就是以这样的视角，站在新的学术高度来认识和研究《尔雅》的。他撰写了两篇从文化学的角度研究《尔雅》，并在学界颇有反响的文

① 载于《未辍集》，中国社会科学出版社 2000 年版。
② 载于《中国教育报》2000 年 10 月 17 日。

章，这就是《〈尔雅〉的分类与分卷的再认识——〈尔雅〉的文化学研究之一》和《读〈尔雅·释亲〉——〈尔雅〉的文化学研究之二》①。在前一篇文章里，他认为"《尔雅》实是为文化的阐释而编纂的，因而它的出现也是古代文化的一种集中展现"，"其中最值得大书特书的，是《尔雅》的词语分类观。从文化的角度说，这是华夏之族的类概念在语言领域的实践运用"。许先生还指出："华夏初民很早就意识到事物是有类别的，但是要意识到语言中与之相对应的词语也是有类别的、词语是事物的标记、词语之同异是事物的性质决定的，则需要文化发展到相当发达的阶段。"这说明《尔雅》的诞生，正是中国古代文化发展到一定阶段的产物。在后一篇文章里，许先生说："近世研究《尔雅》体例、词汇学意义者渐多，但着眼于《释亲》中的词语与古代活语言的关系（也就是在实际社会生活中使用的情形）、那些亲属词语在历史文化中意义的，依然较少。"这样"就难以得出对其社会含义更深一步的认识，跳不出古人围绕着丧礼研究的窠臼，即使对其中一些词语意义的训解，也难以透彻"。在文章结尾，先生得出的结论是："训诂学必须与文化学、人类学、历史学相结合。一方面在研究训诂学时要利用这些学科的成果，对语言现象进行多方面的、综合性的分析研究，另一方面训诂学的研究成果要为这些学科提供工具和具体结论。'合则双美，分则俱伤'，学术研究中亦然。"这些论断，对于辞书史的研究也都具有重要的指导意义。

除了进行语言与文化关系的理论性研究，许先生还主编了《中国古代礼俗词典》②。这是一部既有理论价值又有实用价值的工具书。许先生在《〈中国古代礼俗词典〉序》中，就是从这两个方面谈到编纂这部词典的意义的。从理论上说，"礼俗，作为民族文化的一部分和语言的发展（特别是词汇和词义的发展）有着密切的关系。礼俗的形式和内容（形式所包含、寄寓的政治意义、社会意义）经常要靠语言表现出来、记录下来、流传下去，语言甚至可以推动或阻碍礼俗的发展（例如语言禁忌和崇拜）。""因此，我们不但可以从语言和文字的分析中了解古代社会，还可以从古代礼俗的情形了解到语言发展演变的社会动因和具体情形。"从实用上说，"和一切学术领域一样，古代礼俗问题既需要进行专门的清理与研究，又应该让一般人了解一些基本知识，既需要提高，又需要普及。所谓'一般人'，包括了专门从事礼俗研究工作之外的一切人，例如文史

① 载《许嘉璐语言文字学论文集》，商务印书馆 2003 年版。
② 中国友谊出版公司 1991 年版。

工作者、教师、作家、演员、工人、农民……这里面有很多人是某一方面的专家"。许先生在序中还特别强调广大语文教师学习和了解古代礼俗的必要性，他说："有经验的语文教师都有过这样的体会：读或教古代作品时，字词句篇都懂得，也都能顺畅地讲授，但有时总有隔雾观花的感觉，或明其然而不明其所以然，或知其字面意义而难得其神情，甚或把古人古事'现代化'了。究其原因，不了解、不熟悉古代的文化背景是重要的一条，而古代礼俗的情况又是这文化背景中的关键。因此，在不断提高各级语文老师业务水平的过程中，让我们的教师们多掌握些古代礼俗方面的掌故，是很重要的。"总之，编纂《中国古代礼俗词典》的动机和目的，就是要"汇集古代礼俗的基本材料于一编，省去了许多人翻检之苦，让更多的人知道古代礼俗的方方面面、片片段段，以便于专家和文史工作者（包括教师）的研究、写作和教学"。

许先生还非常支持有关专家学者编纂有关中国文化的辞书，并为之写序。在《〈中华文化大典〉序》①中，他说"这是一部汇集我国自盘古传说至1911年长达5000年的历史长河中不同时代、不同领域的物质和精神文化成果的工具书，内容远远超过'礼俗'的范围"，"它既是对中华文化'源远流长，博大精深'的展示，又是研究中华文化所必备的资料汇编。它将给一般读者较全面而详尽的关于我国古代文化的知识，为专业人员提供研究的资粮、线索和提示"。这些都体现了许先生对语言与文化关系的研究及辞书编纂的重视。

四

促进语言文字的规范化，是一项涉及国家统一、社会发展的重要国策，也是语言文字工作者的重要职责。曾任国家语委主任的许先生为此奔走呼喊，做了许多工作。他主持制定了《国家通用语言文字法》，在他的许多文章和讲话中，都极力倡导语言文字的规范，反对语言文字在社会应用中的混乱现象。同时，他还鼓励和支持编纂规范性的语文辞书，并亲自主编了数本规范性的字典。

在《树立语言规范意识》②一文中，许先生提出"语言文字规范意识是公民意识和国家意识的重要组成部分，维护祖国语言的纯洁和健康是爱

① 载《未惬集——许嘉璐论文化》，贵州人民出版社 2005 年版。
② 载《人民日报》1996 年 5 月 11 日。

国主义的一项重要内容"，"语言的规范和统一关系到一个国家的统一和稳定"。在这样的认识高度上，许先生明确指出了当前促进语言文字规范化的迫切性："现代化建设和对外开放需要语言文字更高水平的规范化、标准化"，"这一形势对语言文字规范化、标准化的程度和速度提出了比以往任何时期都要高得多的要求"。他认为进行这项工作，要遵循语言文字自身的演变规律，"因势利导，做促进的工作，而不能按照主观想象和愿望进行"。

正因如此，许先生非常重视规范性的语文辞书的编纂和出版，让辞书为语言文字的规范化、标准化服务，积极发挥辞书的社会作用。在《〈现代汉语规范词典〉序》中，他指出了编纂规范性语文辞书对于促进语言文字规范化的重要性。他说："语言，不管是口头的还是书面的，只有符合社会规范才能达到完好的交流目的；一个国家或民族，当通用的语言由于全民遵守规范而高质量地通用了，其凝聚力就会大大增强。为了达到社会个体和全体两方面对语言规范的要求，于是字典、词典就成了文明时代所有国家和民族不可少的工具。"作为《现代汉语规范词典》的首席顾问，许先生一直关注着这部词典的编纂过程。在《关于编写〈现汉规范词典〉的几点想法》① 中，他指出"这样一部规范的词典，对于社会上文明使用语言文字，对于我们的教育，尤其是基础教育，乃至对于中文信息事业，都有至为密切的关系"。他分析了编纂过程中的具体困难，并提出了一些自己的建议。最后，他希望编纂人员一要"甘于坐冷板凳"，二要"精益求精"，三要"在保证质量的前提下尽量加快编纂进度"，四要"在编纂的过程中注意积累辞典学、语言学的问题和资料，以备日后深入钻研"。许先生的这些想法，对于我们辞书编纂工作者来说，都是值得认真领会和遵行的。《现代汉语词典》第 5 版出版后，许先生出席首发座谈会表示祝贺，并发表了热情洋溢的讲话②。他说"20 多年来，《现代汉语词典》曾经对推广普通话和汉语规范化工作起到巨大的推动作用"；现在《现代汉语词典》第 5 版的出版，"是辞书出版工作的一件大事，也是语言文字规范事业和推广普通话工作中的一件大事"。他感谢中国社会科学院语言研究所参加《现代汉语词典》修订工作的人员"发扬了吕叔湘、丁声树、李荣等前辈语言学家所树立的严谨、求实的优良学风，这不但保

① 此文是作者 1994 年 7 月 26 日在《现代汉语规范词典》第五次编写工作会上的讲话。载《语文建设》1994 年第 11 期。

② 载《光明日报》1996 年 9 月 5 日。

证了修订工作的高质量、高水平，而且也是对辞书编纂工作中不良学风的抵制和批判"。《新华字典》第 10 版出版后，许先生也出席了首发座谈会表示祝贺①，会上他评价《新华字典》具有科学性、规范性和实用性。这"三性""是其精神、经验和传统中最重要部分的结晶，也正是在今天的工具书出版事业中应该大力提倡的"。他特别强调："国家有关语言文字的规范，是要靠像《新华字典》和《现代汉语词典》这样一类具有广泛影响的字典辞书来体现和影响千千万万群众的。同时，也只有在字典词典的编纂过程中，对已有的规范中所存在的不足与需要改进的地方，才能有系统的全面的发现、搜集和研究，规范和标准也才能动态地不断适应时代的发展。"

每当这些规范性的语文辞书的出版，许先生都感到由衷的高兴，并希望有更多的这类辞书问世。许先生还组织自己的弟子，主编出版了《现代汉语模范字典》②和《汉字标准字典》③。在《〈现代汉语模范字典〉前言》中，许先生说："编字典历来是一件费力不讨好的事情。目前市面上的字典已经很多，我们为什么还要编这一本字典呢？目的就是想以此来促进社会用字符合国家规范。""现在，《国家通用语言文字法》终于颁布了。该法的基本精神就是以法的形式确定国家通用语言文字（普通话和规范汉字）的权威地位。本字典恰好配合这一法规的颁布与实施。"

五

许先生不仅十分重视语言文字在社会使用上的规范化，力推通用型的规范性辞书，还十分重视从基础教育抓起，进行小学识字教学的研究，撰写了《汉字结构的规律性与小学识字教学》④、《汉字形符的类化与识字教学》⑤、《汉字声符的分化与识字教学》⑥ 等多篇论文，并组织编写了《小学生规范字典》和《小学生标准字典》这类为小学生使用，帮助他们学习和掌握规范汉字的学习型辞书。

---

① 载《未成集——论新时期语言文字工作》，语文出版社 2000 年。
② 中国社会科学出版社 2000 年出版。
③ 辽宁大学出版社 2001 年出版。
④ 载台东师范学院编《小学语文教学国际研讨会论文集》，文史哲出版有限公司 1995 年版。
⑤ 载香港《语文教育学院学报》1990 年第 7 期。
⑥ 载香港《语文教育学院第六届国际研讨会论文集》，1990 年 12 月。

许先生认为，"小学和中学，是学校教育的基础阶段；中小学语文课程，是学生接受语文基本训练、打好基础的工程。在这一时期，语文教学中的语言文字是否规范，对学生一生的影响至巨。"① 而语文教学的起点，要从小学阶段的识字教学开始。他在《汉字结构的规律性与小学识字教学》一文中说道："中国人识字，一般是从小学正式开始的。在小学阶段，儿童需学得与其智力和交流所需相称的足够的汉字。学这些字所用时间的长短，关系到亿万人掌握运用文字以与外界进行不受时空限制的交流（记录思想感情、获得更多的信息）的早晚，因而也就影响到民族的智力开发迟早和是否充分，影响到民族整体素质的高低。因此，研究小学识字教学的规律，使儿童识字过程更为科学，是个很有价值的课题。"由此可见，先生是把小学阶段识字教学的重要性提到影响"民族的智力开发"、影响"民族整体素质"的高度来认识的。他潜心研究汉字结构的规律性，希望使小学生的识字过程更为科学合理。他还指出："每个汉字都具备形、音、义。从三者中的任何一项都可以看出汉字的系统性。"② 总结汉字结构的规律性，梳理汉字形音义的系统性，是先生设想提高小学识字教学效率的基础。

不仅如此，他还要求将这些研究的结果在小学生字典的编纂过程中得到体现。许先生为他主编的《小学生规范字典》③ 写了一篇《写在前面的话》。文中说道："'人生识字糊涂始'，汉字实在难认难学难写。可是，如果教得得法，学得得法，就可以大大减少这些难处。怎样'得法'？其中重要的一条是从一开始就养成读、写都遵守国家所制定的规范的习惯，也就是正确掌握汉字的形、音、义。""我们依据国家有关的规范编写这本字典，就是为了方便学生学习汉字和老师的汉字教学。经常问问这位'不说话的老师'，就能帮助大家正确地掌握汉字的形（包括笔顺）、音、义，养成良好的习惯。"在给他主编的《小学生标准字典》④ 所写的序中，许先生还阐述了供小学生使用的字典应该具备的三个特色："一是不需要那些冷僻的或使用机会不多的字；二是对字义的解释不但要准确，而且符合他们学习的情况；三是字形、字音、笔画、笔顺、部首、结构等都要符合国家标准。这最后一点很重要，因为小学阶段是为一生的学习打基础的

---

① 《语言文字规范化与语文教学》，载《未成集——论新时期语言文字工作》。
② 见《汉字形符的类化与识字教学》。
③ 湖南人民出版社 1999 年版。
④ 商务印书馆 2002 年版。

阶段。无论从事什么职业，如果一开始养成了不正确的习惯，以后纠正起来就会十分困难。"许先生的这些意见，都是编写这类学习型辞书的过程中值得注意的。

综上所述，许嘉璐先生一直非常注重辞书史和辞书理论的研究，非常注重符合科学性、规范性、实用性的辞书的编纂。这些年来我聆听先生的教诲，跟随先生编纂了几部字典，所获颇多。我将立足于自己的工作岗位，为中国的辞书事业付出不懈的努力！

许嘉璐先生和古代汉语教学

北京语言大学　张　猛

一

许先生讲过的课里，我听过的有：古代汉语、训诂学、古音学、《左传》选读、《诗经》点读、《左传》点读、《说文解字注》点读、《广雅疏证》点读等。其中有的是本科课程，有的是硕士研究生课程，不包括讲座、论文指导。其中古代汉语课要特别一些，因为我去听课的时候不属于正式听讲生，是蹭课的。1985年研究生毕业以后，到北京大学中文系古代汉语教研室工作。次年，听说许先生在北师大开讲"《左传》选读"，就又去蹭课了，每周一次骑车回师大听讲。1987年，北大中文系汉语专业计划开设训诂学课，郭锡良先生特地邀请许先生先来讲一轮，指定我给许先生当助教。那是第三次听许先生讲训诂学。当年的听课笔记都在，根据上面记录的时间列了一张表，从中多少能够窥见许先生当年教学工作的一些情况。

1979 年 3 月 28 日	古代汉语	本科
1981 年 9 月 2 日—1982 年 6 月	训诂学	本科
1981 年冬—1982 年 1 月	古音学	研究生
1982 年 9 月 27 日—1983 年 12 月 24 日	训诂学	本科
1982 年 9 月—1983 年 2 月	《十三经注疏·诗经》点读	研究生
1983 年 2 月—1983 年 6 月	《十三经注疏·左传》点读	研究生
1983 年 9 月—1984 年 2 月	《说文解字注》点读	研究生
1984 年 2 月—1984 年 6 月	《广雅疏证》点读	研究生
1986 年 9 月—1986 年 12 月	《左传》选读	—
1987 年 9 月—1988 年 1 月 15 日	训诂学	北京大学

作为 78 级的学生，本来是没有机会听许先生讲古代汉语基础课的，因为当时许先生担任的是 77 级的古汉语课。可是作为一个大龄的一年级新生，总感到学习机会来之不易，自己起步又晚，恨不得把所能遇到的一切知识全都纳入脑袋里去。那时候真是对什么课都感兴趣，连一个讲座也不肯放过，唯独遗憾的就是分身乏术、而且光阴似箭。

当年串年级、串系、甚至串学校蹭课并不稀罕。串课者之间又常聚首交流所得。我从"串友"中得知 77 级的古汉语课好听，自然动心。不过，记得中文系有规定，不许跨年级串课，所以挑了个辅导课时间，溜进了 77 级的课堂。时间是 1979 年 3 月 28 日，地点是教二楼二层西南角的大教室。算来竟是 30 年前的事情了。

二

那一天是第一次见到先生。先生在讲台上，我在大教室的后排。先生的面容看不真切，话语却声声入耳，非常清楚。先生讲了古汉语课的性质、内容之后，主要讲古代汉语的语法、词汇特点和学习方法。

关于学习方法，先生提了"四多"：多练、多读、多背、多思。练是笔译、读是朗读、背是死背、思是"在多练和多读、多背的基础上多思，注意对照比较"。后来，我把古代汉语教材里的文选全都做了笔译，按先生教诲"学活得先死学"，背诵了教材文选中的历史散文和诸子散文以及《离骚》等，至今受益。

多朗读我没有做到。先生说朗读的好处是耳、目、声三官齐用，可增强记忆。而我生性内向，不敢大声，怕打扰了他人固然是一个理由，更重要的是在那年月里，我已经不习惯大声说话，朗读起来，自己先就会被自己的声音吓住。

关于多思，除了比较之法以外，先生在讲古汉语语法词汇特点的时候，还特别提出了一个方法，就是分析。当时从先生讲的例子里体会到的是：二者可以结合，深入分析、仔细比较。

先生在辅导课上讲的例子是古汉语里的"遂"和"乃"。先生设问：

——"遂"、"乃"都有"就"、"于是"的意思，但是否通用？"乃"可以翻为"在这种情况下"，"遂"可不可以？

接着先生举了《左传》隐公元年"郑伯克段于鄢"的三个"遂"的用例："遂恶之"、"遂寘姜氏于城颍"、"遂为母子如初"，又设一问：

——凡三见。用"就"翻译当然可以，但是否精确？

"精确"一词用在古文翻译的质量要求上，那是我第一次听到。一般都说"准确"。我很好奇，想知道古文翻译的"精确"应该通过什么途径去思考求得。下面先生几句话就使我感到大大地开窍了：

——遂，继事词也。指一件事紧接前一件事发生。（这三个例子）一写姜氏、一写庄公、一写二人。

这是关注上下文之后才会有的思考。从上下文来看，这三例的主语不同，"遂"所连接的关系性质也不尽相同。第一例是事件和态度，第二例是事件和措施，第三例是事件和状态。共同点都是"遂"之前皆为对事件的客观叙述、为因，"遂"之后皆为对事件的主观反应、为果；且前后两种情况在时间上连接紧密。第一例可翻为"因此"，第二例可翻为"接着"，第三例可翻为"结果"。

进一步思考的话，这三例都可以用"于是"去翻，甚至可以用"于是就"去翻，可是如果用"就"来翻就会觉得不妥当。原因在于"于是"可以用在因果之间，而"就"通常是不用在因果之间的。"就"主要表示时间上的紧密相接，或者表示条件关系。因此，如果用"就"去翻译这三个"遂"，义有缺失。

再看"乃"。先生举了《触龙说赵太后》里的两个例子："（必以长安君为质，）兵乃出"、"质于齐，齐兵乃出"。显然，"乃"字连接的是条件关系。这个"乃"应该翻为"才"。用"就"去翻的话，前一例尚可，后一例就不太妥当。

至此，"遂"和"乃"之间的差异就不难看出来了。

先生讲这两个词的时候，既有"遂"和"乃"之间外部的对照比较，又有两词各自用例之间的内部对照比较；同时，对内部用例之间的上下文、用法、译文等因素都一一作了分析。所以，听完之后，对两个词之间的外部区别就觉得心里有底了。

其实，这正是一种实事求是的精神。对一个词如果不了解，把握不住，不妨去调查它的用法。把它的各种使用情况调查清楚了，再和相同相近的词比较，自然就会明白。

分析，建立在对词语的上下文语境进行调查的基础上。

三

从先生对"遂"和"乃"的分析比较中可以发现，一般的字书、辞书不可能对一个词语的所有用例都进行分析，所以，对词语的解释往往是相当概括的。不同的人，由于掌握的词语知识不同，对词语进行概括性解释的时候使用的方式就不同，结果自然因人而异。表现在注释中，是"同字异训"；表现在字典词典中，是"一字多义"。

先生讲到古代汉语课的内容时，在形、音、义、语法之外，特别提到必须注意古籍涉及的古代文化知识。要对词语的上下文语境进行分析，要对词语的使用义做到"精确"把握，都必然要考虑古代说话人所处的生活条件、言语环境、态度观念等。这些就属于古代文化知识。所谓精确理解文献词语，就是精确认定某个古代词语所反映的概念在现代文化生活中的位置及相互关系。

关于这一点，先生举了《论语》里"季氏将伐颛臾"中"危而不持，颠而不扶"的"危"、"颠"、"持"、"扶"。接着说到《诗经·周南·葛覃》："薄汙我私，薄瀚我衣。"

——私，穿在里面的内衣；衣，穿在外面的朝服。古人说解认为：汙，深重，洗时费力。瀚，较汙为轻。唐孔颖达引《内则》："手曰漱，足曰瀚。"可见"汙"是比用脚踩还费力的洗法。

关于"瀚"，先生提了一件生活中的事。一日先生去南京出差，参观莫愁湖途中，见一男子在溪水边，正用脚踩那些被洗的衣服。先生想，北方但见以足和泥，未见以足洗衣者。由此联想到《诗经》中的"瀚"，便问同行友人，当地用脚洗衣的古名怎么说，又问当地的老人，都说从来就是"踩"，没有专门的名称。

先生以一种寻求实证的精神读书和教书，确实令当时的我十分震动。从古到今，关于《诗经》里这首诗的注释不知有多少，但是至今没有人能够说清楚"汙"是怎样的一种洗衣方法。推想一下的话，我们对于古代文献的理解，有多少是仅仅停留在字面上？有多少是真正深入到了文化层面上呢？不把古书当做文字书页，而是当做活生生的文化生活的反映来对待；力求看清的不是字面的训诂，而是看透过纸，看到那个时代、那些人们的衣食住行、爱憎喜怒，那才是真正的读书、读懂书了。

书，只有读懂了，才能教明白。

四

先生的这种读书法，一以贯之于我后来听过的所有课程里，一而再、再而三地注入我的耳朵和思想。

先生心中，一定有一条时光隧道，一头通到古代贤哲的心灵以及他们起居坐卧的环境，一头连着我们现在生存活动的社会文化、世道人心。先生在这条隧道里来回往复，不断地把在一般人眼中邈不可追的情景展现在学生们眼前，让大家可以惊奇地发现那些横平竖直的字符里，居然蕴藏着一个无比生动、无比真切的世界。那个世界里的人和我们同宗同祖、同一条血脉、同一种情理、同善同恶、同悲同欢。

这些课程使我懂得，古代汉语的教学，仅仅把字、词、句分说到位，还不能算是完成了任务。只有把事理、情理剖析明白，把古今语言的差异造成的文化上的隔膜捅破，才可以说是功德圆满。

1985 年早春，先生带我在北师大南门上了公共汽车，记得好像是 27 路，前往西直门附近郭锡良先生家。当时车上已没有空座了。我们站在车门边的过道里，手拉车顶上垂下的吊环，随着车的晃悠而微微晃着身子。先生望着车窗外，慢悠悠地轻声对我交代：

——郭先生性情率真无邪，嫉恶如仇；但是明辨是非，通情达理。

——北大和师大不太一样。北大重视科研。尽管如此，去北大工作以后，首先要站稳讲台。先当好老师，再努力当好一个学者。

1985 年 8 月进北大中文系古代汉语教研室，以后担任了一些课，如：古代汉语、大学语文、训诂学、《左传》选读等。备课、讲课的时候，努力按照先生的路子走，结果都取得了不错的反响。这些课先后都获得了北京大学教学优秀奖。在给留学生讲古代诗文选读的时候，也是按照这个路子走，同样取得了可喜的反响。如果说，我今天对于讲台可谓能站稳，确实是靠从先生的课里学到的本事。

后来一直想跟先生读博士学位，等了很多年，始终没得到机会。先生勉励我师从郭锡良先生，于是 1993 年开始，跟郭师学汉语史。郭师和先生是老朋友、好朋友，他们治学的共同点是实事求是，重事实、重证据、讲道理。始终扣住汉语不放，同时吸纳各种新鲜的观点和理论；无论古今中外，哪门哪派，拿来以后，必定结合汉语的实际情况认真思考，不仅从历时的角度，也从系统的角度反复斟酌。在我的博士学位论文答辩时，先生应郭师请，亲来主持。论文出版时，先生亲笔为序，且再三叮嘱务必放在郭师的序言后面。

我搞研究比较愚钝，应该说是在做完博士论文之后才有点开窍。

这个窍就是：研究汉语，应该是我为汉语服务，而不是汉语为我服务。我论汉语，而非汉语论我。研究汉语，如果能把汉语材料搞透搞通，自然会有下手的地方；不必非要把全世界各门各派的理论全都掌握以后才能发言。且不说各家理论良莠不齐，单论各家的语言材料不同这一点，就足以得出一个结论：照搬唯死路，参照或可活。

　　和读书教书一样，研究汉语，还是得先搞懂汉语，然后才能研究明白。

　　这是郭师的路子，也是先生的路子。我想，这是科学的路子。

许嘉璐先生与中国当代语言规划

教育部应用语言文字研究所　郭龙生

摘　要　本文概要地梳理了许嘉璐先生语言规划理论与思想，代表性地列举了他主持和参与的中国当代语言规划重大活动，论述了他的学术思想对于形成和完善中国语言规划理论体系的建设所具有的重要奠基作用。

关键词　许嘉璐　语言规划　理论　贡献

一　引言

作为著名的语言学家，许嘉璐先生在语言文字领域的贡献主要体现在训诂学、《说文》学、古代汉语、中国古代文化的教学与研究、语言规划及应用语言学研究等方面。本文拟对许先生在语言规划方面的贡献进行一个纲要性的梳理，难免挂一漏万，权且作为学习的心得向先生与学界求正。

二　许先生的语言规划理论与思想

许先生有关语言规划的论述，比较集中地见于《语言文字学及其应用研究》、《未成集——论新时期语言文字工作》、《未了集——许嘉璐讲演录》以及指导学生完成的《中国当代语言规划的理论与实践》几部论著。

（一）语言规划的定义

"语言规划是国家或社会团体为了对语言进行管理而进行的各种工作

的统称。"①

"语言规划又叫语言计划，这是从国外引进的术语。我们国家在'文革'之前就叫文字改革，现在就叫语言和文字的规范化管理。"②

"语言计划，是一个国家或地区的执政者对语言文字的选择，包括创制、改革、规范和推广等工作的总称。"③

（二）语言规划的目的、意义与任务

1. 语言规划的目的

从许先生关于语言规划的定义中，我们了解到许先生认为语言规划的目的就是为了对语言进行管理，也就是为了发现并解决、管理、调节和干预社会交际中的语言问题与纠纷，改进和完善语言行为环境，指导语言的发展等。

从中国当代语言规划的情况来看，不同时期语言规划的目的是不同的：新中国成立初期，百废待兴，百业待举，全国的成人文盲竟占总人口的80%以上。在全国开展的社会主义工业化建设大潮中，文化建设是非常重要的一个环节。为了巩固新中国的国家政治统一局面，为了确定在全国范围内实行通用的语言和文字，为了准备走上世界文字共同的拼音化方向，同时也是为了在国际上树立新中国的良好形象，为了工农群众在文化上翻身，为了培养大批高素质的社会主义建设者等，这些就是新中国成立初期中国语言规划的目的。为了达到这些目的，于是在新中国成立初期开展语文知识的大普及，开展简化汉字、推广普通话、制定和推行汉语拼音方案，开展现代汉语规范化，开展方言和民族语言文字大调查，开展语文工具书编写等一系列语言规划工作。到1997年召开第二次全国语言文字工作会议的时候，中国当代语言规划的目的又有了新的内容。"面对新世纪的挑战，我们必须及时地从我国经济、政治、文化、教育、科技等各项事业的发展和社会对语言文字工作的客观需求出发，适时地规划好面向新世纪的奋斗目标和工作任务。""展望下世纪，我们的奋斗目标是：2010年以前，制定并完善与《中华人民共和国语言文字法》相配套的一系列法规；普通话在全国范围内初步普及，

---

① 许嘉璐：《语言文字学及其应用研究》，广东教育出版社1999年版，第156页。

② 同上书，第46页。

③ 同上书，第182页。

交际中的方言隔阂基本消除，受过中等或中等以上教育的公民具备普通话的应用能力，并在必要的场合自觉地使用普通话，与口语表达关系密切行业的工作人员，其普通话水平达到相应的要求；……下世纪中叶以前，语言文字规范标准和各项管理制度更加完善；普通话在全国范围内普及，交际中没有方言隔阂；语言文字规范化、标准化水平显著提高；中文信息技术产品在语言文字规范标准方面实现较高水平的优化统一。"①

许先生在总结、回顾我国当代语言规划所走过的道路时指出："虽然中国以前没有语言计划这个名词，但中国自古就重视语言计划这件事。中国语言文字管理工作所走过的路大体可以分为三个阶段：第一个阶段，为政治统一。第二个阶段，为工业建设和经济流通。第三个阶段是为信息化。每个阶段的目的是不一样的，但是是叠加的，而不是取此代彼的。也就是说，当进入第二个阶段，为工业建设和经济流通而进行语言文字管理的时候，为巩固国家政治统一的目的并没丢，现在我们为信息化而规范，前面两个也没丢，这三个阶段里又有细致的划分。"② 可见，语言规划工作有其整体的大的根本性的目的，但是，具体的每一项语言规划工作的目的却是各不相同的。即使是同一项工作，在不同时期、不同地理范围内，针对不同的对象人群，其目的也可能是不一样的。

2. 语言规划的意义

语言规划对于任何一个国家都是很重要的。通观古今中外，任何一个统一的文明的国家，都要对语言和文字进行规范，以保证民族素质的提高和政令畅通。在现代社会里，还要通过语言文字的规范促进市场统一、经济发展。在世界许多地方，语言和文字又是民族和地区间十分敏感的问题，因此语言规划还涉及国家的安全和稳定。许先生在讲到为什么要进行语言规划也就是语言规划的意义时指出：第一，凡是统一的主权国家都需要语言计划。从古至今曾经出现又消失了的和现在存在的国家，大多数都是多民族的或多方言的。在这种情况下，语言计划就更为重要。这是由两个因素决定的。第一个因素是语言文字的本质功能；第二个因素是国家团

---

① 许嘉璐：《开拓语言文字工作新局面，为把社会主义现代化建设事业全面推向 21 世纪服务——在全国语言文字工作会议上的报告》，载教育部语言文字应用管理司编《推广普通话宣传手册》，语文出版社 1999 年版，第 15 页；许嘉璐：《未成集——论新时期语言文字工作》，语文出版社 2000 年版，第 442 页。

② 许嘉璐：《未了集——许嘉璐讲演录》，贵州人民出版社 2002 年版，第 188—189 页。

结、统一、完整和稳定的需要。语言的本质功能就是交流。语言文字的本质功能既然是人际的交流，要想让语言文字成为理想的交流工具，就需要消除"障碍"，就需要通过实施语言计划，对语言文字进行选择、规范、推广，并不断改革。一个国家如果语言文字不能统一、规范，就会影响团结、统一、稳定。因为，有了共同的语言文字，就可以无障碍地沟通。共同的语言文字所唤起的认同感，超过了任何方面，超过了什么同乡啦，同宗啦，甚至于亲骨肉。语言的本质功能是交流，交流就产生一种亲和力，一种认同力。这种认同力，是各个国家任何政权都非常重视的。第二，语言文字是国家和民族的象征。对内是凝聚力之所在，对外既关系到国家和民族的尊严，又是交流的工具。第三，语言文字是国家和民族的文化载体，也是一种特殊的文化现象。语言文字的规范或混乱，是国家和民族文化发达与否的标志。第四，现在我们进入了信息化时代。信息化对语言文字的规范化、标准化提出了比历史上任何时候都高得多的要求。现在世界上都意识到了这一点。语言计划，它是一个统一的主权国家不可缺少的。[1]

具体而言，语言规划的意义主要表现在以下几个方面：强化国家整体意识，保障国家根本利益；弘扬多元民族文化，促进各族和谐发展；协调各种周边关系，营造良好生态环境；完善语言文字自身，增强服务交际能力。

此外，中国当代语言规划还有自己独特的意义，即为了巩固新中国国家的统一、安全、稳定与和谐发展；为了保护中华各民族的语言文字特征、民族文化特点与民族经济特色等的持续发展；为了维护各民族之间的团结、和谐；为了培养华夏各民族儿女的民族认同与国家认同；为了维护国家通用语言文字、少数民族语言文字以及各种方言、土语自身及其相互关系的健康、持续发展；为了国家范围内部的顺畅交流与沟通，促进国家社会主义市场经济建设，促进祖国在世界上的和平崛起；为了促进中外文化交流，提高我国在国际上的政治、经济、文化、科技等方面的地位；为了教育、文化和科技事业的整体可持续发展；等等。

3. 语言规划的任务

"语言计划或者说语言规划这个词，是在上个世纪中叶才在世界上叫响的，中国开始使用这个词是 70 年代，在这之前，中国就叫文字改革。

---

[1]　许嘉璐：《未了集——许嘉璐讲演录》，贵州人民出版社 2002 年版，第 183—186 页。

当时的文字改革有三大项任务：第一个是推广普通话；第二个是简化汉字；第三是制定和推广拼音方案。"①

一般说来，语言规划的任务主要包括：确定语言在国家、社会中的地位，协调语言关系，保障人民群众的语言权利，提高语言声望，强化人们的语言规范意识，加强语言文字的规范化、标准化，增强语言活力，充分发挥语言的社会交际功能，促使语言及语言生活持续、健康地发展，更好地为社会服务。但是，语言规划的具体任务是变化的，它随着社会的不断发展和语言及语言生活的演变以及语言规划的进展而有所变化。②

在 1997 年的全国语言文字工作会议上，许先生作为国家语委主任，在主题报告中确定的新世纪语言文字的工作任务是：（1）坚持普通话的法定地位，大力推广普通话；（2）坚持汉字简化的方向，努力推进全社会用字规范化；（3）加大中文信息处理的宏观管理力度，逐步实现中文信息技术产品的优化统一；（4）继续推行《汉语拼音方案》，扩大使用范围。③

（三）语言规划的内容与类型

1. 语言规划的内容

一般来说，语言规划的内容应包括这样几个部分：（1）标准语的选择、确立与推广；（2）文字系统的创制、改革与改进；（3）创制注音工具；（4）术语的规范化与标准化；（5）新词语的整理与研究。

这五项工作是国家层面语言规划的常见内容。但这并不是说所有国家的语言规划的内容只有这么几项。每个国家因国情、语情、文情的不同而有许多具有自己国家、民族、文化特色的语言规划内容。比如我国，因汉字的独具特性，而使我国的语言规划具有与其他国家语言规划不同的内容。"语言规划包括哪些内容呢？我国的语言规划包括了语言政策的确定和调整、为保证语言政策在语言应用中得到贯彻研究制订必要的规范和标准以及上述政策和规范标准的实施。由于汉字的特殊性，我国的语言规划

① 许嘉璐：《未了集——许嘉璐讲演录》，贵州人民出版社 2002 年版，第183 页。

② 陈章太：《语言规划研究》，商务印书馆 2005 年版，第 5 页。

③ 许嘉璐：《开拓语言文字工作新局面，为把社会主义现代化建设事业全面推向 21 世纪服务——在全国语言文字工作会议上的报告》。

实际上包括了对汉字的使用进行规范和管理。"①

在《语言文字学及其应用研究》第三章"光明的未来——语言文字应用研究"的第三节"语言规划理论的研究"② 中，许先生对"汉语规范化"、"汉字规范化"、"字形、字量、字音、字序等方面的研究"、"关于术语问题" 等进行了论述。

2. 语言规划的类型

许先生在指导学生完成的语言规划方面的博士论文中，认为语言规划的类型包括"语言地位规划"、"语言本体规划"和"语言传播规划"。

就中国当代语言规划而言，其中语言地位规划包括：推广普通话，以使之作为国家通用语言；整理与简化汉字，以使之成为国家通用文字；制定与推行汉语拼音方案，作为汉语的注音工具；少数民族语言文字的地位规划；特殊语言文字的地位规划等。语言本体规划包括：1951 年 6 月 6 日的《人民日报》社论和《语法修辞讲话》；现代汉语规范问题学术会议（1955 年 10 月 25—31 日）；第一次全国语言文字工作会议（1986 年 1 月 6—13 日）；第二次全国语言文字工作会议（1997 年 12 月 23—26 日）以及普通话审音工作、现代汉语辞书的编纂、拟订汉语教学语法系统、汉字正字法与现代汉字的信息处理研究、标点符号规范与排写方式的改变、汉语拼音的应用与发展、术语的规范化与标准化、翻译手段的有效利用、新词语的整理与规范、少数民族语言文字的本体规划等。语言的传播规划包括普通话的推广、汉语拼音方案的推行、规范汉字的推广、对外汉语教学的推广和少数民族地区通用语言文字的推广，甚至包括外语的推广使用等。③

（四）语言规划的构成要素

语言规划的构成要素，一般包括语言规划的主体与客体，也就是语言规划的制定者与执行者和语言规划的对象（接受者）与受益者。语言规划的主体中，一般包括执政者（政府）、语言文字学界（学术权威部门）和个人等。在谈到语言文字学界（学术权威部门）的作用时，许先生讲

---

① 许嘉璐：《语言文字学及其应用研究》，广东教育出版社 1999 年版，第 157 页。

② 同上书，第 156—180 页。

③ 郭龙生：《中国当代语言规划的理论与实践》，广东教育出版社 2008 年版，第 35—184 页。

道："语言文字学界是制订和实施语言计划的主力军。在中国，这是几千年的传统。可是近年来从事语言文字研究的学者，关心语言计划的很少。什么原因呢？和语言计划的宣传不够有关；也和科研单位、高等学校的管理体制有关。而语言文字学界对语言计划关心的程度，是社会对语言计划重视程度的集中表现，因为语言学界的人对语言文字有一种天然的敏感，先知先觉，而且具备专业的知识和技能。所以他们重视的程度，可以反映整个社会重视的程度，也是语言计划的保证。专家都不重视，这语言计划没法实施。在这方面，中国还需要加强。"① 这里所讲的语言文字学界，就是指语言文字方面的学术权威部门。在语言文字的各个方面，都有相应的政府机构、执政者来负责该方面的规划工作，但是，执政者（政府）的规划规定并不是凭空捏造出来的，而是有大量的科学调研作为理论基础，作为有力的依据和支撑的。许先生曾专门对"理论研究与计划实施的关系"作过论述："语言计划需要有科学研究的支撑。不仅仅是在制订语言计划的时候要有科学研究的根据，而且实施每一项具体措施，都需要科学研究的基础。""我在国家语委的时候发现，每迈一步，都需要语言学家的支持。请专家拿出研究成果来，我好变成政策。这是语言计划依赖于科学，二者密不可分的一个浅近的道理。"②

（五）语言规划的方法与过程

1. 语言规划的方法

（1）行政方法，自上而下——语言地位规划的方法；（2）学术方法，自下而上——语言本体规划的方法；（3）多种方法，上下结合——语言传播规划的方法：依据学术，利用辞书与规范、标准来引导语言文字的使用；依靠权威，利用个人与学会、团体来促进语言文字的使用；依赖宣传，利用报刊与广播、电视来影响语言文字的使用；依凭教育，利用学校与老师、学生来规范语言文字的使用；依托行政，利用政府与法律、规章来调控语言文字的使用。③

2. 语言规划的过程

许先生曾在定义了语言规划之后论述语言规划的过程为："在这样

① 许嘉璐：《未了集——许嘉璐讲演录》，贵州人民出版社 2002 年版，第227 页。

② 同上书，第215—216 页。

③ 郭龙生：《中国当代语言规划的理论与实践》，广东教育出版社 2008 年版，第196—216 页。

一个定义下，自然就有以下四个方面的要求：第一，执政者要对语言文字的使用情况进行调查研究，情况明，目标才明，措施才明。第二，制定语言文字政策，在调查研究的基础上要有对策，而执政者出台的都是政策。第三，制订有关语言文字的规范、标准，政策是导向，在执行政策的时候，还要有下位的法的管理和制约，这就是规范和标准。规范和标准是技术层面，政策是政府行为层面，这是两个层面。第四，为语言计划的实施而采取有效的措施。这四个合起来就是了解情况、调查、研究、实施。"①

在 1997 年的全国语言文字工作会议上，我们不仅看到了国家有关方面的执政者在语言规划理论探讨方面的成果，这些主要体现在主题报告中，更可看到他们所开展的具体的、将极大地影响今后社会语言文字生活的各项重大举措。在大会的主题报告中，许先生作为国家语委主任首先回顾了自 1986 年以来的语言文字工作。报告充分肯定了 12 年的工作，认为"（1）语言文字工作在广度和深度上都有重要发展；（2）初步形成了语言文字工作宏观管理机制；（3）语言文字工作开始走上依法管理的轨道；（4）语言文字应用现状明显改善。……12 年来，语言文字工作取得了很大成绩，这是我们继续做好工作的基础；同时，在工作实践中也取得了许多新鲜的经验，这对未来的工作具有重要的理论指导意义"。报告在对四点意义进行了论述之后，紧接着提出了"面临的机遇和挑战"："形势逼人，任务艰巨，……与形势发展的需要还有很大差距，主要表现在：各地语言文字工作发展不平衡；普通话还远未普及；社会用字混乱状况尚未得到根本扭转；中文信息处理的宏观管理亟待加强，关于词处理的瓶颈问题还没有解决；语言文字的应用研究比较薄弱；语言文字工作机构和网络建设跟不上形势发展的需要，人力、物力、财力方面的投入严重不足；对社会语文生活缺乏调研，对情况的了解若明若暗；对外国语言文字在我国境内的使用也未能进行有效管理。对此，语言文字工作者要有清醒的认识和紧迫感。"对现状的各个方面的分析，是调查研究的深化。在这种调研的基础上，报告提出了"跨世纪的语言文字工作"的指导思想和奋斗目标，进一步明确了当前的主要任务。这个环节实际上就是制定政策的决策阶段。再下面就应该是为了实施语言文字的规划目标和任务而采取六条具体

---

① 许嘉璐：《未了集——许嘉璐讲演录》，贵州人民出版社 2002 年版，第182 页。

"工作措施"，亦即语言规划的实施阶段。①

（六）语言规划的特性与原则

1. 语言规划的特性

（1）语言规划的权威性

"语言计划是国家行为，这一点一定要明确，所以我的定义里有'执政者'这个词。工作所及，和所有家庭、所有人有关。既是国家行为，涉及面就非常广。语言计划又是综合性工作，涉及方方面面，因此处理好各种关系至关重要，甚至决定着这一工作的成败。"② 这里强调了语言规划是"国家行为"。强调是"国家行为"，就意味着其具有相当的重要性，相当的权威性。这是由国家和政府在人民群众心目中的地位所决定的，是由国家行政机制、国家政治制度、国家事务的运作体系决定的。正因为作为国家行为的语言规划如此重要和权威，如此关涉人民生活的方方面面，所以，才需要认真地处理好各种各样的关系。处理好各种关系，是保证语言规划权威性的前提。语言规划旨在科学地调节语言文字生活的各种因素，以使之能够更好地服务于社会交际。因此，科学性、调节性和交际性是语言规划权威性的基础和前提。

①科学性：指关于语言规划的一切环节都应该做到科学，这样才能够保证语言规划实现调节语言文字形式与社会功能的目的，才能够实现其更好地为交际服务的根本目的。科学性的具体体现与要求，就是语言规划的制定与实施要符合语言文字自身的发展规律，符合人们对语言文字的需求规律，符合社会文化发展的特定历史阶段的时代特性，符合国情、民情和文化传统。我们必须明确一点，即在科学研究与语言规划的实施之间还有一种矛盾的关系。这种矛盾关系如果不处理好，即使科学研究的结论是正确的，也难以确保其一定能够被科学地、顺利地实施开来。因为，"科学研究是探寻语言文字的规律，可是语言计划还要探寻这些规律和现实社会的关系。换句话说，科学的结论不一定都能够作为规范语言文字生活的唯一的依据。学者说的都对，但是未必能够向社会推行"。"科学研究既是

① 教育部语言文字应用管理司编：《推广普通话宣传手册》，语文出版社1999年版，第5—21页；许嘉璐：《未成集——论新时期语言文字工作》，语文出版社2000年版，第432—448页。

② 许嘉璐：《未了集——许嘉璐讲演录》，贵州人民出版社2002年版，第200页。

语言计划所需要的，但又不是所有的科学研究的结论，都可以作为语言计划的依据，至少不是唯一的依据。实行语言计划的时候，要考虑其他的依据，这就是二者既矛盾、又统一的关系。"① 正是这种尊重客观规律的科学态度和实事求是的务实精神，保证了中国当代语言规划的科学性。

②调节性：指语言规划调节内外，干预语言。这就是说，语言规划是人们为了达到某种目的而故意去干预和影响社会语言生活的，是对语言交际中所产生的问题的一种主动调节和积极反应。语言规划的调节性，不仅体现在语言的自我调节方面，更体现在人们对语言文字应用的人为调节方面。许先生曾经指出："在今后的语言规划工作里，应该注意两个方面的倾向：一个是依然按照50年代语言规划的思路考虑问题；一个是认识到现在和50年代的差别，却又急于求成。50年代的文字改革，其着眼点是人与人之间的交流，推广普通话、制定《汉语拼音方案》、简化汉字，都是为人际的语言交流和文字交往方便、快捷。……但是毕竟已经过去了半个世纪，语言文字不再仅仅是人与人之间交流的工具，人与计算机之间的交流在社会生活中所占的比例越来越大。语言规划不能再只着眼于人际关系。在信息现代化技术方面，文字怎样写并不十分重要，最重要的是语言问题：要求社会成员掌握一种全国通用的语言，要求对语言规律有很深很全面的认识。这是一个比文字要走拼音化道路更现实、更急迫、对国家和民族影响更大的目标。今后的语言规划只能以这一目标为工作的第一出发点。"② 这里明确指出进一步开展语言规划的最根本的出发点和应努力的方向，要求中国当代语言规划工作必须立足现在，着眼未来，在继承的基础上不断开拓创新，与时俱进。这里一再强调随着时代的发展语言规划应做出调整，从中可明确地体会到中国当代语言规划的调节性。

③交际性：指语言规划的根本目的是为了实现语言文字的和谐，实现语言的本质功能——交际。这是语言规划的终极目的，是为了最大限度地发挥语言的社会功能，解决语言交际中出现的这样那样的问题。

（2）语言规划的系统性

语言规划的系统性，是指中国当代语言规划的各个方面都是一个系

---

① 许嘉璐：《未了集——许嘉璐讲演录》，贵州人民出版社2002年版，第215—216页。

② 许嘉璐：《语言文字学及其应用研究》，广东教育出版社1999年版，第249—250页。

统，系统性是中国当代语言规划极为重要的本质属性之一。不同类型或不同层次的语言规划过程本身都是一个系统工程，这就决定了语言规划必然具有系统性。中国当代语言规划的系统性，直接体现在规划的各个环节、各个方面。无论是中国当代语言规划的内容、类型、对象、主体和接受者，还是规划的过程、方法、制约因素等，其中都体现了系统性。①从时间维度来考察，即从历时角度来看，中国当代语言规划的系统性主要体现在由前瞻性、长期性和阶段性构成的一个单维指向未来的既有阶段性又具长期性的系统工程当中：前瞻性——中国当代语言规划立足现在，面向未来；长期性——中国当代语言规划伴随语言，永远存在；阶段性——中国当代语言规划远近结合，步步为营。②从空间（平面）角度来考察，即从共时角度看，主要从关联性和社会性两个方面来考察中国当代语言规划的系统性：关联性——中国当代语言规划关涉其他，联系全局；社会性——中国当代语言规划根植社会，关怀人文。③从空间（三维）角度来考察，中国当代语言规划的系统性主要体现在层次性上。所谓层次性，就是指事物本质上所呈现出的时间或空间上的次序与区别。这是结构系统的普适性特征。语言规划的层次性，除了因为语言规划类型的多样和多层次之外，更主要的还是因为语言的发展和应用是具有层次性的，使用语言的人是具有层次性的，语言规划无论是从规划主体的角度还是从规划对象和规划接受者的角度来看都是具有层次性的。

（3）语言规划的动态性

语言规划的动态性，是指语言规划辩证地实施，动态地发展。语言规划的这个特性是由语言的根本特性和人们处理问题的基本态度决定的。因为语言是动态的，人们观察和处理语言问题时的根本性指导思想是动态的，所以语言规划必然也是动态的。语言规划的动态性还体现在现实性方面。语言规划的现实性，是指语言规划尊重客观，时空同一。

2. 语言规划的方法论原则

许先生指出：统观已往，在语言规划研究和工作中必须遵守以下几点原则：（1）科学性；（2）前瞻性；（3）可行性。①许先生在谈到汉字的简化时曾指出：文字简化要考虑到统一性原则，以及其他人群接受不接受，也就是是否符合社会公认原则。所以，现阶段应该以稳定为原则，加强管理，依法治理社会用字的混乱，提高全社会用字的水平，而不是进行

---

①　许嘉璐：《语言文字学及其应用研究》，广东教育出版社 1999 年版，第 178—180 页。

简化。①

中国当代语言规划基本的方法论原则可确定为以下四个：第一个是最根本的原则，即实事求是原则（就是从客观的现实情况出发，正确对待和处理问题）。这是第一层面的。下一个层面有三个原则，即（1）与时俱进原则（即动态发展的原则）；（2）辩证统一原则（就是指要认真坚持辩证法，尊重客观现实，处理好各种关系，坚持统一多样的原则，既尊重多元化的时代要求和现实的复杂情况，又坚持主流方向的不能偏离，坚持主体性）；（3）积极稳妥原则（指从思想认识角度来看，在态度上比较积极；在具体行为过程中要求做到比较稳妥）。

（七）语言规划的实施条件

语言规划的实施一般会受到几种因素的影响，即情景因素、结构因素、文化因素、环境因素和信息因素等。具体而言，语言规划实施的保障措施与制约因素则包括语言文字、人、社会、政治、教育、传媒、资金、宗教、民族等方面的因素，也就是要看（1）调查研究是否深入可靠；（2）语文基础是否发展良好；（3）社会现实是否积极发展；（4）方针政策是否科学合理；（5）法律保障是否坚强有力；（6）行政机构是否设置健全；（7）学术支撑是否强劲有力；（8）民族关系是否团结友好；（9）大众传媒是否村村通达；（10）政治制度是否民主集中；（11）资金储备是否丰厚充足；（12）宗教信仰是否自由民主；（13）规划实施是否科学有效；（14）绩效评估是否严格认真。这14项内容只是选择性地列出了一些有代表性的因素，实际上能够影响语言规划的社会因素远不止这些。

三 许先生主持的语言规划实践

（一）中国语言文字法制建设

1. 中国语言文字使用情况调查

为了更好地了解我国半个世纪以来语言文字发展的客观现实，为了制定更好的国家语言文字方针政策和法律法规，开展中国语言文字使用情况

---

① 许嘉璐：《未了集——许嘉璐讲演录》，贵州人民出版社2002年版，第207页。

调查成为第一件要做的大事情。因为许先生明确指出过，进行语言规划首先就是应该"情况明"，因为，只有情况明了，目标才能明，措施才能明。

1997年1月6日，第134次总理办公会议批准开展中国语言文字使用情况调查。这是我国有史以来进行的最大规模的有关语言文字的国情调查。同时开展了其他一系列立法调研活动，为制定《国家通用语言文字法》作好了充分的准备。

2. 《中华人民共和国国家通用语言文字法》的诞生

《中华人民共和国国家通用语言文字法》是在中国历史上，在几千年的文明史上，第一部关于语言文字的法律。

3. 各省、自治区、直辖市的语言文字法律法规建设

《国家通用语言文字法》诞生之后，各省、自治区、直辖市纷纷相继出台当地的以实施办法、管理条例、管理规定等形式出现的贯彻执行《国家通用语言文字法》的相关法律规章，有效地促进了当地国家通用语言文字的规范使用。

4. 执法监督与调研

2001年1月1日《国家通用语言文字法》实施以来，教育部、国家语委即会同全国人大对该法的贯彻执行情况进行监督检查与调查研究。经调研，了解到一些地方语委的机构建设情况得到促进，举办了语言文字法制培训班，组织建立了义务监督员队伍等。

（二）推广国家通用语言普通话的三大举措

1. 普通话培训测试

1994年，在许先生走马上任国家语委主任之后不久，普通话培训测试即决定在全国展开。至今已为全国培训测试了近3000万人，国家级测试员5000多人，省级测试员50000多人。1997年香港回归之前，许先生即以其远见卓识，开展与香港高校等有关部门的合作，进行普通话培训测试，签约建立普通话培训测试中心。现在，普通话培训测试随着汉语国际推广步伐的日益加快，已经走出国门，走向了世界。

2. 全国推广普通话宣传周

1997年1月6日，第134次总理办公会议上批准将每年9月的第三周确定为"全国推广普通话宣传周"，至今已经举办了11届，2009年是第12届。对于促进普通话在全国的推广应用，对于提高人们规范使用国家通用语言的意识，发挥了巨大的作用。

3. 城市语言文字评估

城市语言文字工作历来是全社会语言文字应用管理的重点，这是由城市的地位、作用以及语言文字工作自身的特点和规律决定的。城市是一个地区的经济、政治、文化中心，科技、教育发展水平相对较高，对周边地区具有带动和辐射作用。随着改革开放的深入和社会主义市场经济的发展，城市的中心地位和辐射作用越来越突出。城市的发展对语言文字工作提出了更高的要求，也为语言文字工作的拓展和深化提供了条件。进一步搞好城市的语言文字工作，对推动全社会语言文字规范化、标准化具有重要意义，对加强城市文化建设、提高市民整体素质、树立城市良好形象也具有深远影响。因此，各级政府及语言文字工作部门要进一步提高对加强城市语言文字工作重要性的认识，认真贯彻国家语言文字工作的方针、政策，有计划、有步骤、有重点地开展工作，今后一个时期首先要使本地区城市的语言文字工作率先达标，进而辐射、扩展到乡镇和农村，使语言文字工作更好地为社会主义现代化建设服务。

（三）国家语言文字规范化、标准化与信息化建设

1. 主持国家重大信息工程项目

主持研究了国家社会科学基金"九五"重大项目："面向中文信息处理的现代汉语词汇研究"，目前正在主持国家"863"重大项目："中文信息处理应用基础研究"，进一步促进了国家语言文字的规范化、标准化与信息化建设。

2. 力主成立主管中文信息的机构

中文信息司，即现在的语言文字信息管理司的前身，是许先生在担任国家语委主任期间力主建立的，目的是进一步加快国家语言文字的规范化、标准化与信息化建设，更好地组织、管理与协调国家语言文字的规范化、标准化与信息化建设工作。

3. 语言文字规范标准的建设

许先生从担任国家语委兼职委员，到担任国家语委主任，再到担任国家语委咨询委员会主任，都为国家语言文字规范标准的建设发挥了重要的领导作用。到目前为止，已颁布的语言文字规范标准共有100余项，其中有不少是在许先生的领导与关怀下研制的。

4. 建立中文信息研究机构

许先生亲自担任北京师范大学中文信息处理研究所所长，不仅亲自参与、关心中文信息处理的研究，而且为该事业的可持续发展、培养研究队

伍倾注了不少心血，并一直在进行着不懈的努力。

（四）汉语的国际推广与传播

1. 许先生为孔子学院题写名牌；

2. 亲自出任世界汉语教学学会会长；

3. 亲自担任北京师范大学汉语文化学院院长，主张在汉语国际推广中注重语言与文化的密切结合；

4. 亲自出任北京汉语国际推广中心主任。汉语国际推广北京基地班为国家培养了一批批优秀的汉语国际推广志愿者。

（五）语言文字应用及其研究

1. 许先生作为中国应用语言学会的首倡者，一直在为学会的成立继续努力；

2. 先生与陈章太先生一起，联合主编"语言文字应用研究"丛书；

3. 先生自兼任语言文字应用研究所所长之后，一直对语言文字应用研究所的发展给以无尽的关心与支持；

4. 先生身体力行，招收语言学及应用语言学专业的硕士生和博士生，为国家培养语言应用研究人才。

四　许先生对语言规划研究的提倡

许先生在为拙著《中国当代语言规划的理论与实践》[①] 所写的序言中，呼吁加强语言规划研究，强调语言规划研究的重要性：

> 其实，国家的建设、社会的发展、文化的振兴都需要它（指语言规划——笔者注）。从中国几千年的历史经验看，如果没有历代人民和当政者自发、半自觉地进行语言规划，中国的语言文字就不会一脉相承、延绵不绝、逐渐完善，也不会在国家统一、社会协调、经济发展、文化创造等方面起到如此不可估量的作用。从国家今后所要跋涉的路看，前人所着意的语言文字规范以及由于历史、科学的局限而不能做的事情，依然是一个必须做，而且必须完全自觉地做好的

[①] 郭龙生：《中国当代语言规划的理论与实践》，广东教育出版社 2008 年版，序言。

事业。

在谈到语言规划应该研究哪些问题时，许先生提出了结合当前国家语言文字和社会发展的需要，迫切需要开展研究的一些问题：

> 语言规划工作中有许多基础理论问题还有待进一步深入研究，这是制定政策的重要依据。例如，规范与演变（亦即发展、创造）、标准与灵活是辩证的统一。如果借助"过程哲学"（中国古代基本上属此）为认识的"工具"，二者的矛盾是不难理解和处理的。在世界各国的语言文字发展与规范过程中，不乏或主张不必进行规范（包括部分本应规范的方面），或主张事事都"标准化"的情况，其实两方面都有失偏颇。但是，如何掌握好其间的"度"，却是很大的学问。再如，语言和文字是每个公民使用的交流工具，使用全国通用的和本民族的语言文字也是公民的权利。有关语言规划的一些重要问题，既要由专家进行研究，也应该广泛听取社会各界的意见和建议，就此表达意见也是公民的权利。有时这二者之间并不能立即一致起来，需要协调、磨合。这也有个"度"的问题，又该怎样把握？又如，国家和民族的主流语言与非主流语言（方言、社区语言等），如何相互制约和促进？以因特网为载体和工具的当代语言是否需要进行必要的管理？何谓语言的纯洁与健康？这后两条既和上述的基础理论问题有着直接的关系，又有很强的实践性。如此等等，都是研究语言规划问题应该予以重视的课题。

此外，许先生还提出了语言规划工作与研究的指导思想与研究方法：

> 语言规划工作，政策性、学术性和社会性、操作性都很强。无论是从事这项工作，还是就语言文字的规范化进行研究，既需要扎实的学术功底，又必须耐得住寂寞；空头理论家、邯郸学步于外国语言理论和政策者，都不适合这个领域。

五 余言

尽管洋洋洒洒万余言，亦难尽述许先生在语言规划方面的贡献。文中所谈仅为荦荦大端，难免挂一漏万。谨借此重温先生的教诲并梳理自己关于语言规划理论与实践研究的思路，真诚希望先生能不断发挥自己的影响，为中国当代语言规划事业及其理论建设做出新的贡献。

参考文献

［1］陈章太：《语言规划研究》，商务印书馆2005年版。

［2］郭龙生：《当代中国普通话推广政策的价值取向研究》，《修辞学习》2004年第3期。

［3］郭龙生：《中国当代语言规划的理论与实践》，广东教育出版社2008年版。

［4］教育部语言文字应用管理司：《推广普通话宣传手册》，语文出版社1999年版。

［5］李建国：《汉语规范史略》，语文出版社2000年版。

［6］李宇明：《中国语言规划论》东北师范大学出版社2005年版。

［7］全国文字改革会议秘书处：《第一次全国文字改革会议文件汇编》，文字改革出版社1957年版。

［8］全国语言文字工作会议秘书处：《新时期的语言文字工作——全国语言文字工作会议文件汇编》，语文出版社1987年版。

［9］王均：《当代中国的文字改革》，当代中国出版社1995年版。

［10］许嘉璐、王福祥、刘润清：《中国语言学现状与展望》，外语教学与研究出版社1996年版。

［11］许嘉璐：《语言文字学及其应用研究》，广东教育出版社1999年版。

［12］许嘉璐：《未成集——论新时期语言文字工作》，语文出版社2000年版。

［13］许嘉璐：《未了集——许嘉璐讲演录》，贵州人民出版社2002年版。

［14］许嘉璐：《未惬集——许嘉璐论文化》，贵州人民出版社2005年版。

［15］姚亚平：《中国语言规划研究》，商务印书馆2006年版。

［16］于根元：《中国现代应用语言学史纲》，中国经济出版社2005年版。

［17］周庆生：《国外语言政策与语言规划进程》，语文出版社2001年版。

［18］周庆生：《国家、民族与语言——语言政策国别研究》，语文出版社2003年版。

许嘉璐先生的中文信息处理思想

对外经济贸易大学中文学院　　唐兴全

许嘉璐先生是著名的语言文字学家，一直从事的是训诂学、古代汉语的教学和研究工作，后来扩展到语言规划、社会语言学方面。20 个世纪 90 年代，面对信息技术的兴起，先生敏锐地意识到中文信息处理的重要性，于是在 57 岁时开始研究中文信息处理，并多次躬亲请教于计算机界。先生常常自谦为一个中文信息处理的外行，但综览先生关于中文信息处理的论述与论著，可以发现，先生既对中文信息处理发展的现状与存在的问题了然于胸，也对中文信息处理的前景和发展有着远见卓识，作出了很多具有前瞻性的判断。我虽有幸成为先生第一个中文信息处理方向的博士生，但自惭对中文信息处理全局的把握不及先生之百一。这里，仅从先生的代表性文章、主要思想及对中文信息处理界的期望三个方面对先生的中文信息处理思想作一综述。

一　关于中文信息处理的代表性文章

先生关于中文信息处理的思想可见于在各个层次会议上所作的讲座、报告中，也见于先生的专著《未了集》、《语言文字学论文集》、《语言文字学及其应用研究》等书中。个人认为，在先生所发表的有关中文信息处理的文章中，有三篇文章是比较关键的，代表了先生对于中文信息处理的主要看法，分别是《中文信息处理的现状和发展方向》、《现状和设想——试论中文信息处理与现代汉语研究》和《研究中文信息处理，需要仰望一下天空》。

在时间跨度上，先生关于中文信息处理的论述最早见于 1995 年 10 月在香山科学会议第 42 次会议上所作的题为《中文信息处理的现状和发展方向》的长篇报告①。在这篇文章中，先生既指出了当时时代向中文信息处理工作提出的极其紧迫的要求，也对加强中文信息处理和语言文字学研究的结合提出了期望，同时也说明了当时先生主持的国家语委所能做的工作。关于当时的中文信息处理现状，先生从中文信息输入、字符集和编码、中文信息输出、基础研究和应用技术四个方面进行了全面而详细的阐述。先生还指出，"中文信息处理每前进一步，都需要汉语言文字学的支撑，而且中文信息处理越是向高层次发展，就越需要语言文字学研究的深入"，并且列举了汉语言文字学能够对中文信息处理提供亟须帮助的若干子课题。这篇文章代表着先生对于当时中文信息处理基本现状的主要看法。

世纪之交的中文信息处理，正处于由字词处理向语言理解处理过渡发展的关键阶段。与此同时，先生在《中国语文》2000 年第 6 期上发表的《现状和设想——试论中文信息处理与现代汉语研究》，对这一阶段的现状作了概括性的总结。先生指出，现代汉语研究滞后已经成为中文信息处理发展的"瓶颈"所在。先生认为，国内的中文信息处理大体可以分为三种风格，或者说三种思路、三个流派（下面将介绍这三个流派的划分）。先生对中文信息处理领域三大理论流派的归纳令人耳目一新，这是国内学者第一次从基础理论与研究方法的角度对当时的中文信息处理研究现状作出的概括。流派说的提出使很多研究者从不闻窗外事的埋头研究中抬起头来，认真思索中文信息处理理论与方法的创新性、实用性和科学性。因此，个人认为，这篇文章在整个中文信息处理的发展过程中具有划时代的意义。同时，文末提出的对中文信息处理的六条建议，时至今日，仍然有其重要价值。

《研究中文信息处理，需要仰望一下天空》②则体现了先生对于当前中文信息处理、语言学乃至自然及社会科学发展的看法。在这篇文章中，先生从哲学与科学发展的高度，提出了中文信息处理研究的重要指导思想，同时也包含着先生对于中文信息处理界的殷切期望。先生期望整个学界在研究中文信息处理问题时，要学会仰望一下天空，多从全局、长远的

---

① 该报告收入《科学前沿与未来》系列专著第二集。《软件世界》1996 年第 4 期以《中文信息处理技术现状及相关语言文字研究》为题摘要发表。

② 这篇文章是许先生为中科院声学所晋耀红博士的专著《HNC（概念层次网络）语言理解技术及其应用》所作的序，后来发表于《语言文字应用》2006 年第 2 期。

角度来看待科学发展，用中国哲学的基本理念来观察中文信息处理、现代科学的发展。

整篇文章充满了思辨的力量，对自启蒙运动以来理性主义指导下的科学研究进行了深刻的反思。理性主义之于科学研究曾经有着并且现在仍然有巨大的作用。在理性主义指导下，学科研究越来越精细，不断地出现分支学科，有些"分支"蔚然成为"大国"，显赫程度往往远远超过其母体。然而，在各分支"大国"越来越精细的同时，分支之间的综合研究却越来越薄弱了。科学的"进步"已经到了一往而不知复的地步——认识了蜗角之尖，却恢复不了蜗牛的整体。语言学领域同样受到了理性主义的影响，从索绪尔、乔姆斯基到中国20世纪的语言学，到如今的中文信息处理，无一例外受到了理性主义的巨大影响。这种影响使中文信息处理迟迟停留在词处理阶段，无法在句处理上取得实质性的突破。

因此，先生认为，应该回过头来，观照语言的整体；应该以语义为核心；应该研究人是怎样学会语言的，让计算机模拟人掌握和运用语言的过程。如何实现这一模拟？在先生关于语境的历次阐述中，可以发现先生对此作了深入的思考，用一句话概括就是：从无限的领域里寻找有限，以有限控无限。具体说来，就是以有限的词和词义来通达无限的语义，以有限的句子语义类别来理解所有汉语句式；以有限的词与词、句与句、句群与句群之间的关系的类别，来实现汉语句群篇章的理解；以人类交流时感知到的有限的语言环境的要素来观照无限的语言环境。

先生对于中文信息处理的发展所作的如此深刻的思考是值得整个学界反思的。我们能否在中国哲学的基本理念的基础上对中文信息处理的发展进行反思？中文信息处理能否借鉴中国"小学"之优良传统？业中人士能否从对西方科学和语言学的反思中悟出中国的语言学和中文信息处理应该另辟蹊径，同时不放弃从西方语言学和计算语言学的成果中吸取有用的东西？

二 关于中文信息处理的主要思想

从1995年10月的香山会议，到如今先生正在承担的国家科技支撑计划，应该说，先生关于中文信息处理的思想，是随着时代的发展和相关领域研究的深入不断完善和深化的。纵观先生关于中文信息处理的论述，可以发现，有几点认识是一以贯之的。

（一）中文信息处理是经济问题、主权问题和安全问题

在先生的著述中，他多次强调了中文信息处理的重要性。同我们一般从日常生活应用的角度来看待中文信息处理不同，先生更多是从国家和民族的高度来阐述中文信息处理的重要性。先生指出，我国的中文信息处理技术在最近几年里能不能有突破性的进展，关系到国家主权、数以百亿计的信息产业利润和国家的安全①。

中文信息处理问题是主权问题，是经济问题，也是一个安全问题。中文信息处理的硬件、软件以及信息服务所创造的巨大价值自不必说。中文信息处理对于国家主权和信息安全的重要性，却不是每个人都能意识到，或者说大多数人并没有意识到。先生指出，中文信息处理的核心技术标准和技术规范必须是由中国人来研发，只有这样，才能占领中文信息处理事业的制高点。同时，在网络时代，各国的传统价值观、人生观、民族观念、国家观念等都受到了严重冲击，而中国是全世界唯一的、标志着另外一种国家体制飞速发展的一个样本，因此，更容易成为网络入侵的对象。

对于信息安全，先生并不仅仅是呼吁而已，而是身体力行。在先生主持的"863"计划"中文信息处理应用基础研究"和国家科技支撑计划"中文信息处理基础研究与应用研发"中，有不良信息过滤、检索等数个相关子课题进行研究。

我第一次聆听先生的讲话，是1999年冬他在中科院声学所HNC课题联合攻关组视察时。先生当时强调了中文信息处理对国家安全和民族命运的重要性，对中文信息处理的发展作出了明确的预见。时至今日，他的讲话仍然言犹在耳。

（二）当前语言学研究现状不能满足计算机中文信息处理的需要

以大规模自然语言为对象、以语句为单位、以智能化为目标的信息处理研究是中文信息处理向解决人与人、人与机器相互通信目标前进的关键，而这一研究的基础就是对汉语词法、句法和语义、语用规律的认识。从十多年前至今，我国在解决字词一级处理方面已经取得了很大进展，但在语句和更大单位的处理阶段上却进展缓慢。究其原因，主要是语言学还没有为信息处理准备好基础，或者说，同中文信息处理的需要相比，现代

---

① 许嘉璐：《未了集——许嘉璐讲演录》，贵州人民出版社2002年版，第32页。

汉语研究是滞后的。可以说，语言文字问题，已经成为中文信息处理技术发展的瓶颈。这就是先生一直以来关于语言学研究现状与计算机中文信息处理需要的关系的认识。在《语言文字学及其应用研究》、《未了集》和他的多篇文章中，先生都一直提到这一现状，力图以此来警醒学界。

关于字处理，先生在 2000 年初给北师大汉语文化学院师生的讲座中提到，从 80 年代初开始，国内中文信息处理经历了较长时间的字处理阶段，现在已经基本解决了计算机上的汉字编码、识别和输入的问题，也就是解决了显示汉字这一曾经被西方计算机专家认为我们不能解决的难点问题。在字处理这一阶段上，现在还有一个比较大的问题即字库的标准化还没有最后完成。

关于词处理，先生也讲到，从 90 年代初开始，中文信息处理正逐步进入自然语言处理的初级阶段——词处理阶段，但在词处理阶段遇到了比较大的障碍。过去汉语研究的重点在句法、词类上，而语音、词汇的研究较弱，尤其是词义，几乎没有深入的研究。这些因素导致中文信息处理迟迟徘徊在词处理阶段，无法真正进入自然语言处理阶段。因此，先生主持了国家社会科学"九五"重大项目"面向计算机的现代汉语词汇研究"，这一课题涵盖了词的切分、消歧，词性的确定和标注，词与词的关系，汇总已有知识和成果的电子词典等多个词汇研究子课题。

语言学研究现状不能满足中文信息处理需要的原因有两个方面：

一是过去的语言学知识主要是为人与人之间的交际服务的，不能完全适应人与机器的交流。由于我国曾经的封闭，语言学知识的传承内容长期停留在面对教学的范围内，只注意为人的理解服务。再加上我们的大学教育中学科"壁垒"森严，研究语言者的"先天"知识有所欠缺。

二是过去对现代汉语的研究，基本上都是在研究印欧语的理论和方法的框架内进行，汉语有很多现象是这些理论和方法解决不了的。比如，先生曾多次以义素分析法在汉语语义分析中的应用为例来说明中西认识的差异在语言学领域的体现。

因此，先生认为，必须给予语言学界和中文信息处理界的合流一次大的震荡！同时，先生呼吁重视语言学应用研究，把语言学研究从基础理论研究为主逐步转向基础科学理论前沿研究和应用开发研究并重上来。先生是这么说的，也是这么做的。在先生主持的几个大的中文信息处理课题中，都是由语言学界和计算机界的研究者共同参与的。

（三）中文信息处理界包含着不同思路和流派

当前的中文信息处理领域的科技攻关项目都是以解决计算机对自然语言进行理解的问题，也就是以开发智能型的汉语分析系统为奋斗目标的。所以中文信息处理需要以词义为基础，与句法分析相结合，以句为处理对象，寻找突破。通过对整个中文信息处理领域的考察，先生根据指导理论和研究方法的不同，将国内众多的研究项目分为三种风格，或者说是三种思路、三个流派。

第一个流派是以传统计算语言学为基本理论的，主要从词素分析入手，遵循词—短语（词组）—语段—句子的基本研究思路。这一流派的种种理论和方法都是以经验主义的研究方法，也就是以语料统计为基础的。在这个基础上又结合了一些语言规则。在国内，这一流派以先生领导的"信息处理用现代汉语词汇研究"课题为代表，已经做了大量的工作。目前市场上的信息处理产品和技术中大多是在传统计算语言学的理论和方法指导下产生的，但要真正进入自然语言处理，语义是必须解决的问题。先生认为，对语义处理来说，统计概率的方法难有作为。词义的概括和表述都需要研究，词汇研究结果的统合也需要有一个过程。

第二个流派是中科院声学所的概念层次网络理论，即 HNC 理论。这一理论的新意在于直接从语言深层入手，以语义表达为基础，把自然语言所表述的知识划分为概念、语言和常识三个独立的层面，建立具有语义完备性的词汇层面的表述模式和句子层面的表述模式。而这只是 HNC 理论预期建立的五个表述模式的前两个。HNC 理论认为，自然语言理解的过程就是概念联想脉络激活、扩展、浓缩、转换与存储的过程。因此，HNC 设计了局部联想脉络来解决词汇层面的问题，设计了全局联想脉络来解决句类和语义块的问题。HNC 认为，语言概念空间是一个四层级的结构体，包括基层、第一介层、第二介层和上层，"基层对应着语言概念基元符号体系，也称概念基元空间；第一介层对应着句类符号体系，也称句类基元空间；第二介层对应着语境单元符号体系，也称语境单元空间；上层对应着语境符号体系，也称语境空间"（黄曾阳，2004，p. 9）。HNC 对语言概念空间基本特性的假设是：概念无限而概念基元有限；语句无限而句类有限；语境无限而语境单元有限。自然语言理解正是以对这些有限的基元的表示来统摄无限的自然语言空间。这样，HNC 理论就提供了把自然语言空间直接映射到语言概念空间的可能。

HNC 理论是在同一个体系内，建立新的从词到句子、到句群、到篇章的语义表述模式的一个尝试。在表述形式上，它提供了词义、句义统合的一种途径；以有限驭无限，与先生之前对于语境、语义的思考不谋而合，也是训诂学一直遵循的研究方法。总之，HNC 理论是一条计算机理解自然语言的新路子，它的设想和计划是庞大的，谋求的是对自然语言从字词到篇章的具有统一性的表述。但先生也认为，这一理论需要在更大规模的语料库中得到验证、支持和完善。

第三个流派是基于内涵模型论的语义分析。这一理论设计来自于上海交通大学的陆汝占教授。这一理论的出发点是考虑到中文信息处理单纯走语法的路已经难有突破性的结果，应该深入到语义层面，因此，这一理论谋求在一个逻辑语义框架内来分析词汇及其分类，只要能明白句义，不必过于精细，也就是用逻辑框架来处理词汇理论。汉语的缺省（省略和隐含）是计算机处理中文信息的重要难点，但基于内涵模型的理论尚没有找到比较好的解决策略，语境知识的形式化也是十分复杂的问题。

北京邮电大学钟义信教授以自己提出的"全信息"理论为指导，参与了先生主持的"863"计划项目"中文信息处理应用基础研究"的部分子课题的工作。语法、语义、语用三位一体的"全信息"的理论和方法，做到了语言学和统计学比较好的结合。先生认为，随着"全信息"理论的发展、完善，它将有可能成为中文信息处理的第四种流派。这是对国内中文信息处理发展的一种预见。先生同时指出，流派之间应加强合作与交流，既要相互竞争，又要取长补短。

流派的出现是学术研究受到重视、学科发展即将昌盛发达的标志。中文信息处理三个流派的划分，在国内尚属首次，是对中文信息处理领域的一种开创性的概括和总结。笔者认为，这是对国内中文信息处理领域的一种宏观认识和把握，也暗含着先生对于中文信息处理发展大趋势的高瞻远瞩的判断和期待，因此，这也是先生最有代表性的中文信息处理思想。

（四）中文信息处理研究的热点与难点——语义

语句的理解处理需要做到真正的语义理解。中文信息处理研究当前和以后最大的难点和热点在语义研究上，"从词处理阶段起，语义的问题就成了最重要的、最难的了"（许嘉璐，2000）。对书面语来说，词义问题的解决是语义、句义乃至篇章义问题解决的基础，而对人机对话来说，语义仍然是最关键的因素。要真正实现计算机处理语言的自动化，就要真正实现计算机对自然语言的理解，关键在于语义。在《中文信息处理——

〈尔雅〉的再研究》① 一文中，许嘉璐先生指出，中文信息处理当前的研究重点与研究方向，在某种意义上，应该是训诂学研究传统的回归。

自然语言处理就书面语言的信息处理而言，就是要机器根据特定的规则，在特定的上下文语境里理解或表达某一特定的意思，所谓机器理解就是"自然语言理解"，所谓机器表达就是"自然语言生成"，机器理解和机器表达都是自然语言处理的高级形式或深层形式。人工智能、人机对话、机器翻译、文本分类、信息提取、自动文摘等都涉及自然语言理解或自然语言生成。无论是理解研究还是生成研究，都必须涉及语义问题，在自然语言信息处理中，语义研究越来越受到重视，理解也最终是语义的理解，表达最终是语义的表达。

先生认为，在中文信息处理领域，我国的优势已相继丧失，到现在为止，我们剩下的唯一的、也是最后的优势在语义理解方面。如果不集中力量搞好中文信息处理的语义研究，那在今后很长历史时间里，在中文信息处理领域与国外的竞争中，我国只能俯首称臣。所以先生说自己"一想到五年之后的可怕景象，有的时候就睡不着觉。"②

但先生对语义研究的重视，并不仅仅停留在警醒学界、呼吁大家的层面上，而是身体力行，亲自研究汉语语义问题。如《未了集》中就包括了先生所作的《义类和类义——兼论雅学》、《语义五题》、《语义和句子结构》等文章，对传统语言学、应用语言学中的语义问题进行了比较深入的研究。

三 对于中文信息处理的期望

对于中文信息处理当前各自为战以及语言学研究滞后于自然语言处理需要的现状，先生忧心忡忡，曾经在大小不同场合和多篇文章中提到。先生指出，"要消除中文信息处理的瓶颈，首要的关键是要汉语言学界和计算机学界两支队伍紧密地结合起来，开展面向中文信息处理的基础研究和应用研究"（许嘉璐，2000）。这也是先生对于中文信息处理领域应如何继续开展工作的建议。

---

① 这是许嘉璐先生在"十一五"国家科技支撑计划"中文信息处理应用研究与基础开发"项目可行性论证报告会上的讲话，2006 年 12 月 23 日。

② 许嘉璐教授在"863"课题"中文信息处理应用基础研究"项目可行性论证报告会上的讲话，2003 年 12 月。

2000 年，先生对中文信息处理事业提出了这样几条要求：（1）必须采取集体攻关的方式，因为任何单位都不可能解决中文信息处理的全部问题；（2）几种风格、流派齐头并进，相互竞争，取长补短，因为单一的方法也不可能解决中文信息处理的所有问题；（3）采用科学的管理办法；（4）国家支持与企业合作并用；（5）对成果的要求和人才的培养并重；（6）允许研究阶段上的失败（许嘉璐，2000）。

在 2005 年第三届 HNC 与语言学研讨会上，先生指出，中文信息处理事业事关国家安全和社会稳定，中文信息处理的发展需要加强基础研究、应用研究和社会需求三者的结合，需要语言学界和计算机科学界专家学者的密切配合、共同攻关；中文信息处理的各个理论流派之间谁也不能包打天下，需要彼此争论、彼此否定、彼此学习、彼此吸纳；下一阶段的中文信息处理要以句处理为主攻目标，对语义问题进行深入研究；国家与社会尤其需要重视自然语言处理领域的自主创新问题；应该加速推进我国中文信息处理领域科学研究（研）、人才培养（学）和社会服务（产）的一体化进程。

先生的这些要求和希望不是空喊口号，不是只追求摇旗一呼，而是从中文信息处理研究的实际出发，对中文信息处理现在和以后所应该采取的方法以及所应该走的发展道路的高屋建瓴式的意见和建议，具有很强的针对性。

四　结语

20 个世纪末以来，先生身体力行，相继主持了三个国家级科研项目，分别是国家九五社科重大课题"面向计算机信息处理的现代汉语词汇研究"、国家十五"863"课题"中文信息处理应用基础研究"、国家十一五科技支撑计划项目"中文信息处理应用研究与基础开发"。三个项目都是针对当时中文信息处理的热点、难点和急需。目前，这些项目已经圆满结项或即将结项。

同时，先生多次为中文信息处理的发展向国家献言献策，提出建议和意见；并不遗余力地为中文信息处理领域的专家学者们要项目、要资金，为他们解决项目申请难、研究资金少的问题；还关注领域内青年学者的个人发展，提携后学，为学科的发展播下健康的种子。

近十几年来的中文信息处理领域的发展，饱含着先生的辛勤与汗水。如今，年逾古稀的先生精神矍铄，仍然在为中文信息处理的发展努力着。

中文信息处理之有先生是学科的大幸！是国家的大幸！

参考文献

[1] 黄曾阳：《HNC（概念层次网路）理论》，清华大学出版社1998年版。

[2] 黄曾阳：《语言概念空间的基本定理和数学物理表示式》，海洋出版社2004年版。

[3] 许嘉璐：《现状和设想——试论中文信息处理与现代汉语研究》，《中国语文》2000年第6期。

[4] 许嘉璐：《研究中文信息处理，需要仰望一下天空》，《语言文字应用》2006年第2期。

[5] 许嘉璐：《语言学研究与中文信息处理》，《中文信息》1997年第3期。

[6] 许嘉璐：《中文信息处理技术现状及相关语言文字研究》，《软件世界》1996年第4期。

[7] 许嘉璐：《未了集——许嘉璐讲演录》，贵州人民出版社2002年版。

[8] 许嘉璐、傅永和主编：《中文信息处理现代汉语词汇研究》，广东教育出版社2006年版。

[9] 许嘉璐：《语言文字学及其应用研究》，广东教育出版社1999年版。

[10] 许嘉璐：《语言文字学论文集》，商务印书馆2005年版。

[11] 许嘉璐：《中文信息处理若干重要问题》序，科学出版社2003年版。

语境体认与词义的多角度探析

——许嘉璐先生语言研究方法管窥

北京师范大学中文信息处理研究所　杨丽姣

摘　要　本文从语境问题入手，尝试分析许嘉璐先生的语言研究方法。文章认为，通过对相关语境的体认或构拟，许嘉璐先生在一系列研究中或阐发词义、总结前人的释义谬误，或探求词义演变的规律，或在广阔的社会历史背景中辨析词义的发展变化。许先生对于词义的多角度探析得益于他对语境的深刻认识以及融会古今、会通中外的文化观。

关键词　语境　语义　释义　体认　构拟

关于语境与语义的关系，比较著名的论断如 Leech（1974、1981）所述：1. 语境消除信息中的歧义和多义；2. 语境指出某些词的所指；3. 语境能够提供被说话人和作者省略的信息。换句话说，语境在不同程度上限制了词义的解释范围、决定了词义的解释内涵。

对于如何利用语境解释词义，不同语言学家的理解并不相同。早期的许多语言学家主张语境是一个客观固有、预先存在的静态集合体，人们根据固有的语境要素或线索，来确定相关词义。也有不少语言学家注意到语境的主观因素（Firth，1957；V. Dijk，2001；刘焕辉，1992），认为语境是一个随交际或解读的需要不断发展的动态系统。相应地，词义的解读则因人们对于语境要素的不同把握而产生差异。

从许嘉璐先生的语境论以及语言研究看，许先生把语境视为一个动态系统，主张利用语境、创设语境，在动态的交际过程或文本解构过程中解释和彰显具体词义。

一 许嘉璐先生的语境论

许嘉璐先生作为当代训诂大家，其语言研究继承了传统训诂学的优良传统，注重通过狭义语境，即言语上下文考究相关词义。[①] 而比起古代训诂家更胜一筹的是，许先生还善于利用、构拟广义语境（发话人心态立场、交际场合、言语的社会文化背景等因素）以辨析相关词义、捕捉词义发展变化的信息。

2002 年 10 月 22 日，许嘉璐为北京师范大学汉语文化学院作了"关于语言环境的思考"讲座报告，讲座较为完整地体现了先生的语境观。在报告中，许先生评析了以往各个学科、不同时代，包括中外语言学家、人类学家、哲学家、文学家等各个学科人士对于语境的基本论述。在这一基础上，提出了十大语境命题。比如，狭义与广义语境的边界问题；语境的有限性与选择的无限性；语境的主客观因素；语境与语义的关系等。许先生关于语境诸多命题的论述充满辩证的智慧，许多观点发前人之所未发。其论述为我们理解许先生语言研究的具体实践提供了一条清晰的线索。许先生在讲演中谈道：

> ……高明的说话人、讲演者和写作者和一般人的不同之一就是对语境的敏感和善于捕捉尽可能多的语境因素，或他人没有注意到的语境因素，或者说善于把握时、空、位。交流者需要准确地为自己在时空环境中定位，才能够通畅地交流。交流者一经在时空中定位，他自己也就成了语境的组成部分。语境也可以说是时、空、位的结合。

上述关于语境要素的深刻体验或许与许嘉璐先生广泛的社会角色有关。许嘉璐先生作为著名的社会活动家，他的社会角色众多，包括单位领导、党派主席、国家领导人、学生导师、学术前辈、文化人士、学会主席、学会顾问、基金会董事长，等等。许先生善于在不同时间、空间中转

---

① 关于古代训诂学家的语境观，正如孙雍长先生指出，"中国传统训诂家在为文献语言作注解时，贯彻随文释义的原则，强调释义要'案之本文而协'，要'诂各有当'，强调'属文有义，当于上下文求之'，这些见解和经验，正是古代训诂家具有一定语境观的反映"。（孙雍长：《语境与"随文释义"》，《长沙水电师院社会科学学报》1996 年第 4 期）

换定位，表现不同定位下的用词差别、句式选择差异以及语言风格变化，他的发言及演讲无不精彩纷呈。许先生不仅长于语言运用，更善于借助语境分析语言。由于对交际情景以及发话人心理的把握特别敏感，他的语言分析中对语境的构拟往往开阖自如、有声有色、定位准确。

在语境与语义的关系上，许先生主张语境不仅仅是影响语义、确定语义而且是创造语义。他说："语境是话语交流的中介，语境对交流各方的话语有所制约，但是更重要的是没有语境就没有交流，交流各方都在自觉不自觉地运用语境，甚至创造语境，用于表达自己想要表达的东西。例如，两人吵架，交流双方不是被动地受到语境制约，而是创造语境、利用语境。……说者和写者赋予环境语义，使无意义的环境具备影响语义的价值。……语境不等于语言和语义。在交流过程中，部分意义是由语境表达的。不单是信息发出者和信息接受者两家的事情。"许先生紧接着谈道："语境内部的组成因素是无限的，时间、地点、环境、性格、爱好、说话目的，这些都是我们无法把握的。但是在一定语境中的语义是有限的。这种语义可以概括为说者、写者的目的，与听者、读者的预设。语境的无限与语义的有限是一对矛盾。"

从大的类别上说，语境的构成要素是有限的，可以列出清单。以主流趋势而论，语境包括言语交际双方、交际者使用的副语言、言语上下文、语篇语体、言语具体情境、言语的社会文化背景六个大类。而从每个大类的具体小类来看，语境是无限的，比如交际者作为语境构成要素时，其变量包括年龄、性别、民族、社团、阶级、职业、文化、信仰、修养、个性、志趣、情操、态度、经验、地位……对于语义分析而言，不可能也不需要考虑每一个语境构成元素。语境无限而语义有限，许先生主张应该在语境中取其大者，特别是说者、写者的目的以及说者、写者的预设，以便于语义的分析。

正是由于对语境组成要素、语境与语义关系的深刻认识，使先生的语义分析角度多样、释义灵活而准确，往往超越同时代其他人的讨论。

二　语境体认与词义的多角度探析

以下我们分四个方面论述许嘉璐先生语言研究中利用不同语境因素的体认以及构拟，对词义的多角度灵活探究。这四个方面的论述也展示了一个大致的脉络，从上下文语意的细微体察以及逻辑分析、交际者双方的心态以及立场的揣测、具体言语交际情景的构拟到语言广阔社会历史背景的模拟推测，说明许先生的基本语境观以及在语言研究中的语境体认影响了其词义探析的方向、深度和广度。

1. 语境体认与词义的阐发

《中国古代衣食住行》是一本"大家小书"，它在帮助当代青年人了解古代文化方面影响广泛。先生在书中不仅仅百科式地介绍名物，更关注名物以外的整个文化语境，通过大量的征引材料来试图还原整个历史场景，在构拟的语境中阐发具体词义或句义，从而把读者带入古人谨严有度的日常起居之中。它对于历史语境的体认既是目的，也是手段。语境体认的结果彰显了具体词义。

> （1）古代也有房。现在房、室无别，在古代可不是一回事。《说文》：'房，室在旁也。'《左传·宣公十七年》："晋侯使郤克征会于齐，齐顷公帷（用帷幔遮住）妇人使观之。郤子登，妇人笑于房。献子（即郤克）怒，出而誓曰：'所不此报，无能涉河。'"郤克足跛，登堂时必不方便，所以妇人笑；郤克与齐侯相会妇人不应在侧，所以笑于房，既能看热闹，而笑声郤克也能听到。（第104页）

> （2）"古人一日两餐，第一顿饭叫做朝食，第二顿饭叫餔食……古人按太阳在顶空中的位置标志时间，太阳行至东南角叫隅中，朝食就在隅中之前，那个时刻叫食时。依次推测，大约相当于上午九点左右。……因为一日两餐，又是'日出而作，日入而息'，因此古人没有睡午觉的习惯。《论语·公冶长》：宰予昼寝。子曰：'朽木不可雕也，粪土之墙不可杇也，于予与何诛（责备)？'为什么学生白天睡个觉孔子就生这么大的气？因为'昼寝'必在两餐之间，吃了睡，醒了又吃，不久日落又该就寝，这一天将什么也干不成了。"（第82页）

例1通过工具书与文献的相互印证，惟妙惟肖地还原了相应的历史场景，在具体情景中阐发"房"的词义。例2中，许先生运用丰富的古代天文知识，首先让人准确理解"朝食"与"餔食"的时间内涵。但是仅仅把"朝食"、"餔食"与具体时刻相联系，人们难免还是在干巴巴的时间概念里兜圈子。但紧接着通过孔子对宰予大白天睡觉的言语心态的分析，将古人的生活画面生动地展现出来，就使人们认识到"朝食"、"餔食"是两个基于时间的概念，而且还蕴含着古人生活习惯、生活方式等深刻的文化内容。

2. 语境体认与词义归谬

许先生不仅善于通过上下文语意的体察和逻辑分析、发话人心理揣度、鲜活历史场景的构拟来阐发词义，而且善于通过这些手段发现他人论述的错误，从而正本清源，避免谬说混淆视听。这一点集中体现在其《中学课文文言文注释商榷》一文中。①

在20世纪80年代全国统一的十年制中学语文课本中，高中第一册《赤壁之战》："因拔刀斫向奏案。"课本对"案"的注释为：几案、长形的桌子。

许先生对此展开分析："说'长形'尚可，说'桌子'就错了。案是一种承食器的几，椭长，四周有微微高起的边，类似今天的托盘而有四短的足。先儒于案几形制述说甚详，出土实物也很多，兹不赘。古人席地而坐，若案即今之桌，岂不高低不类？"

高中第三册《促织》："因出己虫，纳比笼中。"课本注释："比笼"，比试蟋蟀的笼子。

许先生的分析是："下文说'因合纳斗盆'，斗盆才是比试蟋蟀、使之相斗的。依课本注，似乎二者用途相同，只不过一笼一盆而已。若是这样，何必一纳再纳、出乎此入于彼。今按比笼是比并相连的笼子，以竹篾编成，椭长形，中间隔断，若人居室之比邻。将蟋蟀放进去，二者大小优劣一目了然，较分置两器中为便。用竹编制，四周透亮，不像瓦盆只有上面露天，蟋蟀容易马上跃出。"

初中第六册《出师表》："故五月渡泸，深入不毛。"课本注释："不毛"，不生草木（的地方），意思是荒凉的地方。毛，指草木。

许先生的分析是："此系沿袭一些流行读本之误。以毛为草木，既不符合事实，于情理上也难讲通。诸葛亮南征之地，非但不是不生草木，反而是荆棘满山榛莽遍野。其实此处的'毛'字是'苗'的假借。"

以上三例，先生贯通历史文献中的古代世界和现实世界，在不同语境中灵活转换，通过知识判断、逻辑推理，创设了合理的相关语境，从而发现和反衬他人词义解释的谬误。

又如：高中第二册《鸿门宴》："哙曰：'此迫矣！臣请入，与之同命。'"高中课本注释："与之同命"，和他们拼命。"之"，指项羽等。"同命"，死在一块、拼命。

---

① 许嘉璐：《中学课本文言文注释商榷》，《北京师范大学学报》1980年第6期。

许先生对此分析道："这是当前较为流行的解释，但从语法和文意的角度分析，却很难讲通。代词的特点之一是，在一般情况下它要紧挨着所指代的对象，不能被其他名词隔开，否则就会引起误解。如果'之'是'指项羽等'，就违背了这个原则：在樊哙的这句话与上文的'项王'之间隔着一大段话，其中出现了项庄、项伯、张良等，为什么'之'不是指代离得最近的项庄，反而是'项羽'等呢？这个'等'包括不包括离得更远的范增？再从上下文意看，樊哙盛宴要去拼命，进去后却站在张良的位置上'瞋目视项王'，饮酒啖肉，然后讲了一通道理，始终没有'拼'。……这条注释的根本问题在于误解了'同命'一词。按同命者，同命运也，也就是同生死，盖汉人常语。……樊哙说'与之同命'，即侍卫刘邦身旁，竭尽全力保卫，要死一块死的意思。与主同命，正是车右的义务。这样理解也才符合樊哙的性格。"

这个例子非常精彩，反映了先生对于文献上下文语意辨析以及历史场景体认的高超境界。许先生对历史场景活灵活现的描绘，源于他渊博的历史知识以及对古代社会文化的了解，源于他清醒的逻辑推理和分析方法，因此能够对他人释义的谬误给出让人信服的指正。

3. 心理因素分析与词义变化规律的探究

许嘉璐先生于《中国语文》1987 年第 1 期发表的《论同步引申》，是讨论同步引申现象的一篇重要论文。在这篇论文中，他讨论了同步引申现象及其内在的语言发展规律。在文章的结束部分，尝试通过词义变化的主观因素、语言使用者的心理因素分析来对同步引申现象产生的原因作进一步的讨论。由于对于人们语言运用的心理有准确的理解和把握，文章对同步引申现象的讨论比同时代的其他研究者更为深入。从方法论上说，通过心理过程的构拟探求词义变化的规律，是当时语言研究的新方法。

许先生在文中指出：

> 对于词语引申状态的类推是这样发生的：当一个词由本义延伸出一个新义并被全社会接受以后，语言使用者据其本义的特征而推广到与它相关的词上，觉得既然前者可以表示这个新义，那么相关者也应如是，于是照着前者的新用法使用其他词，这就形成了最初相同的一步。这一切都是在无意识的心理状态下发生的。
>
> 在这个过程中，通感与联想起了很大的作用。通感或称联觉，本来是指某一感官受到刺激而产生了另一感官所特有的感觉，但由于它

们所引起的心理感受有相通之处，因而可以成对地移此植彼地引申；而这种通感在一般情况下又几乎是民族和社会群体所共有的，因而由此而产生的同步引申可以为社会所接受。

但是通感或联觉顶多只能说明同步引申的各方何以会有后来一系列的引申，还不能解释为什么一方的引申路线会影响到与它相关的词而形成同步。"联想"原理或者可以作出一定的说明。在古希腊，亚里士多德已经把联想分为类似联想（性质相近的事物间的联想）、对比联想（性质相反的事物间的联想）、接近联想（在时间或空间上同质或相继的事物间的联想），后来又有人添上因果联想一项。我们所说的"类推"，实际就是联想到结果，而且巧得很，上文所说的同义词、反义词、同源词所形成的同步引申大体上与心理学上的前三种联想相应，而因果联想实际已潜在于这三种类型之中。

4. 历史画卷的构拟与词义的发展辨析

在《读〈尔雅·释亲〉——〈尔雅〉的文化学研究之二》这篇论文中，对于上古时代"舅"、"甥"、"侄"三词词义的考据辨析，集中体现了许先生善于运用多样化的语境构拟手段，联系丰富的语境因素辨析词义。包括上下文文义的体察、行文风格的辨析、发话人的立场揣测、时代社会文化背景的判析，等等，通过宏观及微观多个角度的考察，文章试图构拟上古时代的历史画卷，并从中透视具体词义的内涵、外延及其发展变化。

比如，关于"舅"一词，文章谈道：

> 《释亲》有："母之昆弟为舅，母之从父昆弟为从舅。""妻之父为外舅。""妇称夫之父曰舅。"为什么"舅"有这么多所指，涉及三个家族？

《释亲》对"舅"一词所指的烦琐释义，前人早有疑惑，但是又解释不清。① 许先生运用其丰富的历史知识与人类学知识，构拟"舅"一词出

---

① 如王闿运在《尔雅集注》中对此的解释是"舅主于父母兄弟，妇又假以称夫之父"。尹桐阳在《尔雅义证》中对此的解释是"其以称夫之父及异姓大夫者，均借称也"。这些说法都让人不知所云。转引自《尔雅诂林》，湖北教育出版社1998年版，第1712页。

现的具体语境。他认为上古时代，古人从原始族内婚过渡到较为文明的族外婚制时，并没有"舅"、"姨"这些词语，那时这一氏族的这一批男性是那一族那一批女性的配偶，这一族的这一批女性是那一族那一批男性的配偶，两族人之间只注意配偶间的年龄和辈分。换句话说，这一族这一批男性都是那一族那一批女性所生子女的父亲，而与之婚配的女性都是所生下一代的母亲。接下来，当族外婚发展为更为文明的形式，人们逐渐形成相对固定的配偶后，"舅"、"姨"这些词才出现。到底哪些人可以被称为"舅"？《释亲》想告诉人们，必须了解都有哪些外姓作为对姻亲中上一辈的、与"我"没有血缘继承关系的男子的称呼，这才能准确理解"舅"的内涵所指。《释亲》的烦琐释义恰恰反映了古代开始摆脱族内婚、实施族外婚时留下的痕迹。

接下来，许先生通过对《释亲》"婚姻"中"谓我舅者吾谓之甥也"这一句子相关语境因素的考察，进一步点明"舅"一词词义在上古时代的外延变化。

许先生首先充分考察这个句子的静态语境要素。他说："从排列次第看，此句与上文不伦；从内容上说，这条与释舅、释甥的前文是同义重复；从行文风格看，和《释亲》全篇颇不一致。"据此，许先生怀疑这一条是后人的注释被移进正文的，或是径直增补为正文的。

除此以外，许先生还注意到发话人立场这一语境的主观因素。他认为《释亲》关于"甥"的界定其立足点或者说观察点是"我"之父，这句后人增补的话传递了上古社会亲属关系越分越明的变化信息。正如上文指出，上古社会由族内婚向族外婚过渡之初，人们重视的是对方家族男性的辈分，而不严格计较其所从出。随着对偶婚制的建立，出现了"舅"、"姨"这些词语；再后来，亲属的区分越来越严，古代以舅、甥互称的，有些后代不再沿用，例如把"舅之子"另称为"侄"，把"姑之子"另称为"甥"，而妻子之父既然已经称"我"为"婿"，"我"就不一定称其为"舅"了。这样就需要特别声明："谓我舅者吾谓之甥也。"

三 许先生的文化观及其语言研究

语言研究者对语境的把握，往往是由其语言功底以及文化积淀决定的。许先生一方面工于从一词一句踏踏实实的考证和分析入手辨析词义，另一方面又善于高屋建瓴，在恢弘的历史文化背景下透视具体词义。正如许先生谈论自己的学术研究心路时指出，其研究兴趣以训诂学为起点和基础，逐渐拓展到史学、经学、哲学、心理学和宗教学等各个领域。许先生的文化视野融会多个学科，放眼全球，跨越古今。由于文化积淀博大深厚、体察人情世态深刻充分、语言功底精湛扎实，许先生对词语相关语境的把握和体认驾轻就熟；由于对于语境与语义关系有着系统和深刻的认识，许先生能够在诸多语境要素中取其大者，灵活而又准确地解决诸多词义分析问题。

我们仍然举《读〈尔雅·释亲〉——〈尔雅〉的文化学研究之二》中的关于"舅"一词的释义，由此进一步体会在恢弘开阔的文化视野下许先生对词语附加义的探析。

许先生认为伴随族外婚制产生的"舅"一词具有"尊贵"的文化附加义，他在文中谈道：

> （族）外婚制的确立，不仅仅是从人口延续的角度考虑的，也有社会因素：通过联姻，扩大自己氏族与周边的和平共处，增加外援。……从那时到现在 3000 年了，舅舅地位的重要依然没有完全绝迹。例如我国一些少数民族至今舅舅的地位还比较高。在汉族地区此风已弱，但是在有些地方，例如山西农村，遇有丧事，或父母已亡的弟兄分家，大小事务都要征得舅舅的同意，舅舅被称为"主子"，这就是古代这一风俗的遗留。……在世界许多民族的历史上，都有过这样的阶段，为了加强和神化父系，还在一定程度上有意抬高"母党"的地位，以与之相配。中国的"门当户对"即由此而来。"母党"既被重视，其家庭/家族中的男性当然也就非同一般。

通过古今贯通比较，《尔雅·释亲》所反映的上古时代的历史画卷进一步鲜活地展现在读者面前，读者能够跟随许先生的分析，穿越历史准确理解"舅"一词所指变化以及其中丰富的文化信息。

参考文献

[1] 许嘉璐：《中国古代衣食住行》，北京出版社 1988 年版。

[2] 许嘉璐：《未辍集——许嘉璐古代汉语论文选》，中国社会科学出版社 2000 年版。

[3] 许嘉璐：《语言文字学论文集》，商务印书馆 2005 年版。

语境体认与词义的多角度探析

［4］胡壮麟：《语境研究的多样化》，《外语教学与研究》2002 年第 3 期。

［5］胡霞、黄华新：《华中科技大学学报》（社会科学版）2004 年第 2 期。

［6］Leech, G. , 1974/1981, *Semantics*: *The study of Meaning. Harmondsworth*, Middlesex, UK: Penguin, P. 67.

［7］张志毅、张庆云：《词汇语义学》，商务印书馆 2005 年版。

许嘉璐先生汉语推广思想初探

北京师范大学文学院　　朱小健

摘　要　许嘉璐先生认为语言的本质功能是交流，汉语是当今语言研究的特殊领域；语言是特殊的文化，语言是文化最重要的载体，语言对文化有反作用，汉语文化博大包容；文化需要而且可以传播，当今世界文化传播特别是中华文化的传播具特殊意义，传播语言实质上是传播文化，传播语言又是传播文化的必须。许先生的这些思想对汉语推广有重要的指导作用。许先生不仅思考阐述了汉语推广的理论，还亲身实践，指导汉语国际推广事业取得了丰硕成果。许先生汉语推广的思想和实践对我们从事语言学研究有重要启示：个人价值的实现要与国家民族事业的需要相适应，学术研究要与服务社会紧密结合，语言本体研究要从应用研究中汲取活力。

关键词　许嘉璐　汉语推广　理论　实践

2005年，"汉语国际推广"这个词儿还几乎不为人知；时至今日，已有越来越多的人在关注、议论、支持、参与、投入汉语国际推广这项伟大事业。众所周知，许嘉璐先生是汉语国际推广的积极倡导者、热情推动者、亲身实践者。三年多来，笔者追随先生参与汉语国际推广，在感受这项事业日新月异的同时，也对先生的汉语推广思想逐步有所认识。本文梳理自己对先生汉语推广思想的理解，以此庆祝先生从教50周年，并就教于大方之家。

一　关于语言本质、汉语特点的思想

先生关于语言本质、汉语特点的思想与汉语推广紧密相关者有二，一为语言之本质功能即交流，二为汉语乃当今语言研究之特殊领域。

先生说过："语言文字的本质功能是什么？按照古典的和现代的语言

学家们的定义，语言是人类思维和交流的工具，文字是记录语言的符号。我在这儿大胆地说，我对这样的定义始终多少有点怀疑。我觉得语言的本质功能就是交流。没有交流产生不了语言，有了语言，它自然成为思维的工具。换句话说，思维和交流，它们的分量是不一样的，思维是从属的。"① 交流是语言的本质功能，先生这个思想，既揭示了语言功用的本质，也为汉语推广奠定了语言学的理论基础。交流是产生语言的原动力，也是语言的直接目的。各类动物都有交流的需求，而以语言进行交流，是人所以为人的重要特征。在这个意义上，字典辞书中"人"的定义应当包括"能够使用语言进行交流"这个要素。② 要完成语言交流，必须有一套双方都能理解的语言体系。当今世界人类语言多样，不同国家民族间的交流，可以通过交流双方任何一方的语言或第三方语言（如世界通用的英语等）来完成。交流是双向的，但总有主动提出交流需求的一方。经济发达、发展迅速、充满机会的国家，是别国渴望交流的首要对象，其语言也日益为其他国家及民众所重视。正如先生所说："语言是不同国家人民交流的工具，是心灵交流的桥梁。任何一种语言，翻译成另一种语言，没有百分之百完美的翻译。因为语言本身既是文化的最主要的承载体，又是一种特殊的文化形式。一个词、一个概念、一个成语、一个俚语的构成，都有自己本民族的文化背景。只有身临其境，把握了这种语言，才能体会到这种文化。如果翻译，即使是最完美的翻译，词与句对应得很好，味道也要差得

---

① 《语言计划与辩证法》（上），载《未了集》，贵州人民出版社 2002，第 184 页。

② 现在人们常用的字典辞书中"人"的定义有的包括了"语言"这个要素，有的并未涉及"语言"。例如《新华字典》对"人"的解释是"能制造工具并能使用工具进行劳动的高等动物。人是由古类人猿进化而成的"，未涉及"语言"；《现代汉语词典》的解释是"能制造工具并使用工具进行劳动的高等动物"，未涉及"语言"（《现汉》有过多次修订，然对"人"的解释，只是 1978 年版在 1973 年试用本的"能制造工具并使用工具进行劳动的动物"上增加了"高等"二字，其后再未变动，可见修订者对语言是否为人之特征持谨慎态度）；《汉语大字典》的解释是"由古类人猿进化而来的、能制造并使用工具进行劳动的高等动物"，亦未涉及"语言"；《汉语大词典》的解释是"能制造和使用工具进行劳动，并能用语言进行思维的高等动物"，提到了"语言"，但仅认其为思维工具，未涉及"交流"；《现代汉语规范字典》的解释是"指由古类人猿进化而来的，能思维，能制造并使用工具进行劳动，并能进行语言交际的高等动物"，提到了"语言"，提到了"交际"，提到了"思维"。这些定义反映了学界（字典辞书的编者）对"人"之定义的学术传承，也折射出学界对语言本质功能的认识，并势必影响着读者（字典辞书的使用者）对语言本质功能的了解。由此看，先生关于交流是语言本质功能的思想具现实意义。

多。所以最好的了解别的国家的办法就是掌握这个国家的语言。"① 汉语国际推广是适应世界范围内出现的与中国交流的需求而提出的，在这个意义上，它完全符合"语言的本质功能就是交流"这一基本原理。

汉语不仅是当今世界各国了解中国的桥梁，也是当今语言研究的特殊领域。渴望与中国交流的需求有着经济、外交、政治等诸多方面的要素，其中至关重要的是文化的对话与交流。早在 1988 年，先生便指出"（训诂学）无论是宏观上的还是微观方面的方法的进步都可能为语言学理论提供新的营养。"② 所谓训诂学能为世界语言学理论提供新营养，就是因为训诂学完全是从汉语的研究阐释中生发出来的学科，它的研究对象决定了它的方法和理论的独特。"一方面，人类不可知的前途需要不同文化的对话，在对话中了解彼此的异点和同点，以期由对话而融洽，由融洽而和谐，由和谐而永久和平；另一方面，与之所重合的西方思想界探讨'补救'路径的努力也需要在非西方的环境中找到自己所无而又能够抵消对立抗争的文化模式和基因。"③ 先生说的文化模式和基因之一便是汉语的研究。"我们应该立足于中国的语言实际（包括汉语和少数民族语言），总结规律，以补充和完善语言理论。"④ 语言学的研究对象，应该包括人

许嘉璐先生汉语推广思想初探

---

　　① 《人类的文化是多元的、世界的未来是和谐的——专访语言学家许嘉璐教授》，《汉语世界》2006 年第 1 期。

　　② 《关于训诂学方法的思考》，《北京师范大学学报》1988 年第 3 期。

　　③ 《卸下镣铐跳舞——中国哲学需要一场革命》，《文史哲》2009 年第 5 期。

　　④ 《罗先生是我心中的偶像》，载《未淡集》，贵州人民出版社 2009 年版，第 114 页。在这个问题上，徐通锵先生、鲁国尧先生针对中美两国语言学近 100 年所走的不同道路，提出了类似的看法。认为"19、20 世纪之交，西学一方面'东渐'到中国，另一方面'西渐'到美国，就语言学来说，中、美两国都面临着相同的问题，这就是如何对待与'欧洲中心论'思想联系的印欧语的理论和方法。肇始于《马氏文通》的中国现代语言学自觉不自觉地将印欧语的理论、方法看成语言共性的标志，用它来研究汉语的结构，逐渐形成汉语研究中的'印欧语眼光'。……对比起步时期的美国现代语言学，……鲍厄斯在 1911 年出版的《美洲印第安语手册》的序言中提出：每一种语言都有它自己的语音、语义和语法的特点，印欧语的语法范畴不是普遍的，因而描写一种语言只能根据它自己的结构，不能也不应该用其他的语言结构来套这种语言；……美国语言学和中国语言学，都走了一百年，一个不断'翻新'，时至今日，竟至君临天下，俯视万邦；一个实质是'（西方）语言学在中国'，始终'跟着转'，似仆随主，猥琐龌龊"。（鲁国尧：《试解"徐通锵难题"——再证"国力学术相应律"》，载《中国语言学》第 1 辑，山东教育出版社 2008 年版，第 15—16 页）徐、鲁先生如此痛心地批评"中国现代语言学"，就是因为"（西方）语言学在中国"的简单照搬忽略了汉语的独特性。

类的各种语言，汉语孤立单音、词分虚实、离句无品等特征与印欧语言有别。既往语言学的研究有的不涉汉语，有的虽涉汉语但未切肯綮，汉语对当今语言研究确具特殊意义。汉语特殊的语言现象和规律的研究固然可能对现代语言学理论和学科建设有所补苴，而更重要的是汉语所蕴涵折射的思维习惯、认知模式和文化信息对人类的文化和谐有重要影响。这也是汉语推广传播的价值所在。

二　关于汉语与文化关系的思想

先生是语言学者，更是文化大家。先生为中华文化的普及传播，早年曾撰《中国古代衣食住行》等著作，后来更有《未惬集》等文化专论问世，近年应各地、各界、各国之邀所作学术报告、演讲亦多涉文化。而其中关于汉语与文化关系的阐述，则是先生汉语推广思想的重要部分，这主要包括语言是特殊的文化、语言是文化最重要的载体、语言反作用于文化、汉语文化博大包容等观点。

先生认为语言是一种特殊的文化现象，因为"1. 它是史前时期的产物，是人类无意识的创造——不完全等同于文化的创造性。2. 它既不属于主观世界，也不完全属于客观世界，具有介于二者之间的性质。3. 它是文化的载体，又是文化的反映，是超时代、超政治、超观念的。"① 先生的话从发生、属性、功用的角度说明了语言作为一种文化现象的特殊性，其中"文化的反映"，我的理解涵盖着语言解释、传承文化的特殊功用。语言是人类独有的文化行为，是文化产生的重要形式，也是文化存在的重要标志符号。人类的文化习得，从来都是在语言习得的过程中实现的。受先生的启发，我曾说过："文言文的教学，是对负载着中华传统文化的古代汉语文献的诠释，其本身就在参与构建和完善着文化。古人的许多习俗礼节、文化传统，常常就在对古代诗文的释义索证中得到了保存，而学生自然也就在这过程中习得了文化。"② 文化的传承与传播离不开文化的解释，文化的解释必然借助于语言。一个国家民族的文化当然可以用任何一种语言来解释，但其本民族语言对文化的解释还参与着该民族文化的构建和发展。要了解该国家民族文化，离不开该国家民族的语言。文言

① 《语言与文化》，《中国教育报》2000 年 10 月 17 日。
② 朱小健：《关联·交融·传承——实现文言文教学目标的三个层面》，《中学语文教学》2005 年第 11 期。

文的教学是这样，汉语的推广也是这样。外国朋友在学习汉语的过程中，自然也会了解中华民族的价值观。

语言作为一种文化现象的特殊性还表现在它是文化最重要的载体，"其他载体只能向人们显现文化的一个部分，甚至是文化的一个角落；而语言则全面地储存着文化的整体信息。"① 不同国家不同民族的语言储存承载着该国家民族文化的整体信息，了解掌握该国家民族的语言，不仅能满足与之交流的目的，更可以借之了解掌握该国家民族的文化。许先生出访德、法、英三国了解孔子学院情况归来后说："没想到在欧洲三强里，汉语如此之热！热中还有一点更热的，人家直言不讳地说：'我们学汉语不是目的，了解你们的文化才是真正的目的。'……柏林市长对我说：'文化交流是最重要的。我们就是要激发中学生的汉语兴趣、大学生的文化兴趣、大众的中华文化之可感知。'这是翻译的问题呢，还是他原来就这么用词呢？'可感知'三个字非常值得深深地体味。我们到慕尼黑访问了歌德学院总部。他们说我们就是要进行中小学的跨文化对话——也是谈文化。苏格兰教育部副部长说：'我们不想让汉语成为商业语言。苏格兰人对中国文化的兴趣猛增。'两句连在一起，那就是：想让汉语成为文化沟通的语言，超越了商务。我想，在最初进行汉语推广的时候，我们所感受的现象都是这些人学汉语为的是开拓中国市场，或者在他公司里负责中国业务。实际上他们的领导者的思维早已超越了这个范围。"② 学习汉语，使中华文化"可感知"，最根本的原因就是语言是文化最重要的载体，全面地储存着文化的整体信息。在信息技术日益发达的今天，主要以语言文字为交流形式构成的网络虚拟空间影响着人们生活的方方面面，语言储存承载文化的作用比以往任何时候都更凸显。

语言对文化有反作用，"由于人们分不清语言和它所指的事物，于是经常误把语言和其所指混同。于是语言又反过来对文化产生影响。最突出的例子如语言崇拜（包括文字崇拜），如汉语的双音节词汇对对称美的观念的形成所起的强化和推动作用，如宗教语言进入全民语言后，语言本身对人产生影响等。"③ 虽然对语言与文化相互影响和相互制约学者并无异

① 《语言与文化》，《中国教育报》2000 年 10 月 17 日。

② 《解放思想　交流经验　共探新路——在"国际汉语教育人才培养研讨会"开幕式上的讲话》，载《国际汉语教育人才培养论丛》第 1 辑，北京大学出版社 2008 年版，第 8—9 页。

③ 《语言与文化》，《中国教育报》2000 年 10 月 17 日。

议，但专门研究语言对文化的反作用的成果还不多。在世界走向和谐进程中，不同语言相互之间的影响，异族语言对本民族文化的作用，值得我们特别注意。当以汉语为母语的人们天天说着写着"晒（share）"、"秀（show）"、"败（buy）"，而以英语为母语的人们嘴里不时冒出"kung fu（中国功夫）"、"tofu（豆腐）"甚至"hanban（汉办）"的时候，以这两种语言为母语的人们各自的文化没有交融吗？异族语言对本民族文化的反作用，是汉语推广研究的重要课题。

汉语及其承载的中华文化博大包容，对当今世界走向和谐具特殊作用。先生认为"中华文化的源头是多源的"，是史前及夏、商、西周各个部落文化的聚拢。① "中华文化又是多元的"②，因为"中华文化或者说是汉文化大量吸收了异族的文化"③。"中国文化五千年来未尝中断，这既是历史上的奇迹，也说明中国文化的合理性和必然性。中国文化之悠久与其不断吸纳异质文化以补充丰富自身有着直接的关系。"④ 中华文化有着鲜明的开放和包容特征。"中华文化自其发生的时候起，就不是封闭的。中华民族从来不仇视异族，不动不动就诉诸武力，而是'远人不服，则修文德以来之'，'兵者不祥之器，非君子之器，不得已而用之'。对异族人尚且不拒，对异质文化自然更能够包容。中华文化不但从不阻挡来自身边的文化的影响，即使是海外的从不熟悉的文化也在欢迎之列。例如自汉代起，对中亚、天竺（佛教）文化，不但容忍，而且能够融化之，吸取之。人们常说中华文化具有极大的包容性，而包容的精神实质，其实就是建立在民族文化自信心基础上的开放。"⑤ "汉文化与少数民族文化之间，一般来说，从来没有冲击，主要是互补、共同繁荣，这和华夏文化、汉文化的包容性是分不开的。"⑥ "中华文化的开放性、包容性，是它得以绵延发展的根本原因之一；反过来看，如果它变得封闭了，不能包容别的文化了，

---

① 《中华文化源流概述》（上），载《未了集》，贵州人民出版社 2002 年版，第257—258 页。

② 同上书，第 261 页。

③ 同上书，第 260 页。

④ 《关于文化》，载《未了集》，贵州人民出版社 2002 年版，第 252 页。

⑤ 《民族文化的发生、发展与生存环境》，载《未了集》，贵州人民出版社 2002年版，第 327 页。

⑥ 《关于文化》，载《未了集》，贵州人民出版社 2002 年版，第 253 页。

也就会停滞衰微。"① 这种开放和包容正是国力强盛、文化深厚的体现。"任何文化，如果长时间不和异质文化接触——包括交流、摩擦、冲撞，从异质文化中吸取营养，单凭自己的内部动力，是难以有大的发展的，通常还要萎缩，甚至衰落；而在与外来文化接触时，如果自身底蕴不足，则可能被异质文化淹没，也就是被同化，没有了自身的文化，民族也就在实质上灭亡了。"② "中华文化在发展过程中当然要有百川汇入形成浩浩荡荡的大势，但异质文化并不是自然流入的，常常是中华文化和异质文化发生接触和冲撞后融入的。"③ "只有国强，才能够兼容；只有文化深厚，才能够吸纳。"④ 博大精深的中华文化包括它善于吸收异质文化营养的特征，引起了世界各国各民族的关注，"由于中华文化的丰富悠久和它的强大生命力，也由于它在近代和现代的命运在全世界具有极大的典型意义，所以近百年来研究它成了世界性的显学，至今这一研究的热潮还没有降温的迹象"⑤。积极回应各国朋友的热情，为他们展示诠释汉语文化，也成为我们的责任。"中华文化作为人类多元文化中的一员，有义务为增加人类生活的色彩、为世界未来的和谐与和平作出更大的贡献。"⑥

传播汉语就是传播中华文化，先生关于汉语与文化关系的思想，是汉语推广工作的重要理论依据。

三　关于语言文化传播的思想

先生在全面阐述语言与文化关系的基础上，又具体提出了语言文化传播的思想。首先是文化需要而且可以传播，"历来中华文化的传承，首先是横向的传播，然后是纵向的传承。"⑦ 而"各个文化需要吸收别的文化的营养（我称之为文化发展的'外动力'，与之对应的，则是文化受自身经济、社会发展影响和文化内部间相互影响的'内动力'），这为文化间

① 《中华文化源流概述》（下），载《未了集》，贵州人民出版社2002年版，第311页。
② 《中华文化的过去、现在和未来》，载《未惬集》，贵州人民出版社2005年版，第182—183页。
③ 《中华文化漫谈》，载《未了集》，第352页。
④ 《两岸学人，同肩重担》，载《未了集》，第352页。
⑤ 《中华文化源流概述》（下），载《未了集》，第313页。
⑥ 先生在第一届孔子学院大会上的讲话，见《中国教育报》2006年7月8日。
⑦ 《两岸学人，同肩重担》，载《未了集》，第370页。

交流对话提供了需求；各个文化间存在差异，则为交流对话提供了实现其价值的可能性。"①

其次是当今世界文化传播特别是中华文化的传播具特殊意义。先生在谈到中华文化在世界文化互动共融中的作用时说："我想用几位西方著名的学者的话来说。一是英国的大历史学家汤恩比（Arnold Toynbee），他说：中华有着可考证的五千年的文明史。虽然也经过不少的动乱、分合，但是放到世界各大洲来看，这个帝国（指封建社会），是超稳定的，始终保持着一统的局面。回过头看看西方，今天你打我，明天我打你，从没有中国这样的长期安定。如果照西方几百年来的思维走下去，人类要自己毁灭自己。怎么来挽救未来的世界？他提出了一个理想主义的目标，就是把中华文化贡献给世界，让中华文化与西方文化互容、相融，用中国的那种'和''合'的文化、天人合一的文化、伦理上的和谐追求来补充（而不是代替）西方那种外向、分裂、对立的思维。

"还有美国的哲学家安乐哲（Roger T. Ames）和郝大维（David L. Hall），在上世纪八十年代末期写的一本书上也提出来：西方的思维，三四百年定型了，形成欧洲中心论，这不能再继续下去了，应该到孔子那里寻求智慧。孔子的思维过去以欧洲中心论的语言和观点来解读，很多是解错了。孔子的学说，核心是'仁'，是'恕'"，是'己所不欲，勿施于人'。他说，应该参照东方的智慧来改进西方的文化。

"时过二十几年，又有新一代的哲学家提出这个问题。虽然这些在西方的声音中还不是最强音，但是，我认为已经代表了一批真正客观的、科学的、不带任何民族与文化偏见的学者的思考。我赞同他们的观点，我们应该把中华文化优秀的传统加以弘扬，结合时代的特点，形成我们现时代的好的文化。这对全世界都是重要的参考，是最大的贡献。"② 在经历次贷危机冲击后的今天，重温先生的这些话，我们更感到文化传播特别是中华文化传播意义重大。

再次，传播语言实质上是传播文化。"汉语国际推广，不只是学语言的事，甚至可以说主要是文化方面的事情。"③ 而传播语言则是传播文化的必须，"举一个例子。在北京，一个男孩子向一个女孩子表示好感，女

---

① 《卸下镣铐跳舞——中国哲学需要一场革命》，《文史哲》2009年第5期。

② 《人类的文化是多元的 世界的未来是和谐的——专访语言学家许嘉璐教授》，《汉语世界》2006年第1期。

③ 《放开眼界，更新观念，让汉语走向世界》，《语言文字应用》2006年增刊。

孩子心领神会,来一句:'讨厌!'只有中国人懂得这个'讨厌'的意思。你即使翻译出来了,外国人觉得:'噢,女的拒绝了。'意思根本相反。所以,要想让外国朋友了解中国,翻译是很重要的,但是最好的办法还是让外国朋友掌握汉语,由他们再向本国的同胞解释中国文化。这样,不同的国家和民族的人心灵就可以吻合、交流了"①。掌握了该民族语言,才能真正了解该民族文化,传播文化亦然。

四 对汉语国际推广战略的思考与实践

2005 年 7 月,第一届世界汉语大会在北京举行,世界范围内汉语学习需求的猛增催生了汉语国际推广这项重大战略的酝酿推出。国务院提出了汉语国际推广工作的"六大转变":一是发展战略从对外汉语教学向全方位的汉语国际推广转变;二是工作重心从将外国人"请进来"学汉语向汉语加快"走出去"转变;三是推广理念从专业汉语教学向大众化、普及型、应用型转变;四是推广机制从教育系统内推进向系统内外、政府民间、国内国外共同推进转变;五是推广模式从政府行政主导为主向政府推动的市场运作转变;六是教学方法从纸质教材面授为主向充分利用现代信息技术、多媒体网络教学为主转变。先生敏锐地意识到对外汉语教学领域重要变革的到来,认为这是汉语 5000 年来第一次应别人之邀大规模、有计划、成系统地走出国门,事关我国民族凝聚力和影响力的增长提高,也关乎世界的和谐发展。先生自认作为一个语言学工作者,参与促进这项工作责无旁贷,在近古稀之年投入了大量精力来思考、筹划、推动、促进这项工作的展开。先生认为汉语国际推广不能是纯理论研究,一方面,这项前所未有的事业刚刚起步,尚在摸索阶段,理论研究还没提上日程;另一方面,国外汉语学习的急迫需求也不允许我们四平八稳地研究好了理论再实施。事实上,任何一门学科的理论都是在其大量实践的基础上建立的,而作为语言应用之学的汉语国际推广,就更离不开实践了。先生非常重视并亲身参与了汉语国际推广的实践。

2005 年 11 月,在先生的推动下,北京师范大学在全国率先成立了汉语国际推广工作领导小组,先生担任小组顾问,并布置了建设汉语国际推广北京基地、筹建中国汉语网、出版《汉语世界》杂志、拍摄《万里海疆快乐行》学汉语电视节目等具体任务。之后,先生几乎每天都要通过

① 《放开眼界,更新观念,让汉语走向世界》,《语言文字应用》2006 年增刊。

许嘉璐先生汉语推广思想初探

电话、短信、座谈等就这些任务从主旨、目标、模式、体制到实施细节逐一讨论部署落实。先生带领着这个团队日夜奋战，以精心设计、精心实施、不怕疲劳、连续作战的"汉推精神"，开展着这些工作。在那些日子里，团队成员不知熬过了多少个不眠之夜。终于，在2006年7月4—5日国务院召开全国汉语国际推广工作会议和6—7日首届全球孔子学院大会举行后，7月8日，"汉语国际推广北京基地"（后改称"北京汉语国际推广中心"）揭牌、"中国汉语网"开通、《万里海疆快乐行》节目启动仪式在人民大会堂举行，先生出任基地主任。《汉语世界》杂志也同时发行。

先生认为，汉语国际推广的关键是要解决好教材和师资问题。为此，先生领衔，带领中美两国学者共同编写美国AP中文与文化课程教材。为了编写这个教材，许先生布置编写组的中方成员三次前往美国，到众多的学校进行调研。从大学到幼儿园，包括公立、私立、教会等不同性质的学校，还有社会上的汉语教学机构，编写组都去听课，看人家的课堂是怎么教的，人家需要用什么样的教材。调研后撰写了一组关于美国AP中文课程和汉语教学的研究论文，成为这个领域最早也是最专门的研究成果。编写组在这个基础上针对美国课程实际需要来编写教材，写出初稿后，又到美国中学试用，反复修改。终于成功推出全球第一部美国AP中文与文化教材《加油》，受到美国开设AP中文课程学校老师和学生的欢迎。先生还亲自参与制定了AP中文课程教师来华培训课程的设计，课程获得了培训班学员和美国大学理事会的高度评价。

在师资培养方面，2006年，先生指示北京汉语国际推广中心与北京师范大学汉语文化学院合作培养第一届汉语国际教育专业硕士研究生。先生根据AP教材编写组美国调研反馈的国外对汉语教师的要求，将汉语国际推广新师资应具备的素质分解为奉献精神与创新意识、外语能力、中华文化素养与传播能力、跨文化交际能力、汉语知识与教学能力、现代教育技术与手段、环境适应能力等要素。按照这些素质培养的需求，设计制定了崭新的培养方案。方案既有整体设计上由课程集训、国外实习、论文撰写构成的创新模式，也有具体实施中首次在应用语言学硕士课程中引进中华才艺等特殊内容的创举。先生亲自出席这个研究生班的开学典礼，多次看望这批学生，了解他们的学习进展，与大家一起总结归纳培养所得，形成了以主题式课程设置激发学生钻研精神、以体验式教学模式锻炼学生动手能力、以贯连式综合训练夯实学生教学技能、以协作式学习方式培养学生合作意识等重要经验。这些经验包括课程设置等具体方案都已为各高校借鉴效仿吸收，用于各类汉语国际推广人才培养培训。自 2007 年 9 月开始，先生亲自指导培养的这批学生已经全部作为国际汉语教师或志愿者，陆续前往美国、加拿大、墨西哥、韩国、智利、埃及等国家从事汉语国际推广，教学效果得到了海外用户方的好评，这些学生在国外实习中无一例外地都成为了当地最受欢迎和好评的汉语教师。"中国近几十年大学学科的设置和课程的设计，在一段不短的时间里越来越背离学术发展的规律，学科越分越细，似乎越来越专，实则分析而不能'还原'，或曰一往而不知复，不但文理工互不搭界、文史哲绝缘，即使在文、史或哲的内部也分得极为细密，培养出的人才综合能力差，知古不通今，晓外不涉内。"① 着眼于应用，努力培养学生的综合能力，先生指导完成的汉语国际教育专业硕士研究生培养工作的影响，已经超出其具体培养目标本身，对我国高等教育改革具有一定意义。

先生不仅具体而微地指导北京汉语国际推广中心这块"实验田"的建设，还到多个国家考察孔子学院和各类教学机构，多次出席"汉语桥"等活动，亲自为来华的外交官、孔子学院院长和汉语教师讲授汉语文化。2008 年 12 月，先生当选世界汉语教学学会会长。其后，学会个人会员增加到 3000 多人，单位会员增加到 160 多个。学会凝聚了越来越多的汉语教学力量，在世界汉语教学和文化传播领域发挥着越来越大的作用。从担任北京师范大学汉语国际推广工作领导小组顾问，到出任北京汉语国际推广中心主任，到当选世界汉语教学学会会长，先生既着眼全局思考分析汉语推广的战略，又身体力行具体实践感受汉语推广的酸甜苦辣，竭尽全力促进汉语国际推广。"实验田"的经验在全国乃至世界范围内开花结果，从世界各地获得的信息反馈又为"实验田"的创新提供着需求，注入了活力。国事政务繁忙的先生，完全把汉语国际推广工作看成了自己的分内事。

以上对先生汉语推广思想的梳理只是初步的探讨，难免挂一漏万。然仅就这些我们初步认识到的先生汉语推广思想及实践，已经对我们有非常重要的启示。一是个人价值的实现要与国家民族事业的需要相适应。汉语国际推广战略提出时，先生已届古稀之年，仍没有任何犹豫地投身这项事业，这正是从事汉语推广最为要紧的奉献精神与创新意识，也是先生汉语推广思想不断丰富完善的动力。二是学术研究要与服务社会紧密结合。只有适应社会需求的学术研究才有生命力。三是本体研究要从应用研究中汲

① 《卸下镣铐跳舞——中国哲学需要一场革命》，《文史哲》2009 年第 5 期。

取活力。早在 20 世纪 90 年代，先生就提出语言本体的研究可能在第二语言教学和中文信息处理两个方面形成突破。"今之中文信息处理已遇巨大瓶颈，即语言学之研究，此乃计算机界与语言学界之共识。"① "此一领域（指对外汉语教学——作者按）之应用目的明确，而其成果于基础研究启发颇大。例如，为探索'教什么'的问题，对外汉语教学界率先作较大规模词频统计，其实用价值及理论意义超越本领域；又如现代汉语基本语法现象之全面描写与分析，亦对外汉语教学界为之在先，且有异常建树；关于'语用'之研究，对语言学界启发不小。"② "从某种意义上说，语言文字学的应用研究，有可能成为语言文字学'杀出一条生路'的突击队。"③ 事实上，这两个方面都已可见突破的曙光，我们对此充满信心。"借用哈贝马斯的话说，作为'公共知识分子'（其实在中国的传统中，'士'就是关注并积极介入社会公共事务的），值得献身于这一研究事业。"④ 我们梳理学习先生的汉语推广思想，就是要以应用带动研究，以研究服务社会，为中华民族的伟大复兴贡献力量。

---

① 《大陆语言学发展之现状与展望》，载《未成集》，语文出版社 2000 年版，第 373 页。

② 同上书，第 375 页。

③ 《振兴之征，后必胜今》，载《未成集》，语文出版社 2000 年版，第 201 页。

④ 《卸下镣铐跳舞——中国哲学需要一场革命》，《文史哲》2009 年第 5 期。

许先生和汉语文化学院

北京师范大学汉语文化学院　陈　绂

2000年，对外汉语教育学院已经成立4周年了，这个建立在"对外汉语教学中心"基础之上的学院，在全体教职员的努力下，从一个只接收汉语进修生的教学单位变成了一个拥有一个博士点、两个硕士点并建立了面对外国留学生的汉语言本科专业的教学科研单位，学院的主体科研方向——居于二级学科"语言学及应用语言学"之下的"对外汉语教学"方向，无论在学科建设方面，还是在培养研究生方面，都取得了令人关注的成绩。下一步应该怎样走？怎样才能在已有的基础上开创出新的局面？这一问题清楚地摆在我们新一届院党政领导班子的面前。

进入新的世纪以来，随着国力的不断提高，我们的国家在国际事务中发挥着越来越重要的作用，作为"国家和民族的事业"，整个对外汉语教学界也有了令人瞩目的变化，不仅学科地位越来越高，如何将对外汉语教学推向更广阔的天地、如何使这项将汉语作为外语的教学工作向着更科学、更全面的方向发展的讨论也越来越深入。经过多次探讨和协商，学校决定将"对外汉语教育学院"改名为"汉语文化学院"，以适应"时代的发展、科学技术的发展这个大的背景以及学校改革这样一个小背景"。同时，学校主管副校长董奇教授通知我，学校决定请许嘉璐先生担任学院院长，许先生也已经欣然允诺。这对我们学院来讲，真是一件大喜事；能在许先生的指导下工作，对我个人来讲，又是多么难得的机会！从此许先生就和我们学院、学院的工作以及学院的全体师生结下了不解之缘。从2000年到如今，许先生担任我们的院长，已经十年了。这期间，他高瞻远瞩，将学院的发展与对外汉语教学事业以及汉语国际推广事业的发展紧紧连在一起，带领我们不断地迎来一个又一个的挑战、克服一个又一个的困难，也享受到了一个又一个成功之后的欢乐。博士点的建立、应用语言学系列讲座的举办、申报第一批对外汉语教学基地的成功、第一批汉语国际教育硕士的成功培养……汉语文化学院的每一点成绩都是在许先生的领导下取得的，都浸透了许先生的心血。

回想在许先生领导下负责学院具体工作的许多细节，感慨万千。许先生在这十年的时间里对我们的教导与帮助是多方面的，尤其是在学院的发展和定位上，许先生起到了至关重要的作用。他多次深刻而生动的授课与报告使我们受益良多。他所反复阐释的语言与文化、教学与科研以及古代与现代之间的关系等问题，一直指导着学院的建设和教师的成长。

一 语言与文化

众所周知，对外汉语教学教的是汉语，是一种以汉语为外语的教学及研究工作。语言教学与文化有没有关系？是什么样的关系？应该如何在语言教学中体现出文化内涵？这一系列问题一直在对外汉语教学界引起普遍的关注与争论，对此，许先生给予了特别的关注。

首先，"汉语文化学院"这一命名就是在征得他的同意之后确定的。为了引起我们对文化问题的重视，也为了强调文化的重要性，在学院成立大会上，许先生作了题为《语言与文化》的讲演。在讲演中，他反复强调了语言与文化的不可分割的关系以及在语言教学中必须重视文化内容的重要意义。许先生指出："语言是一种特殊的文化现象"，"是文化的最重要的载体"，"全面地储存着文化的整体信息。"[①] 因此，在学习语言的过程中，就不可避免地包含着文化的学习："语言理解包含着文化理解，同时语言理解需要文化理解，语言理解的层次越高，文化理解也就越高，需要的文化理解也就越高。"正因为语言与文化有着这样重要的关系，许先生在讲演中一再告诫我们："教语言必须教文化"。

许先生对文化问题、对语言与文化的关系问题的关注体现在许多方面。

担任院长之后，许先生首先对于学院的发展方向作出了明确的规定："学院的方向应该是以语言教学为基础，建成语言和文化并重的教学与科研基地。"从此以后，我们就在先生的带领下，沿着先生为我们制定好的发展方向，满怀信心地朝着更高的目标建设着这个和谐的大家庭——汉语文化学院。

---

① 文中所引用的许先生的话，均摘自他所著的《未辍集》、《未了集》、《未成集》、《未惬集》、《语言文字论文集》等。

　　为了提高教师们的教学科研水平，也为了大幅度地提高我们每个人的文化素质以及对于文化问题的更深入的认识，许先生总是在百忙中抽出时间，来学院讲课。课程的内容丰富多彩，从理论到作品、从古代到现代，从哲学到宗教、从文学到语言……所涉极广。其中有关文化问题或涉及文化问题的讲座占了绝大多数。这些讲座既有理论、又有应用，既有关于文化理念、文化层次的理论性阐述，又有关系到中国的典章制度、宗教礼仪乃至文献典籍的具体内容的介绍，至于中西文化的对比、跨文化交际的要点等问题更是许先生关注的重点。在指导我们为汉语国际教育专业的硕士生们编写教材时，不仅将"跨文化交际问题研究"确定为第一本书，并针对这一话题，多次举行讲座。总之，许先生就是通过这些林林总总、丰富多彩的讲座，带领我们畅游在五千年中华文化的长河中，领略着博大精深的华夏瑰宝。许先生讲课从来都是内容深刻而又不乏趣味性，这在当年的中文系乃至全校都是非常有名的。如今，还是和当年一样，为了听他的课，我们必须早早到教室去占座位，否则，闻讯而来的学生们就会把教室挤得满满的而没有了我们的位置。

　　为了加强学院的文化建设和文化教学，许先生还从课程设置入手，从根本上加强文化内容。他曾一再指出："学院的当务之急是能尽快地就着文化的三个层次或三个类别调整我们的文化课程。"他明确地告诉我们，"无论就'结构—功能—文化'理论而言，还是就大家的教学实践而言，给对外汉语教学中的文化教学定位，都是我们学院当前需要解决、而且一旦着手就会很快见效的问题"。可惜的是，作为主管日常工作的副院长，我当时并没有深刻理解许先生这些提醒的深刻意义，我们所做的，距离先生的要求还差得很远很远。

　　为了给对外汉语教学事业培养人才，先生每年都招收博士生、硕士生。除了平时给这些学生上课，先生每年都带他们去郊区的名胜古迹春游、秋游，每次郊游都是他传经授课的好机会，走到哪儿讲到哪儿，他把中华文化的精髓深深地刻在了这些学子们心里。在这样的熏陶下，他的学生中有不少就是专门选择了文化问题作为论文题目的。一位伊朗的博士就以儒家文化和伊朗伊斯兰文化的对比为题，写下了十几万字的论文，成为这个领域研究的第一人。在答辩会上，伊朗驻中国大使以及其他官员都对先生培养出了这样的人才、为先生的辛勤工作和良好的成果表示深深的敬意和感谢。

　　许先生不仅是在学院的发展方向、课程设置以及学生的培养上非常强调必须在语言教学中融进大量的文化内容这样一种理念，在其他的工作中，他也同样强调文化的重要性。如在为美国的 AP 中文课程编写教材时，先生从开始就强调"教材一定要突出文化内容"，他不仅仅是作出指示，而且还与我们一起讨论文化点的设置。当他知道我们都没有去过曲阜时，为了增强我们的文化意识和文化素养，他亲自安排我们去孔孟的故乡参观访问，让我们到儒学的发祥地去亲身感受中华文化的精髓。正是在许先生的指导下，我们的教材才确定了"以文化为明线、以目的国的教学理念为指导、全面适应目的国的教学方法"的编写原则，应该说，教材虽然不可避免地存在着这样那样的缺憾，但确实打破了以往的编写理念，为今后针对海外编写汉语教材提供了极其宝贵的经验。

可以说，许先生有关文化问题的理念以及他为提高对外汉语教学中的文化质量所作的种种努力，已经深深地印在我们的脑海中，无论是在学院的发展方向上还是在我们自己的科研工作中，如何在语言教学中积极突出文化内容已经成为我们大家共同关心的问题。

二　教学与科研

早在 80 年代中后期，随着我国国际地位的不断上升，大批国外年轻人来到中国学习汉语。为了适应这一发展，学校决定将"对外汉语教学中心"从"外事处"的编制下独立出来，建成一个与其他系所平级的教学科研单位，准备开始大规模地接收留学生。在这里工作的教师们绝大多数是刚刚毕业的年轻人，大家满腔热情地投入到这一"国家和民族的事业"之中。

然而，当时在社会上和学术界对于对外汉语教学这门新型的学科还不甚了解，有些人认为就是教外国人说说中国话，只要会说中国话，谁都能教，根本谈不上什么"学问"。据说，当时学校的一位主管科研的处长就明确地讲过："他们那里（指'对外汉语教学中心'）有什么科研，就是教教'你好'、'再见'，连幼儿园都不如（这种对幼儿园工作的轻蔑也是很难让人原谅的）!"在这种思想指导下，学校的科研工作会议从来不通知这个单位，教师们也不可能有晋升高级职称的机会。他（她）们好像被打入了另册，完全没有享受到一个正常的教学科研单位的教师所应该享受到的平等的待遇。

这时，许嘉璐先生被任命为北京师范大学副校长，主管文科教学和科研。作为一个语言学家，他没有看不起这个专业；作为一个主管副校长，他更没有另眼看待这个单位。他亲自来到中心，和当时的主任、我们的老领导刘庆福教授以及中心的教师们一起谈心，讨论中心的发展。当时，许先生重点谈的就是如何在抓好教学工作的同时抓好科研工作。

众所周知，对外汉语教学工作的特点之一就是教师要承担大量的课时，而且每天讲授的内容确实都是非常简单的现代汉语。在这样的条件下，究竟如何摆好教学与科研的关系？怎样才能让教师们结合自己的专业进行学术研究？许先生深入了解情况，鼓励老师们做"有心人"，在貌似简单的教学内容中寻找科研课题，从外国人学习汉语的过程中研究汉语的特点。这些话，对于中心的发展起到了积极的作用，也极大地鼓舞了年轻的教师们，为师大的对外汉语教学工作打下了教学科研并重、以科研带动教学的坚实基础。

汉语文化学院成立以后，许先生担任院长，他更是尽职尽责地抓起了全院的教学与科研。在汉语文化学院成立大会上，许先生明确指出，学院的主要工作就是："以汉语和文化的教学带动科研，以科研保证和促进课程水平的提高"。

为了鼓起大家的信心和干劲，在讲话的最后，他送给我们朱熹的两首诗：

任　重

气无强弱志为先，努力便行休放肩。

捱得一番难境界，便添脊骨一番坚。

九　思

人之进学在于思，思则能知是与非。

但得用心纯熟后，自然发处有思随。

许先生语重心长地说："诗写得不怎么样，而且是谈理学的；但是其中道出了治学的一些基本规律，我想奉送给大家，让我们一起立志，努力，磨炼，思考，厚积薄发，把汉语文化学院建设好。"正是在这种精神的激励下，我们在许先生的带领下，不管别人如何看待自己，顶着压力，在狠抓教学的同时狠抓科研，使学院的科研工作有了长足的进步。从省部级科研项目到国家级科研项目，从单篇的论文到成本的专著，学院老师们的科研成果有目共睹，也让认为这里"没有科研"的人们改变了自己浅陋的看法。

作为院长，不论是教学还是科研，以至于研究的领域，许先生都对我们提出了很具体的要求。他指出："教师的研究可以深而又深，但是拿到课堂上去的东西则一定要浅，要适应学生水平"，明确地告诫我们要在这个特殊的工作中处理好教学与科研的关系。鉴于我们绝大多数老师都具有语言专业的背景，许先生一再强调："作为学院的教师，每个人都应该在语言和文化两个方面有所钻研。"回想起来，当时我们对这些话理解并不很深，尤其是对于文化的认识还比较肤浅，大家的研究仍然专注于语言本体和语言应用，真是有愧于先生的教导。现在，随着文化问题在对外汉语教学界越来越受到关注，学院不仅建设起一系列有关传统文化、文化才艺、跨文化交际等方面的课，而且涌现出了一批潜心研究文化问题的中青年教师和相当数量的研究成果，先生当年的教导终于有了成效。

为了更有效地打开教师们的眼界，带领我们站到应用语言学研究的前沿，许先生特别组织了系列讲座，邀请了应用语言学各个领域的"顶尖学者"来学院作报告，为我们介绍学界乃至他们自己的最新研究成果。这些讲座有李行健教授的"辞书编纂和语言研究"和"语言规划和新时期的语言文字工作"、戴庆夏教授的"中国少数民族双语教学问题"、于根元教授的"广告语言研究"、佟乐泉教授的"儿童口头语言的发展和书面语言的学习"、王洁教授的"法律语言学建设中的问题思考"、黄曾阳教授的"HNC理论的语言学基础"、俞士汶教授的"计算语言学基础研究成果及其在语言教学中的应用"、陆俭明教授的"跨入新世纪后我国汉语应用研究的三个主要方面"、林杏光教授的"研究人机应用语言学"、吕必松教授的"汉语的特点与汉语教学路子"、陈章太教授的"近期中国社会语言学的几个热点"、周洪波教授的"近年来汉语新词语研究的进展"等。而系列讲座的第一讲由许先生本人承担，题目就是"应用语言学概述"。先生从自己的学术经历和工作经历入手，洋洋洒洒，共讲了七个专题：应用语言学的范围、分类、社会背景、时代特征；应用语言学的内容分述；应用语言学与基础研究的关系；应用语言学与传统语言学的关系；应用语言学的特征；应用语言学与市场经济；应用语言学的理论研究。此外，许先生还给我们讲了"论民族文化的雅与俗"。听着许先生精辟而又深刻的报告，我们深深体会到，作为一名对外汉语教师，我们的核心任务是搞好对外汉语教学；而作为一门应用型学科，对外汉语教学只是整个应用语言学这个大学科之中的一支，它有着自己的理论基础和研究特色。而要想真正研究清楚它的定位以及它与相关学科的关系，就必须对应用语言学有一个整体的了解和把握。许先生的报告以及他所组织的系列讲座正好给我们补上了这一课。应用语言学系列讲座为我们全面地提供了有关应用语言学研究的最新信息，不仅帮助我们在这一领域内大胆探索，而且更加明确地将我们的教学与科研实践纳入理性范畴，在一个更高的层面上进行思考和总结。

对外汉语教学作为一个独立的学科招收硕士生是 90 年代中期以后开始的，博士点的建立则更要晚。因此除了近些年毕业参加工作的年轻老师之外，从事对外汉语教学工作的教师们所学的并不是对外汉语教学这一专业。我们学院也不例外，在五十多人的队伍中，所学的专业就有古代汉语、现代汉语、理论语言学、计算语言学、古代文学、现当代文学、外国文学、民俗学、中国历史、中国教育史、教育学、心理学、英语教学等十几种，如何将自己的专业与具体的教学工作紧密而有机地结合在一起，使自己的科研和教学相辅相成，成为一个"连续统"而不脱节，这是我们每个人都必须解决的问题。

对于这个问题，许先生明确地告诉我们：研究生期间的学习是对一个人专业的培养，但更是对一个人能力的培养，要善于把所学的专业看得更宽泛一些，要努力向着综合、通用的方向发展。这些话无疑为我们指出了解决问题的门径，使我们这些具有不同专业背景的老师们能够在较短的时间内找到自己的定位，明确努力的方向。我们全体教师遵照许先生的教导，"缺什么、补什么"，在搞好对外汉语教学的同时，努力拓宽自己的研究范围，使教学和科研相辅相成，在教学中发现问题，用科研成果解决问题，用自己的知识和汗水，为祖国的对外汉语教学事业做出自己应该做的一切。

三　现代与古代

正如上文所述，我们学院有相当一部分教师所学的专业偏向于"古代"：汉语史、训诂学、古文字学、古典文学、中国古代史、古代教育史……而对外汉语教学教授的是现代汉语，是要把现代汉语作为一种外语、一种工具教给母语为非汉语的人群，让他们能够运用准确的现代汉语与中国人进行交流。这不仅与母语教学本身有着本质的区别，与大学中文系的现代汉语课也存在着本质的区别。因此，即使是现代汉语"出身"的教师，也会在实际讲授中真切地感受到所学专业与所讲授内容之间的巨大差异，更何况古汉语、古典文学、古代史出身的教师呢！自己的专业在对外汉语教学的工作中有没有用？如何将自己所学的知识运用到平时的教学科研上来？应该如何处理"古代"和"现代"的关系？这些问题一直困扰着学院的许多教师，也包括我自己。

许先生深深理解我们的困惑，千方百计地打消我们的顾虑，为我们指明如何将"古代"与"现代"结合起来的法门。首先，他明确地告诉我们：学习、研究古代语言与古代文化丝毫不会影响对外汉语教学工作，恰恰相反，具有深厚的古代语言文化的基础非常有利于搞对外汉语教学，因为"古代"是"现代"的源头，要讲清楚"现代"的问题，不了解其来龙去脉是很难做到的。

他每次到学院为我们讲课时，无论是讲"现代"还是讲"古代"，他总是强调"要教好'现代'，必须懂得'古代'；要教好语言，必须懂得文学文化"。也许由于他自己的专业就是训诂学，在他为我们举办的讲座中有关古代汉语、古代文化内容的居多，从理论到文选、从语言到文学、从语义到语境、从古代文献的解释到现代哲学的领悟……许先生的讲座所涉极广，这本身就向我们表明：对外汉语教学需要从古至今的多种多样的知识。从先生的多次讲座中，我们深深地体会到这样几个原则："现代"必须以"古代"为基础，"古代"必须为"现代"服务，必须与"现代"相结合。

许先生自己正是这样做的，在他所带的研究生中，有训诂学专业的、也有语言学及应用语言学专业（对外汉语教学方向）的，还有计算机处理专业的，指导这些不同学科、不同专业的学生，需要怎样的知识结构、怎样的融会贯通呀！记得先生曾经举过一个例子：广东话中英语音译与汉语"中西合璧"所形成的"搭的士"一词是如何演变成了北京话的"打的"。在讲述这个词的形成过程中，许先生涉及了古汉语音韵学问题、外来词问题以及北京话中"打"一词的泛化问题等。一个小小的"打的"，竟涉及了这么多的知识，的确让我们佩服之至。如果没有这些涉及古今中外的知识以及对它们的深入研究，是不可能这样既准确无误、又深入浅出地讲清楚这一问题的。多年来，许先生正是运用一个个活生生的例子为我们展示古今结合、古为今用的范式，让我们更深刻地体会到作为一个对外汉语教师，"没有古代汉语和古代文学文化的基础是很难称职的"这样一个道理。

许先生重视对古代汉语、古代文化的研究，但他决不厚古薄今。先生讲"雅学"，从词的义类入手进行词义的理论阐述。在分析《尔雅》所体现出的词义的系统性时，他特别提出词义系统性的两种表现形式，即树形系统和网络系统，而网络系统正是计算语言学这一近代科学体系所需要研究的，也是 NHC 这一中文信息处理的高端理论的基础。为了让我们更好地领会讲座的内容，他还布置了一些必读书目，除了《尔雅》，还有林杏光先生的《词汇语义与计算语言学》、李新魁先生的《类别词汇释》和俞敏先生的《打雅》等。这些书不仅涉及对古代汉语词汇的研究，也涉及对现代汉语词汇的研究，还涉及对计算语言学的研究。从这个参考书目上，我们也能领略到许先生自己打通古今的研究特色。

许先生对于现代学术研究的关注，并不仅限于对国内语言、文化、哲学等学科，他还非常关注近代西方社会科学的种种前沿理论。在他的讲座中，我们总能听到他对某些国外书刊的介绍以及评价。他总是开出一系列书目让我们阅读，如波兰的沙夫写的《语义学》、美国哈佛大学教授亨廷顿的《文明的冲突》、加州大学伯克利分校列文森安教授的《儒教文明与中国的现代化》、简·爱切生的《语言的变化：进步还是退步》等。他衷心地希望我们能从这些“他山之石”中汲取养分，弥补自己的不足。

15 年前，许先生为当时还叫做“汉语教学中心”的我们学院成立 30 周年纪念会写了贺信，信中写道：“随着我国经济和社会的发展，汉语热将在世界更多的地方出现，北京师范大学汉语教学中心必须有更大的进步才能与时代和学术发展同步。我希望师大汉语教学中心不断充实和扩展教学内容，提高教学质量，形成自己的教学流派，多出教学的和语言、文化等方面的研究成果。只有这样，汉语教学中心才有可能成为国内一流、在国际上有很高声望的综合性教学和研究机构。”许先生在 15 年前讲的这些话正在一步步成为现实，他的这些语重心长的指示也已经铭记在我们心中，时刻提醒我们，在教学与学术研究中广泛地学习，不断地进步，永远不要被时代淘汰。

许先生曾在写给他的学生们（应该也包括我们全体教师）的信中反复地说他要“感恩”：“感自己从小到大许许多多老师的恩”，“感时代之恩，感世人之恩，感古圣贤之恩，感学生们之恩”。今天我也要深深地感许先生之恩：感谢他为学院的发展和我们的成长所做的一切，更感谢他多年以来对我个人的教诲和培养、宽容和理解。

许先生是我们学院的院长，也曾担任重要的领导工作，不管他承担什么工作，也不管他的身份如何变化，在我和我的同事们心目中，他的第一身份永远是我们的老师、我们的院长。

管方向、抓大事

——许先生领导学院工作点滴

北京师范大学汉语文化学院　张和生

2000 年，为适应汉语国际教育事业的高速发展，北京师范大学的"对外汉语教育学院"更名为"汉语文化学院"，先生出任院长至今。先生曾多次说："我不做'名誉院长'，就是要为学院做点儿实事。我一不管人，二不管钱，但我要管学院的发展方向。"的确，这些年来，先生一直在为学院的发展把握方向，指导我们学院的工作在正确的轨道上前进。

一　管方向，确保学院在业内的领先地位

先生曾任国家领导人，虽政务繁忙，但多次召集学院班子开会，布置学院发展大计。先生为学院设定的发展方向和目标是：对外汉语教学，要全国一流，世界知名；汉语教师培训，要成为我们的强项；学术研究，要忌浮躁，要关注文化，要更加重视应用型研究；研究生教育，要注重培养有良好汉语教学能力和跨文化交际能力的世界公民；学院人文环境，要抓规章制度建设，要营造和谐、向上的文化氛围，形成有凝聚力的团队；国内、国际交流合作，要走出去，向国内外同行学习，扩大学院的影响；面对汉语国际教育新形势，学院要把握机遇，最快作出正确反应，立足于汉语国际推广事业前列。而要实现上述目标，更新观念，大胆改革创新，才是学院工作发展的动力。

10 年来，在学校党政领导们的关心支持下，学院师生努力践行许先生为我们勾画的发展蓝图，而我们的一些成绩既都是在先生领导下实现的，也都在先生的预料当中。

2003 年 1 月，国家汉办组织评审"国家对外汉语教学基地"。为迎接评审，先生亲自指导迎评文件的撰写，过问准备工作的进度，并亲自在评

审会上以院长的身份向专家组陈述学院工作。经过激烈竞争，学院以超越北京大学的得分，成为首批国家对外汉语教学基地。被评为基地，为学校争了光，也为其后学院的发展注入了强大的动力。

2004 年，学院领导班子换届，我接替陈绂教授担任常务副院长，而先生继续担任院长工作，一如既往地为学院工作倾注大量精力。新班子刚成立后，先生数次在人民大会堂召开学院工作研讨会，为我们指出进一步改进工作的方向，向我们部署任务。

2005 年，我国召开第一届世界汉语大会，标志着中国的对外汉语教学事业进入汉语国际推广的新阶段。这一年正是北京师范大学开展对外汉语教学 40 周年，先生指示我们组织召开纪念大会。先生指出，我们不是搞一般意义上的院庆，而是借此机会，向我们的老师、向学校、向社会昭示我们工作转型的决心——学院的工作重心由对外汉语教学转为服务于国家和平发展战略的汉语国际教育。国家汉办领导、兄弟院校领导、北师大校领导、学院前任老领导和全院教师及学生代表出席了大会。这次大会的成功，对学院全体教师明确方向、振奋精神、全身心投入改革创新，起到了极大的推动作用。

2006 年，我院率先招收了国际汉语教育方向的硕士研究生，而这一工作正体现了我们工作重心的转移，因而先生指示我们下大气力做好这项工作。先生力主创新培养模式，在学生日常管理、专业课程设置、海外实习指导、开题答辩等各个环节，我们都进行了成功的探索。在刚刚结束的汉语国际教育专业学位研究生培养中期检查中，学院的专业硕士培养工作得到了国家汉办、汉语国际教育专业学位教指委和兄弟院校的充分肯定，我们在 24 所招生院校中名列前茅。

需要强调的是，学院在抓对外汉语课堂教学质量上有着良好的传统，学院的教学质量一向在国际上有良好的口碑，新时期学院工作重心的转移决不意味着放松对对外汉语课堂教学质量的管理。为探索提高教学质量的新思路，先生多次要求我们走出校门（我们已经在做），走出国门（我们即将要做），学习一切有利于提高教学效率的先进经验。在先生的关心下，学院坚持实施"1 + X"教学改革实验，学院的教学评估成绩在逐年提高。2007—2009 年，根据教育部有关部门的评估，我院面向留学生的"汉语言"专业两次在全国 70 多所高校中排名第一。

美国设置 AP 中文课程，是汉语进入美国主流社会的重要事件，是汉语国际教育的重要事件。因此，先生指示我们高度重视相关工作。2006—2008 年，学院三次成功举办美国 AP 教师培训。为了搞好培训，先生专程

管方向、抓大事

来学校和我们一起讨论课程设置与任课教师选择。在先生的指导下，我们的培训课程受到美国中学教师和美国大学理事会的高度肯定。先生主编的AP汉语教材也受到了用户的欢迎。

在科研方面，先生多次利用学术讲座向全院教师呼吁，加强文化学研究，加强汉语国际教育人才培养模式等应用型研究。先生多次指出，语言学研究若不服务于应用（语言教学、中文信息处理等），就是钻进了死胡同，就是文人的自娱自乐。在先生的督促下，学院科研成果中应用型研究的比重逐步加大，文化类研究逐步增多。文化研究的成果也已经反映到教学中。

在构建和谐学院文化方面，先生每每将他领导中国民主促进会的经验传授给我们。在先生的关心、指导下，学院党总支曾被学校授予"模范党总支"称号，学院的部门工会被学校评为"模范教工之家"。退休老教师对学院一往情深，年轻的新教师则庆幸自己的求职选择，"学院是我们温暖的家"，成为教师们的共同心声。

学院取得的所有这些成绩，都与先生的领导分不开。而当我们取得一些成绩时，先生既充分肯定，又提醒我们保持清醒。2009年6月20日，学院成功通过汉语国际教育专业硕士培养中期检查后，先生给我的手机短信中如是说："……教学已领先，是官认的；理论领先是自认的；现在是由60多所院校公认了。领先总是暂时的，我对下一步已经有了初步想法。""最好发动大家小结一下，肯定成绩，找出不足，想想未来。开会时我先听大家的，再说我的。"

正是先生这种不断进取的精神，正是先生的锐意创新意识，带领着，或者说鞭策着我们努力把学院建设成国内、国际知名的教学机构，建设成国家汉语国际推广事业的生力军。

二 抓大事，重要工作亲力亲为

我们说先生"管方向"，并不意味着他仅仅是宏观指导，遥控指挥，在事关学院发展的大事上，先生从来是亲力亲为。

为强化学院科研气氛，开阔教师科研视野，先生不仅为学院筹划、组织了应用语言学系列讲座，自己还每学期来学院进行不同专题的学术讲座，并着重引导教师、研究生开展文化研究。

为了扩大学院在海外的影响，先生亲自出面聘请美国大学理事会主席任学院的名誉教授；先生每次外事活动都不忘宣传学院的对外汉语教学。

　　为办好学院与外方合作的两所孔子学院，先生几次在百忙中约见学院派出教师，为他们加油鼓劲，指点迷津。

　　为帮助学院教师完成汉语国际推广新形势下的观念转变，先生在大会、小会上多次动员并身体力行。先生不仅推动成立了以学院为主要实体的"北京汉语国际推广中心"，而且亲自出任中心主任。

　　为搞好学院的职称晋升工作，稳定某教师的激动情绪，先生给我发短信面授机宜："善待之，耐心说明，话莫多，莫厌重复。话多易失。莫许愿。"公平、公正地进行职务聘任工作，是先生为我们制订的人事工作准则。

　　为搞好首届汉语国际教育专业硕士培养模式的创新，先生事无巨细都要过问。他把47名研究生当作自己的孩子，给他们讲课，带他们郊游，登录学生的博客与学生网上交流。先生因公务外出不能参加这批学生的毕业典礼，还专门发来短信表示祝贺。先生在汉语国际教育专业硕士培养上花费的心血，在学界众所周知。2007年10月26日，当先生得知06级47名研究生之最后一人赴海外实习事定，给我发短信说："太好了！和生，你对学生的关怀落实了！代我祝贺她！出去后好好照顾自己，好好工作，迎接困难和挑战！"

　　作为学院主要领导，先生善于调动每个班子成员的主观能动性开展工作。班子团结向上，一方面源自先生对班子成员的严格要求，另一方面源自先生的身体力行，当然也包括先生对大家的真情相待。

　　陈绂教授腰伤，先生嘘寒问暖，为她介绍医生。

　　本人患病，先生得知后立即发来短信："此病损体力甚大，需慢慢恢复，不能上来就玩命。"

　　家母病故，先生闻讯后第一时间发来短信："才从香港回，得知凶耗，不胜唏嘘。孝子之痛可以想见。然为逝者虑，未尝非解脱也。尚望全家珍重、节哀。"先生关心部下的故事我们可以信手拈来，而正是这些"小事"，每每令人动容，凝聚着班子的人心。

　　先生从教已经50周年了，做我们的院长也有10年。虽然先生已年逾古稀，但他的工作热情丝毫未减，他的改革创新意识和他分析事物的前瞻意识，他处理问题的判断力、决断力和他的大局观，仍令我们后学无法望其项背。作为老一代知识分子，他报效祖国、报效母校的拳拳之心，更是深深感动着他的学生们，感动着学院每一位教师。

管方向、抓大事

大教授看大教育

——许嘉璐先生现代教育思想管窥

教育部应用语言文字研究所　郭龙生

摘　要　本文是《未安集》的读书笔记。文章从教育是什么、教育的现状和如何办教育三方面系统梳理了许嘉璐先生对于当代教育的深入思考，从所知、所感、所思、所愿四方面谈了读书的收获，并对许先生的教育思想、理论与实践作出评价。

关键词　《未安集》　教育理念　实践思考　学习体会

一　题解

《未安集——许嘉璐说教育》汇集了许嘉璐先生关于中国当代教育的论述。本文是拜读此书的笔记。"浓浓赤子情，拳拳爱国心"是笔者在阅读《未安集》的过程中所深切感受到的作者对当代教育、对祖国稳定、发展、安全、富强所倾注的赤子真情与爱国之心。"大"教授者，非谓作者作为一名国家领导人的位高权重，也非指作者的年龄与知名度，而是指《未安集》中一字一句所折射出的作者的人格魅力，是笔者在读书过程中所感受到的作者学问的高深与博大；"大"教育者，一谓泱泱大国之教育，一谓教育之于祖国建设和富强的积极而巨大之作用。所谓"看"，实为通过作者所述、所做的一切来了解作者的教育观，随同作者的思路来一起回顾我国教育的过去，了解我国教育的现在，展望我国教育的未来。

二 从作者的教育观看教育的重要性，从教育的复杂性看作者的贡献

（一）认识教育联系多元的重要地位，探求教育真谛——教育是什么？

教育是什么？教育有什么功能？教育的核心、教育的根本目的是什么？为什么要办教育？没有教育行不行？

要想回答上述这些问题，首先必须得明确教育的真谛，明确教育在国民生活，在社会政治、经济、文化和科技发展中的重要地位。

尽管《未安集》不是系统的教育学教材，但是，其中关于教育的论述往往多是关键的，且抓住了教育的精髓的。

1. 教育的核心目标

"教育的核心在于培养出高素质的人。"[1] "发展教育，关键是提高人的素质。"[2] "目标明确了，教育的功能才能真正发挥。"[3] "祖国的现代化建设事业，需要千百万名道德高尚、知识丰富、技能高超、身体健康的建设者。"[4] 这些建设者就需要依靠教育来造就。

2. 教育的巨大作用

教育是国家发展的根本性问题。振兴民族靠教育。"振兴中华的希望在教育。"[5] "教育关系到我们的经济发展，关系到国家的繁荣富强。"[6] "经济的发展需要各种人才，人才来自教育。"[7] "教育本身是社会发展的基础，也是社会存在的基础，同时，它本身又是社会诸项品质的综合体现。"[8] "教育同经济是紧紧联系在一起的，不是独立于经济之外的，所以党中央、国务院要我们狠抓教育。这是站在党的基本路线和国家繁荣富强的高度来认识教育的。对教育战略地位的认识应该提高到这样一个

① 许嘉璐：《未安集——许嘉璐说教育》，教育科学出版社 2002 年版，第 1 页。
② 同上书，第 2 页。
③ 同上。
④ 同上书，第 45 页。
⑤ 同上书，第 104、144 页。
⑥ 同上书，第 61 页。
⑦ 同上书，第 62 页。
⑧ 同上书，第 144 页。

大教授看大教育

高度。"①

3. 教育与文化的关系

"教育，不仅仅是在为社会培养各级各类建设人才，民族的文化、民族的优秀传统也主要靠教育完成其传承并发扬光大的。"②

4. 教育基础的基础

教育是一个巨系统，它有多个层次、多个侧面，包含了许多不同的领域。在这些领域中，孰轻孰重，人们往往弄不太清楚。作者在书中曾经不止一次地强调："基础教育是一切教育的基础，是当今所有国家维护稳定、争取发展和持续发展的基础。"③ "中小学教育是国家发展的基础的基础。"④ "发展教育和科学是文化建设的基础工程，而义务教育则是基础工程的基础。"⑤ "义务教育是我国现代化建设的基础的基础，只能加强，不能削弱；面对21世纪世界科技经济的挑战，我们的义务教育绝对不能滑坡。"⑥ "一个人综合素质的形成，基础教育阶段是关键。"

5. 教师在教育中的作用

"振兴中华的希望在教育，振兴教育的希望在教师。"⑦ "振兴民族靠教育，振兴教育靠教师，这是世人皆知的道理，近年几乎已经成了许多人的口头禅。"⑧ "教师队伍是学校建设的重中之重、关键中的关键哪。"⑨ "大力提高教师素质是提高民族素质的关键。""提高教师素质和加快教育改革步伐……的确是中华民族未来命运之所系，是关键的关键。"⑩ "教师队伍的建设，无论就其总体而言（大、中、小、幼、成、职、特），还是就某一层次（大、中、小、幼）某一类别（成、职、特，学校、社会，专职、兼职等）而言，都有综合的社会性，都是不同层次上的系统工程。"⑪

---

① 许嘉璐：《未安集——许嘉璐说教育》，第 61 页。
② 同上书，第 267 页。
③ 同上书，第 61 页。
④ 同上书，第 87 页。
⑤ 同上书，第 242 页。
⑥ 同上书，第 88 页。
⑦ 同上书，第 104 页。
⑧ 同上书，第 111 页。
⑨ 同上书，第 286 页。
⑩ 同上书，第 110 页。
⑪ 同上书，第 111 页。

6. 学前教育的重要性

"加强理论研究，推进幼教发展"①，"改革办学体制，推动幼教立法"②，这是文集中两篇文章的主标题，其中反映了作者对学前教育即幼教的高度重视和直接关注。学前期是个体社会化过程的第一阶段。学前期还是人脑和认知发展最迅速、最重要的奠基时期。学前期也是好奇心、求知欲、想象力、创造性等重要的非智力品质形成的关键时期。学前期是人的社会性行为、情绪情感、性格和认知等方面发展的关键阶段，也是人的一生中发展速度最快、可塑性最强的时期。③

7. 特殊教育应得到重视

"对残疾人教育的重视、对残疾人的关爱，是一个国家、一个社会、一个地方文明程度的反映，是文明程度的标志之一。"④ "发展残疾人教育首先是政府的职能。……残疾人教育事业是公益事业，因此理应主要由政府加大投入。"⑤ "对弱势群体的关怀，不仅是一个国家文明程度的体现，而且是社会发展的需要。"⑥

8. 职业教育应得到发展

"对于中国来说，发展职业教育实在太重要了。职业教育是工业化的产物，是为经济发展准备人力资源的必要渠道，是面对社会大多数人的就业教育。我国现在还处于工业化中期，正需要数以亿计接受过职业教育的基础劳动者。……职业教育发展得好坏、快慢，决定着我国工业化进程的顺利与否。"⑦

9. 素质教育的重要性

"素质教育关系到祖国的未来。这个未来不只是指一般的发达或是昌盛发达，而且是指存亡的大问题。"⑧ "提高全民族的素质（包括品德素质、文化素质、身体素质等），是个很大的系统工程，需要各个方面、各个层次长期不懈的努力。家庭、学校、社会是影响人的后天素质的三大环

---

① 许嘉璐：《未安集——许嘉璐说教育》，第 295 页。
② 同上书，第 298 页。
③ 同上书，第 258 页。
④ 同上书，第 301 页。
⑤ 同上书，第 302 页。
⑥ 同上书，第 306 页。
⑦ 同上书，第 275 页。
⑧ 同上书，第 147 页。

境。要提高民族素质，就需要三者的不断改善和相互协调。"① "未来的竞争是人才的竞争，人才的竞争是什么？……是国民的综合素质，概括起来说，就是全体学生德智体美劳全面发展，而且应该是主动地、生动活泼地发展。"②

10. 教师应该如何说话

教师的语言表达能力应该具备哪几个方面的内容：（1）要用简单易了的语言道出问题的关键，这也就是"深入浅出"。深入，就是揭示事物的本质和规律；浅出，就是要用学生听得懂的语言进行表达；（2）语言要朴实；（3）要切忌重复；（4）要给学生留下思考的空间和时间。

"在现代社会，在市场经济中，各行各业都需要较强的语言能力。……人人都应该接受有计划的口语训练。"③ "教师语言的最根本的基础是知识的广博，是对'道'、'业'和学生可能产生的'惑'有深入的钻研和准备。只有这样，讲或说时才能从容不迫，游刃有余。语言的逻辑性来自于思维的条理性和严密性。自己没有理清楚的东西，说出来也必然杂乱无章。"④

11. 教育的改革与立法

"要使教育符合科教兴国的战略，就要抓住教育的牛鼻子——改革与发展。"⑤ 党中央、国务院作出的大力推进教育改革、提高全民族素质的决定，是对改革开放以来我国教育改革经验的总结，是推动教育改革、进一步落实科教兴国战略的动员令，是我国教育事业发展道路上的一座里程碑。⑥ 教育改革应该全面推进，突出重点。为了真正搞好教育改革，切实解决教育问题，对教育的立法工作就成为教育改革的目标之一。

作者在文集中不止一次地呼吁为学前教育、残疾人教育、幼教、教育投入、民办教育等立法，目的就是要加大解决这些问题的力度，以求最后能够真正彻底地解决这些问题，从而促进我国教育健康持续的发展。

① 许嘉璐：《未安集——许嘉璐说教育》，第 133 页。
② 同上书，第 143 页。
③ 同上书，第 151 页。
④ 同上书，第 152 页。
⑤ 同上书，第 87 页。
⑥ 同上书，第 22 页。

（二）正视教育有喜有忧的客观现实，了解教育现状——教育怎么了？

1. 新世纪对教育的新要求，令人难以心安

"21世纪向教育提出了什么要求，至今无人心中有底。这对一个国家来说是很危险的。"① "我国的教育事业正面临着前所未有的机遇和挑战，而其现实状况与中国的未来、与人们对它的希望和要求还有相当大的距离，作为一名关心和热爱教育事业的教师，怎能心安？"②

2. 中国教育的难点和重点在农村

"中国教育的难点和重点在农村。"③ 农村落后地区的农科教统筹和协调发展的几个大问题：（1）贫困地区的"普九"遇到了很大的困难；（2）贫困地区农科教统筹的现状及其引发的几点思考：①农科教统筹问题的成败关键，取决于农业科技的发展、教育的发展。对农业的基础地位、教育的战略地位的清醒认识；②农科教统筹需要综合考察农村经济发展（物质基础）、农业科研（内容源泉）、教育发展与改革和农业科技推广（两个可依托的条件）；③贫困地区基础教育的任务是办好基础教育，提高农民文化素质；④农科教统筹的根本目标是充分利用已有的资源，有效使用投入。

3. 教育——经济发展的更大瓶颈

"教育事业的落后已经制约了我们经济的发展，而且将成为今后经济建设的'瓶颈'。"④ "在当今世界上，要想真正发达，就必须依靠高技术、高智力。……人才（教育）瓶颈的制约力要比交通、能源、通讯等瓶颈大得多。"⑤ "教育已经成为我们经济发展的更大的瓶颈。'亡羊补牢，未为晚也'，如果现在还不把教育问题当成瓶颈去抓，十年后、二十年后我们就不得不尝更大的苦果。"⑥

4. 教育战线的建设问题

教育战线在基本建设上先天不足，其中把"硬件"的作用提得过分了，应该看到"软件"建设才是关键。软件建设包括认识问题、体制问题，等等。"教育的内部问题，或者说教育的'软件'问题，最突出的是

大教授看大教育

---

① 许嘉璐：《未安集——许嘉璐说教育》，第2页。
② 同上书，第222页。
③ 同上书，第145页。
④ 同上书，第14页。
⑤ 同上书，第15页。
⑥ 同上书，第16页。

教育体制、学校布局、专业设置、教学改革以及有关法律法规和各种制度。"① 教育问题，除了经费之外，还有调整教育结构和布局，提高教师素质，改革教学内容和方法，等等。

5. 教育观念的问题，人们对教育的认识问题

（1）"经济发展了，才有钱办教育"，这是比较普遍的观点。作者认为这种观点是错误的，实际上只有教育发展了经济才能持续地更快地发展。②（2）"教育产业"与"教育产业化"有着根本性的差异。（3）社会对学前教育的性质、功能、目标和内容的认识亟须提高和纠正。

6. 部分领导的作用没有得到正确的和充分的发挥

在高教改革中，领导是关键。他们的教育观念转换的程度和速度决定着这场改革的成效。"领导者的责任就是把提高自身素质变成广大教师的自觉要求（不仅仅是为了评职称和晋级），并提供必要的条件。……领导的重视不能只停留在文件上和口头上，要有具体的措施；有规划，有经费，有专人管理，有检查督促。"③

7. 民办教育的产生与前进的艰难

随着我国经济体制的进一步改革，教育系统也发生了很大的变化，为了适应进一步发展的教育需求，多种经济体制在教育领域的具体体现形式之一即民办教育的迅速兴起与快速发展。

作者重视并支持社会力量办学，撰文《解放思想，大力发展民办教育》，从理论上对民办教育的发展给以论述和肯定。同时指出现在社会相应的措施不配套，对于民办教育的发展形成了制约。

8. 步履蹒跚的职业教育

职业教育在我国之所以步履蹒跚，既有社会的原因，也有家庭和社会成员的原因，还有政府行为的原因。问题的关键在哪里呢？作者认为"主要在政府。因为政府掌握着社会最大的资源，社会的舆论、人们观念的转变、就业门路的拓宽，在很大程度上都决定于政府的决策和导向。"④

9. 拖欠教师工资

20 世纪 90 年代初期，中国教育界产生了拖欠教师工资的怪现象。为此，作者经多次调研后指出："现在，以经济建设为中心，在很多同志的

① 许嘉璐：《未安集——许嘉璐说教育》，第124—125 页。
② 同上书，第2 页。
③ 同上书，第107 页。
④ 同上书，第276 页。

脑子里把经济建设同发展教育对立起来，认为教育该冷一冷了，经济该热一热了。在这种错误思想的指导下，很多省市不同程度地出现了拖欠教师工资的问题。"① "三年困难时期我们没有拖欠教师工资；'文化大革命'时期，国民经济到了崩溃的边缘，我们也没有拖欠教师工资。现在经济发展了，国家综合实力强了，反而拖欠教师工资。"② "拖欠教师工资只是个现象，在它的背后还有许多深层的问题需要探究。"③

10. 加强对青少年的思想教育，已经成为刻不容缓的社会问题

"十年最大的失误在教育，主要是指思想政治上的。……长期以来一个主要的失误是搞形式主义，追求表面的东西，不实事求是。这就助长了'言不由衷'，其实没有解决问题。青年的思想形成和成熟，因素是多方面的。现在的大问题是学校的思想政治教育脱离实际，表面化的东西多。"④

政治思想品德上的青黄不接，不是通过努力一时就能解决的。人的成长，特别是思想观念改变不是几年就能完成的。如果我们现在还不起步，再不把这个问题放在首位来抓，就会坐失良机、后悔莫及。这种"紧迫感"，提到多高也不过分。⑤

11. 网络的存在及其特性为教育带来新的问题

网络作为新的媒体形式产生之后，即以前所未有的速度快速发展起来。随着网络的发展而带来的教育方面的问题也不断产生，需要认真应对。

"对网上那些不利于人民、不利于家庭、不利于社会、不利于国家、不利于世界和平与稳定的内容，需要采取法律的、行政的、技术的和社会的多重办法进行综合治理。现在我们有关的法律还不健全，行政管理的力度也不够，技术上的难点还有很多，这些都需要尽快加强。"⑥

12. 社会大环境与教育创新的发展需求不相适应

"党中央、国务院鼓励创新，政治环境好，但社会环境并不好。环境不好的原因多种多样。"⑦ "创新能力不是一说就有的，也不是……四年里

① 许嘉璐：《未安集——许嘉璐说教育》，第58—59页。
② 同上书，第58页。
③ 同上书，第79页。
④ 同上书，第43页。
⑤ 同上书，第119页。
⑥ 同上书，第316页。
⑦ 同上书，第296页。

能培养起来的。我们这一代的老师，碰上了培养创新能力的任务，比今后的老师要艰难，因为是从零做起。零的突破，就像一个物体位移的时候，最初的用力最大一样。何况至今中华民族还没有一个真正良好的培养创新的环境和气氛！"①

在《从我做起，为推进素质教育做贡献》这篇文章中，作者曾提出："有刊物约我写素质教育的文章，但我一篇也没写，因为什么？太难了。不是难在概念的界定，关键是解决这个问题不是教育一个部门的事——主要不是教育部门的事，而是全社会的事。"②

（三）渴求教育问题冰释的应对良方，谋划教育战略——如何办教育？

针对上述教育领域所存在的种种问题，我们应该怎么做呢？

1. 青少年是祖国的未来，应该认真搞好青少年的政治思想教育工作

对于我国在青少年政治思想教育方面的失误，作者大声疾呼：用传统道德、传统文化教育青少年，并说明这是符合世界趋势的。既"需要对青少年加强革命传统教育，也要有民族的优良传统教育和个人品德修养、知法守法的教育，还要加强国情教育、建国治国艰难性的教育。"③ 为什么要提出用传统道德教育青少年，除了"情况紧急"之外，就是：(1) 青年一代道德水平下降，人心不古，世风日下；(2) 传统知之者少。

如何进行这项工作：(1) 家庭、学校与社会"三教统筹"。社会应该为青少年提供这方面足够的食粮，尤其是诉诸视听觉的电视和广播，更应该在大力净化的同时，加强继承传统的气氛。(2) 采用青少年喜闻乐见、符合孩子们年龄特征（心理的、生理的，以及文化素质的，等等）的形式进行传统道德教育。(3) 在学生教育过程中，学校是主战场，教师是主力军。教师的再学习问题。(4) 传统道德教育要与革命传统教育、社会主义教育接轨。(5) 要解放思想，突破多年来的思维习惯（实即"左"的影响）。④

2. 加强理论研究，不断提高认识水平，用理论研究的成果指导教育实践

经过对教育的一些深层问题的思考，作者提出应该加强教育理论的研

---

① 许嘉璐：《未安集——许嘉璐说教育》，第 292 页。
② 同上书，第 143—144 页。
③ 同上书，第 43—44 页。
④ 同上书，第 31—33 页。

究，因为"理论从来是实践的产物，是相当规模的实践经验的升华。"①
"理论研究也是一种舆论准备。"② 首先应该加强对教育结构体系的研究；
此外，针对民办教育中一些认识不清或提法不太确定的情况，作者曾恳切
地建议：把民办教育的规律提高到理论层面进行一些学术性研究。我们现
在还很缺乏与社会现实贴近、又能指导实践的鲜活的教育理论研究。

3. 明确权利与义务的关系，认真办好民办教育

作者呼吁兴办教育的各种社会力量，在市场经济条件下，遇到困难千
万不要回头，应该继续朝前迈，这样才能解决问题。希望大家都以改革的
思路对待民办教育面临的问题。

任何国家的法律，对社会现象、社会行为进行调整，都是权利和义务
对等。义务就是要严格执行教育方针、遵循教育规律、保证教育方向和培
养目标，等等。"考虑教育问题要权利义务一起考虑，这只会激励教育家
们把学校办得更好，而不是用法往头上加紧箍咒。"③

4. 按照事物的发展规律办事，科学发展教育

"只要重视按照儿童成长规律办事，群众的创造性是无穷的。……时
不我待。各国之间的竞争日益激烈，在人才培养方面的竞争过程是无形
的，而竞争的结果却是无情的。竞争过程是有规律可循的。"④

5. 拥有全局观念，促进不同地区之间教育的协调发展

教育发展的不平衡，突出地表现在城乡的巨大差别上。因此，才
会有"中国教育的重点和难点在农村"⑤ 的说法。另外，国家内部发
展较快的东南沿海等地区与发展相对落后的一些边疆地区、西部地区
等教育方面也存在一定的差异。为此需要通盘考虑，以国家教育整体
发展的全局为重。"一个省或地区的发展归根结底是要靠当地人民的
自力更生，但在其起始阶段，中央和全国用力推一把还是至关重要
的。扶贫先扶教，首先帮助他们普遍提高人的素质，使其自身有力以
便更生，恐怕是不可少的。"⑥

① 许嘉璐：《未安集——许嘉璐说教育》，第 273 页。
② 同上书，第 256 页。
③ 同上书，第 253 页。
④ 同上书，第 264 页。
⑤ 同上书，第 145 页。
⑥ 同上书，第 102 页。

大教授看大教育

三　读书的收获

（一）所知

读书为求新知。通过阅读《未安集》，笔者清楚地了解了作者对祖国教育事业的高度重视与不断关注；了解了作者的整体教育观，了解了作者关于教育的不同领域、不同层次的诸多问题的鲜明的态度；了解了教育的真谛，了解了教育的最根本性的目标；了解了教育对于一个国家、社会与民族的重要性；了解了教育自身的复杂性，了解了教育整体结构体系中的各种不同的领域、各个不同的层次；了解了教育发展过程中的种种问题与教育发展的现状及其成因；了解了教育与社会的政治、经济、文化、科技等诸元素之间的密切关系以及它们对教育的深刻而直接的影响；等等。

（二）所感

正如标题所言，笔者在读了《未安集》之后，除获得丰富的有关教育的知识之外，更重要的是真切地体味到了作者的心声——爱民之心，作者的情意——爱国之情。

1. 作者论教育的时代的高度、开阔的视野、全局的观念、深刻的认识

作者在明确地指出我国教育中所存在的各种问题的时候，都是站在时代与社会发展的战略高度，高屋建瓴地分析问题，论述教育的战略地位。

2. 作者分析问题成因时的直言不讳、学术胆识

针对我国教育中所存在的这样那样的问题，作者尖锐地指出了问题产生的种种原因。如针对职业教育发展缓慢，作者就明确指出了其中既有社会的原因，也有家庭和社会成员的原因，还有政府行为的原因；问题的关键主要在政府。

针对社会提倡素质教育的问题和青少年创新意识不够的现状，作者也明确指出这是社会与文化传统造成的。因为社会首先是防范，家庭是恨铁不成钢，学校是升学率。社会没给孩子们成长的条件。实施素质教育，家庭、社会、学校三方面必须有机配合，但我们社会给孩子们准备了什么？素质教育问题的关键是解决这个问题不是教育一个部门的事——主要不是教育部门的事，而是全社会的事。

针对网络产生之后所带来的一系列教育问题，作者大胆直言：现在我

们有关的法律还不健全，行政管理的力度也不够，技术上的难点还有很多，这些都需要尽快加强。许多事情就是这样，等不得，也急不得。

3. 作者调查教育问题时的亲力亲为、殚精竭虑

为了解决教育中的难题，如农村的"普九"和拖欠教师工资等问题，作者多次深入农村、乡镇，到基层调研，以获得真实的第一手资料。因为他坚信"不身临其境，不亲与其事，是难以有切肤之感的"①。这不仅反映了作者对工作的认真负责，对教育事业的高度热爱，同时也反映了作者扎实严谨的治学风格。

尤其是《检查拖欠教师工资札记》以及其他有关文章中所记载的作者在基层调查时所经历的各种艰难困苦、曲折跌宕的惊险处境，有时甚至是冒着生命危险来工作，读来常常令人唏嘘、潸然。

这种优良的工作作风一直保持至今，作者的讲话稿都是亲自撰写，从不用他人代笔。

4. 作者为文、为学、为教、为政时谦逊、不事张扬的质朴作风

作者在文集中曾先后提到自己是一位教师，是一位立法机构的工作人员，是一名关心和热爱教育事业的教师，是研究教育的"票友"。他说："我自己就是一名教师，深知教学工作的辛苦，更深知要想在教学上有一点成绩、有一点创新所要付出的心血和所要承受的各式各样的压力。"②"教师的确是个好职业。我所说的好，并不是以世俗的观念衡量的，也不是以别人的眼光为标准的，而是'心知其意'，'惟我独享'的。"③可见作者与教育之间那份永难分离之缘。作者还谦逊地说自己也知道，自己不算什么"教育家"，自己所做的教育理论的调查与研究等各种工作不过是在"为社会上的呐喊声敲几下边鼓伴奏而已，而且声音又是那么微弱。"④他甚至还将自己对教育的论述看成是"说"教育，并以此作为文集的名称。

针对他人的赞誉，作者引用《论语》的一句话："虽曰不能，愿学焉。"充分显现了作者谦逊、务实、善于学习、敬业专注的高风亮节与宽广胸襟。

（三）所思

作为一名学生，在拜读了先生的著作之后，收获往往是多方面的。除了单纯的知识学养的获取与增加之外，除了观察事物、发现问题以及研究方法上的收获之外，还对先生的为学品格有所领悟。然而，真正的收获还是来自于前两者的关于自己如何求学与做人的思考。

正像庞丽娟在《代序：读许先生教育文集有感》中所说的那样："它在向我们传达着先生教育观点、思想的同时，更带给我们许多人生的感悟，启迪我们对如何做人、做学问，如何做一个对国家、社会有所作为的教育研究者进行深层次的思考。"

作者在文集中也曾多次论及与教育有密切关系的语言文字问题，这都不禁让笔者深思：作为一名语言文字工作者，一名教育战线的新兵，如何能够沿着先生所铺就的道路，所开创的学术之途，一步一个脚印地走下去，真正做好文章，做好人，真正能够培养起自己深刻独到的观察语言文字问题、教育问题乃至社会、文化、政治、经济、科技等问题的学术眼光，掌握一套科学严谨而又扎实的研究方法。

这些思考将对笔者今后的学术研究事业大有裨益。

（四）所愿

愿有更多像作者那样真正懂教育、爱教育、关心教育、研究教育，并肯于为教育奉献一切的学者、领导出现，这将是中国教育之幸，是祖国未来之福，是民族和平崛起之希望。

愿教育真能够如我们所希望的那样，为国家培养大量高素质的人才，为国家的经济发展，为国家的长治久安与持续发展作出其应有的贡献。

让我们高举邓小平理论和"三个代表"重要思想的伟大旗帜，以科学发展观为指导，求真务实，真正搞好教育工作。

愿未来我国的教育确实能够让人心安。

文化传承与训诂学现代价值的实现

——师门问学记

复旦大学出土文献与古文字研究中心　汪少华

今天，我们在这里举行"庆祝许嘉璐先生从教 50 周年学术研讨会"。作为许先生培养的博士和博士后，我想把自己在许先生影响和指导下求学、教学、治学的一点体会或经历向大家作一个简要的汇报。

一　古汉语教学的深入与教学相长、教研相长

我是恢复高考后的第一批大学生，在江西大学中文系读书的时候，对古代汉语、古代文献产生了兴趣。毕业留校之后，最犯难的是不知怎样才能让学生对这门课产生兴趣。第一次被"许嘉璐"这个名字吸引，是 1985 年。那年的《中国青年报》有个"古汉语课外谈"的连载（至今我还保留着剪报），《熟读·细想·彻悟——学习古汉语的基本途径》、《以作品为纲——追求高效益的根本方法》、《求知于字外——从鸿门宴的座次说起》等都是其中的篇目。这些生动文字的作者，就是许先生。我反复阅读、琢磨这些连载，并且把其中的一些内容和方法吸收到课堂上，学生的眼睛里终于出现了色彩。这些连载后来收入许先生的《古语趣谈》一书①，先生《写在前面》估计到"有人能由这些小文中得到'以三隅反'的结果，或提高了学习、思索的兴趣"，他没料到这书还"有人"用作备课"宝典"。

第一次聆听许先生讲课，则是 1987 年盛夏在苏州举办的中国训诂学研究会讲习班。那时我大约到了"愤"和"悱"的状态，从先生的精彩讲课中顿悟到——贯通语言和文化、沟通古今，古汉语课可以讲得这样有

---

① 许嘉璐：《古语趣谈》，湖南人民出版社 1989 年版。

滋有味、启人心智。次年，许先生的《中国古代衣食住行》问世。许先生《写在前面》指出："在长期从事古代汉语和训诂学的教学过程中，常常发现学生阅读古书的障碍并不完全是由于古今语言的隔膜。有时，古书中的句法、词儿都懂得了，但对原文的理解却还隔着一层。其所以如此，原因之一就是现在的青年人对古人生活的情况缺乏了解。"① 这本十多万字的《中国古代衣食住行》不仅让我懂得什么是古代文化的深入浅出，是我开设古代文化专题选修课的主要参考书②，而且使我有所领悟，找到了尽可能消除学生理解隔膜的途径。正如朱小健所说，《中国古代衣食住行》一书"实际上体现了老师关于语言与文化关系的两个重要思想：一是语言是文化最重要的载体，二是文化主要凝聚于词汇。这既是老师对语言与文化关系的认识，更是研究语言、研究文化的重要方法。而选取古代衣食住行为例阐释这两个认识，又体现了老师另一重要思想：语言学、训诂学是实用的学科，应用是其最重要的特性。"③

在许先生思想和方法的影响下，我有所心得、有所领悟，古汉语教学受到学生欢迎和好评。我在教学中注重培养学生的古汉语阅读能力，申报的"古代汉语教学以能力培养为中心的两点探索"，1993 年获得江西大学优秀教学成果二等奖。在教学中积极引导学生把握"辨异与沟通"的方法，以汉字构形为基点作辐射式的生发贯通，讲授中把相关的古汉语词汇、语法、音韵等知识，把古汉语所构成的古代典籍以及古代典籍所反映的古代文化内容，都融会进来，从而把课程讲深讲透，提高学生的学习兴趣和古文阅读能力，加强文化修养，注重培养学生踏实、严谨的学风，培养观察问题、分析问题、解决问题的能力，申报的"沿波讨源·考证求是·文化素养——古汉语教学法初探"，1996 年获得南昌大学优秀教学成果三等奖。1997 年被评为南昌大学十佳教师，1998 年获得南昌大学陈香梅教学奖，作为主讲教师之一的古代汉语课程 1998 年被评为江西省教委首批优质课程。

许先生 1982 年提倡"要以科研带动进修"，认为"有了一定教学经验、治学体会的教师，完全埋头于教学或一味地读书都不是很好的提高方

① 许嘉璐：《中国古代衣食住行》，北京出版社 1988 年版。

② 浙江大学黄金贵先生曾告诉我，他那部 116 万字的《古代文化词义集类辨考》的撰写，受到《中国古代衣食住行》的影响。

③ 朱小健：《再读〈中国古代衣食住行〉记》，见《中国古代衣食住行》，北京出版社 2002 年版。

法。最为理想的，是在教学的过程中发现问题，带着这些问题去读书，在读书的过程中搜集和积累材料，然后加以研究。"① 这就指明了教学与科研相互促进的途径。教学要深入浅出，前提是做到透彻，在探究所以然、追求透彻的过程中，必然会发现问题。发现问题，就会带着这些问题去读书，搜集和积累材料，研究问题，就会有心得、有成果。例如《触龙说赵太后》"祝曰'必勿使反'"，教材注释："一定别让她回来。古代女子出嫁，只有被弃才回娘家。诸侯的女儿远嫁到他国，只有被废或亡国后才回到本国，所以赵太后祭祀时祝女儿别回来。""只有"表示唯一条件，非此不可，这就将古代女子出嫁后回娘家的可能与事实都剥夺了。追究下去，原来"反"指被弃回娘家、遭到休弃，而不是指回来、回娘家。女子出嫁后被弃回娘家称"反"、称"来归"。

又如《赵威后问齐使》"岁亦无恙耶？民亦无恙耶？王亦无恙耶？"首句就是"岁亦无恙耶"，则此"亦"不当释为承上之词"也"。《庄子》"子亦得道乎"，"子之知道亦有数乎"，成玄英疏以"颇"释"亦"，给人启发。这是表示疑问的语气副词，即"是不是"、"可"、"还"。"亦"的疑问语气用法（"亦……"）与其反问语气用法（"不亦……"）形成对比，无论疑问句还是反问句，"亦"的词性都相同，作用则因所处句式的不同而或加强疑问语气、或加强反问语气。

又如《谏逐客书》的"客"，或释为客卿，或释为客籍官员，这就混淆了"客"、"客卿"和"客籍官员"三个概念："客"是《谏逐客书》说的"非秦者"，是《史记·李斯列传》所说的"诸侯人来事秦者"，指他国或外地人，外来的人；客籍官员是指客中做官者；客卿是客籍官员所任官位之一。

再如《烛之武退秦师》"秦伯说"之"说"，教材注为"喜悦，高兴"，未能切理餍心。秦伯由"围郑"转而"去郑"甚至"戍郑"，其态度的彻底变化，关键在于烛之武说辞的句句中肯、击中要害，使他"思之毛骨俱悚"（《古文观止》评），秦伯何"喜悦"之有？"说"当释作：服，悦服，悦纳。《广韵》、《尔雅》俱有"悦，服也"之训。说服他人与被人说服，虽有读音和意义的差异，实际上是交际活动的两个方面。《说苑·善说》："管子说襄公，襄公不说，是不辩也。"《孔子家语·致

① 陆宗达、许嘉璐：《关于训诂学教学的几个问题》，《北京师范大学学报》1982 年第 5 期；《未辍集——许嘉璐古代汉语论文选》，中国社会科学出版社 2000 年版，第 132 页。

思》作"襄公不受",异文可证"说"即"接受"。记得这篇题为《〈烛之武退秦师〉中的"说"字》的论文,发表于《文史知识》1991年第11期,余心乐先生鼓励为"发前人所未发"。

这些心得、见解,在课堂上条分缕析,效果很好。正如许先生所说,"只有准确地弄清楚了古代的语言文字,才能准确地了解古代的历史和文化。这样,对古代语言文字的研究的首要作用,就是解读古代文化。"①这是教学带动了读书和研究,研究的结果又促进了教学。随着教学、科研的相互促进,我的研究重心和方向也渐渐凸显、明确。

二　训诂学研究的延伸

1991年春,我的古代文学老师罗宗阳教授承担了江西人民出版社组编的《十三经直解·周礼直解》任务,他把《考工记》部分交给我。在不知深浅地钻研孙诒让《周礼正义》后13卷时,我意外发现了博大精深、胜义纷呈的天地。"《周礼正义》集《周礼》之学的大成,特别是把清代考证家的精言胜义,收采无遗,替我们做了总结账的工夫,是研究古代礼制的重要参考书。"②"滴水不漏",这是黄侃对《周礼正义》的评语,许先生说"陆师颖明先生尝以反复教我"③。歪打正着,我意外阅读的《周礼正义》,恰是许先生开给研究生的必读书。在完成《周礼直解》④的《考工记》部分之后,我先后发表论文《古乘车尚左成因考》⑤、《从〈考工记〉看〈汉语大字典〉的义项漏略》⑥、《从〈考工记〉看〈汉语大字典〉的释义失误》⑦等。在此期间,我注意到许先生对训诂学方法的论述。许先生1988年指出:

> 传统训诂学以训释实践为其主要形式,以文献语言的内容和形式为其对象,因此它具有综合性的特点,语言以及用语言形式表现的名物、典章、文化、风习等都在其诠释范围之内。现代训诂学开始了对

---

① 《语言文字学及其应用研究》,广东教育出版社1999年版,第9页。
② 张舜徽:《中国古代史籍举要》,湖北人民出版社1980年版,第10页。
③ 《语言文字学及其应用研究》,广东教育出版社1999年版,第24—25页。
④ 江西人民出版社1993年版。
⑤ 《中国典籍与文化论丛》第1辑,中华书局1993年版。
⑥ 《古汉语研究》1996年第2期。
⑦ 《传统文化与现代化》1997年第3期。

诠释工作的理论研究，更重视训诂学的语言学性质，削弱了对语言所表现的内容的注意。近几十年又由于学科的分工，治训诂者也相应地习惯了对语言规律的研究而对社会的、文化的现象却生疏了。这样，训诂学出现了封闭性。如果说这一变化是训诂学发展史中不可避免的阶段，那么，现代的训诂学就应该在更高的层次上把训诂学与社会学、文化学等结合起来。这就是所谓训诂学研究的延伸。这样做的好处是：（1）可以更好地保持和发扬传统训诂学的民族特色；（2）使训诂学获得更广阔的应用领域；（3）使训诂学注意到深层的语言背景，因而可以更深入地分析文献语言的演变规律。①

1995 年，许先生再次指出：

> 大约十年前，我深感训诂学、文字学到了必须向文化学领域伸展的时候了。传统"小学"原本对文化现象是十分关心的，但是当它向前迈出关键性的一步，比较彻底地离开了经学附庸的地位之后，也就远离了文化。……传统"小学"产生和发展的土壤原本就是文化，或者说"小学"就是为文化的阐释而产生的，而那个时期文化的最集中的记录则是经书。尔后的"小学"与文化的分离实际上是违背了其本有的规律。……"小学"观照文化学，从文化学和广泛的文化现象中吸取营养，同时文化学得到"小学"这一利器的帮助，可以挖掘得更深，更接近真实，这种双向的介入和靠拢，或者称之为交叉、渗透，是历史的必然。②

就自己的教学科研积累而言，我深感许先生上述论述的准确和深刻。许先生把文化分为物质文化、社会文化、哲学文化三类，指出：

> 语言全面地储存着文化的整体信息。语言由语音、词汇、语法三大要素组成。负载文化的任务主要是由词汇，特别是实词词汇承担。
> 正是由于语言是一种特殊的文化，是文化的重要载体，所以语言

---

① 《关于训诂学方法的思考》，《北京师范大学学报》1988 年第 3 期；《未辍集——许嘉璐古代汉语论文选》，中国社会科学出版社 2000 年版，第 120 页。

② 《〈汉字阐释与文化传统〉序》，见《汉字阐释与文化传统》，中国科学技术大学出版社 1995 年版；《未辍集——许嘉璐古代汉语论文选》，第 566 页。

理解就包含着文化理解，同时语言理解需要文化理解；语言理解的层次越高，文化理解也就越高，需要的文化理解也越高。①

只有准确地弄清楚了古代的语言文字，才能准确地了解古代的历史和文化。这样，对古代语言文字的研究的首要作用，就是解读古代文化。②

的确如此。例如《论语·乡党》："厩焚。子退朝，曰：'伤人乎？'不问马。"孔子为何不问马？现代人常常认为"孔子关心的是人，而不是动物"。但马不是普通的动物，它不仅位居上古祭祀"六牲"之首，而且"马尤为大牲，不以供膳羞，惟大司马丧祭奉之，明其不常用也"③。祭祀或飨宴时牛、羊、豕三牲齐备谓之太牢，《礼记·王制》规定"诸侯无故不杀牛"，而马的珍贵程度，则超过了牛。考古发现表明马的作用不在于提供肉食，马是珍贵的动物④。马的珍贵在于其作用，许先生《中国古代衣食住行》指出："商周时期用于行路、狩猎和作战的车一般是用马牵引的。因此在先秦文献中经常车、马连言，说到马就意味着有车，说到车也就包括着马。"牛羊豕鸡，不过是百姓蓄养的财物。一旦做大夫，就可喂养驾车的四马。马的价格非常高，有学者撰专文论述《马，贵族才养得起》⑤。车马数目，是衡量士之富裕的指标。一车及其相应的四马为一乘，孔子所说"千乘之国"、"百乘之家"，是用拥有兵车数量来表示地域大小。马和战车的数量成为一国经济、军事实力的代名词。《礼记·坊记》用制度规定诸侯国不能超过千乘、卿大夫家不能超过百乘。《孟子·万章上》"马千驷"与"天下"相提并论，不是极富就是极贵，车马成为财富的标志。《论语·雍也》记载公西赤到齐国去，乘肥壮之马拉的车，这是富裕的表现；《礼记·坊记》规定父母在世时向人馈赠礼物不可馈赠车马，因为车马是"家物之重者"。而孔子接受朋友馈赠时，即使是车马这样贵重的礼物，也不拜。重义轻财、豪爽的子路，不惜车马与朋友共享。孔子弟子三千，贤者七十二，颜回死后，孔子极度悲痛，大呼"天丧

---

① 《语言与文化》，见《未惬集——许嘉璐论文化》，贵州人民出版社 2005 年版，第 230—231 页。

② 《语言文字学及其应用研究》，广东教育出版社 1999 年版，第 9 页。

③ 《周礼正义》，中华书局 1987 年版，第 236—237 页。

④ 陈星灿：《也谈家马的起源及其他》，见《考古随笔》，文物出版社 2002 年版，第 53 页。

⑤ 许进雄：《古事杂谈》，商务印书馆国际有限公司 1997 年版。

予"。然而当颜回的父亲颜路请求孔子把车卖了好替颜回做棺外的椁时，孔子拒绝了。因为在车成为等级制度一部分之后，"该乘车而不乘也是为礼制和社会舆论所不允许的"①，"从大夫之后"的身份不得步行。孔子家的马厩焚烧之后，马若是烧死或受伤，乘车就没有牵引的马，"其何以行之哉"？不可徒行者势必不得不徒行。在这种后果极可能出现的情况下，孔子仅只关心"伤人"与否——马厩里无非地位极其低下的马夫、下人，而不理会贵重的马。若是先问人、后问马，"此乃人之常情，何足纪述?"②而"不问马"，恰恰彻底表现了孔子对财的轻视，对人的仁爱。所以，程树德《论语集释》对"不问马"的解释最为恰切："世人多重财产，圣人独否，故弟子特记之。若贵人贱畜，庸夫俗子皆知之，何必圣人?"

　　我以为训诂学者应该重视典章、制度、礼制、名物的研究，重视出土文物，吸收考古学、科技史成果的营养，在训诂学与考古学、科技史之间建立桥梁，使训诂学获得更广阔的应用领域。1993年，我把发表的论文《古乘车尚左成因考》寄给许先生，潜意识里作为读他著作的作业，很快收到回信鼓励。曾见到台湾1997年出版的《古代礼俗左右之辨研究》，把我这篇论文的意见与许先生《中国古代衣食住行》的观点放到一块介绍。

　　许先生在华东师范大学招收训诂学方向博士生，给了我由私淑转为入门的机会。1999年下半年，我从南昌大学调入杭州师范学院。2000年元旦前后得知许先生在华东师范大学招收博士生，在李玲璞先生的帮助下，我考上了许先生的博士生。鉴于对《考工记》略有研究，有一定的积累，因而选择"《考工记》名物考证"作为学位论文论题，内容包括车舆、礼器（玉器、乐器）、兵器、容器饮器度量、农事及其他。随着研究的进展，发现这些内容远远超出一篇博士学位论文的容量，于是将重点放在车舆部分。

　　由于收入《周礼》的《考工记》对车舆的构造和性能有较详细的记载，因而探讨先秦车制成为后世经学家的一项研究课题。时至现代，随着大量先秦古车的陆续出土，车制研究由传世文献探讨转为出土实物考察，客观上缺乏近水楼台的便利、主观上重视本体理论研究的训诂学，顺从学科的条块分界，放弃自家的传统职责，车制研究于是成为考古学的独角

文化传承与训诂学现代价值的实现

────────────────

① 许嘉璐：《中国古代衣食住行》，北京出版社2002年版，第165页。

② 唐李涪：《刊误》卷下《厩焚》。

戏。然而由于出土实物与文献记载的差异性、器物定名对于文献记载的依赖性、文献记载与汉儒清儒成说的复杂性，不可避免地造成车舆器物定名的分歧、争议和疑难，从而给训诂学留下了发挥特长的课题，提供了广阔的应用领域。我的这篇题名《中国古车舆名物考辨》的学位论文，试图以名物线索贯通训诂学、考古学和科技史，一方面吸收考古研究成果，解决诸如"辅车相依"、"登轼而望之"、"不介马而驰之"等车舆名物训诂疑难；另一方面凭借训诂利器，对现代考古研究中车舆马具定名进行审视和研究，评判各家歧说和争论，对"鞞軶"、"绥"、"胁驱"、"駗"、"鞲"、"纷"、"輢"、"较"、"伏兔"等疑难名物作出考辨订正，为出土车舆器物定名提供有益的参考，为先秦车舆名物及汉儒、清儒研究作出实物印证。

为使论文精益求精，在许先生指示下我延长了一年学业。这篇在许先生指导下完成的学位论文，被评选为 2005 年度上海市优秀博士学位论文；作为许先生主编的"孙诒让研究丛书"之一，2005 年由商务印书馆出版；2006 年获得浙江省高校科研成果一等奖，2007 年获得浙江省政府优秀社科成果三等奖。许先生在序中鼓励道："少华穷究《考工记》器物名实之辨，是可证时人考古命名之正误，亦系连二学之实验，当世似尚无深思实践如彼者。"同行学者也赞扬此书"拓宽了训诂学的研究领域，体现了训诂学的现代价值，以成功的训诂实践，为训诂学的走向提供了宝贵的借鉴"[1]；"在古今研究集大成的基础上，采用文献与考古实物结合，找到最佳切入点"，"既能纯熟驾驭传统训诂手段，通晓文献，又能全面地利用当代考古成果"[2]。

三　训诂学现代价值的实现

对于训诂学的性质及其现代价值，许嘉璐先生 1986 年论述道：

> 现代意义上的训诂学所研究的是自尔以前的训诂实践和古人对这种实践所做的并不系统完整的论述。这就决定了它是一门应用的、综合的、总结式的学科。

---

① 赵平安、李冬鸽：《名物训诂的新收获——评汪少华教授的〈中国古车舆名物考辨〉》，《书品》2006 年第 4 期。

② 陆锡兴：《古车舆名物考辨与训诂实践》，《汉语史学报》第 6 辑。

说它是应用的，也就是认为它不是一门基础理论，而是直接指导人们的实践的。说它是综合的，是因为它所研究的是古代的语言/言语的全部，而非其中某一部分或某一要素；它并不是"内部语言学"，而是"内部语言学"和"外部语言学"的结合。说它是总结式的，是说其重点在于指导人们全面了解传统训诂学的经验与传统，便于从新的高度上继承发展；它也是有创造的，但这种创造主要是就训诂学的宏观方面指出未来的方向，包括所使用的方法的改进，而不是专门探索某一或某些语言的内部规律。

任何学科的价值都包含着两个方面：学术价值和社会价值。前者是指对事物规律揭示的多寡和深浅，后者则指它对社会实践的指导作用以及由此而产生的社会效益的大小。

"现在的"训诂学的价值就在于它能够直接指导人们更有效地实践：整理古籍，编纂辞书，进行语文教学。这些都是直接关系到提高整个民族的文化素养的实际工作。训诂学堪承此任，就有价值，特别是社会价值，因而说有存在下去、发展下去的必要；否则，理论再高深（姑且承认这理论是科学的），也会自行归并到其他门类中去，不成其为训诂学了。[①]

这一论述 20 年后体会起来，仍然十分中肯，具有指导意义。训诂学的现代价值，就在于指导整理古籍、编纂辞书、进行语文教学。训诂是解释疏通古代的语言，是解释古书中词语的意义。而古书词义训释的确切与否，直接关系到古籍整理与语文教学水准的高低，关系到辞书编纂质量的优劣。古人有"郢书燕说"与"辽东白豕"的典故，意在讽诫穿凿附会与少见多怪。黄侃先生就把"郢书燕说之病"、"辽东白豕之病"视为"近人治学之病"[②]。客观地说，由于时代的日新月异，今人与古代诗文愈来愈远、愈来愈隔膜，少见多怪是必然的；快节奏的消费时代缺乏精雕细琢的氛围，努力排除功利困扰的训诂实践，也不可避免郢书燕说。然而，在古籍整理、辞书编纂和语文教学中，穿凿附会、少见多怪倾向，似乎有愈演愈烈之势。正如许先生所指出：

---

① 《论训诂学的性质及其他》，《湖南师范大学学报》1986 年增刊；《未辍集——许嘉璐古代汉语论文选》，中国社会科学出版社 2000 年版，第 99—100 页。

② 《黄先生语录》，见《量守庐学记续编——黄侃的生平和学术》，三联书店 2006 年版，第 3 页。

训诂学自清代起就被称作"朴学",意即朴朴实实之学。但是近年来报刊上时常可以见到并不朴实的文章。例如批评否定古人成训的文章中未明古人之意而非之、证据不足而刻意求新、违背语言学的基本常识而逞私意的现象不少。

略观种种新奇的解释,大体不出以下几个原因:读书不多,不知道前人为此所做过的工作;语言学和训诂学的基本训练不够,以为本句可"通"即可;为考释而考释,求其量不顾其质。①

唯其如此,运用传统而科学的训诂方法,积极参与古籍整理、辞书编纂和语文教学,有针对性地进行必要的方法训练和实践指导,密切关注动态,解决出现的问题——我以为这与理论建设具有同等的重要性、迫切性,这是训诂学者新世纪责无旁贷的重要任务。

基于这一认识,我在2004—2006年进入北京师范大学中国语言文学博士后流动站的两年中,就把研究的重心从"《考工记》名物考证"转到有针对性地进行必要的方法训练和实践指导。我对自己15年来的教学、科研作了一个总结,形成"训诂方法与实践"研究报告,我向先生汇报说"自以为是对您20年前理论的一个实践或注释,努力体现训诂学的现代价值"。这个研究报告从社会性原则、时代性原则、排比材料推求词义、语法的制约作用、文献语义的准确理解、训释不同何去何从、于不合情理处发疑、不为成说所囿、异文有利亦有弊、对仗对文有误区、戒片面拘泥、文化习俗有助训诂、考古成果的充分利用、文献材料的规范使用等14个方面,试图对古诗文词义训释有所指导。上述14个方面的训释实践,可以归结为两个字:"守正"②。所谓"守正"表现为:首先,不轻易否定旧注成说,而应当探究其所以然,正如黄侃先生所强调:"对古训宜悉心体玩不应轻易驳斥。"③ 其次,旧注成说有歧解时梳理考辨,审断从善;再次,纠正现代辞书与今人新解的偏误,并阐述致误的原因。许先生1982年就曾撰文倡导训诂学者"养成踏实、质朴、严谨,亦即实事求是的学风",认为"这样的学风是前人获得巨大成就的根本原因,是传统

---

① 许嘉璐:《语言文字学及其应用研究》,广东教育出版社1999年版,第289页。

② "守正"语出《史记·礼书》。

③ 黄侃述、黄焯编:《文字音韵训诂笔记》,上海古籍出版社1983年版,第225页。

语言学的优良传统，是应该通过今天的训诂学教学传给我们的学生、传给子孙后代的宝贵财富。"① 我对自己十多年来的教学、科研所做的这个总结，也是为了体现这种实事求是的学风，为了传递传统语言学的优良传统。

《训诂方法与实践》研究报告从内容到行文都得到许先生指导，有五讲的题目也是许先生改定，接受许先生建议更名为《古诗文词义训释十四讲》，申报获得第 20 次上海市哲学社会科学学术著作出版资助，2008年由上海书店出版社出版。许先生作序给予鼓励：

> 一本学术之传统，一以学生日后所需为指归，务求听者了然，学以致用。
>
> 重实践，多例证，切时弊，寓原理于剖析正反训例；授人之渔，不玄不拘，明白如画。……且启人发疑，教人抉择，悉由浅近入手，则善学者自可举一反三，用诸日常。
>
> 昔俞曲园作《古书疑义举例》，后学获益良多；汪君所为，亦其侪与？而其归纳之功、切合社会所需、运用新学，盖犹过之。

《古诗文词义训释十四讲》出版后，上海文艺出版总社《咬文嚼字》杂志盛情推荐："是一部别具风味的学术著作。作者的着眼点是训诂学的方法，切入点是经典诗文中的热点语词。……推理考辨，旁征博引，既有学术的厚重，又有知识的鲜活，让你如走在山阴道上，目不暇接，妙趣横生。"② 这样的阅读效果，正是许先生指导期间一再要求和期许的。上海教育出版社《语文学习》杂志以《训释有法　考订求真》为题摘编若干内容③。著名文史学者、北京大学教授吴小如在《文史知识》发表书评《学术规范应坚持"守正"》：

> 深感作者学有本源，功底坚实，"夫人不言，言必有中"，是一本值得推荐的好书。愿从事学术研究和教育工作的同行们（特别是

① 陆宗达、许嘉璐：《关于训诂学教学的几个问题》，《北京师范大学学报》1982 年第 5 期；《未辍集——许嘉璐古代汉语论文选》，中国社会科学出版社 2000 年版，第 132 页。

② 2009 年第 4 期封三"主编荐书"。

③ 《语文学习》2009 年第 4 期。

中青年学者）都能耐心通读一遍，然后对照自己治学的心态和途径，或许有点参考价值。以我本人而论，不仅从这本书中学习到不少知识，且获得反躬自省改正错误的动力。它既是作者学术研究的成果，更是供人们反思自鉴的一面镜子。不得以其所论者只是古诗文中一字一句的小问题，便忽视了它在治学态度与途径方面所起到的导夫先路的作用。①

有大学青年教师读了书评后致函《文史知识》：

> 本人深为吴先生做人和做学问的认真精神和坦诚品格所感动，同时也敬仰汪老师治学贵真的态度和做法。吴先生与汪老师的举动表明，学术研究的真血脉是求真求是的精神和态度。这种求真求是的治学态度在当今中国的学术界尤其难能可贵，给我们后学晚辈上了极其生动的一课。本人希望借此机会表达对他们的深深敬意。②

如果说我在古汉语教学中、在训诂学研究中有所成就、有所进步，都应当感谢我的导师许先生。回顾自己在许先生影响和指导下求学、教学、治学的经历，我以为最有意义的，是尽可能像许先生那样，"做一个好老师，做一个认真的学者，尽全身心地去教学生，爱学生，学生欢迎"③；最值得追求的，是许先生一再倡导并且力行的"踏实、质朴、严谨，亦即实事求是的学风"；最值得发扬的，是许先生所传承的黄侃先生"不放松一字"的治学精神④。唯有如此，才能实现训诂学的现代价值，才能承担文化传承的使命。因而，我的汇报题目就是："文化传承与训诂学现代价值的实现——师门问学记"，谨以此庆祝许先生从教50周年，表达对先生深深的敬意。

① 《文史知识》2009 年第 1 期。
② 武汉大学文学院戴红贤《生动的一课》，《文史知识》2009 年第 4 期。
③ 《小莉专访全国人大常委会副委员长许嘉璐》，http://phtv.ifeng.com/program/wdsz/200803/0301_1759_419982.shtml。
④ 《黄侃先生的小学成就及治学精神》，《训诂研究》第 1 辑，北京师范大学出版社1981 年版；《未辍集——许嘉璐古代汉语论文选》，中国社会科学出版社2000 年版，第 450 页。

许嘉璐先生的人格魅力和学术贡献

山东大学威海分校中文系　邵文利

一　许嘉璐先生的人格与魅力

1. 1985 年为筹办助教班初见先生：惊叹先生之神采

1985 年 12 月 27 日晚，是我第一次见到许先生的难忘时刻，虽然时间过去了二十多年，但至今记忆犹新。当时我在内蒙古民族师范学院（今内蒙古民族大学）工作，是一名年轻教师。那时高校年轻教师多为本科毕业，且大都是在“文革”中读的中学或者像我一样没有读过中学（初中一年级就开始了“文化大革命”），先天不足。为了提高这部分教师的专业水平和业务能力，教育部要求有条件的大学（一般是重点大学）举办助教进修班，让没有研究生学历的青年教师学习研究生主要课程。我所在学校当然不具备办助教班的条件，但有些先生突发奇想，拟借鸡下蛋，请国内名流来为我们的“助教班”授课，其中就想到了郭预衡、许嘉璐等先生。于是我和后来调到深圳大学的陶涛老师去请许先生。由于时处下班高峰，等公共汽车的人很多，我和陶老师未能挤上同一辆车，我是后到北师大的。进校门后一边走一边打听，终于找到了工 19 楼 20 号许宅。我虽然还没见过许先生，但在学校已教了几轮古汉语课，用的就是王力先生主编、许先生参编的《古代汉语》，所以许先生的大名早已非常熟悉。我想，有如此高深的造诣，先生一定是位白发苍苍的老者。门开了，我简直不敢相信自己的眼睛，先生目光炯炯，神采奕奕，简直就像一个 30 岁左右的年轻人！先生亲切地引我入座，然后便轻松地聊起天来。先生学识渊博，思维敏捷，谈笑风生；从学习到教学，从生活到社会，一个多小时的时间，真有胜读十年书之感。助教班当然没有办成，但先生给我留下了极其深刻的印象。

2. 1986—1987 年在先生主办的训诂学助教班学习：喜窥先生之宏学

1986 年 9 月，北京师范大学中文系在先生的主持下举办了训诂学助教进修班，我得以在先生的直接教诲下学习。记得先生一个人就给我们开了三门课：《左传》选读、《说文》研究、训诂学专题。从这三门课程的学习中我初步领略了先生学术的博大精深。当时我虽未通读过《左传》，但很多篇章还是比较认真地看过甚至讲过的。听了先生的课，方知自己原来领会的是何等肤浅！记得先生大致是根据历史事件来选篇，有的事件跨几年甚至跨"公"，为了清楚历史事实的来龙去脉，先生讲述时常常将其贯穿起来。先生特别注意重点语言知识的讲授，如讲《左传·隐公十一年·滕薛争长》"君与滕君辱在寡人"中的"在"时，在王引之《经义述闻》的基础上又进一步论证了"在"与"存"的同义关系；讲《左传·隐公十一年·郑伯伐许》"颍考叔挟辀以走"时，深入考证了车辕之"辕"的词源是"圆"而不是"援"。这些考论都十分精审，令我们眼界大开，叹为观止。《说文》研究则从《说文》的价值、《说文》出现的背景、许慎的生平与学术、许慎的语言文字观、"六书"说、《说文》条例、《说文》的释义、《说文》学史等几个方面全面介绍了《说文》和《说文》研究的基本情况，给我们这些《说文》学的初入门者奠定了较为坚实的研究基础。训诂班的训诂学课程由先生和陈绂老师两个人担任，陈老师讲训诂学基础，先生讲训诂学专题。由于有了明确的分工，先生对训诂学的基本常识一般不再涉及，而是高屋建瓴地抽出几个问题讲授，记得有训诂学现状、训诂学的性质和任务、训诂学方法、词义理论问题、文言修辞学概说、同义词研究概说、关于注释学问题等。此中很多问题都蕴含着先生的独到思考，如关于注释学问题就进一步陈述了先生在 1984 年首倡的建立注释学的构想①，并构拟了注释学的理论框架。

先生在训诂学助教班除亲自讲授三门课程外，还开设了学术及文化常识讲座，先生自己讲授了古代天文、历法、婚姻、姓氏、宗族、衣食住行等专题，又约请北京大学古籍所副所长严绍璗教授讲授了和刻中国古籍的源流、日本近代中国学的形成和发展阶段，请国家语委副主任陈章太研究员讲授了现代语言学的发展和当前的语言文字工作等。为了让我们更好地了解当代训诂学的发展情况，先生还带我们参加了 1987 年 4 月在杭州富

---

① 见许嘉璐《中学课本文言文注释商榷》（续），《北京师范大学学报》1984 年第 3 期。

阳召开的中国训诂学研究会年会，并允许我们分两路进行了文化考察。当时我已经加入了中国训诂学研究会，对于那些还不是中国训诂学研究会会员的同学来说，这种机会是十分难得的。

训诂学助教班结业时，先生为我写下了"路漫漫其修远，吾上下而求索。——略改楚辞句以赠文利"的赠言，它一直激励着我在坎坷的道路上义无反顾地行进。

3. 1992—1993 年在先生指导下访学：盛享先生之严教

训诂班结业后，我一直想能再有一个跟先生学习的机会。1992 年下学期，这个机会终于来了。说起来这还真是个机缘，本来我 6 月份曾向先生申请访学，由于先生的访问学者名额已经落实，以为只能等下一年度了。8 月 3 日，忽然接到先生一封短信："文利贤棣：七月十三日所赐书并函今日由外地归来始见，不胜欣喜。今有一事相告：原录取之四川访问学者因人事问题（？）不能来学，如你下学期尚可外出，即请速与师资培训北京中心（在师大校内）培训部联系，或可递补。……我今晚抵京，明日上午又要赴鲁，半月方归，恐误大事，故草书此笺。"又旁注曰："最好直接填好表寄来，表找你校师资科索取。"先生公务繁忙，日理万机，在仅仅停留一个晚上的情况下还想着我访学的事情，令我十分感动！就这样在先生的直接关照下，我成了 1992—1993 学年度先生指导下的访问学者。

入学后，先生的要求非常严格，光是研究题目的确定就讨论了几次：《释名》声训研究、《经典释文》音切研究、实用汉字研究……最后才确定为汉字异体字整理研究。我 1988—1990 年编写《汉字八用字典》时就注意到了《第一批异体字整理表》中的选用字与异体字有很多并不对等的现象，并在比较认真思考后指导本科生郎久英撰写了毕业论文《〈第一批异体字整理表〉商兑》[①]。但这篇文章的数据并不十分准确，而且未能探寻表中问题出现的原因。我很想利用访学的机会能在先生指导下把这项研究继续下去，我的想法得到了先生的肯定。先生介绍我去国家语委向语委副主任曹先擢先生请教，承蒙曹先生惠赐《当代中国的文字改革》、《建国以来文字改革工作编年记事》等资料，并介绍我认识了曾参与研制《第一批异体字整理表》的高景成先生，从高先生那里我获得了很多关于

---

① 后来发表于《昭乌达蒙族师专学报》1996 年第 1 期。此文的基本框架及最后改定均出自我的手笔。

《第一批异体字整理表》研制工作的第一手材料，使我对《第一批异体字整理表》中存在的问题及问题产生的原因有了更清楚的认识。后来据此撰写了《〈第一批异体字整理表〉刍议》，发表在《北京师范大学学报》1993年访问学者专辑上。发表前文稿由先生审定，此时先生更忙了，审阅批改是在出国飞行途中进行的，朱墨灿然，历历在目。我对国家语言文字规范工作的真正关注，应该说是从跟先生访学开始的。

先生在学业上严格要求，在生活上则关心有加。有一次我在公共汽车上丢了钱，先生知道后在经费上多给了我很多，我知道这是先生用自己的经费在补助我。

4. 1993年以来：广沐先生之恩慈

此次访学后，我就再也没有机会跟随先生左右了，但先生、师母施与的恩惠与慈爱却与日俱增。1993年11月，由于我访学期间家里发生了一些事情，最终导致家庭于此时解体。此事对我的精神打击比较大，常常沉溺其中不能自拔，也非常想离开那个令人不快的环境。于是我给先生写了一封长信，详细讲述了我的情况。不久，也收到了先生的一封长信："文利吾弟：来信收到了。当我拿到信，觉得沉甸甸的时，就预感你那里有什么事发生。果然，预感很快得到了证实。……"先生和师母多方安慰我、开导我，为我指明出路和前景，使我很快从愤怒、痛苦及迷茫中解脱出来，恢复了正常生活。为了能让我脱离那个环境，先生曾先后指示我与昆明师专的姜宝琦先生、云南师大的梁春域先生、深圳大学的陶涛先生和时在五邑大学的孙雍长先生等联系工作调转事宜，虽然由于各种原因均未成功，但先生之美意，没齿难忘。后来我于1998年5月重新组织了家庭并于同年8月调入山东大学威海分校，先生闻知后请张朝晖秘书转达了他和师母的祝贺，说这下他可放心了。

先生不仅在生活上关心，在学业特别在科学研究方面依然继续关心着我，指导着我，鼓励着我。由于汉字异体字整理研究是个较大的课题，先生指示我要出阶段性成果。对于访学期间完成的也可算作阶段性成果之一的《〈第一批异体字整理表〉刍议》，先生在我评职称的专家鉴定意见中给予了较高的评价，认为"是一篇有价值、有水平的文章"，"文章材料翔实准确，立论稳妥扎实，行文充分说理，结论可信度高"，"这是到目前为止研究异体字最重要的文章之一，是语委今后要参考的重要文献之一"。对我的异体字整理研究工作，先生的评价是："所选课题有较大理论意义和社会意义。长期以来，很少有人对异体字表进行深入研究，对其所存在问题未能全面清理。邵文利同志的研究具有突破禁区、理论联系实际的特色，将对国家有关行政部门决策起到促进和参考作用。"对于先生的积极评价，我更愿看作是对我的一种鼓励，一种鞭策。当然，先生给我的不光是鼓励，也有中肯的批评。2002 年以来，我承担了国家语言文字应用"十五"科研项目《建国以来的汉字异体字整理研究》的研究工作，又参加了《规范汉字表》（即日前已面向社会公开征求意见的《通用规范汉字表》）课题组，几年来眼睛总是盯在异体字上，于是先生在 2004 年 6 月 23 日的信中委婉地批评了我："吾子措意异体字有年，论著陆续问世，诚可喜也，然以在校所任，研究范围尚需扩大；以子之功底，旁及其他亦所胜任。凡事，循狭路而行，则愈行逾难深入，略拓路径或可豁然。文利勉旃！"按照先生的意见，我不仅扩大了研究范围，而且在语言文字规范研究方面也开始尽力避免一部分语言研究者"于语言之细处深且精矣，而于其大势则知之偏，思之少"（亦见先生前信）的弊端，取得了较好的效果。

先生、师母不仅经常关心我，而且关心我们全家。贱息问津在我和他母亲分手时还在读高中，且只有 14 岁，时近一年才考入大学，后来又赴美留学。在那段特殊的日子里，见面、通信或打电话时先生和师母常常问及孩子的情况。对我爱人杜丽荣，先生师母更是多所关心。1999 年 9 月 12 日上午我们去机场送孩子赴美留学，下午应先生之邀在保利大厦观看民进中央的庆国庆文艺演出，演出结束后先生叮嘱丽荣要"好好学习"。2004 年 2 月丽荣加入了中国民主促进会，先生知道后非常高兴，来信说："知丽荣已入民进，甚喜。望于会内努力学习，关心会务，积极参政议政。何时携手来京？当请其至会中央小坐。"2005 年 7 月 13 日，我们参加了在河北大学举办的中国文字学会第三届学术年会后，应先生之邀去北师大主楼 800 教室听他给研究生讲课并见面，可惜的是先生突然因病住院，我们又都没有手机，秘书没法通知，只好去人民大会堂全国人大常委会办公厅给先生留了个条子便返回山东了。在长达二十多年的时间里，特别是近十几年来，先生之恩，难以言数！

二　许嘉璐先生的学术贡献

许先生是蜚声海内外的著名语言学家、教育家、社会活动家，在训诂学、《说文》学、词汇学、文化学、语言学和应用语言学等多个领域卓有建树，为学术界作出了杰出贡献。在庆祝先生从教 50 周年学术研讨会上，专家学者们已从各个角度对先生的学术成就进行了较为充分的研讨，故这里只就几个方面摘要简述一二。

1. 对训诂学发展的贡献

先生治学的根基在训诂学。自 1976 年粉碎"四人帮"以来，先生对训诂学的发展作出了重大贡献，我以为突出表现有四。

首先，先生总是能站在时代的高度前瞻性地把握训诂学的发展方向。早在 20 世纪 80 年代初，先生就断言训诂学即将复兴，并明确提出为训诂学的复兴所要做的工作：重新研究和继承前人的成果、经验和方法，学习和吸收国外语言学的先进理论和有关的研究成果，建立训诂学的理论体系，建立一支高水平的训诂学专家的队伍，做好训诂学的普及工作。[1] 这对当时训诂学的快速发展具有一定的导向作用。时至今日，先生又一次预言当前是训诂学再次振兴的一个难得机遇。其原因是中国经济日益强大，中华文化正在崛起，西方的哲学"革命"使得某些西方学者转而来东方来中国寻求支撑，这就引发了一场中国文化热；而中华文化的源泉是中华经典，训诂学恰恰是阐释中华经典的最好工具，是开启浩瀚经典的钥匙。从某种意义上说，当代训诂学已经成了中西方的共同需要。[2] 先生的预言又一次为当前训诂学的发展指明了方向。

其次，先生非常重视训诂学的理论建设。上世纪 80 年代，在训诂学已经取得相当大发展的情况下，先生提出要专门讨论训诂学的性质和任务等一系列根本问题，以利于研究的进一步深入。先生自己则对训诂学是否是以词义为唯一研究对象的两种针锋相对的观点、对"过去的"训诂学、"现代的"训诂学和"未来的"训诂学、对训诂学与词义学的关系、对"未来的"训诂学之方法革新以及宏观意义上和微观意义上的训诂学方法等诸多重大理论问题发表了极其精辟的见解，特别是阐明了现代训诂学的三大特点：应用性、综合性、总结式，从而厘清了现代训诂学与某些相关学科的界限。[3]

其三，先生十分注意开拓训诂学应用的新领域。先生用训诂学知识指

---

① 见许嘉璐（署名若石）《训诂学的衰微与复兴》，《训诂研究》第 1 辑，北京师范大学出版社 1981 年版。

② 此中加入了个人的一些理解。

③ 见许嘉璐《论训诂学的性质及其他》（《湖南师范大学学报》1986 年增刊）、《关于训诂学方法的思考》（《北京师范大学学报》1988 年第 3 期）等。

导中学语文教学，撰写了《中学课本文言文注释商榷》、《中学课本文言文注释商榷（续）》①等文章，在中学语文教学界产生了较大反响。先生借鉴训诂学构建了注释学学科体系，得到了学界的响应且已有专著出版。② 近年来先生又用训诂学指导中华文化传播和汉语国际推广，先生呼吁所有设人文系所的大学都应开设训诂学课程，认为汉语教学的关键是语义，而研究语义的利器就是训诂学，现代汉语也只有用训诂学知识才能理解深透。③

其四，先生在组织、培养训诂学队伍，规划训诂学发展等方面的重大贡献。先生曾任中国训诂学研究会的两届会长和三届秘书长，为中国训诂学研究会的建设和训诂学的发展呕心沥血，付出了极大的辛劳。从发展会员到筹办年会，从筹集经费到培养队伍，从筹划各专项会议到规划训诂学发展的蓝图……中国现代训诂学能有今天的长足发展，先生功不可没。

2. 对词汇学理论的贡献

1987 年，先生在《中国语文》第 1 期发表了著名论文《论同步引申》，一改前人仅限于对词的个体意义延伸情况进行考察以及对词义衍生的外部原因和类型进行分析的做法，通过考察词与词在引申过程中的相互影响，试图从语言内部寻找词义变化的原因。认为一个词在其意义引申过程中常常带动相关的词产生类似的变化，是为"同步引申"。"同步引申"常常形成于同义词或反义词之间，前者引申的趋向相同，后者引申的趋向相反。"同步引申"简化了词义引申途径的多样性，参与了词语间的生存竞争，影响了汉语双音词的形成。"同步引申"理论是对汉语词汇引申理论的一个重大发展，是对汉语词汇学理论的一个贡献。该理论已被学界用来解释反训现象、说明近代语词演变以及分析词的特殊义和断代义的形成。④

3. 对《说文》学研究的贡献

先生在《说文》研究方面著述颇丰。其要者如《〈说文解字〉在词典

---

① 见《北京师范大学学报》1980 年第 6 期、《北京师范大学学报》1984 年第 3 期。

② 如汪耀楠《注释学纲要》，语文出版社 1992 年版。

③ 参见周新华《矢志扬汉学——专访世界汉语教学学会会长许嘉璐》，《孔子学院》2009 年第 2 期。

④ 参见《中国语言学现状与展望》，外语教学与研究出版社 1996 年版。

史上的地位和价值》（《许慎与〈说文〉研究论集》，河南人民出版社
1991年版）、《〈说文解字〉释义方式研究》（《词典和词典编纂的学问》，
上海辞书出版社1985年版）、《说"正色"——〈说文〉颜色词考察》
（《古汉语研究》1994年纪念周秉钧先生专辑，增补后又收入《中国典籍
与文化》1995年第2期）、《苍史功臣　叔重净友——〈说文〉杨氏学述
略》（《杨树达诞辰百周年纪念集》，湖南教育出版社1985年版）。上述著
述从几个不同方面研究考察《说文》或《说文》研究情况，均有建树。
特别是《〈说文解字〉在词典史上的地位和价值》一文，影响颇大。先生
将《说文》置于世界辞书史的大平台上考察，得出了"我们这个星球上
的详解词典史，应该从《说文》写起"的结论，其立意之高是完全超越
前人的。另先生将《说文》归为"知识性"词典的首创，从《说文》成
书的年代、《说文》得以产生的学术背景等方面论证了《说文》的出现是
历史的必然，驳斥了西方贬斥《说文》的谬论。

4. 对语法学、语源学、汉字学、辞书学的贡献

先生在语法学、语源学、汉字学、辞书学诸领域均有重要文章裨益学
林。语法学如《关于"唯……是……"句式》（《中国语文》1983年第2
期）、《"句本位"与古代汉语词类研究——纪念〈新著国语文法〉出版
六十周年》（《湘潭文史》第五辑，1986年）、《韩愈不严守文言语法析》
（《古汉语语法论集》，语文出版社1998年版）等，语源学如《章太炎、
沈兼士二氏语源学研究之比较》（《沈兼士先生诞生一百周年纪念论文
集》，紫禁城出版社1990年版）等，汉字学如《汉字形符的类化与识字
教学》（香港《语文教育学院学报》1990年第7期）、《汉字声符的分化
与识字教学》（香港《语文教育学院第六届国际研讨会论文集》，1990
年）等，辞书学如《〈说文解字〉在词典史上的地位和价值》（见前）、
《弘扬中华辞书文化　促进两岸学术交流》（《中华字典研究》第1辑，中
国社会科学出版社2009年版）、《关于编写〈现代汉语规范词典〉的几点
想法》（《语文建设》1994年第11期）等。另外，先生又主编辞书多种，
如《传统语言学辞典》（河北教育出版社1990年版）、《中国古代礼俗辞
典》（中国友谊出版公司1991年版）、《汉字标准字典》（辽宁大学出版社
2001年版）等。

5. 对语言文字规范工作的贡献

先生1994—1998年任国家语言文字工作委员会主任，全面领导全国

的语言文字规范工作及相关工作。此前先生即已兼任国家语委委员多年，对国家语言文字规范的领导工作亦多所参与。多年来，先生倾注于语言文字规范工作的心血无法言数，从其论文集《未成集——论新时期语言文字工作》（语文出版社 2000 年版）或可窥见一斑。

首先是推动《中华人民共和国国家通用语言文字法》立法。早在 1994 年 3 月 16 日，先生就起草了《关于加强语言文字管理，尽快立法的倡议书》①，联合另外 6 名全国人大代表和 15 名全国政协委员共同签名，向全国发出倡议。可以这样说，《国家通用语言文字法》能够在 2000 年 10 月 31 日九届人大常委会第十八次会议通过，是与先生的多年努力有一定联系的。

其次是制定、部署国家语委各个年度、各个时期的工作任务。如《当前国家语委的任务》、《新时期说老话题：继续为祖国语言的纯洁健康而斗争》、《当前国家经济发展的形势和语言文字工作的任务》、《当前语言文字工作存在的问题和几点建议》、《开拓语言文字工作新局面，为把社会主义现代化建设事业全面推向 21 世纪服务》、《社会主义初级阶段的语言文字工作》② 等。

其三是对语言文字规范工作重要意义的宣传及其他。如《我谈语文规范化》、《经济建设和社会发展亟需加强语言文字工作》、《漫话语言文字规范化》③ 等。

其四是领导并实践中文信息处理研究。如《中文信息处理的现状和发展方向》、《中文信息处理研究在向更高层次前进》④ 等。另先生又亲自主持了国家"九五"社科重大课题"面向计算机信息处理的现代汉语词汇研究"、国家十五"863"课题"中文信息处理应用基础研究"、国家十一五科技支撑计划项目"中文信息处理应用研究与基础开发"等国家重大项目。

6. 对汉语国际推广和中华文化传播的贡献

2008 年 12 月 15 日，先生在第九届国际汉语教学研讨会上当选为新

---

① 《未成集》，第 3—5 页。

② 《未成集》，第 55— 67、119—128、222—224、349—351、432— 448、449—454 页。

③ 《未成集》，第 1—2、19—25、114—118 页。

④ 《未成集》，第 146—165、177—179 页。

一届世界汉语教学学会会长。人们多认为，对于先生，这似乎是大材小用；而对于世界汉语教学界，却是众望所归。其实早在几年前先生就提出了汉语国际推广的主张，如今汉语国际推广已成为我国的一项基本国策。先生认为："世界需要中华文化，应该通过汉语推广和文化交流而不是说教的方式让外国人了解中华文明。""现在世界各国急切地向中国伸出手，让我们给它们介绍中华文化，而我们只能拿出京剧、高跷、剪纸、泥人等，这些都是文化形态，既不是文化的整体，也不是文化的精髓和核心。而只有越来越多的中国人对中华文化的自觉，我们才能把自己的文化更全面、更准确地贡献给世界文化。"先生说："自己民族传统文化与时代精神的结合，是一个人素质的根本。""研究语言而不兼及文化，就可能深入不下去。"正是基于上述主张和观念，先生以古稀之年继续在汉语推广和文化传播领域辛勤耕耘。2006 年北师大招收首批 47 名国际汉语教育专业硕士，先生亲任"班长"，直接过问；为支持并指导以国际汉语教育和传播中华文化为使命的孔子学院，先生常常穿梭于世界各地。对此，先生又倾注了他的全部心血。①

7. 对众多后学的培养奖掖

50 年来，先生培养的人才不可计数，每一个学生的培养都浸透着先生的心血，这同样是先生对学林、对国家、对民族甚至是对世界的贡献。先生的学术思想博大精深，我辈后学，不得其门而入，自然难以望其项背；加之冗务缠身，匆促而就，以上所言，挂一漏万，在所难免。

"云山苍苍，江水泱泱。先生之风，山高水长。"我们衷心祝愿先生、师母健康长寿，为国家、为民族、为世界做出新的更大的贡献。

① 以上参见《许嘉璐谈孔子学院和汉语国际推广：已现"汉语热"》，《中国文化报》2008 年 12 月 16 日；周新华：《矢志扬汉学—— 专访世界汉语教学学会会长许嘉璐》，《孔子学院》2009 年第 2 期。

许嘉璐先生心中的"马老"学术品格*

福建师范大学文学院　李春晓

摘　要　马叙伦先生是民进中央的首任主席，恩师许嘉璐先生说过，作为民进中央的接班人，又缘于自己与前辈"马老"一样，也是研究"小学"出身，弘扬"马老"的学术品格成为他的夙愿。许先生一直在继承和弘扬他心中所崇拜的"马老"学术品格，身体力行，"修身"、"齐家"、"治国"、"平天下"，始终"以天下为己任"，忧国忧民。他具有博大、精深、融通的文化素养，并对中华古国充满热爱和忠诚，而对于学术的追求更是坚持不懈。

关键词　许嘉璐　马叙伦　学术品格

马叙伦先生是民进中央的首任主席，恩师许嘉璐先生说过，作为民进中央的接班人，又缘于自己与前辈"马老"一样，也是研究"小学"出身，弘扬"马老"的学术品格成为他的夙愿。早在北京师范大学读书期间，他就已经关注和研读马先生的论著。比如北京师范大学图书馆所藏马叙伦所献五松书屋初刻《说文》，"是书多彩笔批注，系马氏于1919年亲录瑞安林同庄所藏方雪斋过录本胡菊圃《说文解字集斠》中惠士奇惠栋父子、胡士震胡仲澐父子及胡重校注《说文》语，间有马氏按语。大抵黄笔所录为惠士奇语，绿笔则惠栋语，蓝笔录胡氏父子语，朱笔则胡重语。观是书也，足见马氏之治许学极重此书，其着力之勤，用心之苦，字字见证；复可知惠氏家学，虽以汉儒为归，述多于作，然于《说文》亦有是正，诚探求惠学之宝贵资粮也。往者逝矣，其神犹存，则是书之出版，其于嘉惠后进，不止于章显许学，自不待言矣"。许先生与李建国先

---

* 【基金资助】2007年福建省社会科学规划青年项目（2007C015）；2006年福建省教育厅社会科学研究项目（JBS06053）。

生在为重印马叙伦所献五松书屋初刻《说文》而作的《前言》①还忆及昔日曾披览马本，获益良多，以为若布之于世，则将沾溉学林；后来因许慎同邑后进李志刚、袁明霞二君捐资印制，二人夙愿"因李、袁二君之善举而得遂焉"。

2002年，我到华东师范大学攻读博士学位，在许先生的谆谆教诲下，我开始研究马先生的代表性著作《说文解字六书疏证》②。在每次面授的时候，许先生敏锐的思考和富有启发性的建议，体现了一位忧国忧民的政治家同时又是传统朴学研究者对"马老"学术品格的深思。苦于自己政务繁忙、精力有限，未能全面系统地挖掘和研究，他非常希望将未了的心愿交给初涉"小学"的晓丫头，许先生深知这项工作对初学者而言是极大的挑战。三年的博士生活一路磕磕碰碰地走下来，习作还不能很好地达到所预期的要求，时常觉得有愧于许先生的期盼。为了能够交上一份满意的作业，我常鼓励自己一定要迎难而上，因为在这过程中我可以享受增长知识的乐趣，同时又可以领略大学者身上所表现出来的高尚的学术品格，学到做人和作文的道理。

2005年4月28日，许先生在民进中央于北京举行的纪念马叙伦先生诞辰120周年座谈会上提出了发人深省的问题：像马叙伦先生这样的知识分子受的是传统文化的教育，为什么却能成为爱国主义者，进而成长为社会主义者，甚至成为马克思主义者？为什么一大批人能以旧学为根底，在远不如今的环境中成为众多领域的大师？为什么他们的许多成果、他们做人的原则，至今还有着强大的生命力和感召力？许先生还说，深入思考和研究这些问题，一定会对我们建设先进文化、加强民进的自身建设、培养各种人才、净化我们的灵魂、明确人生追求、锤炼自我完善的毅力具有巨大的启迪和借鉴意义。

一

一提起"马叙伦"的名字，大家首先的联想就是他那爱国民主战士的身份，从18岁开始，他就全身心投入革命浪潮，从旧民主主义革命到新民主主义革命，他都立下了不朽功劳。追求民主和科学是他的崇高理

① 承蒙李建国先生提供《前言》的电子文本，谨致谢忱。
② 商务印书馆初版于1928年。科学出版社1956年影印出版，三函十五册。上海书店1985年缩印出版，全八册。

想，而他著书立说，也表现出满腔的爱国激情。他既是一名学者，又是一名战斗不息的民主战士。许先生就曾如此分析①：

> 试看那一时期的学者，有几人是不关心国事，不积极投入一场接一场新文化运动和民主运动的？又有几个革命者不是学者的？"双肩挑"似乎是那个时代的普遍现象。

像马先生这样既是学者又是革命者的双重身份，是当时身处战乱不断的动荡年代里的很多知识分子所共有的特点。在马先生的著述当中，我们可以感悟到"明道救世，撷粹存真"的治学理想。报国之术，不限同途，1937 年 8 月至 12 月续成《疏证》五卷，12 月除夕，马先生写下了这样的诗篇②：

> 年年行箧纵萧疏，所至还携一担书。报国不堪骑大马，伤心烽火注虫鱼。

在抗日救国的活动中，马先生的身体不堪骑大马之劳顿，但是"还携一担书"的他以著书为乐，作为自己报国的方式。他在生计难保的情况下，依然是蓄起长胡更名为"邹华孙"（邹即马母之姓，华孙即中华子孙之意），秉笔注虫鱼。繁忙的革命工作和贫寒的家境加上自身痛苦的疾病（脑病等）没有让他放弃学术追求。1939 年在致蔡元培、朱家骅的信中马先生说道③：

> 伦自元二之间，草创《说文解字六书疏证》，中间奔走国事，亡命迁徙，屡续屡辍，今遇闲暇，已成定本，未乞写官。二年之中制二百余万言，右臂早中风寒，近患流麻窒斯。二疾并加，痛庥兼苦，比已饮食不能自快，作书运笔，亦感木强，然心力未衰，所愿尤大。伦昔著《庄子义证》、《老子覈诂》，流传海外，颇见引重，然成书在十

---

① 许嘉璐：《未辍集——许嘉璐古代汉语论文选》"自序"，中国社会科学出版社 2000 年版。

② 周德恒编、周振甫校：《马叙伦诗词选》，文史资料出版社 1985 年版，第 85 页。

③ 马叙伦：《我在六十岁以前》，生活·读书·新知三联书店 1983 年版，第 114 页。

年以上，更思修补，期臻美备；又欲就《说文解字》中阐发语原，别为一帙，以为吾国语言学者所取资。

著书不辍，不忘救国之志，这样的毅力已经在他身上深深地刻下痕迹。记得许先生曾多次教诲：马先生在抗日的艰难时期，不为五斗米折腰，在食不果腹的情况下仍坚持他的学术研究工作，这样的精神令人震撼不已。"马老"的治学精神和道德风范流芳千古，这也是他作为"民进"成员的莫大骄傲。

杨树达先生在《温故知新说》中云①：

> 凡人天禀之美有二事焉：一曰强识，二曰通悟。学者皆兼之，上也；如不得兼也，则宁取通悟而舍强识。

马先生综合前人各说，援引金甲文字以证许说，悟出许慎文字学的思想，因此他治"六书"得之于通悟者多，而且还获益于强识，为革命奔波，手头无书，他的写作往往是借助长期积累下来的厚实的知识。强识和通悟在他这里亦兼之也，方能自创"疏证"派的治学风格。疏证体的训诂学著作以博大、浩繁、精密和深刻为特征，"非包罗万有、考证翔实、识学过人、殚精竭虑者"②，难以取得疏证体著作的成功。

博闻强记，厚积薄发，马先生完成了说文学殿军之作《说文解字六书疏证》，还有《老子校诂》和《庄子义证》等。不过，马先生曾在著作中坦言③：

> 但是因为许多材料不在手头，研究方面自己也还嫌不够；并且忙于别种工作，没有余多的时间，故无法计划如何写稿，而匆匆写出。另因桌上几乎没有一本参考书，直凭记忆应有成分亦欠缺太多。

---

① 杨氏说可详参《苍史功臣，叔重诤友——〈说文〉杨氏学述略》，见许嘉璐《语言文字学论文集》，商务印书馆 2005 年版，第 127 页。

② 彭望苏：《"说文学"的集大成巨著——马叙伦先生〈说文解字六书疏证〉浅介》，《贵阳师专学报》（社会科学版）2001 年第 2 期。

③ 马叙伦：《马叙伦学术论文集》，科学出版社 1958 年版，第 1 页。

马先生在《说文解字研究法》①也有类似的说法："行箧无书，徒恃追忆。"治学条件之艰辛不言而喻。他要写出这样的文章，如果没有经过辛苦的学习积累，在缺少资料的情况下何能旁征博引呢？这些知识都已经牢牢存储在他的大脑之中。许先生对马先生这样的记忆力，不止一次地感叹道：即使在高科技飞速发展的今天，电脑相当普及，能有几人的学问做到这样的境界呢？

二

2005 年 4 月 28 日，民进中央在京举行纪念马叙伦先生诞辰 120 周年座谈会，许先生在主持讲话中说，马叙伦先生是著名的教育家、坚强的民主战士、忠诚的爱国主义者，他虽然已经离开我们 35 年了，但他的信仰和精神永远是我们学习的榜样，是我们的力量极其宝贵的来源。

爱国是每一位负有强烈历史责任感的知识分子所固有的情结。关注民生、关注社会是爱国知识分子的崇高理想，格物而致知，意在修身齐家治国平天下，家事、国事、天下事，事事关心。传统文人的爱国情操时刻感染一代代的知识分子，他们从伟大祖国的优秀文化中汲取营养，为往圣继绝学，让中华传统文化生生不息。

在养正书塾学习期间，受到历史学家陈介石先生的影响，马先生广泛阅报读书，从中了解革命，也激发他内在的爱国热情。1902 年，18 岁的马先生协助邓实主编《政艺通报》讨论时政，研究社会病状，探讨救国图存方案，"以期使老大之帝国、东方之病夫于二十世纪勃然兴旺"。

《新世界学报》第 11 期马先生发表《日儒加藤氏之宗教新说》，说道："中国诚国粹最丰富之国哉。我愿与我国民显扬我国粹、发挥我国粹以文明。我国家毋甘居白皙种人之后，而为其讪笑。"1905 年《国粹学报》第一年（上）第 3、5、7 期马先生发表《啸天庐古政通志》，其中《申意》部分说明撰述"古政通志"的意义："夫学者贵能因而明之。国有学而不能明，而转掇拾乎异域之学，使代统而为尸。此其罪等于卖国，耻古政学之失坠。学者溯典而忘祖。故述古政通志。"其中他提到缘何"述学术志"，他的理由在于："国家强弱，学术盛衰，悯学之坠，痛国将沦，故述学术志。"他因为悯学之将坠和痛国之将沦而写"学术志"，这

---

① 按开篇的自序，1926 年 9 月完成，1933 年（上海）商务印书馆出版。后大陆和港台曾影印再版。

其实也是他走上学术道路的根本出发点。

马先生从事学术研究的写作，一方面因为他的编辑生活促使他提笔著书，另一方面《国粹学报》的重要成员和后来"南社"、"国故"成员的身份为他的学术研究提供了良好的交流平台，他可以获取时贤的思想精华，同时又可以在这个平台上贡献自己的高见。

从书中了解到民主革命思想，并且在内心深处种植革命的种子，凭借自己的才能，他为发扬"国学"传统尽心尽力，作出了不少贡献。爱国就是先从热爱祖国的传统文化开始。也正因此，他早期富有激情的言论无不体现着他那身上所受到的博大精深的中华文化的熏陶，同时有着对中华古国的由衷的热爱与忠诚。从治学救国到教育救国，他用他的一生在探索着救国方案。

1947年5月31日写《我在六十岁以前·校后记》，马先生说道①：

> 我自己觉得我的过去，可以自信的还在，做人总算十不离九，此外算读书还勤的；可是，学问的成就也微细得可怜。本想时世太平，有"补读十年书"的福气，再得成就多些；不想胜利到来，偏又把我驱上民主运动的队伍里，一忽儿快要两年了，一本书也不能从头到尾看他一遍，觉得对于人民并未见得有益，对于自己，怕就此封住了学问上的进步；而微细得可怜的一些成就，这里并未说到，这原不是"自传"。

"对于人民并未见得有益"这句话是他内心深处做人做事的标准，他只做对国家对人民有益的事，不做损坏国家和人民利益的事，这是他一生的革命理念，时刻与国家和人民在一起，不危害国家，不背离他深爱着的人民。诚如他自己所说的"以伦平生志尚，戮力为民"，"伦之于国，既尽吾才"。而且在生命的最后一刻，他给人们留下的就是一句话："我们只有跟着共产党走，才是在正道上行，才有良好的结果，否则根本上就错了。"

考虑到陈公博曾是北京大学学生，马先生与他有很深的师生情谊，地下工作者特嘱咐马先生劝说陈公博不要与汪精卫同流合污。马先生以国家民族大义为重，邀见陈公博，晓以利害，力劝陈公博停止卖国活动。陈公

---

① 马叙伦：《我在六十岁以前》，生活·读书·新知三联书店1983年版，第120页。

博多方辩解，还要请马先生出任伪立法院院长或上海市长。马先生断然拒绝："我是决不会出来帮日本人忙的，休要痴心梦想。如上海不能居，则当漂游四海，老骨心不足惜也。"这就是忠贞的民主革命战士的光辉形象。

读书不忘救国，教书不忘革命。忧国忧民的马先生从事革命运动，是为了救国，而他的学术研究也是为了"梯梁后学"，这是他的学术取向。在这种学术取向之下，他对《说文》、《老子》和《庄子》等进行了全面的校勘和整理，总结一切历史优秀成果，让前贤时彦的研究更好地服务新式学问。悯学之坠，却不是为学术而学术，他有着强烈的现实使命，"通经致用"自然成为他从事学术研究的基本宗旨。

近代学人积极投身于新文化运动和爱国民主运动，既是学者又是革命者，马先生只是其中的代表之一。那一时代的知识分子忧国忧民，一边埋首治学，弘扬祖国优秀传统文化；一边又走出书斋，投身革命，报效祖国，救亡图存，常为革命事业赴汤蹈火而在所不辞，即使颠沛流离仍旧心系学问大事。这样的情怀是何等的崇高，在今日看来是多么的不可思议呀！许先生曾在给笔者的电邮中精辟地总结过：

> 马老的治学精神和他对国家对人民的态度是一致的。集民主党派领袖和学术泰斗于一身的马老，是爱国知识分子的楷模，也是民主党派领袖天然具有的特点和品格。

三

在研读和体味过程中，我深切感受到许先生追思和仰慕先贤，企盼弘扬优良的治学品格的良苦用心。许先生一直在继承和弘扬他心中所崇拜的"马老"学术品格，他自己身体力行，"修身""齐家""治国""平天下"，始终"以天下为己任"，忧国忧民。他具有博大、精深、融通的文化素养，并对中华古国充满热爱和忠诚，而对于学术的追求更是坚持不懈，即使再忙也要让读书、教学和写作不绝如缕，以"日读一卷"为书屋命名，以"未辍集"为论文集起名。2006年，许先生在接受中央电视台"大家"栏目采访时说道：

> 真正的爱好，教书这个爱好，也算职业病，无法克服。不管我身体如何，或者最近有什么工作上的烦心的事情，我只要一到讲台上，

一开讲全忘了。而且受我老师陆宗达先生的影响，面对一个人讲课，我也是和一百人，二百人一样，提高声调来讲。

每次聆听许先生的授课，我们当学生的无形中会受到一种人格的感召，使吾辈奋兴向学。他非常投入地讲着课，风趣幽默而尽显博学睿智，严谨而富有亲和力，课堂上他还惟妙惟肖地模仿王力和陆宗达等几位老先生讲课的风采。他精彩的演讲总能让人回味无穷，也永远折射出"大家"风范。

2008 年，凤凰卫视《问答神州》专访许先生时，他谈到了自己留在北京师范大学之际的人生理想：

> 那个时候我最高的理想就是做一个好老师，做一个认真的学者，尽全身心地去教学生，第二，爱学生，第三，学生欢迎，三者不可缺一。我的目标就是这个，没有远大志向，我认为这就够远大的了。

许嘉璐先生说过，对于 19 世纪末 20 世纪初出生的一代前辈到二三十年代所取得的伟大成就，如果不好好回答他们取得成就的奥秘所在，就不能算真正的学术史。抛开社会的、历史的、学术的原因，那一代人中华传统文化底子之厚是一个重要的原因。旧式教育为这一代人提供了至少两样东西①：

> 一样是传统道德中积极的一面，即修身—齐家—治国—平天下的抱负，先天下之忧而忧、后天下之乐而乐的胸襟，天下兴亡匹夫有责的责任感，不义而富且贵于我如浮云的清高。另一样是博大精深的中华文化的熏陶和由此产生的对中华古国的热爱与忠诚。

而在许先生身上，他常常在工作的细节中透露出爱祖国爱人民的深情，以严谨、执著、求实和求新的态度潜心求索，在学术田野和文化事业上辛勤耕耘，从未停止。伟大的学者总是与国家和民族的命运永远在一

---

① 许嘉璐：《未辍集——许嘉璐古代汉语论文选》"自序"，中国社会科学出版社 2000 年版。

起，许先生自己分析了他拼命做事的动力①：

> 恐怕是中国知识分子共同的习性催着我，发现它对于我们国家、对于人民有用，于是就拼命做起来。

在 2005 年的博士论文答辩会上，许先生以"知思行"三字相赠，发自肺腑的一番言语让我明白了先生对我和在座的诸位同窗的期盼，我永远铭记于心。他永远不满足已知的，"以四海为量，以千载为心"，行如巍巍山岳，思如浩浩长河，他所做的文章和开展的各项工作非常自然地透露出独特的人格魅力。周新华先生曾有文高度评价道②：

> 从训诂研究、汉语教学，到文化官员和国家议政要员，许先生都有着一种强烈的使命感，永不知止歇，有着中国传统文人那种"路漫漫其修远兮，吾将上下而求索"的习性和境界。

许先生对中国传统文化所进行的整体性思考和深刻探究，在当前中国学术界是有目共睹的。他的论著和讲演宏通而精深，深入而浅出，涉及说文学、训诂学、汉字汉语教学、中国文化、中文信息处理、教育学等方方面面。他弘扬中华传统优秀文化、期盼学术兴盛的理想隐含在论著的字里行间和日常的一言一行之中。许先生常教诲，他希望心中所推崇的先辈们高尚的学术品格能够薪火相传。他常以师辈"刻苦为人，殷勤传学"自励，功夫不负有心人，深信许先生未了的心愿可以一步步实现。

许嘉璐先生心中的『马老』学术品格

---

① 周新华：《矢志扬汉学——专访世界汉语教学学会会长许嘉璐》，《孔子学院》2009 年第 2 期。

② 周新华：《矢志扬汉学——专访世界汉语教学学会会长许嘉璐》，《孔子学院》2009 年第 2 期。

《左传》引诗考论①

北京师范大学汉语文化学院　陈　绂

"不学诗，无以言。"这是孔子教育他儿子的名言，这句话充分说明了《诗经》在当时人们的生活中，特别是在人与人之间进行交际时的重要作用。事实也正是如此，先秦的许多典籍中都记有人们谈话引诗的情况。其中，以《左传》最为突出。

《左传》作为一部反映春秋时期历史的巨著，较为真实地记录了当时的社会风貌，其间，有国与国之间的礼仪往来、征战侵伐；有贤臣良将对君主的劝谏讽喻、预示评说；有强国霸主的兴衰；有弱国小邦的向背……在频繁的外交活动中，在不同层次、不同目的的宴饮中，人们委婉而含蓄地交谈着，这种交谈，往往决定着战争的起伏和个人乃至国家的命运，所以至关重要。人们为了恰当地陈述自己的意见和希望，并充分地显现出自己的身份和修养，往往在言谈中采用赋诗言志的办法，借用大家都熟悉的、然而又是可以作出灵活解释的诗句来代替直截了当的言辞。由于赋诗言志都在具体的上下文中，都有一定的语言环境，于是，这些被征引的诗句便显现出了种种与其在原诗中的蕴涵不尽相同、但却又密切相关的含义来。这不仅给后代人研究诗、注释诗提供了非常宝贵的参考资料，同时，我们还可以通过对这些实例的分析与归纳，总结出这种表达方法产生的文化渊源及其规律，以及它在行文中所起到的种种积极效果。

一

《左传》引诗之多、之普遍，在先秦典籍中堪称冠首。粗略统计下

---

①　这是多年前我在日本工作时的一篇习作，从未在国内发表过。谨以此文表达我对萧、许二位恩师所授训诂学的由衷的喜爱。

来，全书引诗近 170 次，所引用的诗句涉及今本《诗经》中的 72 首，此外，还有未被收录进去的逸诗 10 首。在这 72 首诗篇中，有国风 16 首，占全部风诗的 10% 左右；有小雅 24 首，大雅 17 首，占全部雅诗的 38% 左右；有周颂 11 首、鲁颂 1 首、商颂 3 首，占全部颂诗的 37.5% 左右。从这些具体的数字中，我们可以得出这样一个结论：《左传》中所引用的诗句在整部《诗经》中是有相当的覆盖率的，其中，雅诗和颂诗明显地多于国风。若就次数而言，引用雅诗、颂诗则更为频繁，全书竟达 140 次之多，占全部引诗次数的 82% 强。可见，在当时贵族的生活与语言中，雅诗颂诗可能比国风受到更多的关注。逸诗的引用说明"三家诗"之外的诗篇确实存在，但其数量却是个值得商榷的问题。

《左传》所引用的大量的诗句，长短不一，字数不等，最少的一句四个字，最多的达整章或数章，但未发现引用整首诗的情况。

《左传》的引诗，许多都出现在人物的对话中，这主要有两种情况：一种是书中的人物直接引用。《左传》中的人物，在言谈中征引过诗的有将近 70 位，其中有国君，如秦穆公、楚子等，但更多的是大臣，像晋叔向、齐晏婴、郑子产等春秋时期著名的政治家、外交家，都是精通《诗经》、出口成诵的语言巨匠，引诗已经成为他们言谈的特点之一，仅叔向一人的引诗就达十次以上。另一种情况是书中所记录的孔子或"君子"在评论人或事时对《诗经》的称引。其中，直接指明是孔子引诗的有 6 次，托名"君子"的则达 30 次以上。所谓"君子"，有人认为就是孔子，我们认为，倒不必如此绝对，也许就是作者在发表自己意见时的一种假托而已。

《左传》引诗完全根据行文的需要，有时为了说明一个问题或阐述一个道理，可以连续引用几首不同诗篇中的诗句。如《文公二年》为了称颂狼瞫不记私仇、以身赴国的君子行为，借君子之口，同时引用了《小雅·巧言》和《大雅·皇矣》两首诗中的诗句，说明君子之怒的正当表现：

> 君子谓狼瞫于是乎君子。诗曰："君子如怒，乱庶遄沮。"又曰："王赫斯怒，爰整其旅。"怒不作乱，而以从师，可谓君子矣。

《左传》中也有在不同地方多次引用同一首诗的情况。这种引用。有时取意基本相同，如《桓公十二年》："君子曰：苟信不继，盟无益也。诗云：'君子屡盟，乱是用长。'无信也。"同样的诗句，在《襄公二十九年》中又被引用了一次："郑大夫盟于伯有氏，裨谌曰：'是盟也，其与几何？诗曰："君子屡盟，乱是用长。"今是长乱之道也，祸未歇也，必三年而后能纾。'"这两处引用相同的诗句，虽然用来说明的事件不一样，但取意大体一致，都是用来证明"屡盟"而不守信的坏处。又如在《昭公二十一年》和《成公二年》的传文中，都引用了《大雅·假乐》中的"不解于位，民之攸塈"的句子，一处是昭子感叹在蔡平公的葬礼中，蔡太子朱"失位，位在卑"的不祥预兆，用此诗句证明"蔡侯始即位而适卑，身将从之"和"蔡其亡乎！若不亡，是君也必不终"的必然结局。而《成公二年》叙述了鲁、楚、蔡、许、秦、宋、陈、卫等国交盟之事，而《春秋经》上却未记载蔡、许两国，《左传》的作者认为这是由于他们身为国君却"乘楚车也，谓之失位"的原因，于是借君子之口又引用了这两句诗。应该说，这两处记述的事情也不相同，但引用这两句诗所要说明的都是诸侯不可"失位"的道理。

然而，更多的情况是在不同文句中所引用的诗句虽然一样，但取意并不相同。如：

　　①君子是以知出姜之不允于鲁也。曰："贵聘而贱逆之，君而卑之，立而废之，弃信而坏其主，在国必乱，在家必亡，不允宜哉！诗曰：'畏天之威，于时保之。'敬主之谓也。"（《文公四年》）
　　②季文子曰："……君子之不虐幼贱，畏于天也。在《周颂》曰：'畏天之威，于时保之。'不畏于天，将何能保？以乱取国，奉礼以守，犹惧不终，多行无礼，弗能在矣。'"（《文公十五年》）

两处均引用了《周颂·我将》中"畏天之威，于时保之"两句，但一是用来说明应该敬重内主、不得失礼的道理；一是用来阐明只有畏惧天道、奉礼以守的君主才能免于灾难的道理。应该说，取意是有所差异的。

更有甚者，《小雅·节南山》中"不吊旻天，乱靡有定"两句，在《成公七年》被引用是对"蛮夷入伐，而莫之或恤"这一现象的成因的分析，表示"有上而不善"之意；而在《襄公十三年》中则是"君子"对吴国乘楚共王丧葬之机而侵伐楚国之事所发的评论，认为这是一种"不吊（善）"的行为。两处所表示的意义相差可谓远矣。

拿《左传》中所引的诗句与今本《诗经》相比较，就会发现，这些诗句与原诗也存在着许多不相一致的地方。这些差异可以归纳为这样几个方面：

学为人师　行为世范——庆祝许嘉璐先生从教 50 周年学术研讨会论文集

第一，《左传》引诗时所讲述的篇次，与今本《诗经》的篇次不同。如《宣公十二年》描述了楚子言谈中所引的诗句："武王克商……又作《武》，其卒章曰：'耆定尔功。'其三曰：'铺时绎思，我徂维求定。'其六曰：'绥万邦，屡丰年。'"查今本《诗经》，楚子所谓《武》之第三章的诗句，实在今《周颂·赉》篇中，而所称第六章之诗句在今《周颂·桓》篇中。产生差异的原因，杨伯峻先生认为是"古今诗之篇次不同"，这一推断是十分有道理的。

第二，《左传》引诗与今诗之间的差异还表现在大量的异文中。如《昭公十年》引《小雅·北山》"或燕燕居息，或憔悴事国"两句，今诗"憔悴"做"尽瘁"。《襄公十一年》引《小雅·采菽》"乐只君子，殿天子之邦。乐只君子，福禄攸同，便番左右，亦是师从"几句，其中，"福禄"今诗作"万福"，"便番"做"平平"。《宣公二年》引《小雅·角弓》"人之无良"句，今诗做"民之无良"。《襄公三十一年》引《大雅·板》"辞之辑矣，民之协矣；辞之绎矣，民之莫矣"几句，今诗"协"做"洽"、"绎"做"怿"。《襄公二十九年》所引《小雅·正月》之"协比其邻"，今诗"协"亦作"洽"。《文公二年》引《大雅·文王》"毋念尔祖"句，今诗"毋"做"无"。《昭公七年》引《小雅·北山》"普天之下"句，今诗"普"做"溥"。这种异文现象在《左传》书中对同一诗句的重复引用时也有所表现，如《宣公十五年》引《大雅·文王》中"陈锡哉周"一句，《昭公十年》引做"陈锡载周"，今本《诗经》作"哉"。

总之，引诗与今本《诗经》的异文现象举不胜举，其中有使用词语的不同、联绵词字形的不同，还有文字的通假现象等各种不同的情况，这些异文正好给我们研究上古汉语的词汇音韵提供了可资依据的宝贵材料。

二

《左传》的行文中所以有如此众多的引诗，自然与作者的政治伦理观念、撰文的指导思想以及他的学术渊源、行文习惯等有着不可忽视的关系，同时，也与这种表达手法独具的功效和《诗经》本身的地位密切相关。首先，征引是古汉语中普遍使用的表达手法之一，征引的内容一般是当时人们所认定的"圣人之作"，正像《文心雕龙·征圣》中讲的："夫作者曰圣，述者曰明，陶铸性情，功在上哲。"这些"圣人之作"，"或简言以达旨，或博文以该情"，用它们来为自己的判断和意见作证，自然有相当高的权威性。因此，"论文必征于圣"，"若征圣以立言，则文其庶矣"。从另一个角度讲，这"圣人之作"其实往往是被证明了的好经验，因此也确实具有一定的可靠性，而这种借他文以明己志的表现手法，又符合中华民族含蓄深沉的心理特征和文化传统。《左传》的引诗正是在这个整体文化背景中形成的。其次，《左传》之所以频繁地引诗，与《诗经》在当时所具有的独特地位也是分不开的。作为儒家的经典，《诗经》被看作"义之府"，具有极高的权威性。它"可以兴，可以观，可以群，可以怨"，能够"正是非，感天地，动鬼神，美教化"（引文均见《诗·关雎·序》），具有相当强的启发性和说教性。也正因为诗的巨大的教育作用，所以它的流行相当普遍，以至于"不学诗，无以言"。可见，它已完全得到了人们的熟悉、理解和认可。再加上它可以配乐、配舞，有优美的旋律，诵读起来朗朗上口，可以增加语言的美感。这样，在种种征引之中，引诗就显得更为普遍多见。

当然，《左传》之引诗，还由《左传》自身的特点所决定。前文已述，《左传》是一部内容深厚丰富、涉及诸多人和事的巨著，它所记录的是春秋时期的国家大事，所描述的是天子诸侯、贵族大夫们的活动与言谈，所表现的是儒家礼仪，所讲究的是含蓄深沉，因此，不直接明示自己的观点而以引诗的方式道出，就成为最理想的表达手法之一。而《左传》的作者作为儒家学者，在他的作品中大量征引儒家经典《诗经》，当然就是理所当然的。更何况，为了加强叙述的不可辩驳性和感染力，将具有经典地位的诗句夹杂在自己的行文之中，就更显得顺理成章了。

我们详尽地分析《左传》引诗的场合及其所引的诗句，可以归纳出引诗所起到的种种功用。

1. 用诗句对人物及其事迹作出评价

《左传》记载了众多的人和事，也记叙了各类人物对书中所记的人和事的种种评论，在进行评论时，为了增强表达效果，也为了使自己的好恶褒贬显得更为委婉儒雅，说话的人往往会征引上几句诗，便是很普遍的现象了。如《昭公二年》记载了叔弓聘于晋之事，晋侯要派人对他进行"郊劳"，叔弓推辞了；又让他在宾馆居住，叔弓又推辞了，表现出一种唯国家利益为上、自己则谦卑有礼的品质来。于是，叔向对叔弓的这些举动做了一番评价：

叔向曰："子叔知礼哉！吾闻之曰：忠信，礼之器也；卑让，礼

> 之宗也。辞不忘国，忠信也；国后己，卑让也。《诗》曰：'敬慎威
> 仪，以近有德。'夫子近德也。"

这里引用的是《大雅·民劳》中的诗句，取近德之意，用以评价叔弓，
十分恰当。

《左传》书中也常描述出孔子和所谓"君子"对人物的评价，其中，
也少不了引诗。如《昭公十三年》记载了诸侯结盟之事，子产为了减轻
郑国的贡赋负担，从中午争论到晚上，直到晋国完全同意了为止。对此，
《左传》介绍了孔子对子产的评论：

> 仲尼谓子产"于是行也，足以为国基矣。《诗》曰：'乐只君子，
> 邦家之基。'子产，君子之求乐者也。"

这里引用的是《小雅·南山有台》的诗句，用以肯定子产此举的性质及
其对于国家的重要意义。之所以引诗，也是为了说明自己的评价言之
有据。

《文公三年》叙述了秦穆公重用败将孟明，因而伐晋大胜、遂霸西戎
的功绩，然后借"君子"之口评说一番：

> 君子是以知"秦穆之为君也，举人之周也，与人之壹也。孟明
> 之臣也，其不解也，能惧思也。子桑之忠也，其知人也，能举善也。
> 《诗》曰：'于以采蘩，于沼于沚，于以用之，公侯之事。'秦穆有
> 焉。'夙夜匪解，以事一人。'孟明有焉。'诒厥孙谋，以燕翼子。'
> 子桑有焉。"

这里分别引用了《召南·采蘩》、《大雅·蒸民》、《大雅·文王有声》三
首诗中的句子，作为对这三个人的品评和褒奖，与上面的评价彼此呼应，
相得益彰。

2. 用诗句证明某种推测或某种说教之正确

《左传》是一部讲礼之书，为了突出"礼"的重要性，作者常常对尊
礼或违礼的人与事作出预言性的推测，这些推测自然需要有证据，《诗
经》的重要地位及其内容就使得它的一些富于哲理性、实证性的句子成
了具有一定说服力的证据，被《左传》作者引来，起到一定的表达效果。

如《襄公三十一年》：

> 卫侯在楚，北宫公子见令尹围之威仪，言于卫侯曰："令尹似君矣，将有他志。虽获其志，不能终也。《诗》曰：'靡不有初，鲜克有终。'终之实难，令尹其将不免。"公曰："子何以知之？"对曰："《诗》云：'敬慎威仪，惟民之则。'令尹无威仪，民无则焉。民所不则，以在民上，不可以终。"

北宫公子看到令尹围之陈设仪容与其身份不符，故断言他"不能终也"，并引了《大雅·荡》和《抑》两首诗的句子予以证明。至于诗句的原本意义与《左传》中所取之意是否相符，我们将在下面论及。但这些引用使北宫公子"不能终也"的预言具有了相当的可信性，这是不容置疑的。

又如《昭公三十二年》记载了晋魏舒、韩不信会合诸侯大夫于狄泉重温旧盟之事，其时，魏舒本为卿却南面而居君位，对于这种极端的失礼之举，卫国彪傒预言道：

> "魏子必有大咎。干位以令大事，非其任也。《诗》曰：'敬天之怒，不敢戏豫；敬天之渝，不敢驰驱。'况敢干位以作大事乎？"

用《诗·大雅·板》中"不敢戏豫"、"不敢驰驱"几句作反衬，证明"干位以令大事"的危险性和必然产生的悲惨结局，令人深信不疑。果然，第二年，魏舒未及返晋而亡。

在《左传》行文中，还不时地要针对某些问题进行儒家伦理道德的说教。在说教时，也少不得要引《诗经》作证。如《文公二年》鲁国于太庙中进行祭祀时搞乱了神位的顺序，《左传》做了这样的评说：

> 君子以为失礼："礼无不顺。祀，国之大事也，而逆之，可谓礼乎？……是以《鲁颂》曰：'春秋匪解，享祀不忒；皇皇后帝，皇祖后稷。'君子曰'礼'，谓其后稷亲而先帝也。《诗》曰：'问我诸姑，遂及伯姊。'君子曰'礼'，谓其姊亲而先姑也。"

这是用《鲁颂·閟宫》所记载的鲁国的史实和《邶风·泉水》所描述的卫国女子思念亲人之事为依据，说明祭祀应该遵守的法则，有理有据，十分有力。

又如《昭公七年》：

> 秋八月，卫襄公卒。晋大夫言于范献子曰："卫事晋为睦，晋不
> 礼焉，庇其贼人而取其地，故诸侯贰。《诗》曰：'鹡鸰在原，兄弟
> 急难。'又曰：'死丧之威，兄弟孔怀。'兄弟之不睦，于是乎不吊，
> 况远人，谁敢归之？今又不礼于卫之嗣，卫必叛我，是绝诸侯
> 也。"

文中所引的均是《小雅·常棣》中的诗句。原诗强调的是兄弟之间的友
爱，此处引来，用以证明诸侯之间应该和睦相处、礼尚往来的道理，说服
力极强。

3. 用诗句劝谏君主

《左传》中记载了不少贤臣忠将的事迹，他们为了忠君爱国，或慷慨
陈词，或委婉劝谏，在君主面前，不仅能直率地发表见解，而且敢于讥讽
君主之过，并指明理应效法的榜样。在他们侃侃而谈的时候，往往祖述先
哲，引经据典，充分地显现出自己意见的正确性，于是，征引诗句就不可
避免地成为他们话语中的重要内容。如《僖公十九年》：

> 宋人围曹，讨不服也。子鱼言于宋公曰："文王闻崇德乱而伐
> 之，军三旬而不降。退修政而复伐之，因垒而降。《诗》曰：'刑于
> 寡妻，至于兄弟，以御于家邦。'今君德无乃犹有所阙，而以伐人，
> 若之何？盍姑内省德乎？无阙而后动。"

这里所引用的是《诗·大雅·思齐》的诗句。《思齐》是一首赞美文王的
优秀品质和良好作风的诗，引用它是为了用先圣文王之德行去要求与衡量
宋公，以此形成鲜明的对比，从而对他要讨伐曹国的行为加以劝阻。

又如《僖公二十二年》记周大夫富辰希望周襄王召回兄弟王子带之
事，他引用了《小雅·正月》的诗句进行劝谏：

> 《诗》云："协比其邻，昏姻孔云。"吾兄弟之不协，焉能怨诸侯
> 之不睦。

原诗的意思是说，应先与左右临近之人团结亲近，然后亲戚们才能得以欢
好，这里用来说明兄弟之间必须和睦相处的道理。周宣王也真的听从了他

的意见，从齐召回了王子带。从中我们可以体会到，富辰的一番话以及他所引用的诗句所具有的感染力。

还是这个富辰，在周襄王发怒、准备率师讨伐郑国时，又大胆劝阻说："不可。"（见《僖公二十四年》）这次他讲述了召穆公纠合宗族于成周而作《常棣》之诗的史实，并引用了该诗的首章和四章的句子，说明了"兄弟虽有小忿，不废懿亲"的道理，指出"今天子不忍小忿以弃郑亲"的做法是不可行的。

《诗经》本来就是"正得失、动天地、感鬼神"的作品，内容十分丰富，不乏对先圣先哲的歌颂和对顽冥君主的讥讽，《左传》中的贤臣忠将拿来与自己的君主进行对比或劝谏，自然是十分贴切、十分有力的。

4. 用诗句自我感叹

《左传》中的人物有时还用引诗来表示内心的感叹。当人们产生或兴奋、或悲凉、或自责、或懊恼等种种比较强烈的情感时，就往往吟诵诗句，借以加强表达的效果。如《宣公二年》赵盾在晋灵公被杀后返回京都时，大史在《史书》上记载为"赵盾弑其君"，并解释说："子为正卿，亡不越竟，反不讨贼，非子而谁？"赵盾无言以对，又感到委屈难忍，于是感叹道："呜呼！《诗》曰：'我之怀矣，自诒伊慼。'其我之谓矣。"赵盾并没有直接明言自己的冤屈，而是借助诗句抒发出来，显得委婉而含蓄，正符合他的心情与性格。

又如《文公元年》，秦军在殽之战中大败，大夫们都劝秦伯杀掉主将孟明以示惩罚，而秦伯却说："是孤之罪也。周芮良夫之诗曰：'大风有隧，贪人败类，听言则队，诵言如醉。匪用其良，覆俾我悖。'是贪故也。孤之谓矣。孤实贪以祸夫子，夫子何罪？"面对惨重的失败，秦穆公肯定记起了出征时前来"哭师"的蹇叔，懊悔自己不听忠言，导致了如此惨重的失败。他深深地认识到自己错了，又不好在大臣们面前过度自责，只好借引诗来进行自我批评，一方面显得十分诚恳，成功地说服了臣下；一方面又不失君主的身份。

如前所述，《左传》中用诗句来阐明观点、增强效果的地方比比皆是，所要达到的目的也形形色色，多种多样。以上不过是举其主要的几种而已，并不能涵盖书中引诗的全貌。

三

《左传》引诗，除了具有多种多样的功用之外，还有许多突出的特点，这主要表现在两个方面：

第一，《左传》征引诗句，往往直接用来替代一部分本可以直接叙述的话语，用诗句表明所要发表的见解，而诗句也完全融入《左传》的行文之中，与之浑然一体，成为《左传》全书中不可缺少的内容。

如《襄公八年》，在楚国的攻打面前，郑大夫们持不同意见，争论纷纷，莫衷一是。面对这种情况，子驷讲了一番话："《诗》曰：'谋夫孔多，是用不集。发言盈庭，谁敢执其咎？如匪行迈谋，是用不得于道。'请从楚。騑也受其咎。"他并没有用自己的话去指责这种各执己见、争论不休而又不敢负责的现象，而是借助《小雅·小旻》中的诗句表达了这一看法，然后再说出自己的决定。如果没有引诗而直接进行指责，非但会引来他人的不满，而且他个人的表态、尤其是"騑也受其咎"的决断也显得有些突兀。

正如上文所言，《左传》引诗的功用之一就是对人物进行评论，其评论的话语往往也是用诗句表达出来的。这些诗句或直截了当、或委婉曲折，然而，不论其风格如何，都替代了说话者自己要说的话，甚至就是他们话语的全部内容。如：

> "孟献子曰：'《诗》所谓"有力如虎"者也。'"（《襄公十年》）

在这里，孟献子只用了一句《邶风·简兮》中的诗句来称赞力大无穷的狄虒弥，简单而准确。

> 君子曰："《诗》所谓'白圭之玷，尚可磨也；斯言之玷，不可为也。'荀息有焉。"（《僖公九年》）

《大雅·抑》中的这几句诗本是规劝君主的，此处引来，是对荀息的"不食其言"的行为予以充分的肯定。

> 《诗》所谓"人之无良"者，其羊斟之谓乎？残民以逞。（《宣公二年》）

这里引的诗句出自《小雅·角弓》，本作"民之无良"，是用来谴责那些品德不好的人的。《左传》借君子之口引来，是对羊斟"以其私憾，败国殄民"的行为的狠狠鞭挞。

若没有这些引诗，作者用自己的话作出评论，自然也不是不可以，但其话语的分量就会大大减弱，而且由于过于直接，评论者本身的风度修养的显现也要逊色很多。

第二，《左传》引诗，使用的往往是诗句的深层含义。

有一些引诗，看起来好像可有可无，诗句所表达的意思，在行文的叙述中已经有了。但细究起来，却并非如此。这些被引用的诗句，往往在原诗中具有深刻丰富的言外之意，《左传》引来，正取其字面之外的深层含义，这样的引用同样是不可少的。如《僖公二十四年》记载郑之华之弟子臧出奔宋，好聚鹬冠，被郑伯使盗杀之的故事。接下去有一段君子的评论：

> 君子曰："服之不衷，身之灾也。《诗》曰：'彼己之子，不称其服。'子臧之服，不称也夫！"

表面看来，所谓"不称其服"的指责在传文里已经出现，引诗无非是再次强调而已。但细考诗意，却非引不可。这两句诗出自《曹风·侯人》，这是一首讥讽曹共公远君子、近小人的诗篇，在原诗整体的语言环境中，诗句所表达的往往是与全诗的意义密切相合的深层含义。"不称其服"两句就是如此，它们不仅仅是讲述衣服的"不称"，更是指斥小人的"德薄服尊"（郑笺），即说的是"衣服"，而指的是"德"。这是仅从字面上不太容易看出来的真实意义。《左传》借"君子"之口称引这两句诗，就是在暗示子臧"德薄服尊"的违礼行径，这也正是传文所要表达的核心内容。这样严厉的批评若不用引诗的方式表达出来，就显得太直接了，有违于儒家"温柔敦厚"的礼仪风范。

前文分析的《文公三年》中表扬秦穆公、孟明和子桑时所引用的两段诗也是这样。文中分别引用了《召南·采蘩》、《大雅·蒸民》、《大雅·文王有声》三首诗中的句子作为对这三个人的品评和褒奖，其中，前两处的引用的就是原诗句的深层含义。我们对原诗进行分析，《召南·采蘩》中的"于以采蘩，于沼于沚，于以用之，公侯之事"，表面上说的是摘采白蒿用以祭祀之事，而深层含义则是说明"南国披文王教化"的事实，而《左传》正是用这一点来褒奖秦穆公为君英明之处；《大雅·蒸民》中的"夙夜匪解，以事一人"是描述仲山甫勤勉操劳的行为作风的，而这样的行为作风的背后，是他对君主的一片忠心。《左传》所取的正是这一更为深层的含义。

《左传》有时还把所引的诗句作为重要论据来证明自己的主张和看法的正确，用的也往往是诗句的深层含义。如《哀公二十六年》描写被黜的卫出公想再度入国为君，询问子赣的意见。子赣在回答了"臣不识也"之后，私下里对使者讲述了"不识"的原因：以前成公、献公被黜之时，都是借助贤臣的力量得以返国的。今天出公被黜，却没有贤臣为之奔走，所以自己"不识所由入也"。紧跟着他又引用《周颂·烈文》中的"无竞惟人，四方其顺之"两句来说明"得人"的重要性，为上述的论述做了最好的印证。这两句诗字面上是说如果任用贤人，就会使四方归顺，其所表达的理念则是儒家学者一再主张的"德政"与"教化"。子赣之所以要引这句诗，正是要用这样一种理念证明自己对卫出公想再度入国这件事的看法的正确性。

第三，《左传》引诗的另一个特点、也是最重要的特点，就是断章取义、为我所用，可以全然不管所引诗句在原诗中的意义。对这一点，《左传》作者自己就明确交代过：

（卢蒲癸）曰："宗不余辟，余独焉辟之？赋诗断章，余取所求焉，恶识宗？"（《襄公二十八年》）

卢蒲癸所谓的"赋诗断章"，不过是为他自己娶妻不避同姓找理由罢了，但这恰恰说明了"春秋外交常以赋诗表志，赋者与听者各取所求，不顾本意，断章取义也"的事实（杨伯峻《春秋左传注》）。

赋诗如此，引诗也如此。如《成公八年》晋侯把汶阳之田归于鲁国后，又派韩穿来鲁国要求将汶阳之田归还给齐国之事。季文子与韩穿交谈，在讲述了一套"信以行义，义以成命"的大道理之后，指出晋侯"有二命"的结果是"信不可知，义无所立，四方诸侯，其谁不解体"的后果，接下去引用《卫风·氓》中的诗句进行分析：

《诗》曰："女也不爽，士贰其行。士也罔极，二三其德。"七年之中，一与一夺，二三孰甚焉？士之二三，犹丧妃耦，而况霸主？霸主将德是以，而二三之，其何以长有诸侯乎？

《卫风·氓》的诗句本是弃妇表白自己没有过错、并指责丈夫不专其行的唱辞，实有具体含意，而此处引来指责晋国出尔反尔、不专其行的错误做法。《左传》虽然引用了四句诗，但只取了原诗中"贰"、"二三其德"等词字面上的含义，以之为喻并别有所指，与诗之原意相差甚远。

《昭公七年》十一月，季武子去世，晋侯以前所询问的关于日食的事情应验了，于是他问伯瑕："可以经常这样占验吗？"伯瑕回答说：

> "不可。六物不同，民心不壹，事序不类，官职不则，同始异终，胡可常也？《诗》曰：'或燕燕居息，或憔悴事国。'其异终也如是。"

伯瑕所引的诗句出自《小雅·北山》，本是讥刺周幽王役使不均，造成了有人安闲自在、有人却劳苦不堪的局面。而此处却是用来比况由于事物的不同，往往会"同始异终"的现象，以此来说明类似的占卜不能经常实施的原因。二者差异甚大，这充分说明了《左传》作者在引诗时的确是"余取所求"。

为了说明某种道理，《诗经》的作者常常运用比喻或象征的修辞手法，因此在《诗经》中就有许多具有一定比喻性、象征性的句子。《左传》也往往引来使用，但仅取其喻意，与它们在原诗中的含意可以毫不相关。如《昭公三十二年》赵简子针对"季氏出其君，而民服焉，诸侯与之。君死于外而莫之或罪"的情况提出疑问，史墨讲了一通"社稷无常奉，君臣无常位，自古以然"的事实之后，又说："故诗曰'高岸为谷，深谷为陵'，三后之姓，于今为庶，主所知也。"史墨所引的诗句出自《小雅·十月之交》，在诗中指"君子居下，小人处上"的不正常现象。此处引来，是为了比况人世上的巨大变化，是作为史官在谈论人世的无常，与原诗迥异。

在《左传》一书中，这样的例子很多。如《僖公三十三年》引《邶·谷风》中"采葑采菲，无以下体"两句，用来说明君主用人不必求全之理；《襄公三十一年》引《大雅·桑柔》"谁能执热，逝不以濯"两句，用来比喻"治国"与"礼"之间的内在联系；《昭公二十四年》引《小雅·蓼莪》"缾之罄矣，惟罍之耻"两句，比喻王室与晋国之间的关系……这些诗句被引用到《左传》的行文中，虽也起到了比喻的作用，但所喻之事与原诗已截然不同。

又如，《左传》所引用的诗句在原诗中本来比较抽象，用来概括某种原则或某种道理，而在《左传》中却用来起兴，以说明一个具体问题。如《襄公三十一年》北宫文子见到楚令尹的仪表超过了他的身份，便对卫侯引用了"靡不有初，鲜克有终"两句诗来表明自己的观点。而《大雅·荡》中这两句诗阐述了一种易有善始、难有善终的普遍的社会现象，诗意较为抽象。《左传》引来却是预言令尹即使一时得逞却终归不会有好下场的命运，所指相当具体，与原诗意义有较大的差异。

同是这两句诗，在《宣公二年》中亦被引用：

> （士季）稽首而对曰："人谁无过，过而能改，善莫大焉。《诗》曰：'靡不有初，鲜克有终。'夫如是，则能补过者鲜矣。君能有终，则社稷之固也，岂惟群臣赖之。"

我们不难看出，这里所讲述的"晋灵公不君"的具体事实与《襄公三十一年》所讲述的事实又大相径庭。

本文第一部分已较为详细地列举了不同地方多次引用同一诗句的情况，这些不仅是《左传》引诗的体例，也充分说明了其"断章取义"的特点。试想，若所引诗句的蕴涵必须符合它在原诗中的意义，则不可能在内容不同、含义不同的传文中被分别引用。它们之所以能出现在不同的语言环境中，一方面是由于它们自身的含意深沉含蓄，有着强烈的比兴作用，理解的范围较宽泛；另一方面则是《左传》引诗的特点所致，比较而言，后者似更为重要。

《左传》所引诗句中也有其本身含意比较具体比较丰富而传文只取一部分的现象，甚至有的就只取其诗句中某些词语的含意。如《宣公十二年》：

> 孙叔曰："进之！宁我薄人，无人薄我。《诗》曰：'元戎十乘，以先启行。'先人也。《军志》曰：'先人有夺人之心。'薄之也。"

引诗出自《小雅·六月》。这首诗记叙了宣王北征的壮举，不少诗句描写了征战的具体细节。而《左传》引来是为了说明必须先发制人的道理，与那些具体环节并无关系，因此只取诗句中"先"字的意义，其他，便只是陪衬了。

上文所举的《成公八年》引《卫风·氓》"女也不爽，士贰其行"等四句诗的例子，也是《左传》与原诗所讲述的具体事件完全不同，因而只取引诗句中的部分词义而已。

以上我们分析了《左传》引诗的不同特点，这同样不能涵盖《左传》所引诗句与原诗意义之间所存在的各种各样的关系。但可以肯定一点，不论传文是从什么角度、为了说明什么问题而引诗，"断章取义"不可否认的是其重要特点，并由此而形成了一种摘引典籍、运用典籍的凡例，流传在后世的文章中和人们的口语中。

如前所述，征圣、引经是我国古代典籍中经常使用的一种表达手法，这种表达手法在先秦时代就已被人们娴熟地使用着，并形成了一系列的法门和特点，这些都极大地影响了后世。因此，对先秦典籍中这一表现手法的使用及其规律的探究就是汉语传统修辞学研究中的重要课题之一。本文只是就《左传》引诗的体例、目的、作用和特点等进行初步的探讨，疏漏荒谬之处定然不少，仅以此求正于方家学者。

参考文献

［1］《十三经注疏》，中华书局 1980 年版。

［2］杨伯峻：《春秋左传注》，中华书局 1981 年版。

［3］周振甫：《文心雕龙选译》，中华书局 1980 年版。

［4］段玉裁：《说文解字注》，上海古籍出版社 1981 年版。

［5］王引之：《经义述闻》，江苏古籍出版社 1985 年版。

［6］王念孙：《读书杂志》，江苏古籍出版社 1985 年版。

［7］朱熹：《诗集传》，上海古籍出版社 1958 年版。

［8］祝敏彻：《诗经译注》，甘肃人民出版社 1984 年版。

"似是而非"与"似非而是"

——谈古汉语词义考证的系统性与实证性

河北师范大学　苏宝荣

摘　要　古汉语文献的阅读中，时常遇到对词义说解表面上言之成理、而实质上又经不起推敲的"似是而非"的情形；反之，也有些说解初读起来让人感觉古奥、怪僻，而仔细琢磨却别有深意，"似非而是"。这种情况，启发人们在古代文献的阅读中既要注意同一文献或同一时代相关文献的用法，即汉语词义自身的系统性；又要注意词义说解与文义、交际背景的吻合，即词义存在的实证性。为了避免顾此失彼的片面性，还要时时注意两者的有机结合。

关键词　古汉语词义　似是而非　似非而是　系统性　实证性

在汉语特别是古汉语文献的阅读中，时常遇到对词义说解表面上言之成理、而实质上又经不起推敲的"似是而非"的情形；反之，也有些说解初读起来让人感觉古奥、怪僻，而仔细琢磨却别有深意，"似非而是"。而且，二者往往同现，体现为一个事物的两个方面。这种情况，启发人们在古代文献的阅读中既要注意同一文献或同一时代相关文献的用法，即汉语词义自身的系统性；又要注意词义说解与文义、交际背景的吻合，即词义存在的实证性。而且，为了避免顾此失彼的片面性，还要时时注意两者的有机结合。

为了说明这个问题，首先我们从陆宗达先生对《左传》"败绩"一词的考证说起。

齐师败绩。(《左传·庄公十年》)
楚师败绩。(《左传·僖公二十八年》)

一般解释说"败绩"就是溃败、大败。那么，大败为什么叫"败绩"呢？《左传·庄公十一年》解释它的意义说："凡师……大崩曰败绩。"（晋）杜预注："师徒挠败，若沮岸崩山，丧其功绩，故曰败绩。"（唐）孔颖达正义（又曰"疏"）："绩训为功，丧其功绩，故曰败绩。"杜预的注与孔颖达的疏是《左传》一书最有权威、最有影响的注释，后来出版的面向高等教育的古汉语教材与面向中等教育的语文课本多从其说。而联系《左传》全书及其他文献用例，用实证的方法对此提出了异议，并断言这种"似是而非"的说解纯系望文生义。因为在《左传》及同时代其他文献中确实存在着与"丧其功绩"无关的"败绩"的用例：

　　　　譬如田猎，射御贯则能获禽。若未尝登车射御，则败绩厌覆是惧，何暇思获？（《左传·襄公三十一年》）

这里的"败绩"，是指田猎时翻车，与战争无关。

　　　　鲁庄公及宋人战于乘丘。县贲父御，卜国为右。马惊，败绩，公坠，佐车授绥。公曰："末之，卜也。"县贲父曰："他日不败绩而今败绩，是无勇也。"遂死之。（《礼记·檀弓上》）

此例鲁庄公为本次战争的胜利者，根本无所谓"丧其功绩"之义。这里讲的是马惊车翻，把鲁庄公摔下车，此处"败绩"也是指车出轨（车辙）而颠翻。

　　"败绩"，《三体石经》又写作"败迹"或"败蹟"，"迹"就是"车辙"，"败绩"指古代车行出轨而颠翻。凭借大量文献材料比较释义，不仅此两句话文义贯通，《左传·庄公十年》"齐师败绩"一语也更显得文从字顺，与下文的"下视其辙"、"吾视其辙乱"相呼应，形象地描绘了齐国军队被杀得人仰马翻的情景。

　　此外，我们还注意到，在屈原的《楚辞·离骚》中也有"败绩"作"车行出轨而颠翻"的用例："岂余身之惮殃兮，恐皇舆之败绩。"这里的"败绩"，依清代学者戴震的说法，也为"车覆"之义。

　　陆先生的考证，对于古文献知之不多的人来说，确有舍近求远之嫌。但它有确凿的语言材料作依据，与文献的上下文相吻合（具有实证性），又体现了《左传》及相关文献用词的系统性，"似非而是"，确为不易之论。

这种情况，在古文献阅读中是经常遇到的，下面试作说明：

将尉醉，广故数言欲亡，忿恚尉，令辱之，以激怒其众。尉果笞广。尉剑挺，广起，夺而杀之。（《史记·陈涉世家》）

集解 徐广曰："挺犹脱也。"

索隐 徐广云："挺，夺也。"按：夺即脱也。《说文》云："挺，拔也。"

案（中华书局本编者）：谓尉拔剑而广因夺之，故得杀尉。

（《史记》中华书局出版，1959 年）

应当说，"集解"与"索隐"保留古训，是不误的；而中华书局本编者的"案语"代表了后来通行的说法，如中学语文课本直接解释为："剑拔出鞘"。这是典型的"似是而非"。诚然，《说文·十二篇上》："挺，拔也。"而且"挺"与"拔"还可以组合成上下同义连文的复音词"挺拔"，但这里与"挺"同义的"拔"，并非"拔剑"出鞘的"拔"，而是"超出、高出"之义，中华书局版《史记》的编者的案语，在对多义词的释义中显然有移花接木之嫌。

首先，从上下文文义来说，将"尉剑挺"释为"廷尉拔剑出鞘"，深感突兀。吴广在廷尉喝醉酒的时候，故意多次地扬言要逃跑，目的是要"忿恚尉，令辱之，以激怒其众"，廷尉果然上了圈套，"尉果笞广"。至此，吴广的"行为"→"目的"已经完成。下文"尉剑挺"如释为"廷尉拔剑出鞘"，既无原因，也无过渡，很不合事理。而且，作者如果真要表达"廷尉拔剑出鞘"的语义，按照古汉语的一般语法（词序），也应是"尉挺剑（廷尉拔剑）"，而不说"尉剑挺（廷尉剑拔）"。——"语境"是人们正确理解文献词义的重要方面，这体现了实证性。

另外，一些人之所以对前人释"挺"为"脱（夺）"的古训难以接受，关键是认为"挺"的古训与今义相距太远，心理上难于接受。其实，这种担心是不必要的，词义自身的系统性可以排除这种疑难。

虽有金石之坚，犹将销铄而挺解也。况其在筋骨之间乎哉？（枚乘《七发》）

今太子肤色靡曼，四支委随，筋骨挺解，血脉淫濯。（同上）

宜小挺缓，令得逃亡。（《后汉书·臧官传》）李贤注："挺，解也。"

　　这里，"挺解"、"挺缓"均为同义连文，"挺"为"脱、散"之义。
　　又如：

　　　　东南形胜，江吴都会，钱塘自古繁华。烟柳画桥，风帘翠幕，参
　　差十万人家。（柳永《望海潮"东南形胜"》）

　　"参差"一词如何理解，朱东润先生《中国历代文学作品选》注释
曰："形容楼阁高下不齐。"① 郭锡良等主编《古代汉语》因袭朱东润的
说法，也注为"形容房屋高低不齐"②。
　　"参差"一词其原始意义确实为形容词，指"长短不齐貌"。如《诗
经·周南·关雎》："参差荇菜，左右流之。"汉代张衡《西京赋》："华
岳峨峨，岗峦参差。"后来在语法化的过程中形成一个副词意义："几乎，
差不多"。而在唐宋时代这一副词意义为"参差"的常用义。如：白居易
《长恨歌》诗："中有一人字太真，雪肤花貌参差是"；辛弃疾《水龙吟》
词："老来曾识渊明，梦中一见参差是。"金董解元《西厢记诸宫调》（卷
八）："莺莺在普救，参差被虏。"
　　这里，从词义的系统性来讲，在本词中将"参差"理解为形容词或
副词都是可以的，这样，问题的关键就在于语境，即词义的实证性。我们
说，杭州有山，但非山城（如重庆、岳阳），与房屋高低不齐没有什么关
系（而且整个词中根本没有描写钱塘山势的字眼），上面这种"似是而
非"的说解同样是望文生义。仔细体会上下文的文义：宋代钱塘（杭州）
是一个繁华的都会，词中上句讲"钱塘自古繁华"，下句讲"参差十万人
家"与之呼应，意在突出杭州的"繁华"（人口众多），因此，此处"参
差"作"几乎、将近"解方能突出该词全篇的主旨。
　　先秦古籍中，《论语》一书用语简约，留给后人"似是而非"的疑难
最多，但只要把握系统性与实证性统一的原则，同样可以作出确切的说
解。现列举数例：

────────────

　　①　朱东润：《中国历代文学作品选》（中编第二册），上海古籍出版社 1980 年
版，第 18 页。
　　②　郭锡良等：《古代汉语》，北京出版社 1983 年版，第 1027 页。

丈人曰："四体不勤，五谷不分，孰为夫子？"（《论语·微子》）

这句话中有两个"不"字，历来注解多误。本来，"不"是多义词，在上古汉语中，可以作语气助词，也可以作否定副词。在这句话中到底应当如何讲，光看一句话，是说不明白的。但若统观上下文，问题就清楚了。

"四体不勤，五谷不分"一语，一般认为是"丈人"对子路与他的老师孔子为代表的儒家的批评，包括影响颇大的朱熹的《四书章句集注》，也说是"分，辨也。五谷不分，犹言不辨菽麦尔，责其不事农业而从师远游也。"但这种解释与上下文义颇难相容。正如清代著名学者俞樾指出的："两'不'字皆语词。丈人盖自言'惟四体是勤，五谷是分而已；安知尔所谓夫子？'若谓以'不勤''不分'责子路，则不情甚矣。安有萍水相逢，遽加面斥者乎？"① "丈人"非但没有斥责子路，而且是以"礼"相待："止子路宿，杀鸡为黍而食之，见其二子焉"（留子路在家过夜，杀鸡、做黏米饭予以款待，还让两个儿子与子路见面）——这是古人对待"贵客"的礼节（有古诗为证，孟浩然《过故人庄》："故人具鸡黍，邀我至田家。"）怎么谈得上"遽加面斥"呢？另外，在孔子的学生中，子路是最好斗的人（《论语·先进》："由也兼人，故退之。""兼人"，好胜于人也），如果"丈人"斥责他和他的老师孔子，他岂能"拱而立"，对别人的责骂洗耳恭听。其实，《论语》此文，是反映儒、道两家不同的政治主张，"丈人"如文中孔子所言，为"隐者也"。"四体不勤，五谷不分"两句话，正如俞樾所言："两'不'字皆语词。丈人盖自言'惟四体是勤，五谷是分而已；安知尔所谓夫子？'"反映了道家与儒家积极"求仕"相对立的消极"避世"的政治态度。晋陶渊明《扇上画赞·荷蓧老人》："四体不勤，五谷不分（分殖——笔者注），超超丈人，日夕在耘。"② 陶渊明作为去古不远的晋代道家思想的信奉者，他对这两句话的理解，是很值得我们重视的。

应当说，对《论语》这句话的误解，很大程度上是由于词义的古今变化，人们对"不"的语气词用法难以理解造成的。上面从词语所处语境的实证性说明了传统注释的"似是而非"；同时，我们还可以从词义的

----

① 俞樾：《古书疑义举例》（卷四：助语用不字例），中华书局1956年版，第76页。

② 严可均等：《全上古三代秦汉三国六朝文》第五册全晋文卷，河北教育出版社1997年版，第1139页。

系统性上说明这句话中"不"字的语气助词用法。在上古汉语中，"不"的副词用法与语气词用法曾经长期共存。如《诗经·大雅·文王》："有周不显，帝命不时。"《毛传》："不显，显也；不时，时也。"（译成现代汉语，就是：周朝前途光明，帝命很合时宜）《诗经·小雅·车攻》："徒御不惊，大庖不盈。"《毛传》："不惊，惊也；不盈，盈也。"

说到这里，有人还会提出疑问，常言道："例不十，法不立"，为什么《论语》中其他的"不"字不作语气词解呢？——对此，我们可以用成语"走马观花"后世保留"走"古义作比。请看下面的短文："长安公园的菊花开了。晚饭后，我走路来到公园；因天色已晚，我走马观花地看了一遍，就离开公园，步行走回学校。"短文中三个"走"，只有成语中的保留古义。"四体不勤，五谷不分"是先秦时代道家的口头禅，也相当于当时的成语。

又如：

子曰："加我数年，五十以学易，可以无大过矣。"（《论语·述而》）

何晏《论语集解》："《易》穷理尽性以至于命，年五十而知天命，以知命之年读至命之书，故可以无大过矣。"此处何晏以《论语·为政》篇的"五十而知天命"来解释这里的"五十以学易"，表面上自圆其说。而且有人还以司马迁《史记·孔子世家》的"孔子晚而喜易"为其旁证。然细推其理，则"似是而非"："五十而知天命"与"五十以学易"不可相提并论，果真如此，不真如当年某些人所说的"立竿见影"了吗？而"孔子晚而喜易"更不等于他年轻时不学习《易经》，其与这里的"五十以学易"更是风马牛不相及，"六经"是孔夫子教学生的必修科目，怎么自己到50岁才学习呢？其实，清人俞樾在《绪论语骈枝》中已对何晏《论语集解》的误释提出批评："当以'加我数年'为一句，'五、十'为一句，'以学易'为一句。'五'、'十'二字承'加我数年'而言盖不必所假（'加'通'假'——笔者注）者几何年，故著二字，言五或十也。使足成其文，曰：'假我数年，五年，十年，以学易，可以无大过矣。'则文义便自了然。因上句已有年字，故五、十下不更出年字。"《史记·孔子世家》中司马迁转述此事，曰"孔子晚而喜易……读易，韦编三绝。曰：'假我数年，若是，我于易则彬彬矣。'"这里不仅变"加"为"假"，还原本字，而且省掉"五十以学易"，可见这里的"五十"与

学为人师 行为世范——庆祝许嘉璐先生从教50周年学术研讨会论文集

"数年"相当，不必重复，"五十"即指"五年或十年"，而非指"五十岁"矣。遗憾的是，这种中肯的批评与历史的记载没有引起后人的充分重视。

又如：

> 子曰："唯上智与下愚不移。"（《论语·阳货》）

"唯上智与下愚不移"通常理解为"上等的人（统治者）是天生聪明的，下等的人（被统治者）是天生愚蠢的，而且是不能改变的。"我们说，作为"士"阶层（知识分子）的代言人孔子"贫且贱"（《史记·孔子世家》语），依靠自己的一技之长而谋生，在等级森严的春秋时代（天子、诸侯、大夫、士、庶人）处于倒数第二等，怎么会如此简单地理解"智"与"愚"的关系呢？

但如果联系这句话的上下文及《论语》全书的用词体例，则明显有望文生义、"似是而非"之嫌。《论语》中此句话上下文是紧密相连的两句话：

> 子曰："性相近也，习相远也。"子曰："唯上智与下愚不移。"（《论语·阳货》）

此处虽中间又加"子曰"一语，但上下语义是连贯的，后一句的"唯"（副词兼语气词）显然是承上而说的。① 作为思想家、教育家的孔子，前一句是讲教育的作用，后一句是讲教育作用的局限。

而且，在《论语》一书中，它的"上"、"下"是有其特指的："孔子曰：'生而知之者，上也；学而知之者，次也；困而学之，又其次也；困而不学，民斯为下也。'"（《论语·季氏》）"子曰：'中人以上，可以语上也；中人以下，不可以语上也。'"（《论语·雍也》）在古代的儒家看来，"人之才识，凡有九等：谓上上、上中、上下、中上、中中、中下、下上、下中、下下也。上上则圣人也，下下则愚人也，皆不可移也。"（见宋邢昺疏）无可否认，孔子所代表的儒家是

---

① 此体例正如俞樾《古书疑义举例》所指出的：古书"亦有非自问自答之辞，而中间又用'曰'字以别更端之语者"。具体论述详见俞樾《古书疑义举例》卷二："一人之辞而加曰字例"。

为统治者服务的，"民斯为下"的说法也确实表现出其鄙视劳动者的观念，但不时对当权者加以指责的孔子，绝不会简单地以经济地位来区分"上"与"下"、"智"与"愚"。这里意在阐明自己的教育思想：教育可以改变人，但极端的事物（人）是不能改变的——应当说，这是有其哲学道理的。

北宋本《通典》刊刻年代、流传踪迹与学术价值

上海社会科学院历史研究所　虞万里

一

明清以来藏书家珍视宋本，偶得一帙，便世袭珍藏。传至今日，已价值连城。但所谓宋本，大多是南宋刻本，真正的北宋监本或坊本，早已稀若星凤，即在收藏丰富的著名图书馆，也是难得一睹。最近上海人民出版社影印的日本宫内厅书陵部所藏唐代杜佑《通典》，则是确乎无疑的北宋刻本。展卷摩挲，九百多年前的版刻风貌跃然纸上。

《通典》为唐杜佑纂辑。佑乃著名诗人杜牧引以为荣的祖父，字君卿，京兆府万年（今陕西长安）人。生于开元二十三年（735），卒于元和七年（812）。《元和姓纂》卷六载，佑乃关中名族，其先世溯自汉名臣杜周、杜延年、文学家杜笃、晋征南大将军杜预，祖上自元魏、北周而下，累世官宦，显赫当时，故其初以门荫入仕，为郡县佐贰。大历三年（768），入韦元甫幕，结识著名文学家李翰。历德宗、顺宗、宪宗三朝，官至司徒同平章事、兼充弘文馆大学士，封岐国公。贞元十七年（801）在淮南上表，并使人诣阙献《通典》200卷。

杜佑指责儒家经典"率多记言，罕存法制"，至于历代众贤高论，"多陈紊失之弊，或阙匡拯之方"，二者皆难以施政治邦，于是转而探讨礼法刑政。他认为治政得失之关键在于体制，于是汇集古今制度沿革的各种资料，冀望从制度的沿革中去探究成败兴衰之理，施政求治之道。《通典》的分类，也是从社会与制度的实际出发，所谓"教化之本，在乎足衣食……夫行教化在乎设职官，设职官在乎审官才，审官才在乎精选举。制礼以端其俗，立乐以和其心，此先哲王致治之大方也"，由此而以食货为首，依次分为选举、职官、礼、乐、兵、刑、州郡、边防九门。这种以实际施政为纲目的体式，是古代政书的一种创例，为清代《续通典》《清通典》所遵循。

全书二百数十万字，征引唐以前典籍达二三百种。不仅对唐代施政资治有重要参考作用，时过境迁，作为文献的保存，其意义也非同一般，因其中很多著作、篇章已散佚，唯赖《通典》以存。如卷一零四《礼六十四》所收汉魏六朝关于避讳的制度和奏议，就中王肃《议高皇讳》一篇，不见于其他任何文献，有些即使为元明清礼书所载，亦多是从《通典》转录。所以，《通典》一书将视利用者之不同而呈现其多重价值。

<h2 style="text-align:center">二</h2>

北宋本《通典》原藏日本宫内厅书陵部。原书 200 卷，现存 179 卷，缺 21 卷，据嘉靖刊朝鲜活字本补抄 18 卷，仅缺 3 卷。原装 5 卷为一册，计 40 册，因加入原本没有的总目抄本，且补抄本叶多，往往二、三卷合订一册，故实存 44 册。版框高 24.2 厘米，宽 16 厘米，左右双栏，上下单栏，版心白口，不题书名，但上题册数，中记卷数，下标页数。每半叶 15 行，行 26—31 字不等，注文为双行小字，行 35—37 字不等。原书有少量版片系补刻，字迹亦有漫漶难辨处。原刻字体与日藏《御注孝经》和《新雕中字双金》相似，补刻字体与日藏《重广会史》、《绍圣新添周易神杀历》相近。避宋讳阙笔至贞、徵、懲。刻工有姓名全或单姓、单名乃至俗称者。

原本每册首页藏书印除日本收藏所钤"秘阁图书之章"、"宫内省图书印"外，下有"经筵"篆文朱文方印一枚，最引人注目的是每册尾部钤"高丽国十四叶辛巳岁藏书大宋建中靖国元年大辽乾统元年"正书朱文长方印（高 6.6、宽 3.6 厘米）一枚，钤有同样印文的还有《新雕入篆说文正字》、《姓解》、《重广会史》、《孝经》、《中说》（据岛田翰所云，尚有《荀子》、《列子》二种），此印是确定本书年代的基点，也是引出宋刻和高丽刻本分歧的焦点。

这是一部稀世瑰宝，但考定其为北宋刊本，则是中日学者经历一个世纪的努力才最终确定的。

19 世纪以还，日本学者或据宋讳指为北宋本，或据纸质定为宋末麻沙刻本。1885 年，森立之出版《经籍访古志》，于《说文正字》一书下引载小岛学古之说，谓钤有同一印章的诸古本均是朝鲜覆宋本。1904 年，岛田翰刊行《古文旧书考》，熟觇其纸墨、镌法折刷、装潢三点，援引《高丽史》中版刻史料，定为朝鲜覆宋本①。以此调停宋讳和纸质间的矛

---

① 北京图书馆出版社 2003 年影印，第 505—512 页。

盾。1926—1927 年间，董康在日本获睹此书，记作"北宋椠本"①。1929年 11 月，版本名家傅增湘在日本帝室图书寮展观此书，指责岛田翰"不谙风气，不识刀法，横逞脑（引按，疑'胸'之讹）臆，强词武断，其能免于不知妄作之讥乎"。傅氏批评虽是，但也囿于自己所藏宋绍兴刊补配元元统本之见，亦指为南宋绍兴刊本，以为"余本固推甲观，寮本亦当雁行"②。将两本视同一版，显然忽略了"高丽国十四叶辛巳岁藏书"一印。

半个世纪后，日本著名版本学家尾崎康在汲古书院影印《通典》的同时，公布其研究成果，从以下几个方面论证其年代：

（一）字体：本书原刻字体与北宋本《御注孝经》、《新雕中字双金》相近，补刻字体与日藏《重广会史》、《绍圣新添周易神杀历》相似。据日本狩谷棭斋审定，《孝经》为北宋天圣、明道（1023—1033）间刻本；《双金》、《神杀历》同为真福寺藏本，而《双金》题签上有"己酉熙宁二年（1069）十月望日印行"一行，绍圣《神杀历》则是公元 1094—1097 年的民间历本。

（二）避讳字：本书避讳字有明显年代标志。如：玄弦炫鲛县悬、朗（以上赵宋始祖玄朗讳及嫌讳），斑（曾祖赵珽讳），敬警驚竟境镜（以上翼祖敬瑭讳及嫌讳），弘泓、殷（以上宣祖赵弘殷讳及嫌讳），匡胤（太祖赵匡胤讳），恒（真宗赵恒讳），贞徵惩（以上仁宗赵祯嫌讳）等字皆缺笔，以避帝讳。年代止于仁宗（1063）。

（三）刻工：本书刻工多有单署一字者，有的是姓，有的是名。其中"胡、许、严"为原刻和补刻所共有。"奉、姜"亦见于《重广会史》，"安、徐、许、陈、华"亦见于藏于真福寺的北宋本《礼部韵略》，"安、徐"又见于北宋本《广韵》。

（四）钤印："高丽国十四叶辛巳岁藏书大宋建中靖国元年大辽乾统元年"一印，是最重要而又使人产生疑惑的关键。大宋建中靖国元年和大辽乾统元年岁在辛巳，为公元 1101 年，亦即北宋徽宗登基之年。高丽国十四叶，是指高丽国第十四世。自新罗亡，高丽太祖神圣王王建始，传至肃宗明孝王王颙，应为十五世，或许因为献宗恭殇王王昱在位一年即禅让给肃宗颙，旋去世而未立庙号，故肃宗称十四叶。当时高丽国无年号而多行契丹或辽年号，遂刻有如此印信，此年为肃宗六年。至于"经筵"

一印，则是迟至十五世纪时加钤。

以上四点，如果单独立论，都不能作为确定版本年代的坚实证据。因为字体可以复写复刻；避讳有宽严，唐抄宋刊都有不避讳的例子；南宋刻工不仅有同名同姓，还因省略而造成更多的重复；印章亦可以表明是高丽覆刻本甚至后人作伪加盖。但是《神杀历》是大宋历日，高丽行辽年号，在刊刻尚属非易的年代，全无必要翻刻。综合四点，可以确定本书为北宋刻本无疑。

不无遗憾的是，《续资治通鉴长编》、《麟台故事》、《南宋馆阁录》、《玉海》、《宋会要辑稿》等书都大量记载北宋太平兴国以还国子监和三馆如何校勘、刊刻书籍的情况，独缺《通典》刊刻的记录，致使尾崎康只能"将它们视作十一世纪中期乃至后期的刊本"。

汲古书院影印本流入我国后，宿白于 1986 撰写《北宋汴梁雕版印刷考略》一文①，对日藏《通典》诸本进一步做了年代上的推究。他根据《续资治通鉴长编》卷一二三所载：

> 宝元二年（1039）春正月丙午……召司天监定合禁书名揭示之，复诏学士院详定，请除《孙子》《吴子》历代史天文（虞按，"天文"两字原引作"与"，今正）、律历、五行志并《通典》所引诸家兵法外，余悉为禁书。奏可。

遂断定北宋宝元二年（1039）前已有刊本《通典》行世，又据乾兴元年（1022）仁宗即位避章显太后父刘通讳，至明道二年（1033）后薨不讳，而本书不讳"通"，从而推测宫内厅书陵部《通典》很可能刻于1033—1039 之间。

笔者以为，外戚之讳少见于版刻，其避讳是否那么严格，尚有讨论余地，但宿说明道二年到宝元二年的时限很值得重视。《宋会要辑稿》中有一则资料可以与此关联起来说明《通典》在北宋的刊刻时间。《辑稿·职官二十》载：

> 天禧元年（1017）二月，赵安仁言：宗正寺所掌宗庙祠祭及编修玉牒属籍，并未有经书文籍检阅故寔。除《通典》《会要》及前代亲属图牒文字欲将本寺公用钱写置外，其国子监印本书籍，乞各赐一

---

① 《考古学研究》（一），文物出版社 1992 年版。

本。从之。

国子监印本书籍，可以上请颁赐，而《通典》、《会要》因为没有刊本，只能用宗正寺公用钱请人抄写以备检阅之用。由此可见，在 1017 年以前，《通典》一直没有刊刻。这也就可以解释为什么北宋文献所载在天禧元年前引用《通典》的都是太常礼院中礼官，而不见其他省府和地方官员援引的现象。因为没有刊本，仅有的抄本或副本只能供礼院使用。联系宿白引录《长编》卷一二三所记，或许就是因为宗正寺花钱写置《通典》，才引起朝廷重视，从而刊刻此书。所以，宝元二年已有刻本《通典》，可以看做事态发展的必然。

尾崎康 1991 年十月应邀来北京大学做五次版本学的系列讲座，讲述其曾将傅增湘旧藏、今藏天理图书馆《通典》之刻工姓名与绍兴年间之各书刻工一一比对，确定其为绍兴本；又仔细比勘绍兴本与本书之行款版式、刻本风格等，进一步认定本书是绍兴本据以覆刻的底本，再次将本书定格为北宋本。但因当时未见宿白文章，故仍然认为是"十一世纪后半刊本，十一世纪末期修补本"①。

绍兴本系据北宋本覆刻，此慧眼卓识，可以信从。若说是"十一世纪后半刊本"，也只能落在皇祐三年（1051）至嘉祐八年（1063）之间，依照本书避讳情况，再往后，便必须避英宗名讳。为此笔者重新校核全书中英宗讳字"曙"，皆不阙笔，唯卷一四六"从昏达曙"之曙作"署"。宋人讳曙，或缺笔，或改为晓、旭，不省"日"旁，此为错写别字。依《淳熙文书式》规定，"署"字为同音嫌讳亦当缺笔，今《通典》出现四百余次皆不避。此后濮安懿王赵允让、神宗赵顼、哲宗赵煦、徽宗赵佶均不避。即使多次出现的"桓玄"一名，竟无一例外的是"玄"缺笔而"桓"不缺笔。在同样的避讳心理驱使下，避始祖"玄朗"讳而不避钦宗"赵桓"讳。反之，卷一四八、卷一八九有"李敬玄"一名，即"敬""玄"两字皆缺笔。如此谨慎的讳例，既加强了本书刻于北宋英宗之前的可信度，同时也减弱了"高丽国十四叶"印作伪的可能性。再从官宦、文士应用角度观察，嘉祐进士杨杰在《禘祫合正位序议》一文中援引《通典》立论，熙宁进士张耒《欧阳伯和墓志铭》提到欧阳修之子欧阳发援据《通典》为礼官陈公襄定皇曾孙服制，元丰进士华镇《皇猷》诗之四"绵绵句丽"下引《通典》作注。以上三人都是北宋中后期人，官阶

① 参见讲座译本《以正史为中心的宋元版本研究》，北京大学出版社 1993 年版。

尚不足进馆阁亲阅写本《通典》，故所援据，多半是刻本《通典》。宝元以前有刻本，渐次通行，以致文人学士能信手引用。又《通典》字体与《御注孝经》相近，狩谷棭斋定《孝经》刊于天圣、明道间（1023—1033）。所以，将北宋本年代定在 11 世纪上半叶，有足够的文献依据。

年代虽基本确定，但它是官刻还是坊间私刻？宿白根据"当时民间尚无刊刻史书的著录和民间刊本一般不记刊工等因素"，推测可能是官刻。尾崎康断定南宋本覆刻北宋本，是缘于靖康板荡，金人掳掠版片以北，朝廷不得不在临安急速招募刊工覆刻汴梁监本之史实，他应该也倾向于官刻。笔者曾研究复原过北宋国子监的《春秋正义》，发现北宋国子监刊刻的单疏本都是半叶十五行，行 24、26 到 30 字不等，与《通典》行款相近①。北宋从太平兴国、咸平以来，国子监校雠、刊刻书籍虽有并行、有交错，但大致是先经注、义疏、字韵书，后正史、诸子等，故延至明道、宝元间刊刻《通典》，允在理中，且《孝经》也是官刻。从行款版式、刊刻时间、为南宋本覆刻之底本以及北宋朝廷诸司对《通典》的需求等因素综合而言，北宋本《通典》应是国子监刊本。

三

北宋中期以后，刻本《通典》已经在官僚阶层和文士中流行，何时流入高丽，也不见记载。宋初端拱至天圣间，朝廷与高丽绝不相通。熙宁四年（1071），高丽遣使奉表朝贡，随即于熙宁七年（1074）、元祐四年（1089）、元祐七年（1092）、元祐八年（1093）、元符二年（1099）屡屡来朝乞买宋朝书籍。北宋为封锁周边国家了解中国的政治、经济和山川地形，曾有书籍出口之禁。但政策之掌握时松时紧，宽松时仍会以天朝文明之姿态颁赐数部，或允许其市购。高丽的屡次表请乞购，前后获得九经、前四史、《资治通鉴》、《太平御览》、《册府元龟》、《文苑英华》及诸子、医药等书籍，却不见有《通典》。不见于官方记载，是否由民间私自买卖传入彼国，此虽有书禁，也不无可能。但《通典》是官刻，可能性不大。《通典》北传年代，还须考虑其补版问题。本书补版刻工之姓名与《重广会史》相重。《重广会史》是继《会史》、《广会史》之书发展增广而成，且其书中最后收录《新唐书》资料。《新唐书》于嘉祐五年（1060）由

---

① 参见《斯坦因黑城所获单疏本春秋正义残叶考释与复原》，收入《榆枋斋学术论集》，江苏古籍出版社 2001 年版。

曾公亮、欧阳修等所上，旋即下杭州镂版，其书中不讳英宗"曙"字，知刊成于嘉祐八年（1063）以前。《重广会史》之编辑，自当在其后。从编纂到刊刻，需要时间。假设《会史》刊刻于熙宁四年（1071）前后，此时《通典》刊行已三十多年，不断刷版，必致漫漶，需要补版，由此而造成与《会史》刻工相同。假设《会史》之刊刻与《神杀历》相近，则迟在绍圣（1094—1097）年间，此适可以解释《通典》补版所以与两书风格相近。两种推测皆在情理之中。转从刻工、刻风考虑，同一工匠之有效工作能力亦足以维持二三十年。因此，自熙宁之后，一直到建中靖国元年（1101）以前的三十年中，《通典》补刻和《会史》新刊毕，同时或先后颁赐给高丽或为高丽使臣购得，都在时间允可范围之内。尾崎康因为立足于《通典》是11世纪中期乃至后期刻版，且又有补版，所以认为"应在相当晚的北宋后期，属于颇近于辛巳岁建中靖国元年"而归高丽王府所有，这虽然仍在时间可能范围之内，却未免略显保守。

《姓解》、《通典》、《会史》相继于11世纪刊成，并先后或同时传入高丽。寻味高丽国对宋朝书籍渴求的心态，可以想见肃宗于1101年在汉籍上钤用"高丽国十四叶辛巳岁藏书大宋建中靖国元年大辽乾统元年"之印，完全是出于珍爱的心理，因而可以排斥后人作伪之可能。至于"经筵"一印，据尾崎康研究，那是朝鲜李朝世宗李祹十一年（1429）以后的事。两枚印章的钤用前后跨越三百多年，标志着这些珍贵的书籍一直深藏皇家图书馆，为帝王和经筵官运用而未曾流散。

1592年4月，日本丰臣秀吉发动侵朝战争，自釜山登陆后，长驱直入，先后占领汉城、开城和平壤。其养子宇喜多秀家掠得这批皇室珍本，带回日本。文化三年（1806），《通典》等一批书籍流入红叶山文库，之后，又辗转为宫内厅图书寮珍藏。1981年，由长泽规矩也和尾崎康主持，汲古书院承印，拍摄影印此书，分装九册，正文八册，别卷一册。其别卷主要是日本版本学家尾崎康的研究成果，以及本书所缺的南宋覆刻本和元刊本。2004年，韩昇教授请日本鹤间和幸教授与书陵部和汲古书院接洽，同意在中国出版此书，2008年，上海人民出版社在总编李伟国和责编许仲毅的努力下，终于将流转于高丽、日本近1000年的珍本瑰宝在她的故乡化身千百，以供更多的人观摩玩赏、研究利用。

四

传世《通典》除北宋本外，以傅增湘双鉴楼旧藏南宋覆刻元递修本为佳，存174卷，今为日本天理图书馆收藏。其次是北大图书馆藏宋刻元修本80卷，再次是国图、上图和台湾史语所，所藏都是零星几卷的南宋本或宋刻元修本。元本系统有大德十一年抚州路刊本，日本静嘉堂文库藏有一部（有补写），台湾藏有零本二部。明本系统有嘉靖十八年的方献夫本；嘉靖间刊刻过十三经注疏的福建御史李元阳刻本；另有一种无刊记本，有数部，分藏于日本公私图书馆和中国国家图书馆，国图本即傅增湘校本。朝鲜曾在李朝时（1455）排印过一部活字本，日本蓬左文库有藏。清代以乾隆十二年（1747）的武英殿本为标志，此后的咸丰九年（1859）谢氏刊本、同治十年（1871）广东学海堂刊本、光绪二十二年（1896）浙江书局刊本，都从武英殿本出。1935年商务印书馆据浙江书局本拼缩影印，即《万有文库》中的《十通》本，1988年浙江古籍出版社曾影印商务《十通》本，中华书局也据《十通》本单独影印《通典》，成为当今图书馆典藏、学者应用最常见、最通行的本子。

北宋本《通典》作为版本的珍品，其文物价值无可估量，其学术价值也是不言而喻的。杜佑于贞元十七年（801）上其书于德宗，深藏皇宫，外间少有流传，《崇文总目》著录的北宋三馆所藏写本，应是最接近原书的副本或抄本。而明道、宝元间之刊刻，无疑会直接依据皇家馆藏写本，此其一。如前所论，本书应系国子监刊本，宋代官刻书籍之校勘，往往多由帝王钦差某官领衔，率人精校、覆校，如有官员指出讹误，更有重校者，校毕表上，而后下旨付某地刊刻，有些书籍后面还附有校勘官员姓氏，程序专业，职责分明；相对民间坊刻，可信程度自然要高，此其二。《通典》系纂辑先秦汉魏六朝隋唐资料而成，杜佑所征引史料，固有很多不传，即使有可按覆比勘的文献存在，也不能视同一源，因为唐代都是抄本，来源不一，文字歧出。即就史书而言，宋景德以后逐渐校勘刊刻的前四史和眉山七史等，其文字与杜佑所见无疑会有差异。明清校刻《通典》者，往往据刻本史书校改《通典》文字，失之弥远，此其三。即此三点，北宋本的文献、学术价值就不能等闲视之。

南宋以下各本，在校勘、翻刻之际，由于传抄、阅读、理解、辨认等原因造成了种种讹误，下面再用具体例子来证明诸本之非，以显示北宋本之珍贵。

（一）衍夺。元本和三种明本在卷十八《选举六》之末有"遂宁王氏曰：士为四民之首，有关世教大矣"云云74字，日本玉井是博推测很可能是南宋王灼之言，显然为后人窜入，而北宋本和南宋本就根本没有这段文字。

学为人师　行为世范——庆祝许嘉璐先生从教50周年学术研讨会论文集

（二）因误字引起句读之误。杜环是杜佑的族子，所著《经行记》早已失传，而《通典》却保存了1510字，弥足珍贵。自丁谦著《经行记考证》以来，王国维、张星烺、冯承钧、向达以及英国亨利·玉尔，德国夏德，法国沙畹、伯希和，日本白鸟库吉、石田干之助等，无不重视这部佚著。20世纪60年代张一纯著《经行记笺注》，其"大食国"下有"其果有楄桃，又千年枣"一语。前言"楄桃"，后再用"又"字，语气似不顺。浙江书局本《通典》卷一九三引《经行记》作"其果有楄桃又千年枣"，《太平御览》卷七九五引作"其果有偏桃千年枣"，《太平寰宇记》卷一八六引作"其果有偏桃又千年枣"，《通志》卷一九六引作"其果有蒲桃人千年枣"，《文献通考》卷三三九引作"其果有偏桃又千年枣"，诸书皆引自《通典》而文字各异，张氏从局本《通典》，以"人"为误字，故标点亦异。今核北宋本作"其果有偏桃人、千年枣"，知诸家所引皆有脱漏讹误。"又"实为"人"之误。《新唐书·地理志》：〔安西〕土贡：碙砂、绯毡、偏桃人。"《广博物志》卷四三云："又海上有偏桃人，亦果属。"皆可证。桃人即桃仁，《齐民要术》和唐代医方言及"桃仁"者多作"桃人"。北宋本之可贵，于此可见一斑。

（三）不明字义用法。卷十八末杜佑评语曰："昔在唐虞，皆访于众，则舜举八元八凯，四岳之举？龙稷契，所盖用人之大略也。"南宋本以下均作"此盖用人之大略也"。"所"可作代词用，表近指，犹"此"，本不烦改字。后世不知"所"有"此"义，以为不通而改之。

（四）文义不通。卷十五摘录杜恕《考内外众官疏》文："语曰：世有乱人，而无乱法。若使法可专任，则唐虞可不须稷契之佐，殷周无贵伊吕之辅矣。""无贵伊吕之辅"与"不须稷契之佐"相对为文。南宋本、元本讹作"无责伊吕之辅"，致文义不通，明本、朝鲜本、武英殿本因其不通又改作"无资伊吕之辅"。校核《魏志·杜恕传》、《资治通鉴》、《册府元龟》、《通志》、《历代名臣奏议》等书皆作"贵"，可证"责"之误，"资"字于义虽当而非杜恕本文。

（五）官名。卷十四叙后魏州郡选举引《魏书》有"东宫博士"一官，南宋本以下皆作"东官博士"。今宋蜀大字本、中华点校本《魏书·高允传》作"东宫"，且《北史》、《资治通鉴》、《册府元龟》等都引作"东宫"，可证南宋本以下之误。

（六）人名。卷十四引《晋书》"王戎字浚冲"，元本以下至朝鲜本皆改为"睿冲"，不知"浚冲"是深邃淡泊之意，文献载王戎字无作"睿冲"者。

（七）避讳。卷十四"至孝文帝，励精求理"，求理即求治，杜佑避高宗李治讳改。唐史臣撰著六朝史书及表疏，皆作求理。又如"治本"作"理本"，"治体"作"理体"等，已成常用词汇。方本以下至武英殿本皆改为"求治"，未免夺情。

（八）词汇。卷十五引高季辅知选事有"凡所铨综"，方本以下皆改为"铨录"。今《唐会要》、《册府元龟》、《太平广记》、《纪纂渊海》等唐宋文献皆引作"铨综"。词意虽同，但唐代史臣撰写史书或章表奏疏多作"铨综"，杜佑用唐代常见词汇，殊无改易必要。

（九）误字。卷十八有"兴衰是繁"一词，南宋本以下至武英殿本皆误作"兴丧是繁"，衰、丧形近而误，遂至不通。

尾崎康以六卷《选举典》为例，用表格展示北宋本、南宋本、元本、方献夫本、李元阳本、无刊记本、朝鲜本、武英殿本的1200多条各本异同，很明显地显示出北宋本的正确与优越。虽然也偶有北宋本讹误之处，如"同岁"讹成"岁同"，"蔡邕"误作"蔡应"，但北宋本正确而他本误植误改者不胜枚举。

中华书局在日本汲古书院影印北宋本之后的1988年出版点校本《通典》，仍以浙江书局本为底本，学界不无微词，而笔者则不以为然。中华点校本主持者王文锦既是礼学专家，也是古籍整理行家，与其事者亦多是前辈专家学者。据点校本前言叙述，《通典》点校工作于1978年就已着手，当时北宋本尚深藏宫内厅，无缘获睹；傅藏南宋本竟亦不知下落；国内所藏南宋本都是残本，且借观不易；其选取武英殿系统的浙江书局本，也是不得已之举。即使在1981年汲古书院影印之后，依照当时的中日关系，不可能立即传入国内。1984年点校工作基本完成，即使在这之前获睹北宋本，二百多万字的大书，也已经不可能抽换底本、推倒重来，所以只能列为主要校本。仔细阅读点校本所附约两万条校勘记，可以感受到点校者已经花了相当多的精力，取得了很大的成绩。从校勘记中连篇累牍地说"从北宋本改"、"从北宋本、傅校本改"、"从北宋本补"、"从北宋本乙"等，足以想见点校者从善如流的补救心态，同时也显示出北宋本的价值。当然，在北宋本、傅增湘《〈通典〉校勘记》都已出版的今天，重新以北宋本为底本，广泛汲取中日学者的研究成果，整理出一个完善的《通典》校本，已经是水到渠成的事了。

王筠"形声兼会意"述论

上海交通大学文学院　张玉梅

摘　要　在王筠汉字学思想体系中，形声字是很重要的一个部分。本文主要讨论王筠形声字正例、变例中形声兼会意的问题，肯定王筠于实事求是的字例分析中体现出来的突破：将《说文》未予详细界定的形声字分为正例和兼会意的变例。由此我们提炼出这样一种较为科学的认识："组成形声字的偏旁字素原本也是形音义统一的整体。"

关键词　王筠　《说文》　形声字　形声兼会意

有清王筠在以《说文释例》为代表的文字学著述中阐发了他对形声字的一些见解，可以说既有独到之处，亦有未尽之笔。本文在穷尽式考察《说文释例》[①] 字例的基础上，试述论之。

一　王筠形声概念中有兼书

《说文》第一次建构了汉字的六书理论系统，功莫大焉。但是《说文》对六书的概念并没有进行详尽的、严密的、科学的界定，因而两千多年的文字学史从未停止过对六书概念的探讨、界定、讨论和歧义。王筠则在《释例》中将形声字分为正例、变例，并分别对正例、变例进行了界定。王筠的界定如下：

首先，正例中，形旁不标音，声旁不表意：

---

① 以下将《说文释例》简称为《释例》。引用《说文释例》原文时直接在原文中标注卷数和页码，如"《卷三》，第1页"。引用《释例补正》时，不标卷数，只标页码，如"《补正》，第87页"。

《卷三》50页："许君叙曰，三曰形声。形声者，以事为名，取譬相成，江河是也。案：工可第取其声，毫无意义。此例之最纯者。推广之，则有兼意者矣（亦声必兼意，省声及但言声者，亦多兼意）。形声字而有意谓之声兼意，声为主也。会意字而有声谓之意兼声，意为主也。"

王筠依据《说文》定义认为，纯粹的形声字，即正例形声字，声旁只与新字之音相关，绝不与新字之义相关。推广开来，才有变例形声字，如形声兼会意。《释例》在《形声卷》首列10个不兼意的形声字：江、河、帝、瑞、睡、鸠、敢、参、置、獌。并曰：

《卷三》50页："帝下云从上朿声。此声之全不取义者，与江河一类正例也。"

可见，王筠笃信《说文》字例，认为正例形声字必当不兼意。

《卷三》54页："叙所云，字例之条也。今人于《说文》大意不能阐发，乃从形声字中凿求其义，是则王介甫之传法沙门矣。"
《卷三》69页："即如柽木色红，故字与赪同音。而圣声中不能得此意。祥读若普，故两字之训，皆曰无色，而半声中不能得无色意。可知形声字之意，在口内之声中，不在字形之声中者，自成为音理。耳治目治，不可偏废也。"

可以将王筠正例形声字中声旁和形旁的关系列为：
公式1，正例形声字：声旁（标音不表意）＋形旁（表意不标音）。
其次，变例中，王筠分析形声字时出现形声兼会意的情况，而且声兼意极其普遍。《释例》所列形声字，大量为形声兼意字。如《卷三》首列38字，除去未予分析的6个字和1个形声兼象形会意字，计有襦、襄、袌、绢、缤、崴、簵、谭、逮、宅、窀、疛、罬、麗、菜、梂、聾、嫁、新、户21字是形声兼会意的。
《释例》将"形声兼会意"与"会意兼形声"混杂一处，放在《形声卷》讨论，主要集中在"亦声"、"省声"、"分别文累增字"等章阐述。故下文亦依此材料进行讨论，看一看形声正例与形声兼会意的情况对比。
关于亦声：

《卷三》50 页："亦声必兼意，省声及但言声者，亦多兼意。"

《卷三》54 页："言亦声者凡三种，会意字而兼声者，一也。形声字而兼意者，二也。分别文之在本部者，三也。会意字之从义兼声者为正，主义兼声者为变。若分别文则不然。在异部者概不言义；在本部者概以主义兼声也。实亦声而不言者亦三种，形声字而形中又兼声者，一也。两軆皆义皆声者，二也。说义已见，即说形不复见者，三也。礜为酷急之正字，今借用酷者，以其同从告声也。诗有觉德行，《礼记·缁衣》引觉作梏，则學告同声。而许君说礜曰學省声，不云告亦声也。此字之止匕，皆义皆声。而云从止从匕，但以为会意字也。二者皆恶其庞杂也。说祫之义，曰，大合祭先祖亲疏远近也。已见合字说形，即但云合声也。此则互文相备，且以见说义说形之词，本相灌注，未尝分离乖隔也。"

这段文字中列举了"亦声"和"实亦声而不言者"中的六种情况，除了会意兼声一种，其他五种都属于形声兼意的范畴（包括分别文）。王筠于此列举的字例有：礜、此、祫、禮、祐、胖、栅、貧、譚、懆、愭、娶、婚、姻、婢、緉、坪。

关于省声：

《卷三》57 页："指事象形会意字可省，形声字不可省。形声字而省也，其例有四：一则声兼意也。一则所省之字即与本篆通借也。一则有古籕文之不省者可证也。一则所省之所，即以所从之字贸处其所也。非然者则传写者不知古音而私改者也。亦有非后人私改者，则古义失传，许君从为之辞也。至其省之之故，将谓笔画太多，则狄字从赤而省之，虋、虉反不省也。将谓屮、虉而省即不成字，则虌部中字，皆从其省，而它字之省不成字者，亦间有一二也。"

关于分别文和累增字，王筠将其归为"形声之大变"：

《卷八》173 页："字有不须偏旁而义已足者，则其偏旁为后人递加也。其加偏旁而义遂异者，是为分别文。其种有二：一则正义为借义所夺，因加偏旁以别之者也（冄字之类）。一则本字义多，既加偏旁，则只分其一义也（仐字不足兼公侯义）。其加偏旁而义仍不异者，是谓累增字。其种有三：一则古义深曲，加偏旁以表之者也

（哥字之类）。一则既加偏旁，即置古文不用者也（今用复而不用復）。一则既加偏旁而世仍不用，所行用者反是古文也（今用因而不用囙）。凡类此者，许君说解，必殊别其文。姑即援字明之。爰从爰，爪又皆手也。故援下只云爰声，不言从爰。乃变例以著其为一字也。既一字矣，何不收之同部？盖以其势均力敌为已久也。凡形声字，以形为主，以声为从；此则以声为主，以形为从，乃形声之大变矣。"

除了第一类因假借而生的分别文情况较为复杂，王筠这里所列的分别文和累增字都是形声兼会意的情况。

根据以上材料和《释例》具体的字例分析，声兼意的具体形式可以列公式如下：

公式2，声旁（标音亦表意，用引申义）＋形旁（表意）。例字"禷"：

禷字下，许君之说字义也，已云以事类祭天神，即足见从类之义矣。故其说字形也，第云类声而不加从类。此当为许君本文。又用类字引申之义而非本义，是谓声兼意。

公式3，声旁（标音亦表意，用假借义）＋形旁（表意）。例字"禳"：

禳从襄声。诗：不可襄也。传：襄，除也。与"禳，除疠殃也"义正合。而只言襄声者，以除乃襄之借义也。

公式4，声旁（标音亦表意，省声字）＋形旁（表意）。例字"祳"：

祳下云"社肉盛以蜃，故谓之祳。"言故者，取其义也。周官掌蜃，祭祀共蜃器之蜃。注引春秋天王使石尚来归蜃。经注皆直作蜃。是也。而第云辰声，不云蜃省声者，说文究是眼学，不必穿凿。

公式5，声旁（标音亦表意，乃其字之初文）＋形旁（表意）。例字"寠"：

　　寷从寁声。寁，疾也。而不云从寁者，恐此字与吾所辑分别文为一类。乃一字递加耳。尔雅释诂、郑风毛传皆曰：寷，速也。舍人曰意之速，而许君曰居之速者，无奈其从宀。何也？夫居之安，乃是物情。居之速，岂物情哉？故知寷字之意，重速不重居也。与寁同意同音。故不复云从寁。若寡之从颁，则必言之矣。且申之曰：颁，分赋也者。颁之本训为大头，大头何以为寡？故必表之。此类颇多。学者各以意消息之。尔雅释诂释文：寷本或作寁。是二字通用也。

公式6，声旁（标音）＋形旁（表意亦标音）。例字"礜"：

　　礜为酷急之正字，今借用酷者，以其同从告声也。诗有觉德行，礼记缁衣引觉作梏，则學告同声。而许君说礜曰學省声，不云告亦声也。

公式7，声旁（标音亦表意）＋形旁（表意亦标音）。例字"此"：

　　此字之止匕，皆义皆声。而云从止从匕，但以为会意字也。二者皆恶其庞杂也。

　　由以上分析可以得出结论：正例形声字的总数极少，《释例》所列如上所述，屈指可数。对比之下，声旁兼表意的情况很普遍，形旁兼标音的情况也存在。

二　王筠创见及兼书根源分析

　　王筠形声兼会意的提出，基于其由《说文》而来的对形声正例概念的规定——"工、可第取其声，毫无意义。此例之最纯者"。则当声旁兼表字意时，就是变例，是兼为会意了。由上面的具体分析亦可见，声兼意这个概念涉及文字的历时发展，如是否为分别文累增字；涉及本义、引申义或假借义这些问题。但最终它着眼于分析合体字时，视其两个偏旁的取象造字功能。所以，只要是形声字超出了"形旁表意，声旁标音"的范畴，就名曰"声兼意"。

　　简言之，声兼意的提出是基于对形声字两个偏旁取象造字功能认识的不足：当析字者只认识到或笃守"公式1：声旁（标音不表意）＋形旁

（表意不标音）→形声字"为正例时，就只好将"公式2—公式7"归为变例和兼书了。因此也可以说，基于《说文》和《释例》对形声字概念的规定，形声兼会意的存在是客观的，反映了合体汉字两个偏旁的形音义与这个合体字之间的多样的关系。可见，王筠虽然局限于《说文》以来的界定，并不敢将以绝对优势存在的"声兼意"列为正例，但他通过仔细分析大量字例，却在合体字偏旁功能的认识方面有所创见。之所以说王筠有所创见，我们不妨先从一般的、人们对形声字普遍的认识说起。

"形声字"这个名称是学界延续了两千多年的一个术语，也是目前学界到普通语文教科书一直袭用的一个名词。为什么"形声字"这个概念，"声旁表音"、"义旁/形旁表义"这样的说法人们愿意接受？答案似乎很简单，差不多人人都能很快作答：因为声旁字之音往往与新字字音相同或相近，形旁之义往往也与新字之义有联系。这种一般的认识可以图示如下：

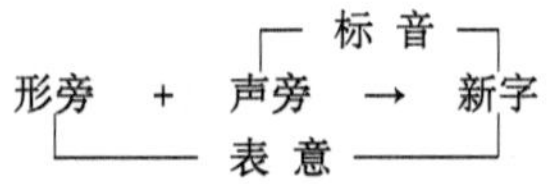

$$\text{形旁} + \overset{\overline{\quad\text{标\,音}\quad}}{\underset{\underline{\quad\text{表\,意}\quad}}{\text{声旁}}} \to \text{新字}$$

图1 对形声字的一般认识

但是，这种说法其实来自对形声字成字特点的片面认识。

构成形声字声旁和形旁的本来都是独立的成字，形音义兼备。无论形旁还是声旁，在进入新字的构造系统中时，都是各自首先作为一个"形音义"兼备的整体来发挥作用的。尤其是字形所承记的单音节语素的音义是紧密联系不可分割的。如图所示：

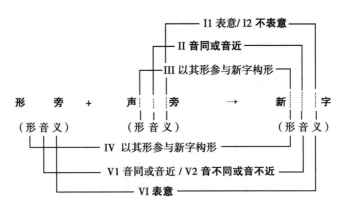

图2 对形声字的全面认识

声旁除了可以导引人们识读新字的字音外，它的字形也参与了构造新字，成为新字字形的一部分；它的字义也可能参与了新字的造义，融入新字的字义中。但人们往往只是注意到了声旁于新字字音的作用。同样的，形旁也是作为一个"形音义"兼备的成字整体进入造字过程的。形旁除了以其义帮助新字造义外，其形也参与新字构形，成为新字字形的一部分；其音与新字不同或不近时，于新字音没什么作用；但可能也有与新字音同或音近的情况，则也可能参与新字的造义。也就是说，若抛开字形不说，形旁、声旁与新字的关系，可以有 4 种组合：

[1] 声旁（II + I 2）+形旁（VI + V 2）→新字
[2] 声旁（II + I 1）+形旁（VI + V 2）→新字
[3] 声旁（II + I 2）+形旁（VI + V 1）→新字
[4] 声旁（II + I 1）+形旁（VI + V 1）→新字

图 2 中的黑体字部分，"II、I 2、VI、V 2"被人们单独拿出来，即上面的第 1 种组合被单独拿出来，就是图 1。就是王筠所说的正例形声字。也可以说当我们没有意识到其余，只注意到这 1 种组合时，就产生了图 1 的效果。王筠之确定正例形声字为"声旁毫无意义"和图 1 的诠释是一样的。

这样理解形声字显然是以偏概全的，所以我们说这是王筠的局限所在。但是王筠同时作了大量的字例分析，结果是多有"声兼义"，并详细分析了"声兼义"的具体情况，反映了其对先前形声字概念的深入挖掘，并对旧有认识有所否定和突破。

三　对王筠的评价

可以把上文第一部分所述王筠形声正例与形声兼会意的 7 个公式，依照形声字声旁形旁的功能合并归纳为 4 种：

（一）正例形声字：声旁（标音不表意）+形旁（表意不标音）。

（二）变例之公式 2—公式 5：声旁（标音亦表意）+形旁（表意不标音）。

（三）变例之公式 6：声旁（标音不表意）+形旁（表意亦标音）。

（四）变例之公式 7：声旁（标音亦表意）+形旁（表意亦标音）。

这 4 个公式，与上文第二部分，由图 2 所析出的 4 种组合完全吻合。

由此可以得出结论：声旁和形旁原来各自均为形音义统一的字素，进入形声造字过程中，其声旁不仅可以引导新字读音，亦有可能参与新字的造意，这是必然的。即声兼义的存在是当然之事。其形旁亦然，除了可以参与新字的造义，也有可能导引读者识读新字的发音。即形旁兼声的存在也是当然之事。

　　总而论之，提出"声兼意"和"意兼声"，并非自王筠始。自文字学史上"右文说"对形声字声旁表意的重视，到段玉裁《说文注》之"形声相表里"、"古形、古音、古义可互求焉"、"声与义同原，故谐声之偏旁多与字义相近。此会意形声两兼之字致多也"——很多文字学家都很重视形声会意的相兼问题。王筠笃守《说文》定义的两个例字"江"、"河"为形声正例，而宁可将数量明显更大的声兼意归入变例，反映了其在形声字问题上的思想局限。但是王筠在声兼意的问题上也具有颇为可取的创见，这一点由其具体梳理声兼意的情况表现了出来。王筠的突破和可以肯定的价值是显然的，因为他从大量实例的分析中认识到了字素之音义不可分割的性质。

参考文献

1.（清）王筠：《说文释例》，中华书局 1987 年版。

2.（清）王筠：《说文解字句读》，中华书局 1988 年版。

3.（清）王筠：《文字蒙求》，中华书局 1962 年版。

4.（汉）许慎：《说文解字》，中华书局 1963 年版。

5.（南唐）徐锴：《说文解字系传》，中华书局 1987 年版。

6.（元）戴侗：《六书故》，国际文化出版公司 1997 年版。

7.（清）段玉裁：《说文解字注》，上海古籍出版社 1981 年版。

8. 李圃：《甲骨文文字学》，学林出版社 1995 年版。

9. 裘锡圭：《文字学概要》，商务印书馆 1988 年版。

10. 王宁：《汉字构形学讲座》，上海教育出版社 2002 年版。

11. 何添：《王筠说文六书相兼说研究》，吉林文史出版社 2000 年版。

评近现代"六书学"研究视角之转向

北京语言大学　姜大珺

摘　要　近代的"说文学"研究承继了乾嘉学派的遗风，以章太炎、黄侃、马叙伦为代表的一批学者从新的视角对"六书"做了创造性的阐发。章、黄从语源学角度探求"六书"来源与次第，较之前人更为深刻。马叙伦则将研究视角扩展到整个六书体系加以探讨，创见颇多。到了现代，以唐兰、陈梦家、裘锡圭为代表的文字学家在尊重文献史料的基础上对前代研究作出全面的总结和重新的审视。鉴于有些汉字无从归类的事实，唐兰、陈梦家先后提出"三书说"以代替原来的"六书"，裘锡圭则进一步将汉字分成诸多小类，以期能涵盖所有的汉字。可见学者们已将视角转向了对"六书"本质的探讨。

关键词　说文学　六书　转向　本质

一　近代"六书"研究的转向

到了近代，"说文学"研究进入了一个崭新的阶段，关于"六书"研究也较之前代有了明显的转向，即由单纯地讨论"六书"界定和分类逐步转向对"六书"本质的探讨。这种研究视角的转向始自章黄学派。由于"乾嘉"遗风的影响，清末民初学界仍然崇尚"追古"之风，因而"说文学"依旧作为国学正宗而大行其道。章太炎从学于乾嘉遗老——俞樾，饱受古学，尤精声韵，作《文始》以通文字声音变转孳乳之理。其徒黄侃，则于文字、音韵、训诂无不精研细审，诸多方面也已超越其师。故而章、黄二人可谓"乾嘉学派"名副其实的继承人。然而他们在学术思想上却不拘泥于古人，其治学理念和观点较前人多有创造性的发挥。以下我们首先对章、黄二人在"六书学"方面的贡献给以大致的评析。

章太炎与黄侃学术理论基本相同，在六书方面也实为一贯。太炎先生

《文始》一书实为语源学研究的力作，但"六书"并非他研究的重点，只是在定"初文"和"准初文"以及孳乳文时，着力考察独体与合体的区分，进而通过声韵对转、旁转将汉字统系起来。然而在"六书造字法"界定和区分的方面，太炎先生未有太多论述。唯独对假借、转注二书，他却有独到的见解，认为转注、假借为造字法而非用字法。他说："余以转注、假借悉为造字法之则。"也正是他第一个提出汉字孳乳的一个重要途径，就是假借"生字"法，其构字原理就是"依音寄义"①。虽然其假借之说多指词义的引申，而转注一说则是"声首转注论"，但他以音韵通训诂的方法应用于六书研究，试图打破"形体为重"的传统，可谓胆识过人、另辟新途之创举。他从文字孳乳的途径——声韵之转以造字，折射出假借、转注的本质和来源，从而使近千年的"六书"研究的视角为之一变，即由单纯地对"六书"的界定和分类转向了对"六书"造字法途径的深层探讨，借以揭示"六书"的本质和来源。

黄侃先生的学术主张秉承其师太炎先生，并有更进一步的拓展和发挥。尤其是他就"六书"界定和次第多有深邃之阐发。首先，黄侃先生从其师说，首定初文，由初文变易孳乳者为字。在他看来，象形、指事皆为初文，然到产生会意、形声之前，中间必有半字：一曰合体指事，如又，合体象形，如"果、朵"；二曰省变，省者如凡，变者如匕；三曰兼声，如氏；四曰复重，如二、三。其总体造字次序是一曰文，二曰半字，三曰字，四曰杂体②。总体来看，黄侃先生依许慎之说为多。他赞成将"指事"列于"六书"之首，他说："……指事之字当在最先。生民之初，官形感能，以发词言感叹居前，由之以为形容物态之语；既得其实，乃图言语之便，为之立名。是故象形之字，必不得先于指事。"③ 又言形声、会意字之命名，许慎优于刘歆、郑樵，曰："……虽大意不违，究以许所立名为分明而易晓，故相承用之焉。"④ 同时认为合体指事字为会意字之根源。关于转注、假借，他的观点是："故知假借之法，行于太初；依其

① 章炳麟：《国故论衡》上卷之"转注假借说"，上海古籍出版社 2003 年版。

② 所谓杂体者，实为无法归类之字，汉字当中此类字有很多。前文讲过，古人并非先立造字法，后在此框架中造字。若果真如此，或许所有汉字皆可归类，实际情况则不然。"六书"仅为造字理念和方法，而非原则和类属，因而一字之造往往共用多种法则是也。

③ 黄侃：《黄侃论学杂著·说文略说》之"论六书起源及次第"，中华书局 1964 年版。

④ 同上。

理以造形声之字。"① 可见，假借字是形声字之所本。又曰："声音、意义相连贯而造字，即谓之转注，否则谓之假借。"② 这里他点出了假借与转注的区别，但未讲明假借、转注二者的次序。然而他坚持认为"转注之法于仓颉时已有"，其论有待商榷，盖其对"转注"一书的界定与他人有所出入之故。总之，黄侃先生继太炎先生之后将研究范围扩展到整个六书，举例字为证，分别阐明了六种造字法的来源，再以来源定次第，以来源作区分，其方法更为客观实际，较之前人更进了一步。

近代对于"说文学"和六书理论研究具有重大贡献的又一大家是马叙伦先生，著有《说文解字六书疏证》、《说文解字研究法》和《六书解例》等书，详细探讨"六书"之学。他的观点自成一说，其中不乏真知灼见。他在《说文解字研究法》中讲："象形之文为原始字，指事、会意之文，形声之字皆自此生。形者，谓象物之形……凡于物形之外有所增损者，皆非象形。"从这段话我们可以看出，马叙伦先生是以象形字作六书之首的。又把指事、会意作为"文"的类别，而只有形声作孳乳之字。他的根据是许慎《说文·叙》："依类象形故谓之文，其后形声相益即谓之字。"在他看来，象形、指事、会意皆属依类象形之范畴，而形声字则为后者"形声相益"者也。这一观点与前人大有不同。因为一直以来，学界几乎众说一辞地认为：象形、指事为文，会意、形声之为字也。他又就形体将象形、指事、会意加以区分界定，曰："明象形之为纯象物体。指事之为物体上发生一种现状，表示此现状者，为标帜性之不成文字之笔画。会意则两个以上象形或指事之文相联合共同而生一义。则象形、指事、会意之界明。"③ 在他看来，指事字必是一部分或几部分为象形之文，即在象形字基础上另添笔画以指事现状，所以指事字必以象形字为基础④。他对会意字的看法是："盖必两种物体或两种以上物体相互关系而发生之意义为会意。"即强调物体之间的关系而设。关于形声字，他的观点是"声在字中"。最重要的一点是他认为："由最初造形声字，其声取譬于物之自然声音。如江从水，工声；取譬江之流声工工然也。河从水，可声；取譬河之流声可可然也。"⑤ 诚哉斯言，吾从马老！这一论断

---

① 黄侃：《黄侃论学杂著·说文略说》之"论六书起源及次第"，中华书局1964 年版。

② 黄侃：《文字声韵训诂笔记》，黄焯编，上海古籍出版社 1983 年版。

③ 马叙伦：《说文解字研究法》，中国书店 1988 年影印版。

④ 马老关于"指事字必以象形字为基础"的界定有待商榷。

⑤ 马叙伦：《说文解字研究法》，中国书店 1988 年影印版。

无论是否确凿，都不失为真知灼见。马叙伦对于"转注字"的论述较为详细，大体而言是："盖一事一物而因方音不同，遂因原有之名，而从此土之音，为之别造一字，故一义而有数字也。"在此他将转注字产生的原因突出强调以明它与其他几书的区别①。对"假借字"他也有明确的界定，即完全遵从《说文·叙》中："本无其字，依声托事"之条例。在他看来，假借一书亦为造字之一法，这一观点与当时风行于世的"四体二用"之说形成鲜明的对比。由以上可知，马叙伦先生对"六书"之法有更深的理解。

总之，近代"六书研究"已开始摆脱以前"形体观念"的拘囿，将六种造字法的来源渗透到文字的形、音、义三个方面加以论证，从而对六书的本质有了更为客观性的把握，为六书的界定、次第和分类提供了新的思路和方法论的支持。

二　现代学者对"六书"本质的重新定位

近代以前的"六书"研究可谓是穷其枝叶，然而其界定、次第和分类尚未分明。这不得不令学者们开始反思"六书"的科学性问题。因此到了现代，对"六书"本质的深层探讨及其科学性的重新审视成为这一时期研究的主流。

现代著名文字学家唐兰先生首先对"六书"从根本上提出了质疑。他大胆指出了传统"六书"分类法的缺陷，提出了"三书"分类法原则。纵观自汉代至今两千余年，"说文学"一直作为国学正宗而备受推崇，其中的"六书"理论更被视为治学纲常为学人们所遵从，很少有人能跳出"六书"的框架，敢于从根本上质疑这一学说的。唐兰先生可谓第一人。他在《中国文字学》中说道："……六书说能给我们什么？第一，它从来就没有过明确的界说，各人可有各人的说法。其次，每个文字如用六书来分类，常常不能断定它应属哪一类。单从这两点说，我们就不能只信仰六书而不去找别的解释了。"② 唐兰先生这段话自是有他的根据的，同时也为后代敢于"疑古求真"的科学精神奏响了先声。他进一步讲："我在

学为人师　行为世范——庆祝许嘉璐先生从教50周年学术研讨会论文集

---

① 笔者也认为"方音之不同"是造成转注字产生的根本原因，同时这一点也是它的最突出的特征。这也是笔者所强调的六书界定应关注各书的来源的观点之有力佐证。

② 唐兰：《中国文字学》，上海书店1991年版。

《古文字学导论》里建立了一个新的系统'三书说'：一，象形文字；二，象意文字；三，形声文字。象形字意是上古期的图画文字，形声文字是近古期一声符文字，这三类可以包括尽一切中国文字。"① 他还进一步对象形文字给出了自己的界定。一，一定是独体字（这从形体上讲）；二，一定是名字（这从所表达事物类属上讲）；三，一定在本名之外，不含别的意义（这是从意义的外延上给予界定）。关于象意字，他指出："象意文字是图画文字的主要部分。在上古时期，还没有发生任何形声字之前，完全用图画文字时，除了少数象形文字，就完全是象意文字了。象意文字有时是单体的，有时是复体的，单体象意文字有些近似象形文字，不过象意字注重的是一个图形里的特点，例如古'尸'字象人蹲踞，就只注重蹲踞一点……此外可以不管，这是象形字和单体象意字的分别。复体象意文字有些近似形声文字，不过象意字的特点是图画，只要认得它原是图画文字，从字面就可以想出意义来，就是象意文字。"② 在这里唐兰先生明确指出了象形字与象意字的区分，以及象意字与形声字的区别。诚然，这样一来似乎正如唐兰先生所讲，"三书可以包括一切中国文字"了。但是笔者以为"三书"制造几乎全为汉字分类而设，这似乎已经曲解了"六书"本来的面目（"六书"仅为造字方法，绝不是为以后汉字分类所造设）。况且这种"三书"分法仅是避免了各书之间的模糊界线，即把模糊的部分统统忽略掉而划归一类了。然而在把象形、象意、形声进行区分时，又不免举棋不定。比如象形和单体象意的界线似乎就很不明确。还有唐兰先生"三书"中没有包括"假借字"，在他看来这不是造字法，这一点是不妥当的。毕竟"假借字"在汉字中占有相当大的比重，忽略不论是不可能的。再说，形声字造字原理也是本着假借造字原理而产生的，没有假借字何来三书中的形声字呢？（当然这里转注字已经划归到三书中的形声字之中了）

对于"三书说"，现代文字学家裘锡圭先生做了比较详细的评述，其中有些意见还是十分中肯的。比如，裘先生对唐兰先生所说的"象意文字是图画文字的主要部分"这个说法持有异议，比如"明"字，是通过"日"字和"月"字合起来而表达一个"明亮"的"明"字。就字形看，得不出是图画文字的结论，即就字体而言已不是图画了③。这一看法是有

---

① 唐兰：《中国文字学》，上海书店 1991 年版。
② 同上。
③ 裘锡圭：《文字学概要》，商务印书馆 2003 年版。

道理的。其实笔者认为唐兰先生在这里表述得有些不清楚，但其基本理念是对的。比如像"明"这样的一些会意字，也就是唐兰先生所讲的"合体象意字"，只能说是图画文字的进一步发展和引申，对单体的象形字和单独象意字的利用而已。单体象形象意字是合体象意字的基础，二者是母与子的关系。合体象意字是从独体中发展而来的。在唐兰先生看来，单体象形和单体象意只是描摹单独一个事物的图画文字，而合体象意字是描摹两个以上事物之间的关系的图画文字，都是和"绘画描摹"的表达方法一样的，所以无论单体还是合体可统称为图画文字。但唐兰先生正是在这一点上并没有表达清楚。后来陈梦家先生也提出一个"三书"说，但其内容已全然不同。他认为象形、象意的区分没有太大意义，因而将二者合而为一，统称"象形"，同时增加一个假借，最后才是形声①。我们认为这种说法较之唐兰先生的"三书"说更为切合实际。裘锡圭先生则干脆将其中的"象形"改为了"表意"。依笔者看来，如果用"表意"的话还不如用"象意"。因为"表意"这一概念术语应当是关于整个汉字体系特征的术语，即汉字是表意体系的文字，它是一个抽象的集体概念术语，而非个体表达所用，在此用"表意字"的话，很容易与集体概念的"表意文字"造成混淆，因此不妥（当然这里的"象意字"与唐兰先生的"象意字"是完全不同的了）。裘锡圭先生还指出了有些字不能纳入"三书"，也同样不能纳入"六书"之中，比如记号字"五、六、七、八"等，半记号字"义"字，变体表意字，如"乒乓"；会音字，如"馕"（名养切）等；两声字，如"牾"字，这样看似乎"六书"和"三书"都不完备。其实就笔者看来，这些无法归类的汉字根本无关"六书"或"三书"的理论大局。因为"六书"说或"三书"说根本上讲，是汉字造字之初的方法，不应该包括后起汉字的。从这一点上讲，"六书"造字法在汉字初始阶段作为分类原则的话，或许是完全可以的，甚至可能是一一对应。而后代造字时难免各种方法并用造字，从而使分类变得不再可能，理固亦然。也就是说，后世的复杂化局面并不影响汉字初始阶段运用简单的六种方法来造字这一事实。但后代无论多么复杂，其源头必出自最初的"六书"造字法，这还是母与子的关系、继承和发展的关系而已。裘锡圭先生明显赞成陈梦家先生的"三书"分类法，只不过把"象形"改成了"表意"，这自然也就成了他个人学说的基础。进而他又讲，"在对三书分别进行研究的时候，当然还可以分小类。如果有必要，还可以根

---

① 陈梦家：《殷墟卜辞综述》，科学出版社 1956 年版。

据不同的标准分出几种类来"①。其实就笔者看来，"统分之三书，细分之六书甚至多书都可以"。因为"分类"皆是人为所定，是根据某种需要而设，在古代最主要的目的就是为了教学、识字，而到了现代也基本上是教学和研究的需要。对"三书"说，裘先生认为假借、形声已是众人皆知，且界划分明，无须繁讲。只有"表意字"（也就是笔者讲的象意字）需要进一步细分且给予界定。于是他分出了"一、抽象字，如一二三四方（□）圆（○）等；二、象物字，这类字的字形象某种实物，他们所代表的词就是所象之物的名称（大体相当于六书中的象形字）如：'山、水、日、月'等；三，指示字，这类字在象物字或象实物的形符上加指示符号以示意，如'本、末、刃、亦'等；四，象物字式的象事字，这类字从外形上看很像象物字，二者不同之处在于象物字所代表的词是'物'的名称，而这类字所代表的词则是'事'（如属性、状态、行为等）的名称，如'又、矢、疒'等；五，会意字，在抽象字、指示字外，凡是会合两个以上意符来表示一个跟这些意符本身的意义都不相同的意义的字，我们都看作会意字，又分为 A. 图形是会意字，如'宿、病、从、北、舞'等；B. 利用偏旁间的位置关系的会意字，如'正、之、出'等；C. 主体和器官的会意字，如'见、监、欠'等；D. 重复同一偏旁而成的会意字，如'珏、林、卉、磊、森'等；E. 偏旁连续成语的会意字，如'凭、劣、扁'等字；F. 其他，如'劓、删、�等'"。裘先生所分第六种为变体字，这类字用改变某一个字的字形的方法来表意，包括增减笔画，如"片、从、木、而、来"和改变方向，如"以"字从"已"而来，"今"从"曰"而来，等等②。就微观而言，对汉字表意系统做了一个详细的梳理，使我们对各种表意字的来源有了较为清晰的认识，其学术研究价值是相当大的。从教学角度讲，关于六书的界定区分是必不可少的，但在对"六书"界定和分类的同时，还应当考虑到便于学术研究和教学等诸多实际操作上的问题。所以笔者认为，分类是可以的，但落实到教学方面不宜太细化，否则学习起来不易掌握，且难免混淆。因为古人最初提出六书之时，汉字数量毕竟有限，即参照项不多。至于后代汉字数量大增，再以古人界定的六书去框架后代的汉字就难免造成无法完全吻合的情况，这也是很正常的现象。因此依笔者的观点，讨论六书首先要认清它的本质，操作上侧重于界定，对应的汉字也应以《说文》为参照点，前

评近现代『六书学』研究视角之转向

① 裘锡圭：《文字学概要》，商务印书馆 2003 年版。
② 同上。

后年代不宜跨度太大。就界定而言，一定要关注六书的来源和成因，以此亦可加深对六书本质的认识。比如现代学者许嘉璐先生的《古代汉语》，在讲词的本义和引申义时说："假借义是由于用字的通假而造成的，它们所表示的词义本有其固有的字形，即本字。"[①] 这一界定从词义演化的角度揭示了"假借"的起因，从而使我们对于假借字的本质和汉语中的通假现象都有了更深刻全面的认识。再如孙雍长先生《转注论》关于"转注"造字法的由来也有详细的论述，并对许慎"建类一首，同意相受"的定义作了更为细化的阐释。为了区分明确，他提出了"转注原体字"[②]的概念，强调"类"即"事类"，"首"即"类首"，具体说来，"转注"就是将"转注原体字"的意义转移附注到"类首"上的造字法。这一界定对"六书"研究和教学的操作都具有实际的参考价值。

如果说近代是"六书学"研究视角转向的开始，那么现代则是在对"六书"本质重新认识的基础上，将前代研究作以全新的整顿和发展，为几近停滞的"六书学"研究开辟了新的天地。

三　小结

综上所述，"六书"研究发展到近现代，从理念到方法都是对前代研究成果的一次大总结、大反思。正如任何一种理论体系都有其产生、发展和总结的过程一样，六书理论在经历了汉唐发端、宋元明清大发展之后，自然也到了需要总结和反思的阶段了。总结和反思不代表全盘否定，恰恰是为更全面深化的发展打下了基础，做好了准备。科学发展的历程就是不断调整总结、去伪存真的过程，也只有这样才能为进一步的研究和发展勘明方向，铺平道路。

学为人师　行为世范——庆祝许嘉璐先生从教 50 周年学术研讨会论文集

① 许嘉璐：《古代汉语》，高等教育出版社 1991 年版。
② 孙雍长：《转注论》，岳麓书社 1991 年版。

河北方言分区的古今对比

唐山师范学院中文系　高光新

摘　要　根据扬雄《方言》对河北地名的记载，归纳西汉时期河北方言可以分为五区，而现在河北方言分为四区七片。通过古今比较，可以发现河北南部方言古今都是分为三区，北部两区的格局变化比较大。这个变化有深层的人文历史原因。

关键词　河北方言　分区　对比

根据扬雄《方言》所记地名考察西汉汉语方言的分区，这项工作前人已经做过，林语堂（1933）把西汉方言分为十四区，此后罗常培、周祖谟（2007）分为七区，丁启阵（1991）分为八区，刘君惠等（1992）分为十二区，各家的分区互有异同，都是对西汉汉语方言进行总体分区的探讨。另外还可以探讨西汉汉语地域方言的分区，吴永焕（2000）就是探讨山东方言分区的。

本文在前人的基础上，通过分析西汉时期河北方言的分区及其与周边方言的关系，了解当时河北方言的分区面貌，再通过古今对比，认识今天河北方言分区现状的由来。

一　《方言》对河北方言的分区

《方言》所记地名有 100 多个，涉及今河北省的有：北燕、代、东北、河、冀、齐、卫、燕、幽、赵。（华学诚，2006）

先看十地和其他地区的关系。

1. 北燕

北燕横跨今河北、辽宁和内蒙古。北燕在《方言》中出现 46 次，其中单独出现 13 次，与河北内部的齐并举两次，与赵并举 1 次；与河北外部并举最多的是朝鲜洌水，有 23 次，其次是与东齐并举 4 次，与海岱并举 3 次，与楚并举 2 次，与魏、梁、宋、越、吴各并举 1 次。可以看出，北燕与河北内部其他地方的共同点比较少，尤其是北燕和燕接壤，竟然没有并列出现，北燕与河北外部的朝鲜洌水关系最密切。

2. 代

代横跨今河北、山西和内蒙古。代在《方言》中出现 7 次，都是并举，没有单独出现。代与河北内部的燕并举 6 次，与赵并举 3 次；与河北外部的魏并举 2 次。代与河北内部的燕共同点最多，与赵关系也比较密切。

3. 东北

东北单独出现 1 次，"东北朝鲜洌水之间"（4 卷 39），《方言》里还有 5 例"燕之东北朝鲜洌水之间"，而"燕之东北"在方位上是北燕，根据文例，可以把"东北"看成是北燕。

4. 河

河指黄河。在《方言》中与河北有关的是"自河以北赵魏之间" 2 次（4 卷 38、7 卷 17），"自河而北燕赵之间" 1 次（9 卷 7）。可见，河之北是跨方国的地域概念。

5. 冀

冀出现 2 次，都与其他地名并举，分别是"邠唐冀兖"（1 卷 13）和"青齐兖冀"（2 卷 8）。冀与兖并举，《方言》里还有幽，所以冀是西汉的州名，是跨方国的概念。

6. 齐

齐横跨山东河北。齐在《方言》中出现 60 次，除去中齐三次、齐之北鄙一次、齐右两次（齐右平原以东 5 卷 5、齐右河济 13 卷 159）、齐之东北一次，还剩 53 次，我们把这 53 次看成是山东河北共有的。53 次中，齐单独出现 12 次，与河北内部并举最多的是燕，有 5 次，与卫、北燕各并举 2 次，与赵并举 1 次；与河北外部并举最多的是楚，有 16 次，其次是鲁，有 12 次，与宋并举 10 次，与晋、陈各并举 4 次，与魏、周、冀、青、海岱、江淮各并举 2 次，与郑、梁、汝颍、荆淮、荆州各并举 1 次。可以发现，齐与各地的联系是很多的，与河北内部关系最密切的是燕，与河北外部最密切的是楚和鲁，考虑到楚出现 133 次，鲁出现 27 次，齐和鲁的关系最密切，齐和楚只能算是交往比较多，算不上密切。

7. 卫

卫跨河北、河南和山东，面积很小。卫在《方言》出现 31 次，没有单独出现，与河北内部的齐并举两次，与赵、燕各并举 1 次；卫与河北外部的宋并举最多，达 21 次，与陈并举 8 次，与晋并举 7 次，与鲁并举 6 次，与楚并举 5 次，与荆并举 4 次，与郑并举三次，与魏、汝颍各并举 2 次，还与以下各地并举 1 次：韩、秦、吴、东齐、南楚、周南、召南、豫、扬、徐、衡、邠、陶、江淮。卫处于中原，由于地理位置的原因，卫与各地的联系很广，从并举的次数来讲，卫与宋的关系最密切，并且与南方的联系多于与北方的联系。

8. 燕

燕横跨河北、北京、天津、内蒙古。燕在《方言》出现 18 次，单独出现 3 次，与河北内部的代、齐、赵各并举 6 次，与卫并举 1 次；燕与河北外部的魏并举 3 次，与朝鲜洌水并举两次，与晋、海岱、东齐各并举 1 次。燕与河北内部的代、赵、齐的关系很密切，与魏并举的 3 次里都有赵，所以与河北外部的联系比较少。

9. 幽

幽在《方言》出现 1 次，"青幽之间"（1 卷 24），幽也是跨方国的地域概念。

10. 赵

赵横跨河北、河南和山西。赵在《方言》出现 35 次，单独出现两次，与河北内部的燕并举 6 次，与代并举 3 次，与齐、卫、北燕并举 1 次；与河北外部的魏并举最多，达 23 次，与晋并举 3 次，与韩、宋、陈各并举一次。赵与魏的关系最密切，与燕的联系也比较多。

另外还有一个河内，出现一次，是"晋魏河内之北"（1 卷 16）。河内包括黄河以北的山西、河北和河南，以上三地属于韩、魏和赵等国，《方言》没提韩和赵，因此，我们不把这个河内看成涉及河北。

先看河北十地之间的联系：

表1 　　　　　　　　　　　　　河北十地之间的联系

	北燕	代	东北	河	冀	齐	卫	燕	幽	赵
北燕	46	0	0	0	0	2	0	0	0	1
代	0	7	0	0	0	0	0	6	0	3
东北	0	0	1	0	0	0	0	0	0	0
河	0	0	0	3	0	0	0	0	0	0
冀	0	0	0	0	2	0	0	0	0	0
齐	2	0	0	0	0	53	2	5	0	1
卫	0	0	0	0	0	2	31	1	0	1
燕	0	6	0	0	0	6	1	18	0	6
幽	0	0	0	0	0	0	0	0	1	0
赵	1	3	0	0	0	0	1	6	0	35

从出现次数和并举次数来看，北燕、齐、卫、燕、赵五地出现的次数最多，并且相互之间并举的次数很少；代出现7次，没有单独出现，与燕并举6次。再看与河北十地并举次数最多的地方，见表2（取前三，地名后面括号里的数字是并举次数）。

表2 　　　　　　　　　　　与河北十地并举次数最多的地方

	最 多	其 次	再 次
北燕（46）	朝鲜（包括洌水）（23）	东齐（4）	海岱（3）
代（7）	燕（6）	赵（3）	魏（2）
东北（1）	朝鲜洌水（1）	无	无
河（3）	自河以/而北（3）	无	无
冀（2）	兖（2）	邠、唐、青、齐（各1）	无
齐（53）	楚（16）	鲁（12）	宋（10）
卫（31）	宋（21）	陈（8）	晋（7）
燕（18）	代、齐、赵（各6）	魏（3）	朝鲜洌水（2）
幽（1）	青（1）	无	无
赵（35）	魏（23）	燕（6）	代、晋（3）

十地除燕和代之外，都是与河北外部的地名并举出现次数最多，并且与外部并举的次数远远高于与内部并举的次数，尤其是北燕、齐、卫、

赵，只有燕和代与河北内部地名并举次数最多，并且还是双方相互并举的次数最多，可以考虑把燕和代归为一个方言区。综合考虑各项因素，河北方言在西汉时期可以分为五个区，分别是南部的齐、卫、赵，北部的燕代、北燕。五区里面，齐、卫、赵、北燕的词汇量比较大，都有一个出现频率高的并举地名，只有燕代的词汇量相对要小，并且没有出现频率高的并举地名，尤其是燕，并举次数最多的地名有三个。说明齐、卫、赵、北燕各自所属的方言区比较稳定，燕代是独立的方言区，稳定性相对比较低。

根据《方言》对西汉方言进行分区方面，林语堂（1933：36）的十四区，涉及河北的是：（3）赵、魏自河以北为一系（燕、代之南并入此系）；（4）宋、卫及魏之一部为一系；（6）齐、鲁为一系而鲁亦近第4系；（7）燕、代为一系；（8）燕、代北鄙朝鲜、洌水为一系。罗常培、周祖谟（2007：72）的八区涉及河北的是：2. 周郑韩、赵魏、宋卫；3. 齐鲁、东齐、青徐；4. 燕代、晋之北鄙、燕之北鄙。丁启阵（1991：35）的八区涉及河北的是：燕朝方言、赵魏方言、海岱方言和周洛方言。刘君惠等（1992：105—106）的十二区，涉及河北的是赵魏方言区、卫宋方言区、齐鲁方言区、燕代方言区和北燕朝鲜方言区。

从西汉时期河北方言的分区来看，我们赞同林语堂（1927）、刘君惠等（1992）的观点，西汉时期，河北方言分为五个区：齐、卫、赵、燕代、北燕。五个区对应今天的位置，齐方言区对应河北东南部（沧州东南部、衡水东南部），卫方言区对应河北南部一小块区域（邯郸南部），赵方言区对应河北西南部（邯郸、邢台、石家庄、衡水西北部），燕代方言区对应河北中北部（保定、廊坊、张家口，加承德、唐山一部分），北燕方言区对应河北东部（秦皇岛，加承德、唐山一部分）。

二　现代对河北方言的分区

《河北方言概况》（1961：6—8）第一次对河北（当时包括天津，今予以去除）方言进行分区，把河北方言分为七个区：第一区9县市，分布在今承德、秦皇岛；第二区15县市，分布在今唐山、秦皇岛和廊坊；第三区25县市，分布在今保定、廊坊和张家口；第四区17县市，分布在今沧州、衡水和邢台；第五区41县市，分布在今石家庄、邢台、衡水、沧州；第六区22县市，分布在今邯郸、石家庄、邢台；第七区15县市，分布在今张家口。

贺巍、钱曾怡、陈淑静（1986）把河北方言的北京官话区和北方官话区分为两区四片：北京官话区的怀承片13县市，分布在承德、廊坊；北方官话区分为保唐片、石济片和沧惠片，保唐片45县市，分布在唐山、秦皇岛、保定、廊坊和张家口，石济片44县市，分布在石家庄、邢台、衡水、沧州，沧惠片17县市，分布在沧州。侯精一（1986）把河北的晋语区分为两片：张呼片和邯新片，张呼片18县市，分布在张家口和石家庄；邯新片17县市，分布在邯郸和邢台。贺巍（1986），把河北的大名、魏县中东部归为中原官话区。

《中国语言地图集》（1988：B7）把河北方言分为四区七片。四区是北京官话区、北方官话区、中原官话区和晋语区。北京官话区是怀承片；北方官话区分为保唐片、石济片和沧惠片；中原官话区是郑曹片。晋语区分为邯新片和张呼片。

《河北省志·方言志》（2005：1—2）把河北省的方言分为四区九片。四区是北京官话区、冀鲁官话区、中原官话区和晋语区。北京官话区未分片，有14个县市，分布在承德、廊坊和保定；冀鲁官话区有101个县市，分为秦唐片、保霸片、石衡片、沧州片，秦唐片17个县市，分布在秦皇岛、唐山和承德，保霸片27个县市，分布在保定、廊坊和张家口，石衡片50个县市，分布在石家庄、衡水、邢台和沧州，沧州片7个县市，分布在沧州；中原官话区两个县，分布在邯郸的大名和魏县；晋语区32县市，分为张宣片、鹿元片和邯邢片，张宣片13县市，全在张家口，鹿元片6县市，全在石家庄，邯邢片14县市，分布在邯郸和邢台。比《中国语言地图集》（1988）增加秦唐片和鹿元片。

熊正辉、张振兴（2008）对《中国语言地图集》的方言分区进行了调整：北京官话区的怀承片与京师片合并，称为京承片；把冀鲁官话石济片邢衡小片的南和县划入晋语；把原属晋语的临城县（城关以西）、内丘县（城关以西）全部划入邢衡小片。对河北方言分区的调整幅度不大。

考虑到《河北省志·方言志》（2005）属于志书，对河北方言以描写为主，因此，对于河北方言的分区，我们仍然采用《中国语言地图集》（1988）的观点，即分为四区七片。

三 演变的结果及原因

河北方言的分区，从西汉的五区到现在的四区七片，变化因素和不变因素结合在一起。

1. 从齐方言区到冀鲁官话区

历史上，齐国国力强盛、文化发达，齐国疆域包括今河北东南部，所以齐方言能够在河北占据一个位置。历史上，齐和燕之间没有地理障碍，两国交战往往能深入对方，齐宣王曾派兵占领燕国，燕昭王用乐毅攻打齐国，齐国只剩下莒和即墨没被占领。齐和燕在文化上也很接近，两国都面临渤海，都有求仙的方士，《史记·封禅书》："自威、宣、燕昭使人入海求蓬莱、方丈、瀛洲。"齐威王、齐宣王和燕昭王派人入海求仙，后来秦始皇、汉武帝信任的方士也是燕齐人，这是秦汉时期燕方言和齐方言关系密切的重要原因。

元代以来，新开大运河经过山东，北上京城或南下江南，都经过山东，山东西部与河北中南部交往密切，又有历史上的交往，所以两地的方言逐渐融合，最后形成冀鲁官话。冀鲁官话覆盖了河北原齐方言区的全部、燕方言区的中南部、赵方言区的中东部。

2. 从卫方言区到中原官话区

卫国面积不大，但是在方言上独具特色，这是由于"卫（方言）是一种比较保守的倾向于抗拒外来影响的方言。这与这一地区很早就得到开发，人口众多，有悠久的历史文化传统有关"（刘君惠等，1992：184）。所以卫方言也在河北占据一角。

在卫国故地的大名和魏县，从隋代开始，都属于同一个行政单位，并且都与它们南部今河南的一些地区划在一起，隋是武阳郡，唐是魏州，北宋和金都是大名府路，元是大名路（包括三州五县），明是大名府（包括一州十县），清是大名府（包括一州六县）。元明清三代的大名府（或路），除大名和魏县，其余部分都在河南，最南到黄河，距开封很近。由于历史上大名和魏县一直与河南联系紧密，所以到现在还属于中原官话区，又由于距离开封很近，受中原官话影响大，所以没有变成冀鲁官话区。

3. 从赵方言区到晋语邯新片

赵国也是战国七雄之一，国力强盛，赵武灵王"胡服骑射"之后，实力大增，还灭了河北中部的中山国，所以赵方言能够占据河北西南部。同齐与燕一样，赵与燕之间也没有地理障碍，两国之间各种来往也很多，人员来往也不断，所以秦汉时期赵方言和燕方言关系比较密切。

现在，赵方言区故地没有变成官话区，而是变成了晋语区，发生同样变化的还有魏方言区。《方言》里赵魏组成一个方言区，这个方言区大致相当于现在的晋语邯新片，只是赵魏方言区的面积要大于现在的邯新片。邯新片与晋语其他小片之间隔着太行山，与中原官话、冀鲁官话之间没有地理障碍，这就出现两个问题：一是为什么只有赵魏方言区会变成晋语区，而两侧的韩方言区和燕方言区没有变成晋语区？二是为什么赵魏方言区会变成晋语区，而没有变成官话区？

　　先看第一个问题，韩与赵魏都是从晋分出来的，但是韩与赵魏的关系并不密切，《方言》里韩出现 10 次，与赵并举 1 次，与魏并举 3 次，《方言》里面还有一个大方言区，即秦晋方言区，晋出现 107 次，与秦并举 88 次，秦晋方言是西汉通语的基础，可是秦晋与韩赵魏的联系不多，晋与赵、魏各并举 3 次，与韩并举 1 次。《方言》里还有一个大方言区，周郑韩方言区，韩与周郑的关系密切，周和郑的历史悠久、文化发达，并且周的都城洛阳，处于天下之中，位置重要，成为中原重镇，郑与周的关系密切，周平王东迁，郑国出力很大，所以周郑的方言特色突出，并且关系密切，又由于周郑处在韩与赵魏之间，所以，尽管韩也是三晋之一，方言上与周郑靠近，而没有与赵魏靠近。东汉之后，周方言故地的洛阳方言地位日益提高，成为天下通语的基础，韩方言区故地接近洛阳，后来，与洛阳一起变成官话方言区，没有变成晋语区。在《方言》里，燕与晋仅并举 1 次，双方关系并不密切，并且燕与晋隔着代和太行山，最终也没变成晋语区。

　　再看第二个问题，赵魏方言区变成晋语区，是移民的结果。明清以来，山西向河南、河北移民很多，比如，"邯郸县地名普查中全县 20 个乡镇，250 个村，一半以上是从洪洞迁来的"（乔全生，2008：45）。造成当地的方言变成晋语，比如，"现在的豫北方言就是在山西泽潞二州方言的基础上发展起来的，其中也夹杂着当地土著的成分"（乔全生，2008：47）。现在邯郸和豫北就是晋语邯新片的所在地。同样有山西移民，河南河北其他地方没有出现晋语，这是由于其他地方的官话力量太大，移民的晋语融合在官话里面了。

　　邯新片的产生也有语言内部的原因。李荣（1985）根据有入声的特点，把晋语从官话中分出来，又根据古入声字的今读，把官话方言分为七区，其中，清音入声、次浊入声、全浊入声在北方官话（按：即冀鲁官话）里分别变成阴平、去声、阳平。侯精一（1986）根据古四声在今音的演变，把晋语分为八片，其中六片是古入声今全读去声，例外的两片是邯新片和志延片，邯新片的特点是清音入声、次浊入声今多读入声，全浊入声今多读阳平。可以看出，从晋语六片的古入声今全读入声，到邯新片的清音入声、次浊入声今多读入声，全浊入声今多读阳平，再到北方官话的没有入声，是一个逐渐演变的过程，从入声区到无入声区，邯新片是一个过渡区。

4. 从燕代方言区变成晋语张呼片和冀鲁官话区、北京官话区

在西汉河北的五种方言里面，燕代方言自身的特色不明显，不但出现次数少，还多与其他并举。到现在，燕代方言区发生的变化最大，首先是燕方言和代方言分开，其次是分开后各有不同的发展。先看燕方言，燕与赵、齐的关系很密切，中古时期，燕赵关系密切，陆法言《切韵序》："吴楚时伤轻浅，燕赵多涉重浊。"元代以来，燕地与齐地关系密切，大部分地区变成冀鲁官话区，小部分地域由于首都的原因变成北京官话区。

再看代方言，代除了与燕关系密切，并举 6 次，再就是与赵并举 3 次，战国时期赵灭代，但代距燕近，距赵远，所以并举次数不同。在《方言》里，代仅与晋并举 1 次，双方联系不多。南北朝以后，北方少数民族南下，当地原住民也南下，少数民族占据代和晋北，常常从代入晋，比如鲜卑族进入山西以后建立北魏，代与晋的联系逐渐多起来，后世也有山西民众由代出晋，代在内蒙古高原的南端，晋在山西高原，山西高原可以看成是内蒙古高原的延伸，两地地理环境相似，最终使位于代方言区故地的张家口成为晋语区。

5. 北燕方言区消失

北燕方言与河北其他方言的联系很少，即便和燕接壤也没有联系。冀鲁官话和北京官话兴起，占据河北之内的原北燕方言区，占据河北之外的原北燕方言区的是东北官话和胶辽官话。

6. 北京官话区产生

北京官话是新兴的方言，从辽代开始不断有移民迁到今北京来，形成各种语言和汉语方言聚集的局面，最终形成北京官话（林焘，1987）。承德属于北京官话区，承德有木兰围场，从康熙二十二年开始，成为清帝在打猎时接见少数民族首领的地方，康熙四十二年在承德建立避暑山庄，此后清帝常来此避暑，承德与北京的交往频繁，最终变成北京官话区。

四　余论

对比扬雄《方言》的分区和现代汉语方言的分区，发现山东河北两地的方言格局变化不大，《方言》把山东方言分为两区四片：齐（山东北部、西北部）、鲁（山东西南部）、东齐（山东半岛）、海岱（从黄海到泰山的区域）（林语堂，1927；刘君惠等，1992；吴文焕，2000）；现在山东方言分为四片：冀鲁官话区的西齐片和西鲁片、胶辽官话区的东莱片和东潍片（钱曾怡，2001：20—22）。不变的是：四片的格局不变；四片中有三片的位置基本不变，西齐片大致相当于齐方言区，西鲁片大致相当于鲁方言区，东莱片比东齐方言区往东缩小了一点（空出来的位置是东潍片，并且东莱片和东潍片都属于胶辽官话）。变化的是：海岱方言消失，新增东潍片，西齐片和西鲁片分属不同官话，西齐片属于冀鲁官话，西鲁片属于中原官话。

河北方言在《方言》里分为五区，现在还是五区，也是变与不变结合在一起。时隔两千年，为什么只有山东、河北出现这种变化，而其他地方没有？比如河南、山西，按照刘君惠等的十二区，涉及河南的是周郑韩、赵魏、卫宋、楚，现在河南方言分属中原官话和晋语邯新片；涉及山西的是秦晋、周韩郑、赵魏、燕代，现在山西方言北部广灵县属于冀鲁官话，西南部属于中原官话，其余地区都是晋语。以上四个省份是中原及其周围地区，开发比较早，方言分化也最严重，分区也最详细，这四个省份之外的地方，只有一两个方言分区，比如吴越、楚、秦、南楚。

两汉之后，发生过多次大规模的移民潮，包括北方人民南下和少数民族进入中原，各地的语言和方言发生多次替换，但是山东河北的方言分区还维持了许多不变的因素，这些古今不变的成分，必定有其古今不变的原因。原因应该比较多，我们认为至少以下两种是比较确定的。

地理因素。比如山东，山东半岛以丘陵为主，半岛与内陆距离比较远，容易形成独立区域，山东内陆中部是泰山、沂蒙山等山脉，把鲁西南和鲁北隔开，所以山东半岛、鲁北和鲁西南在古代和现代都是单独的方言区。再看河北，赵地处于太行山东南麓，远离其他文化中心，燕地远离中原，两地在古代和现代都能维持独特方言。

经济文化因素。齐、鲁、赵、燕所在地一直都有经济文化中心并且有一定独立性，所以古今都能够形成单独的方言片。

至于导致分区发生变化的原因，就比较多了，比如移民、经济文化交

学为人师　行为世范——庆祝许嘉璐先生从教 50 周年学术研讨会论文集

流、行政区划改变，等等，我们不再展开。

参考文献

［1］丁启阵：《秦汉方言》，东方出版社 1991 年版。

［2］河北师范学院、中国科学院河北省分院语文研究所：《河北方言概况》，河北人民出版社 1961 年版。

［3］河北省地方志编纂委员会：《河北省志方言志》，方志出版社 2005 年版。

［4］贺巍：《冀鲁豫三省毗连地区方言的分界》，《方言》1986 年第 1 期。

［5］贺巍、钱曾怡、陈淑静：《河北省北京市天津市方言的分区（稿）》，《方言》1986 年第 4 期。

［6］侯精一：《晋语的分区（稿）》，《方言》1986 年第 4 期。

［7］华学诚：《扬雄方言校释汇证》，中华书局 2006 年版。

［8］李荣：《官话方言的分区》，《中国语文》1985 年第 1 期。

［9］林焘：《北京官话溯源》，《中国语文》1987 年第 3 期。

［10］林语堂：《前汉方音区域考》，载《语言学论丛》，开明书店 1933 年版。

［11］刘君惠、李恕豪、杨钢、华学诚：《扬雄方言研究》，巴蜀书社 1992 年版。

［12］罗常培、周祖谟：《汉魏晋南北朝韵部演变研究》，中华书局 2007 年版。

［13］钱曾怡主编：《山东方言研究》，齐鲁书社 2001 年版。

［14］乔全生：《晋方言向外的几次扩张》，《语文研究》2008 年第 1 期。

［15］吴永焕：《从〈方言〉所记地名看山东方言的分区》，《文史哲》2000 年第 6 期。

［16］熊正辉、张振兴：《汉语方言的分区》，《中国语文》2008 年第 2 期。

［17］中国社会科学院、澳大利亚人文科学院：《中国语言地图集》，香港朗文出版（远东）有限公司 1988 年版。

河北方言分区的古今对比

"义类"、"类义"与对外汉语词汇教学

北京师范大学汉语文化学院 步延新

摘 要 本文介绍了许嘉璐先生有关"义类"、"类义"的概念，简要地论述了它在词典编撰、中文信息处理、对外汉语教学等方面的作用。指出在对外汉语词汇教学中应该积极利用"义类"、"类义"的观念以扩大学生的词汇量。同时，也要注意"义类"、"类义"的主观性、民族性等特点引起的不便，合理地运用这一观念。

关键词 义类 类义 民族心理 词汇教学

《未了集》是许嘉璐先生给北京师范大学的师生讲课或在其他地方作学术讲演时的记录稿汇编。这部集子里的文章不仅对应用语言学的现状进行了分析与展望，还论及了语言本体、语言规划、语言与文化、语言与哲学以及中华文化源流等诸多方面的内容。先生上溯历史、下联现实、宏观地观察各类事物和现象，适时提出问题、分析问题、解决问题。其中《"义类"和"类义"——兼论雅学》一文对我的启发很大。

一 对"义类"、"类义"的认识

"义类就是词义的类别"，"词义是词的形式在人们的主观上引起的笼统的、综合的、一般的反应，而这个笼统的、综合的、一般的反应中，它们的属性是多方面的，所以词义可以从多角度去分类"。（许嘉璐，2002）可以按照事物的本体来分类，也可以按照事物的动作、变化，按照事物的性质等各个方面来进行分类，这就形成了词义的种种类别。而"类义就是同一义类的词所共有的意义"，"凡是同属于一个义类的词都具备同一个类义"，"义类和类义是从两个不同角度说同一个事物"。（许嘉璐，2002）

人们在谈到"义类"、"类义"的时候，往往将其与理论语言学中的"组合关系"、"聚合关系"、"语义场"等几个概念混同在一起，认为这是同一概念的不同说法而已，而许嘉璐先生（2002）明确指出了"义类"、"类义"同"组合关系"、"聚合关系"、"语义场"的区别。"组合关系"、"聚合关系"着眼于词的形式内部的语法关系，以及词与其他词的语法关系，而"义类"、"类义"着眼于意义，从意义的角度对词进行分类。"义类"、"类义"与"语义场"虽然有许多共同的特点，比如都具有系统性、层级性、对称性等特点，但是"义类"、"类义"和"语义场"又有所不同。相对而言，语义场在对词进行划分归类时更符合现代科学的标准，而"义类"、"类义"则具有非常强烈的主观性特点，不一定符合某一科学标准。因为语言学家对词义进行分类的时候，除了要考虑它所反映的客观事物的性质以外，还要考虑语言群体的心理习惯，同时还有分类者分类的目的和他的主观认识、主观判断的影响。"义类"的划分在反映分类者本人对客观世界的认识和态度的同时，也反映出本民族的民族认同性。民族认同性是"义类"、"类义"的特点之一，这也就是说"义类"、"类义"与本民族的文化、民族心理、思维方式等有着十分密切的关系。

二 "义类""类义"的作用

我国学者很早就将"义类"、"类义"观念运用到启蒙教育中。《仓颉篇》、《急就章》、《幼学杂字》等识字类的书，大都是按照事物的类别来进行编排的。《尔雅》是我国最早的一部以解释词义为主的字书，是我国第一部语义分类词典。虽然它是古代的训诂专书，而不是严格意义上的分类词典，但是它把数千条词按照义类分成19篇，实际上已经把词进行了分类。它将许多意义相同或相近的字词汇集在一起，解释它们基本的、通用的意义。《尔雅》的编排方式对后世的影响很大，历代都有人续补或模仿该书。如东汉刘熙的《释名》、三国魏张揖的《广雅》、明代方以智的《通雅》等。"古人之所以很早就按照义类归纳词，并且编成词典，说明汉民族的心理上需要，或者说可以接受这样一个了解和把握词的观念。"（许嘉璐，2002）

近年来，为了适应语文教学的需要，学者们也编著了一些义类词典，比如：王安节等编的《简明类语词典》，林杏光、菲白等编的《简明汉语义类词典》，王凤阳著《古辞辨》，董大年主编的《现代汉语分类词典》，归定康、赵文辉主编的《俄汉义类词典》，梅家驹、竺一鸣等编的《同义词词林》，刘叔新主编的《现代汉语同义词词典》，叶子雄等编的《汉语成语分类词典》，等等。这些词典在语文教学中发挥了非常积极的作用。

"义类"、"类义"不仅应用于语文教学和词典的编撰，而且还运用在其他很多方面。古代的楹联文化就是对"义类"、"类义"词很好的利用。对对联时不仅要讲究词类、词性的对称，而且要求意义相对，也就是将词表达的同一类事物的词放在一起对仗。如：河对海、地对山、大陆对长天，冰对火、雪对霜、海市对山光等。古人将词分成很多小类，以名词为例：天文类（日、月、风、雨）；时令类（年、节、朝、夕等）；地理类（山、风、江、河等）；宫室类（楼、台、门、户等）；文具类（笔、墨、纸、砚等）；衣饰类（衣、冠、巾、带等）；人伦类（父、子、兄、弟等）；军事类（弓、箭、刀、剑等）；文艺类（诗、词、书、画等）等。这种分类没有固定的标准，所以不同的人可以分出不同的类别，这充分体现了"义类"、"类义"在对词进行分类时的主观性特点。

近年来，随着科技的发展中文信息处理技术也突飞猛进，"义类"、"类义"为中文信息处理的发展开辟了新的方向。科研人员建立了"汉字义类信息库"（亢世勇，2003），该信息库以语义类为核心内容，覆盖国家标准 GB—2312 所包括的全部汉字（6763 个）。这个信息库以梅家驹等人编的《同义词词林》的语义分类标准和框架为基础，根据实际情况有所增加，按照语义分类体系共分为 12 大类、94 个中类、1434 个小类。这个信息库的建立不仅满足了人们学习汉字、研究汉字、汉语教学等方面的需要，而且还满足了计算机进行汉字、汉语信息处理的需要。

三 "义类"、"类义"与对外汉语词汇教学

许嘉璐先生（2002）指出，利用义类和类义的观念进行汉语教学，可能会让学习者更快、更多、更好地掌握汉语词汇（主要是理解深刻）。目前，已有一些学者（陈贤纯，1999；林从纲，2006；张和生，2002）将"义类"、"类义"的观念尝试性地应用到对外汉语词汇教学中。"义类"、"类义"最大的作用就是便于学生在短时间内记忆大量同类词汇，可以快速扩大学生的词汇量。比如："上、下、左、右"，学了其中的一个，顺便也可以把另外几个教给学生，这样可以使学生对方位词有个整体印象，容易将概念和具体事物联系起来，形成整体认知。另外，还可以根据具体情况，先教类义词，然后再教义类词。比如："人"是一个大类，

是个类义词，在这个大的类义词下，可以根据不同的特点具体划分出各种义类："男人、女人"，"老人、成年人、青少年、儿童"，"工人、农民、商人、学生、军人"，"本国人、外国人"，"教师、医生、记者、律师、警察"等。这样，我们在教学中可以先教"人"，然后再根据具体的情况，结合课文的内容以及学生的程度把某个义类的词教给学生，这样他们可以更快、更好地理解并掌握词汇。张和生（2008）通过实验证实了，利用义类进行词汇教学，无论对即时记忆还是延时记忆，都有显而易见的好处。

此外，义类词典对于高年级同学的写作有很大的帮助。高年级学生在写作文的时候，总有一种"词穷"的感觉，头脑中有很多想法，但是却无法用现有的词汇表达出来。在这个时候，就需要引导学生利用义类词典，根据意义查找相关的词汇，这样，就会达到事半功倍的效果。目前的分类词典，多是针对中国学生学习汉语而编纂的。由于第一语言学习和第二语言学习存在一定的差异，如何编纂适合第二语言学习者使用的双语、多语分类词典是我们面临的一个艰巨的任务。

虽然利用"义类"、"类义"进行词汇教学的效果非常明显，但同时也要注意合理运用这一观念。

首先，要注意"义类"、"类义"的民族性特点。词义是人们生活习惯、思维方式、心理活动等的反应，不同民族语言中词义分类的标准、分类的范围并不都是一致的。有时同一个词在不同的民族语言中会属于不同的义类。比如，"面包"一词，可以同属于食品一大类，但是中国人认为，"面包"不是正餐，应该属于点心一类，而在西方国家则是主食。再如，汉语中的"酒"是个类义词，是白酒、啤酒、葡萄酒、香槟酒等各种酒的总称，而在俄语中却没有一个这样的词来囊括所有的酒，这样在教学时就要根据学生的具体情况对"酒"这个义类词进行解释。

其次，要根据教学对象的特点选择适当的义类词。我们的教学对象来自不同的国家，汉语水平不一，接受能力也各不相同，这就要求我们要根据具体教学对象的特点合理选择义类词。例如，水果类的词——像芒果、荔枝、龙眼、火龙果、菠萝蜜、榴莲等热带水果，印尼、马来西亚、菲律宾等国家的学生很容易掌握，而像俄罗斯等高寒地带国家的学生就不一定很容易记忆。再如"保持、保存、保留"，"理解、了解"，"经验、经历"等近义词属于同一义类，如果将这些词一下子教给初中级学生，学生们一时很难分清这些近义词之间的细微差别，这无形中增加了教学难度。因此，在教学过程中，我们要根据学生的特点，对所教的义类词进行正确合理的选择和安排。

最后，要将"义类"、"类义"的观念与词频统计相结合。虽然意义相同或相近的词同属于一个义类，但是各个词的出现频率和使用频率并不一样。我们对学生进行词汇教学的时候一般是按照词频（也有部分是专家干预的）来安排先教哪个词，后教哪个词。同一义类的词中有的是高频词，在日常生活中经常使用，有的则是低频词，平时很难遇到。那么教学过程中教师就应该把所教的义类词与我们的教学大纲有机地结合起来，避免为了利用"义类"、"类义"观念多教一些词，而在课堂上出现大量超纲词的现象。

四　结语

"义类"、"类义"是从意义的角度对词进行分类。这一观念在传统的语文教学、词典编撰、中文信息处理等方面已经得到了很好的利用，将这一观念引入到对外汉语词汇教学中能让学生更快、更好地记忆词汇，快速扩大学生的词汇量。但在教学过程中也要注意"义类"、"类义"的主观性、民族性等特点引起的不便。要正确合理地将这一观念运用到我们的对外汉语词汇教学中。

参考文献

[1] 陈贤纯：《对外汉语中级阶段教学改革构想——词语的集中强化教学》，《世界汉语教学》1999 年第 4 期。

[2] 亢世勇：《〈汉字义类信息库〉的研究与实现》，《汉语语言与计算机学报》（新加坡），2003 年第 2 期。

[3] 林从纲：《实用韩日英汉分类词典》，北京大学出版社 2006 年版。

[4] 许嘉璐：《义类和类义——兼论雅学》，载《未了集》，贵州人民出版社 2002 年版。

[5] 张和生：《利用汉语义类进行词汇教学的实验报告》，《世界汉语教学》2008 年第 4 期。

[6] 张和生：《义类研究及其在对外汉语教学中的应用》，《语言文字应用》2002 年专刊。

对外汉语教学中近义词辨析的理论与实践

北京师范大学文学院　　刘士红

摘　要　对外汉语教学中，近义词辨析是重点，但同时也是难点。要解决这个问题，作为一名教师应该在三个方面下工夫：充分的知识储备；丰富的辨析手段；有效的教学方法。

关键词　对外汉语　近义词辨析　知识储备　辨析手段　教学方法

对外汉语教学中，近义词辨析是重点，但同时也是难点。说它是难点，不仅是说习得汉语者在习得近义词时觉得难，更是说对外汉语教师在讲授近义词时觉得难。而后面那个"难"的解决又是前面那个"难"的解决的前提。那么怎样才能解决对外汉语教师在近义词辨析方面的困难呢？这就要求我们的对外汉语教师自身本领必须过硬。我们认为，作为一名对外汉语教师应该具备充分的知识储备、丰富的辨析手段和有效的教学方法。只有这三个方面的本领都具备了，在教学中才能游刃有余地处理近义词辨析方面的问题。

一　充分的知识储备

要想做好近义词的辨析，首先必须具有充分的知识储备。有了充分的知识储备，才能在遇到辨析问题时做到能辨析、会辨析、辨析到位。我们认为，相关知识储备主要包括下面四个方面。

1. 语言学知识

汉语是世界上诸多语言的一种，教授汉语，当然绝对离不开语言学知识。在语言学知识方面应该着重理解词汇的系统性与词汇的多维性，特别要牢牢掌握语义方面的理论，比如义位的内部结构、义素分析法等。相关的语音理论、词法和句法理论也是必须掌握的。本文的第二部分将有具体论述。

2. 现代汉语知识

要对现代汉语词汇系统中的近义词进行辨析，当然要扎实掌握现代汉语方面的知识，特别是词义方面的知识。这些知识主要包括：语素和词，词义的性质、词义的构成、词义的分解、词义的聚合，现代汉语词汇的构成，词语的解释，词类，词组，句子等。本文的第二大部分中也将具体论述。

3. 古代汉语知识

在对外汉语教学中，要想讲好词汇，进行近义词辨析，必须要有良好的古汉语基础，特别是训诂学方面的知识。这就要求我们要多读文言经典；多读古代的"小学"著作，比如《尔雅》、《说文解字》；多读古代的注释书，比如《十三经注疏》，注意注疏中前人对词义所作的解释（如"圆曰规，方曰矩"、"上曰衣，下曰裳"）。这对我们理性地把握汉语词汇系统、词义系统的发展演变有着非常大的作用。我们还要体会以形索义、因声求义、比较互证等训诂方法，把握词义引申脉络，构建词义系联网络。比如对"首·头、目·眼、口·嘴、齿·牙、足·脚"这几对词的词义的分析与用法的讲解就需要用到基本的古汉语的知识。

4. 丰富的百科知识和语料

语言学知识、现代汉语知识、古代汉语知识是辨析的理论基础，而百科知识则是辨析的物质基础。没有丰富的百科知识，有时就会"不知其所以然"。比如为什么"门类·品种"这一组近义词中"门类"是大于"品种"的？"学位·学历"的不同是什么？这两个问题分别需要自然科学和教育方面的专门知识来回答。这就要求我们平时努力拓宽自己的视野，多多涉猎一些其他学科的知识。

拥有丰富的百科知识可以使我们知其所以然，掌握尽可能多的语料则可以为我们的辨析提供足够多而恰当的例句。只有这样，才不会导致"茶壶里煮饺子——有嘴倒（道）不出"、举例失当等情况发生。这也就要求我们平时应该多注意积累语料，随手记之，以备不时之需。

二　丰富的辨析手段

互为近义词的一组词，它们之间一定有同义部分，也一定有区别点。辨析的目的主要是找出它们的区别点。我们可以从语义、语法、语用三个方面来寻找它们的区别点，以达到辨析的目的。

1. 语义手段

语义方面的辨析手段即在互为近义词的一组词的语义特征方面寻找出的区别点。可造成区别点的语义特征我们总结出 11 处，这就为我们提供了 11 种近义词辨析的手段。

（1）相异义项

在进行近义词辨析的时候，不应该以词为单位，而应该以义项为单位。有些互为近义词的一组词，它们除了有共有义项外，还有相异义项。我们可以通过找出相异义项来区别它们。

例：分别·告别①，"分别"是动词，也是副词；"告别"只是动词，没有副词的义项。难为·为难，"难为"只是动词；"为难"也是动词，但同时它多了一个形容词的义项。辨别·区别，"辨别"是动词；"区别"也是动词，但同时它多了一个名词的义项。

（2）语义着重点、侧重点

有些互为近义词的一组词，它们共有义项的语义着重点、侧重点不同。针对这种情况，我们可以通过对这组词中的"异语素"的辨析来进行区分。

例：爱惜·爱护，这组互为近义词的两个词的异语素为"惜"、"护"，它们的不同也就体现在一个是"惜"、一个是"护"上，"爱惜"重在"珍惜"，"爱护"重在"保护"，所以我们说"爱惜生命、爱护公物"。改变·改进，一个是"变"，一个是"进"，"改变"重在"变化"，不论进步、退步、恶化、优化，"改进"重在"进步"。其他如"保留·保存、才华·才能·才干·才智、清静·安静、荒唐·荒谬"等皆可借此区别点辨析开来。

（3）语义轻重度

有些互为近义词的一组词，它们共有义项的语义轻重程度不同。其中

---

① 本文中所举各组例列于某条下并不代表它们的区别点仅为此例所述。

有的语义较轻，有的语义较重。许多情况下也可以通过"异语素"的辨析来进行区分。

例：失望·绝望，这组互为近义词的两个词的异语素为"失"、"绝"，它们的不同也就体现在一个是"失"、一个是"绝"上，"失望"是"希望的失去"，"绝望"是"希望的绝灭"，很显然，"绝望"语义较重。恳求·请求，"恳求"语义较重，因为"恳求"其实就是"心中很诚恳地请求"。其他如"救助·援助·帮助、蔑视·轻视、渴望·希望、夸奖·表扬·称赞、赞扬·表彰"等皆可借此区别点辨析开来。

（4）语义范围、大小域

有些互为近义词的一组词，它们共有义项的语义范围、大小域不同。其中有的所指范围比较大，有的所指范围相对较小。

例：时代·时期，"时代"所指范围要远远大于"时期"。食物·食品，"食物"所指范围要大于"食品"。其他如"气候·天气、毛病·缺点"等皆可借此区别点辨析开来。

（5）集体与个体、多少域

有些互为近义词的一组词，它们共有义项的集体与个体、多少域不同。其中有的所指为集体，有的所指为个体。

例：书·书籍，"书"所指为个体，"书籍"所指为集体，我们不能说"我买了几本书籍"。其他如"人·人们、纸·纸张"等皆可借此区别点辨析开来。

（6）预设条件

有些互为近义词的一组词，它们共有义项的预设条件不同。可能这组词中有一个有语义预设，可能各有不同的语义预设。

例：经历·经验·教训，"经历"的语义预设条件只是"做过的一件事或曾经处于其中的一种情况"；而"经验"的语义预设条件还包括"从这件事和这种情况（成功的）中学到的、总结出的东西"；"教训"的语义预设条件还包括"从这件事和这种情况（失败的）中学到的、总结出的东西"。其他如"开展·展开、措施·办法"等皆可借此区别点辨析开来。

（7）相关论元间等级关系

有些互为近义词的一组词，它们共有义项的相关论元间等级关系不同。其中有的只能用于上级对下级，有的只能用于下级对上级，有的只能用于平级对平级。

例：请求·要求，"请求"用于下级对上级，"要求"用于上级对下

级。其他如"关心·关怀、发·交、指导·请教、请示·命令、汇报·
布置"等皆可借此区别点辨析开来。

（8）抽象性与具体性

有些互为近义词的一组词，它们共有义项的抽象性与具体性不同。其
中有的所指是抽象的，有的所指是具体的。有的所指为思想意识方面的，
有的所指为体外动作方面的。

例：眼光·目光，除了"目光远大/短浅"等用例外，"目光"所指
全系具体，"眼光"所指全系抽象。暗暗·偷偷/悄悄，"暗暗"所指为思
想意识方面，"偷偷/悄悄"所指为体外运用方面。其他如"坚固·稳固、
体会·体验"等皆可借此区别点辨析开来。

（9）所指的层次的高低

有些互为近义词的一组词，它们共有义项的所指的层次的高低不同。
其中有的所指为层次较高的动作、事物，有的所指为层次较低的动作、
事物。

例：欣赏·观赏·看，"欣赏"所指的层次比较高，是"用心、用思
想仔细地"来做；"观赏"所指的层次相对较低，仅指"比较仔细地"来
做；而"看"层次则更低，可以"随便地"做。其他如"梦想·愿望、
熏陶·影响、感受·感觉、润色·修改"等皆可借此区别点辨析开来。

（10）感情色彩

有些互为近义词的一组词，它们共有义项的感情色彩不同。传统意义
上的感情色彩大约只有褒义、贬义、中性三种情况，其实我们还可以总结
出很多其他方面的感情色彩，比如：尊敬、客气、谦虚、骄傲、惋惜、喜
爱、亲昵、厌恶、轻蔑、鄙视、讥讽、嘲笑、戏谑、斥责、委婉、避讳、
詈骂等。互为近义词的一组词，其区别点体现在感情色彩上的不同也是比
较常见的。

例：果断·武断，"果断"是褒义的，而"武断"是贬义的。其他如
"顽强·顽固、成果·结果·后果"等皆可借此区别点辨析开来。胖·发
福，"发福"具有客套、恭维的感情色彩。我·老朽，"老朽"具有谦虚
的感情色彩。其他如"小孩·小鬼、尊容·模样·嘴脸、'死'系列、称
呼系列"等皆可借此区别点辨析开来。

另外有一种较特殊的情况，那就是有的互为近义词的一组词，它们的
共有义项并没有感情色彩的不同，但它们要求各自的搭配对方具有不同的
感情色彩。例：愿意·情愿，"情愿"的搭配对象往往都是不如意的，要
求具有不如意的感情色彩。其他如"非常/很·过于/太、惹·招来/引

起、总算·最终/终于"等皆可借此区别点辨析开来。

（11）形象色彩

有些互为近义词的一组词，它们共有义项的形象色彩不同。形象色彩一般来说可以分为七种：形态形象；动态形象；声音形象；颜色形象；味觉形象；嗅觉形象；触觉形象。

例：惭愧·汗颜、侵占·蚕食、蝉·知了、洁白·雪白、酸·酸溜溜、臭·臭烘烘、冷·冰冷，这几组词每对中的后者相对于其前者都具有特殊的形象色彩，"汗颜"具有形态形象色彩，"蚕食"具有动态形象色彩，"知了"具有声音形象色彩，"雪白"具有颜色形象色彩，"酸溜溜"具有味觉形象色彩，"臭烘烘"具有嗅觉形象色彩，"冰冷"具有触觉形象色彩。

2. 语法手段

语法方面的辨析手段即在互为近义词的一组词的语法特征方面寻找出的区别点。可造成区别点的语法特征我们总结出 5 处，这就为我们提供了5 种近义词辨析的手段。

（12）词性

有些互为近义词的一组词，虽然它们语义相近，但是它们的词性并不相同，更重要的是因为词性的不同它们的语法功能也会不同。

例：刚才·刚刚，"刚才"是名词，"刚刚"是副词，所以"刚才"可以放在主语前或主语后做状语，而"刚刚"只能放在主语后谓语前。其他如"忽然·突然、最后·总算、适合·合适、希望·愿望、反对·相反"等皆可借此区别点辨析开来。

（13）构词能力、构形能力

有些互为近义词的一组词，它们的语义相近，词性也一样，但是它们的构词能力、构形能力却不同。有的词能与其他成分构成新词语，有的却不能；有的可以有构形变化，有的却不可以。

例：重要·主要，我们可以说"重要性"，但不能说"主要性＊"。计划·打算，我们可以说"计划书"，但不能说"打算书＊"。加·添，我们可以说"加快"，但不能说"添快＊"。安静·寂静，前者可以重叠，我们可以说"安安静静"；但后者不可重叠，不能说"寂寂静静＊"。

（14）句法功能

有些互为近义词的一组词，它们的语义相近，词性也一样，但是它们的句法功能却有各种各样的不同。句法功能的不同包括很多方面。例如：

可用于什么句类，对主语有什么要求，可以有几个论元，可不可以带宾语，可不可以做定语，可不可以做状语，可不可以做补语，可不可以被副词修饰，可以连接什么样的句子，对否定式的要求，等等。

例：赶快·连忙、立刻·顿时、安静·宁静、慢慢·渐渐，这四对近义词每对中的前者均可用于祈使句，而后者不可以。千万·万万·一定，"万万"多用于否定句，"千万"组成的句子的主语不能是第三人称和第一人称单数。听说·据说、竟然·不料，这两对近义词每对中的前者可前加主语，而后者不可。忍耐·忍受、旅游·游览、问好·问候，这三对近义词每对中的前者不可带宾语，而后者可以。认真·仔细，可以说"我没看仔细"但不能说"我没看认真"，"认真"不可以做结果补语。或者·还是，"或者"连接的句子是陈述句，"还是"连接的句子是疑问句。白·雪白、黑·漆黑，这两对近义词每对中的后者不可前加"很"，而前者可以；每对中的后者也不可以直接用"不"来否定，而前者可以。

（15）音节长短

有些互为近义词的一组词，它们的音节长短不同，更重要的是，这也就要求其搭配的对象在音节上满足一定的条件。一般情况下单音节的要求与单音节词语搭配；双音节的要求与双音节词语搭配。

例：开·召开，我们可以说"开会、召开会议"，而不可以说"开会议、召开会"。其他如"报·报纸、远·遥远、邀·请·邀请"等皆可借此区别点辨析开来。

（16）伙伴域

所谓"伙伴域"，即可搭配对象的范围。互为近义词的一组词，由于它们本身在语义上的小小差别从而使它们对各自可搭配的对象有一定的要求，这就是它们在伙伴域上的区别点。这是从组合关系上进行近义词的辨析，看其可与谁搭配、不可与谁搭配。一般互为近义词的一组词的伙伴域是互补的。

例：担负·担任，"担负"一般与"责任"等搭配，"担任"一般与"工作"等搭配。伤害·损害，"伤害"一般与"心、感情"等搭配，"损害"一般与"物品"等搭配。其他如"英俊·美丽/漂亮、违反·违背、考察·调查、造价·成本、清除·消除、采取·采纳、建设·建造、矮·低、表现·表示、参观·访问"等皆可借此区别点辨析开来。

3. 语用手段

语用方面的辨析手段即在互为近义词的一组词的语用特征方面寻找出

的区别点。可造成区别点的语用特征我们总结出 7 处，这就为我们提供了 7 种近义词辨析的手段。

（17）风格色彩

有些互为近义词的一组词，它们共有义项的风格色彩不同。其中有的具有正式的风格色彩，有的具有非正式的风格色彩。正式的风格色彩包括高雅、庄重等；非正式的风格色彩包括粗俗、随便、诙谐等。

例：后嗣·子孙/后代、拜会·拜访、拊掌·拍手，这三对近义词每对中的前者都具有一种正式的风格色彩。老外·外国人、老娘们·老太太、孔方兄·钱、伸腿·死，这四对近义词每对中的前者都具有非正式的风格色彩。

（18）语体色彩

有些互为近义词的一组词，它们共有义项的语体色彩不同。其中有的具有书面语体色彩，有的具有口头语体色彩，有的则是通用语体。

例：却·倒、恐惧·害怕、脑袋·头、时间·功夫、售·卖，这五对近义词每对中的前者都具有书面语体色彩，后者则都具有口头或通用语体色彩。预先·提前·提早，"预先"具有书面语体色彩，"提前"具有通用语体色彩，"提早"具有口头语体色彩。

（19）语域色彩

有些互为近义词的一组词，它们共有义项的语域色彩不同。它们可能属于不同的语域，那么它们就具有不同的语域色彩。语域可以分为法律语域、商业语域、政治外交语域等。

例：配偶·对象，相比于"对象"，"配偶"具有法律语域色彩。光顾·光临·来，"光顾、光临"具有商业语域色彩。豁免·免，"豁免"具有政治外交语域色彩。条约·合同·协议，"条约"具有政治外交语域色彩，"合同"则具有商业语域色彩。

（20）时代色彩

有些互为近义词的一组词，它们共有义项的时代色彩不同。它们可能具有不同的时代色彩，有的具有文言古语色彩，有的则具有特殊时代的语言特色。

例：舟·船、犬·狗，这两组近义词每组中的前者均具有文言古语色彩，是文言词。洋火·火柴、洋油·煤油、洋人·外国人、洋灰·水泥，这四组近义词每组中的前者均具有特殊时代——近代我国国门刚打开中西各方面产生碰撞、新事物涌入——的时代色彩。

（21）方言色彩

有些互为近义词的一组词，它们共有义项的方言色彩不同。它们可能具有不同的方言色彩，因为有的词可能是从某个方言进入到普通话中来的。

例：消息·资讯、解雇·炒鱿鱼、结账·埋单，这三组近义词每组中的后者本来都是粤方言词汇，后来慢慢进入到普通话词汇中来。聊天·侃大山·唠嗑，"侃大山"是北京话，"唠嗑"是东北话，它们都具有不同的方言色彩。

（22）外来色彩

有些互为近义词的一组词，它们共有义项的外来色彩不同。其中有的是外语词的音译词①，而有的是汉语依据自己的特点所造的新造词，那么其中的外语词的音译或音译加意译词就具有一种外来色彩。

例：索引·引得、出租车·的士、复制·拷贝、昏迷·休克，这四组近义词每组中的后者都是外语词的音译或音译加意译，而前者则是汉语依据自己的特点所造的新造词或以前就有的词，那么每组中的后者便具有一种外来色彩。

（23）文化色彩

有些互为近义词的一组词，它们共有义项的文化色彩不同。其中有的词具有文化意蕴，或是脱胎于我国古代某个神话传说，或是源自古代某个历史故事，或是产生于某个文学作品，或是由于中华民族对事物的特殊认识，中华文化的某一部分已经植根于这些词之中，它们在语义上已经有了某种文化色彩。

例：红娘·月老·媒人，"红娘"来源于我国古代的文学作品《西厢记》，"月老"源自我国古代的神话传说。指鹿为马·颠倒黑白，"指鹿为马"说的是古代的一个历史故事。凤毛麟角·稀少，"凤毛麟角"用来指代稀少是由于中华民族对事物的特殊认识造成的。

以上所谈的23种辨析手段，它们是一个整体，仅仅运用其中的一种手段大部分情况下并不能解决实际教学中近义词辨析的问题，只有把许多种不同的辨析手段结合起来用，多方位、多角度、多手段地去解读、去辨析，才能使辨析实践取得好的效果。

---

① 包括音译、音译兼意译、半音译半意译、音译加汉语语素、仿译等，但不包括意译。

三 有效的教学方法

知识储备是材料，辨析手段是工具，那么教学方法则是正确运用工具和材料的说明书。有正确的说明书，才能充分发挥材料和工具的作用。有正确有效的教学方法，才能使知识储备和辨析手段得其所用，才能使近义词辨析的教学取得最大限度的成功。我们认为，在教学实践中，应该以以下几种教学方法为指导。

1. 重在理性分析，避免感性触发

近义词的辨析应该以各相关学科知识和科学的辨析手段为理论指导，理性地、客观地、真实地、全面地对互为近义词的一组词进行辨析。绝对不可以想到什么说什么，天马行空，毫无根据地全凭个人的感性认识乱说一通，那是极不正确的，也是一种极不负责任的表现。只有理性的分析才能将近义词的辨析做得对、做得好；而仅凭感性触发地讲解只会导致教师越说越乱、学生越听越不知所以然甚至辨析完全错误的后果。

例：恐怕·可能，对于这组近义词，由于它们都是我们平时常用的词，所以一般感性认识会认为"这两个词没有什么不同"。但是事实并非如此，它们的区别点很多：第一，"可能"有名词的用法；第二，"可能"前可加"很"等副词修饰；第三，"恐怕"后估计的都是负面现象；第四，"恐怕"有"害怕、担心某事发生"义等。

2. 突出重点、清晰点，力避模糊点

近义词的辨析中，互为近义词的一组词，其区别点往往并不仅仅体现在一个方面，一般都会有许多个区别点。但在这些区别点中，有的是重点而有的则是非重点，有的可以很清晰地区别开而有的却十分模糊不甚明了。由于存在着这种现实，这就要求我们在辨析时要突出重点、清晰点，力避模糊点，放弃非重点。清晰点就是操作性强、容易讲明白的点；模糊点则相反。

例：举办·举行，"举行"和"举办"有很多区别点：第一，所带宾语几乎互补，带相同宾语时组成的动宾结构的语义也不同且构成互补；第二，"举行"前加"在＋事件发生地"，"举办"前加"由＋主办方"；第三，"举行"的主语还可以是时间、事件，而"举办"的主语只能是事件发出者；第四，它们的语义差别，"举行"重在"行"，"举办"重在

"办"；第五，特例"下个月在北京将举行第二次六方会谈"。这五个区别点中，第一和第二个是重点，也是清晰点，第四是模糊点，第三和第五是非重点，这样我们便知道在辨析时什么应该讲、什么不应该讲了。

3. 重视典型组合、典型例句的提供

经验告诉我们，理性分析很重要，但感性的刺激、强化也很重要，特别是在一些理性分析显得非常抽象的情况下，具有直观性的感性的例证是对理性分析的证明与补充。进行近义词辨析时，在理论方面的辨析与陈述的基础上，我们还要给学生提供典型的例子来证明这些区别点，给学生以直观的认识，在例子的刺激和强化下加深他们对理性分析的理解，在例子的刺激和强化下加深他们的记忆，加快他们对知识点的掌握。

例：举办·举行，"举办展览—举行运动会"，由这个典型组合我们可以知道"举办"的后面带具有"不运动"性的宾语，而"举行"的后面要带具有"运动"性的宾语；"第 29 届奥运会由中国举办，在北京举行"，由这个典型例句我们便可以知道"举办"和"举行"的区别在于一个前加承办方，一个前加事件发生地。

4. 积极引导，调动积极性与创造性

近义词的辨析是对外汉语教学中的难点，不仅因为不容易讲得清楚、明白，还因为这一教学环节中教师往往不能与学生产生互动，学生的积极性往往也不高，于是形成了一种教师不停地说、学生被动地死记的局面。因此，采用有效方法对学生进行积极引导，让学生也加入到辨析的分析者、总结者的行列中去，让学生从被动的接受者变为主动的创造者，近义词辨析的教学就不会再是那种死气沉沉的局面了。只要学生的积极性和创造性得到了发挥，近义词辨析的教学效果肯定也会得到很大的提高。

5. 练习多样化

近义词的辨析跟对外汉语教学中的其他部分一样，除了需要讲解以外，还需要组织尽可能多的、各种各样的、切实有效的练习。讲而不练，学到的知识得不到巩固，事倍功半；精讲多练，以练促讲，以讲带练，讲练结合，这样才能将学到的知识通过多次的刺激、强化后从而为学生所掌握。

四　结语

近义词辨析是对外汉语教学中的一个重要组成部分，也是我们现阶段需要花大力气促使其完善、成熟的部分。希望我们在这儿提出的四种知识储备、23 种辨析手段、5 种教学方法对我们对外汉语教学中近义词辨析这一环节的完善、成熟起到些积极的作用。

参考文献

[1] 吕叔湘：《汉语语法论文集》，商务印书馆 1999 年版。

[2] 张志毅、张庆云：《词汇语义学》，商务印书馆 2001 年版。

[3] 杨寄州、贾永芬：《对近义词语用法对比》，北京语言大学出版社 2005 年版。

[4] 孙德金：《对外汉语词汇及词汇教学研究》，商务印书馆 2006 年版。

[5] 刘缙：《对外汉语近义词教学漫谈》，《语言文字应用》1997 年第 1 期。

[6] 孟祥英：《谈对外汉语教学中的近义词辨析》，《天津师范大学学报》1997 年第 3 期。

[7] 周莉：《对外汉语教学中的近义词辨析》，《理论观察》2004 年第 1 期。

[8] 胡亮节：《论对外汉语教学中的近义词辨析》，《云南师范大学学报》2006 年第 6 期。

[9] 刘士红：《语言研究中的"位"、"素"、"体"》，《洛阳师范学院学报》2008 年第 4 期。

[10] 教桂华：《对外汉语近义词辨析教学对策》，《汉语学习》2008 年第 3 期。

多媒体教学、课件制作与预科汉语教学

北京邮电大学民族教育学院 李千驹

摘 要 多媒体教学弥补了传统语言教学方法上的不足，是先进的生产力在教学中的体现，它可以极大地激发学生的学习兴趣，优化课堂教学，提高教学效率。合理地设计和制作多媒体教学课件是保证多媒体教学质量的重要环节，将多媒体技术引入预科汉语教学势在必行。

关键词 多媒体 课件 汉语教学 预科

多媒体教学是指以多媒体计算机、计算机网络、多媒体投影仪等硬件设备为平台，运用多媒体教学软件（课件）开展课堂教学的一种计算机辅助教学形式。多媒体教学是现代科学技术在教育工作中的运用，也是未来教学手段的发展趋势。在少数民族预科学生中推行多媒体教学是我们民族预科教育单位进行教学改革的必由之路。作为开展多媒体课堂教学的一个蓝本，课件的设计和制作是保证多媒体教学质量的重要环节。

一 将多媒体引入预科汉语教学的必要性

将多媒体手段引入预科汉语教学，其必要性主要表现在以下三个方面：

1. 我国是一个多民族的国家，要实现国家的长治久安必须要以各民族的平等和团结为基础，以各民族的共同发展为保障。而要促进各民族的团结和共同发展，其重要任务之一就是要推进各民族在教育教学上的接轨。在现阶段，多媒体作为一种先进的教学手段，已在教育教学的各个领域中得到了较好的应用和发展，并被越来越多地引入到课堂教学中。但是就预科汉语教学而言，我们却发现以多媒体技术担纲的教学改革对预科汉语教学产生的整体作用离我们还比较遥远，改革的春风还远未吹绿我们预科教育的大地。这种教学上的不平衡显然不利于少数民族优秀人才的培养，也将不利于维护各民族的平等和国家的和平稳定。

2. 随着现代信息技术的发展和网络的普及，人们的生活方式、思维观念和价值标准均发生了重大的变化，同时，学生的认知结构和学习目标也发生了转变。受惠于国家民族政策的倾斜，民族生也不例外地实现了这一转变。要满足学生的新的需求，我们必须改革以往的那种"一块黑板，一支粉笔，一张嘴巴，众人听讲"的传统教学方式，而代之以更为快捷、直观、高效的教学方式，而多媒体教学恰以图文并茂、动静结合、有声有色的优势，以充足的信息量和趣味性顺应着上述转变，在开拓学生的视野、强化学生的自主学习意识、培养学生的全面素质方面发挥着积极的作用。

3. 预科汉语教学的对象是少数民族学生，就我们所在的教学单位来说，生源主要是来自新疆的各少数民族，其中又以维吾尔族学生为主。这些民族学生的母语所属的突厥语族语言与汉语相比差异很大，汉语学习对他们来说难度也很大。因此，我们在面向这些对象进行汉语教学时，更须尝试丰富多样的教学手段来优化课堂教学，以激发学生的学习兴趣，提高教学效率。

基于上述三点，我们认为将多媒体手段引入预科汉语教学是极其必要的。

二 多媒体在预科汉语教学中的优越性

与传统的教学方式相比，多媒体在预科汉语教学中的优越性尤其显现在语言要素的教学和文化因素的教学两个方面。

（一）语言要素的教学方面

语音、词汇、语法和汉字教学属于语言要素的教学，语言要素可以通过传授得以掌握。但显然，语言要素的教学是语言教学中比较枯燥的一个环节，如何更好地进行语言要素的教学，如何更有效地促进语言要素的教学和语言技能的获得两者之间的对接，这是我们教育工作者一直在探讨的难题。如今教育技术的发展给我们提供了一个较好的平台，那就是如果我们利用多媒体技术，多视角、多维度、多侧面地进行课件设计，以更加灵活多变的方式阐释和传授知识，就可以冲破课堂教学的时空限制，加大课堂教学的信息量，大大提高语言要素的教学效果。

比如，在面向新疆少数民族的语音教学中，普遍的难点是送气不送气辅音（b、p、d、t、g、k）和汉语中某些颇具特色的辅音（j、q、x、zh、ch、sh、r、z、c、s）的发音部位、发音方法问题，以及声调的误读、混读的问题。这些难点如果只是通过老师的"一张嘴"来传授，学生往往会觉得既别扭又枯燥，教学效果很难保证，而如果我们利用多媒体技术则可以较好地解决这些难题。因为我们可以借助多媒体技术将辅音发音和汉语五度调值图的动态过程模拟出来，Flash 动画设计可将人的口腔、鼻腔结构及发音部位、发音方法呈现出来，同时配上声调、读音，并且这些过程还可以循环播放，便于通过视听效果强化学生的纠音。

再如，汉字的认读、书写一直是预科汉语教学的难点。传统教法往往是教师把笔画复杂的难字按笔顺一笔一画地写在黑板上。但由于受到时间和空间的限制，笔画的重现率还是难以保证，学生对正确字形和书写笔顺的感知率也必然受到一定的影响。利用多媒体技术设计的课件则可以实现汉字笔画、笔顺的动态书写，而且可以边书写边读出笔画的名称，同时标出该笔画在整个字中的笔顺。由于这一过程也可以循环播放，且图、文、声并茂，非常有利于学生对汉字的接受和模仿，在很大程度上能帮助学生减少认读、书写难字和形近字的出错率。

又如，难点词语的释义以及近义词的辨析和使用是词汇教学的重点。按照传统的教学方式，授课教师往往习惯于"一张嘴、一支粉笔"，板书和口述交叉进行或是边口述边板书，这一方式难以避免的一个弊端是板书和讲解占去了大量的时间，授课密度相对较小。多媒体课件却可以克服这一局限，弥补书写和表述的不足。因为多媒体课件可以呈现给学生一个类似"电子字典"的界面，那些难点字词及相应用法和相关辨析的内容已事先收入相关联的语料库中，当老师在多媒体课堂的计算机上演示，并通过大屏幕放映时，鼠标只要一按相应的功能按钮就能搜索到待讲词语。这样，就使学生能够在有限的单位时段内快速、便捷地获取更多的信息，从而把注意力放在对词语的理解和运用方面，进一步培养和强化学生的自我思考能力和创新能力。

（二）文化因素的教学方面

在文化因素的教学方面，多媒体教学更是显现出难以媲美的优越性。由于语言是文化的物质载体，两者之间有着千丝万缕的联系。因此，我们的预科汉语教学也不应该仅仅是一种单纯的语言教学，而应该将文化的内涵寓于语言教学之中，即在课堂教学中增加中华文化的内容。特别是针对新疆少数民族学生的预科汉语教学，由于新疆突厥语族语言与汉语相比在语音、语法以及词汇方面都存在着很大的差异，而这些差异无疑与沉淀在其背后的文化内容有不可割裂的联系。因此，我们在面向新疆各少数民族的语言教学中尤其需要重视文化因素的教学。

文化教学的一个突出特点是信息量大。针对这一特点，我们在课堂教学中尤其需要重视多媒体教学手段的应用。只有这样，才可以更直观、更生动地传达文化信息，以免把语言课上成晦涩的文化课而令人生厌。比如"二十四节气"这一教学内容，它与我们的生活息息相关，并且我们的一篇精读课文《春的驿站》就选自《二十四节气》一文，因此这一文化内容的教学我们不能回避。由于"二十四节气"这一文化现象的内容庞杂，相关知识的涉及面很广，不仅新疆少数民族学生难以把握，即便是汉族学生也不甚了了。如果按照传统的教学模式，光凭老师一张嘴，出现的结果往往是老师讲得口干舌燥，学生却依然不知所云。对于这一教学内容，中央民族大学的徐健老师所制作的多媒体课件给我们提供了一个优秀的范例。徐健老师的教学实践也告诉我们：多媒体教学是一种很好的教学手段，它能保证课堂教学有充足的真实语料，并且能运用各种声像信息将大量的内容在短时间内清晰地展现出来，利于调动学生的学习积极性和主观能动性。相比之下，传统的课堂教学正是在这些方面存在着明显的不足。

三　多媒体课件制作的几个相关问题

多媒体课件是多媒体教学的一个蓝本。要顺利地开展多媒体教学，首先必须设计、制作出高质量的课件。目前的课件制作总体上来说仍处于起步阶段。表现在：某些单位由于受到办学条件的限制，不能为相应场所配备多媒体教学所需的硬件设备，这样，多媒体教学就无从谈起，多媒体课件的制作自然就没有必要。另外，某些单位虽然具备了相关条件，硬件设施配备齐全，但课件制作这一环节却仍处于不统一、不集中、不成系统、不成规模的状况。针对这一状况，我们认为制作出系统、科学而又规范的多媒体课件必须提上日程了。因笔者在教学中承担着与教材配套的多媒体课件制作的任务，立足于实践，笔者认为课件制作需注意以下几点：

1. 要有针对性。我们所面向的教学对象是少数民族学生，应与以汉语为母语的汉语教学区分开来。因此课件制作的内容应紧密结合教学对象的母语特点、民族特点、年龄特点、心理特点、汉语水平等对教学重点和难点做相应的设定。

2. 制作的体例要统一、规范。统一而规范的体例体现出课件制作的系统性。系统性的课件更便于学生发现课堂教学的规律，有利于学生对学习内容的理解和接受。

3. 课件制作要精练。忌在课件中出现过多文字。"书本搬家""黑板搬家"的方式是不可取的。幻灯片上出现过多的文字很容易让学生产生视觉和心理的双重疲倦进而产生抵触情绪。所以设计课件时一定要注意精简字词，最好以画面、流程图等方式进行展现。

4. 课件制作要突出重点和难点。切忌开中药铺似的一一罗列，应做到重点突出、详略得当。重点难点部分一定要着重润色，结合图、文、声、像等辅助理解，相对次要或者只是一般介绍性的内容可一笔带过或根本不设计在课件中。

5. 多媒体课件还要有艺术美感。多媒体课件不仅要有精当的内容，而且还要有好的表现形式。课件制作要尽量实现思想内容和表现形式的完美统一，如对文字的字体大小、颜色作适当的设置，或者加上阴影、边框、底纹等，或者利用动画效果以突出重点，这些表现形式均能在一定程度上增强学生的学习兴趣。但忌在课件中出现无关动画，如果多媒体课件中频繁地出现与教学内容无关的画面、声音和小动画，往往会使学生分散注意力，不能专注于所学的内容，最终效果适得其反。

还需明确的是：课件制作要集思广益。制作课件是教师教学思想、教学理念的集中体现，但是多媒体课件的设计制作非常费时费力，仅靠一位老师孤军奋战，制作出富有特色的上乘之作是有较大难度的。因此，集思广益，优势互补，协同合作是制作课件时所必须明确的。

总之，笔者认为运用多媒体课件引导预科汉语教学势在必行。如何合理、充分地设计、制作、利用多媒体课件是一项长期的艰巨的任务。我们只有紧跟时代的节奏，结合预科汉语教学自身的特点，才能更好地实现通过多媒体手段进一步优化预科汉语教学的目标。

参考文献

[1] 徐健：《多媒体与预科汉语教学》，《西北民族大学学报》（哲学社会科学版）2007 年第 3 期。

[2] 钟洁：《预科汉语多媒体教学模式的思考与研究》，《新疆医科大学学报》2007 年第 2 期。

[3] 丁金国：《对比语言学及其应用》，《河北大学学报》1981 年第 2 期。

汉语初级口语教材中陌生人之间 会话开头的表现及教材编写意义

北京师范大学汉语文化学院　王丕承

提　要　本文结合汉语初级口语教材中的语料，运用会话分析的有关理论，对陌生人之间会话开头在汉语口语教材会话课文中的各种表现进行了细致的分类分析，探讨了陌生人之间会话开头的具体表现对于汉语口语教材编写实践的作用，以及编写会话语篇开头需要解决的一些问题及处理方法。

关键词　会话分析　会话开头　初级口语教材　教材编写

交谈者之间的关系对交谈时的话语使用有很大的影响，同样对会话开头时所使用的话语表达方式也有很大的影响。因此，陌生人之间的会话开头与熟人之间的就会有很大的不同。有学者认为陌生人之间的会话开头很难进行："陌生人之间的会话的开头比起熟人之间会话开头要困难得多，因为陌生人之间不甚了解，容易引起相互猜疑和戒备心理，这会严重妨碍会话的进行。"（刘虹，2004：143）确实，熟人之间由于经常接触或者比较了解，会话开头所选择的话语表达方式如何，对交谈的进展和交谈效果影响不是很大。即使所选择的会话开头的话语表达方式稍有不当，也会由于熟人的关系得到对方的理解，话语表达的不当也会因熟人关系带来的理解而得到弥补。但是，在陌生人之间由于没有这样一层相互理解的交际基础，话语的选择和使用就显得尤为重要了。

在陌生人之间的会话开头中，最开端的发话者话语尤为重要。因为只有当作为陌生人的对方，对发话者的话语有所反应时，交谈才能够继续进行下去。如果要引起作为交谈对方的陌生人的注意，并且使之产生预期的反应使交谈能够进行下去，那么表达好会话开头时最开端的话语，对发话者来说就显得尤为重要了。

通常在陌生的交谈者之间要引起对方的注意，最为方便的话语表达方式是使用称呼。有学者提出称呼有使会话开头顺利进行的多种功能："陌生人之间的会话开头，始发语的发出者一般要选用恰当的称呼，既可引起对方的注意，又可表明要求会话的合作意向，还可向对方表示礼貌和尊重，引起对方的好感。"（刘焕辉主编，1995：296）但是称呼的使用也存在着很大的局限性。面对陌生人选择适当的称呼对于母语使用者也是一个难题，汉语的称呼表达系统又与许多其他语言不同，因而对于第二语言学习者来说，从复杂的汉语称呼系统之中选择合适的汉语称呼开始与陌生人的交谈就尤为困难了。

一 不完全陌生型的会话开头

（一）特定场合之下陌生人之间的会话开头

这里所说的"特定场合"通常都是一些公共场合，如医院、火车、火车站、宾馆、饭馆等。特定场合对确定交谈者之间的关系，有着重要的辅助作用。特定场合实际上对交谈者之间的关系和话语交谈范围有一定的限定作用。这样的场合至少能够确定交谈者一方或者双方的身份，这就会使交谈者之间的关系变得明显、清楚起来，使完全陌生的交谈者关系转化为不完全陌生型的交谈者之间的关系。另外，也使交谈者之间的话语交际，一般都会限定在事务性的交谈话题或者与特定场合相关的一些话题范围之内。例如：

1. 在医院

① （在医院）

大夫：怎么了？哪儿不舒服？

小雨：从昨晚开始头疼、嗓子疼，还有点儿咳嗽。

大夫：先量一下体温，把体温表放好。

……　　…… （马箭飞主编，2000：148）

医生和患者之间的交谈内容多是有关问诊和自述病情，会话的开头通常都会直接进入有关看病话题的交谈。这是由于交谈者之间的关系因特定的场合（医院）而明确，因此一般无须客套和寒暄。

相对而言，候诊的患者之间的交谈与医生和患者之间的交谈，就会有很大的不同。由于患者之间是缺乏一种确定性的陌生人的关系，所以会话如何开头的难度就要比医生和患者之间大得多。而且会话开头难度大的原因，除了交谈者关系陌生以外，还有交谈的性质和内容也有所不同。医生和患者之间的交谈是有固定的交谈内容的专门性交谈；而候诊的患者之间的交谈则是无交谈内容限定的日常性交谈。限定性的交谈内容的范围就会比较小，因而开头也就比较容易；而无限定的交谈内容的范围则会比较大，再加上交谈者之间的关系相对比较陌生，因此，选择交谈对方感兴趣或共同关心的话题就存在着较大的难度。当然这也并不是说医院的场合对患者之间的会话开头没有帮助，比起完全没有特定场合辅助的陌生人之间的会话开头，医院的场合还是可以提供一些可以开始交谈的话题（如，看病等），但没有特定场合辅助的陌生人之间的会话发生的几率其实较低。

2. 在火车上

②A：列车员同志！列车员同志！

B：老大娘，您找我有事？

A：同志，托你把这个孩子带到上海去。

B：您别急，有话慢慢说。

······ ······ 　　　　　　　　（李德津、李更新主编，1989：205）

对于发话者 A 来说，交谈对方的身份（列车员），可以由制服以及特定的场合（火车上）来确定，而且对方作为特定环境中的服务者有责任提供服务性的帮助，所以以对其进行称呼（"列车员同志！"）并且进一步进行求助都是可行的，交谈也因此就比较容易开始。另外，由于在这里发生的交谈是处于在旅客列车上这一特定环境，使这种会话的开头可以得到特定场合的帮助。由于处于特定场合，交谈者之间的关系已经转化为不完全陌生型的关系。

3. 在宾馆

③A：您好，先生，您是要预订房间吗？

B：对。我是深圳大友公司的，我们公司总裁十二号要来北京，我们想预订皇帝套房。

A：很抱歉，先生。皇帝套房刚刚预订出去了。不过，我们这儿除了皇帝套房以外，还有总统套房，同样豪华、气派，只是风格上跟皇帝套房不一样。

B：我可以先看一下儿吗？

A：当然可以。我这就让人带您去看看。

　　　　　　　　　　　　　　　　（张辉，1997：149—150）

发生在宾馆的交谈一般多与住宿的事情有关，而且这也是一种比较有实用性的常见话题，在汉语初级口语教材中通常都会设计安排客人和宾馆服务人员之间的交谈。这样的交谈也会因特定场合的因素存在，使交谈内容和双方的身份比较容易明确。在③中，很容易通过表达话语确定说话者A是宾馆前台的服务人员，说话者B是要预订房间的客人或某公司负责预订宾馆的有关人员。

4. 在饭馆

④服务员：您好！您吃点儿什么？

马　丁：有饺子吗？

服务员：有。您要多少？

马　丁：来四两吧。还要一杯啤酒，要热的。

……　……　　　　　　　　　　　　　　　（李克谦、胡鸿，1998：35）

发生在饭馆的会话内容多与就餐和服务有关，在初级口语教材中尤其是如此。而且按照就餐的顺序和情况来说，通常会话的开头都是与点菜或要求服务员提供某项就餐服务有关。交谈双方之间的关系是就餐者与服务员的关系，话语表达的内容也与就餐有关。

可以看出，这些特定的场合对于交谈者之间的关系有很强的限定性。例如，在医院里，医生与病人之间的会话比候诊病人之间的会话，其间的关系更为明确。关系明确的交谈者之间的会话开头，就会有比较明确的话语表达方式，会话开头也会比较直接和容易。所以医生和病人之间的会话开头，会有比较固定的话语表达方式，在会话语篇的结构上也会形成比较固定的模式。通常都会由医生的问诊开头，当然，由于病人急于说明自己的病症，也可以由他们先开头介绍自己的病情，医生再作进一步的询问。但是无论如何，所有的对话都会围绕着询问谈论病症而进行。除非医生与病人之间的关系是熟人，那么就会先采取熟人之间交谈的会话开头方式。

这些特定场合又具有多样性。在日常交际中的特定场合也是多种多样的，因此要根据具体的交际场合选择适用的会话开头的话语表达方式。本文的研究只是列举了一些比较典型的、出现在汉语初级口语教材课文中的特定场合，这并不意味着会话开头的场合只有这些。其实会话开头的场合还有很多种类型，有待进一步的研究，更有待教材编写者去发现和利用。

（二）特定交谈方式中陌生人之间的会话开头

发生在陌生人之间一些特定的话语交谈方式，也会对会话开头有影响。比如，陌生人之间在电话中的交谈，就是会对交谈者之间关系起限定作用的一种话语交际方式。这是因为在完全陌生的人之间通常是不会发生电话交谈的，只有在一些特殊的场合才有发生这种交谈的可能。这种特定场合使交谈一方或者双方的身份可以得到确定，这样也就使话语交谈在开头时双方的关系并不是完全陌生的，而且交谈时的话语表达也可以限定在一定的范围。

⑤A：您好！这是北京饭店服务台。

B：我要预订一个房间。

A：要套间吗？

B：不！标准间。

A：什么时候来？

B：明天。

A：请问先生贵姓？

B：我姓王。

A：恭候您的光临！　　　　　　　　　　　　（黄为之，1999：58）

这是口语教材中的电话交谈的开头，通话的场合是宾馆的服务台。交谈者一方（说话者B）是清楚对方（说话者A）身份的，通话时接电话的对方（说话者A）通常都是宾馆服务台的工作人员。

电话交谈也是会话分析研究所关注的对象，但是会话分析理论研究的一般都是普通的电话交谈。普通电话交谈的开头也有规律可循："电话交谈的开端有许多种形式，但是无论哪种形式，都表明交际者在交谈的开始部分意识到或者合作完成了一系列任务，如辨认对方的身份、进行问候等等。"（刘运同，2007：70）这里所论述的普通电话交谈一定是发生在熟人之间，发生在陌生人之间的通常都是打错了电话时的交谈，这种交谈一般都不会发展下去。但是，如果是在特定的场合，陌生人之间的电话交谈是可以进行下去的。

特定场合的电话交谈的开头与普通电话交谈的开头有所不同，辨认对方身份的言语行为并不十分重要，因为交谈双方在特定场合的作用下只保持类型化的身份就可以，并不需要明确对方是某一个特定的交谈者。由于发生在特定场合的交谈内容多为事务性的，一般交谈中需要的问候话语可以省略或变得十分简短，发生在普通电话交谈中熟人之间的寒暄性话语更无须表达了。

（三）特定交际范围中陌生人之间的会话开头

交谈如果发生在一定的交际活动范围之内，这种交际活动范围也有助于缩小确定交际一方或双方身份的难度，从而降低了会话开头的难度，使完全陌生的交谈者关系转化为不完全陌生型的交谈者关系。当然，这种一定的交际活动范围，会对交谈的话语表达范围带来一定的限制，也会在某种程度上使会话的开头变得容易一些。这种特定的交际活动范围，与前文论及的"具体的交谈场合"有所不同，比具体的交谈场合范围要大许多。前者由于范围较大，因此交谈场合就不十分明确，这样一来，对交谈者身份和话语内容的限定性就没有后者那样明确，但是仍然保有很大的辅助作用。

有学者也对会话开头的这种现象提出了自己的分析："有时彼此完全陌生的两个人，由于在某种特定的场合里，如参加某种学术会议，语境因素会给他们提供对方的背景信息使彼此变得不那么陌生，如可以知道对方是同行，这为确定对方的身份提供了重要的线索，使完全陌生型变成不完全陌生型。在这种场合下所进行的会话，一般很少具有猜疑和戒备心理，大家基本上可以彼此信任，主动会话者非但不会被拒绝，反倒会受到欢迎。"（刘虹，2004：157）这种一定的话语交际活动范围，有些是由交际活动的场所所限定的，如⑥；有些是由交际者之间的关系所决定的，如⑦、⑧。

⑥A：你是玛丽同学吗？　　　　　　　　　　　　　　　T_1

　B：不是。她是玛丽。　　　　　　　　　　　　　　T_2

　C：我是玛丽，您是……　　　　　　　　　　　　　T_3

　A：我自我介绍一下，我是马英。　　　　　　　　　T_4

　C：你好！　　　　　　　　　　　　　　　　　　　T_5

　A：你好！　　　　　　　　　　　　　　　　　　　T_6

（李德津、李更新主编，1989：70）

这里的陌生人之间的会话开头，虽然不是在特定场合之下发生的，但是交际环境仍然是有所限定的，发生在一定的交际活动范围之内。从话轮①$T_1$②中的称谓（"同学"）可知，这是发生在校园或教室等教学场合

---

① 话轮是口语中交际互动话语的最基本单位。话轮是从语篇结构的角度，对口语交际互动话语进行分解所得出的有关话语的最基本单位。"话轮是指在会话过程中，说话者在任意时间内连续说的话语，其结尾以说话者和听话者的角色互换或各方的沉默等放弃话轮信号为标志。"（李悦娥、范宏雅，2002：22）

② 会话语篇中话轮的表示符号，本文采用了比较简明清晰的标示方式，而没有采用通常会话分析（Conversation Analysis）研究在转写自然话语时所采用的转写符号。这是因为会话分析要研究话轮内部话语表达的许多语言特点，因此要用多种复杂的转写符号详细地标示出话语表达各方面的特征。而本文的研究只着眼于语篇结构，因此无需选择复杂的表示符号。

的会话，虽然交谈的具体场合不能确定，但是一个较大的交际活动范围还是可以确定的。当然，在这样的一个范围之内交谈者的身份（至少是说话者 C 的身份）是可以确定的，而交谈者之间的关系也就转化为不完全陌生的关系了。而且，说话者 A 在话轮 T_1 中的发问也是带有一定意向性的，在话语的内容上也有助于陌生关系的转化。从话轮 T_1 和 T_3 的询问开始，到话轮 T_2 的他人介绍和话轮 T_4 的说话者 A 的自我介绍，再到话轮 T_5 和 T_6 的打招呼，形成一个完整的会话开头的话语发展过程。

⑦A：白老师，您认识他吗？ T_1

　B：不认识。 T_2

　A：我介绍一下。这位是白老师。他是我朋友。 T_3

　C：白老师，您好！ T_4

　B：你好！ T_5

　C：白老师，您懂英文吗？ T_6

　B：懂。 T_7

　A：白老师教中文。 T_8

（李德津、李更新主编，1989：70）

交谈者 B 与交谈者 C 之间本来是完全陌生的关系，但是他们又都与交谈者 A 认识，当三位交谈者出现在一个共同的场合时，B 与 C 本来陌生的关系，由于 A 的在场就有可能转化为不完全陌生的关系。如果交谈者 A 为两位完全陌生的交谈者进行介绍，那么他们转化为不完全陌生的可能性就变为了现实。这样，三位交谈者之间特定的关系就构成了一种特殊的交际活动范围。交谈者 B 和 C 之间的完全陌生的关系可以由话轮 T_1 和 T_2 确知，但是他们之间的关系在经由他人（交谈者 A）为他们作介绍之后，就转化为不完全陌生的关系了。由此，他们开始在话轮 T_4 和 T_5 中打招呼，开始了谈话，并且在话轮 T_6 以后延续了交谈。

⑧（在校园里，杰夫、安妮和王平、李文静相遇）

王　平：杰夫、安妮，来认识一下儿，这是李文静。 T_1

杰　夫：李文静，你好！我叫杰夫。 T_2

安　妮：我叫安妮，认识你很高兴。 T_3

李文静：你们好！你们俩都是新来的留学生吧？ T_4

杰夫、安妮：是啊。 T_5

杰　夫：（小声对王平）是女朋友吧？ T_6

王　平：（小声对杰夫）哪里，女的朋友。 T_7

李文静：你们说什么呢？ T_8

学为人师　行为世范——庆祝许嘉璐先生从教 50 周年学术研讨会论文集

王平、杰夫：没说什么。 T_9

（戴桂芙、刘立新、李海燕，1997：67—68）

在这段会话课文中，"李文静"和"杰夫"、"安妮"原来并不认识，是完全陌生的关系，但是他们之间由于有共同都认识的"王平"在场，并且在话轮 T_1 中在他们之间作了介绍，这样他们的关系就由陌生转为了不完全陌生。经过话轮 T_2、T_3 和 T_4 中的打招呼和自我介绍，他们的关系变为了相互认识并开始了进一步的交谈。

这种会话的开头也可以称为"介绍型"的会话开头。由于有陌生的交谈双方都认识的第三方参与交谈，陌生的交谈双方的关系就转化为不完全陌生的关系，这样的一种人际关系就构成了一种特定的话语交谈活动范围。可以从上文诸例看出在这种类型的不完全陌生型会话开头中，话语表达内容还是可以有很多的变化，语篇的结构也会有很多不同。

二 完全陌生型的会话开头

完全陌生型的会话在中国通常是较少发生的，但在特殊或紧急的场合如果有迫不得已的情况发生时，当然交谈者也会不顾通常陌生人较少交谈的惯例而被迫开始谈话。但是，这种情况属于特殊的情况，在日常交际中较少遇到，可以视为是一种例外的特殊情况。

在通常的情况下，如果不分场合、地点而随便开始进行完全陌生型的会话，是会引起对方的反感的。对汉语口语交际习惯的研究证明了这一点："在中国，陌生人之间的会话，除非有特殊的必要性，或在某种特定的场合，一般不被鼓励。如果不存在必要性，会话就不容易被接受，会话的主动者会被认为是套近乎、爱唠叨等等，从而引起被动应答者的反感。只有在某些特定的场合，陌生人之间的会话才会被接受，如在火车上旅行，或者共同参加一个会议，或者同时在医院候诊等等。"（刘虹，2004：144）实际上，引文中提到的"某些特定的场合"易于使完全陌生的交谈者之间的关系发生转化，使会话有了一个比较容易开始的条件。

⑨金大成：请问，去大栅栏怎么走？

女孩儿：一直往前，到人行横道过马路就是。

金大成：我想去同仁堂药店，怎么走？

女孩儿：过了马路往南走，在第二个路口往西拐。

…… …… （金椿姬，2003：106）

这段课文是在大街上问路，属于特定场合和特定交谈内容的会话。尽管交谈双方是完全陌生的关系也同样能够展开交谈，但是交谈内容要受到很大的限制。

完全陌生型的会话开头实施难度比较大的原因之一，也是因为首先的发话者要冒被拒绝的风险，这是与熟人之间的会话开头完全不同的情况。"任何陌生人之间的会话开始之前，都有一个观察猜测对方的预备过程……这个预备过程主要是猜测对方对会话所持态度，即是否愿意与自己会话。假如在不能保证对方愿意会话时开始与对方会话，那么就要冒被对方拒绝的危险……拒绝加入陌生人开头的谈话是不会受到谴责的，但是如果拒绝参加熟人开头的谈话则会受到谴责。"（刘虹，2004：144—145）由此可见，交谈者人际关系的不同对话语表达也会有很大的影响，熟人之间和陌生人之间的会话开头也因此在话语表达上会出现很大的差别。

三　编写会话语篇开头需要解决的一些问题及处理方法

在许多初级口语教材最开始的会话课文中，都会编写类似"你好！""你好！"这种互相致意的问候式的会话开头，可实际上这并不是中国人常用的打招呼和会话开头的表达方式。有学者就指出："在中国，陌生人之间不使用'致意—致意'这种对答结构，所以不能与陌生人随便打招呼说：'你好！'这种方式常常显得过分热情，而引起对方的反感。"（刘虹，2004：159）在熟人之间其实也有汉语特有的习惯表达方式。在学习者最初接触汉语口语时，把中国人并不常用的表达语句教给学习者，而这样的学习内容在学习者的心目中所造成的印象又是最深的，这种教材的课文恐怕会误导学习者。

第二语言学习者对自己母语会话开头的话语表达方式当然十分熟悉，但是对第二语言的表达方式就比较陌生。这就需要他们在学习的过程中，通过转换、移置来熟悉并掌握第二语言会话开头的表达方式。在汉语口语交际中，完全陌生的人开始交际时，所谈论的内容都会有受汉语社会生活影响而形成的特点。"当陌生的双方发现彼此不是同乡时，首先要获取的信息常常是对方的居住地，然后才是工作单位、职业等信息。"（刘虹，2004：155）这里所说的同乡关系、对方的居住地、工作单位、职业等信息，都是富有汉语口语表达特色的会话开头的交谈内容，显示了中国人关注的交谈信息重点。在编写口语教材时要特别注意不同语言的这种差异性，可以设法多在教材中展示汉语口语交际的表达特色，以便使学习者有机会了解和掌握。

对汉语初级口语教材课文中的会话开头进行分类研究时，我们发现尽管实际的话语交际中会话开头的发生场合和表达方式都是多种多样的，但是在口语教材课文之中编写出的类型却是有限的。这除了与口语教材课文的内容和话题通常都限定在一定范围之内有关外，也许还与教材编写者对会话开头的发生场合和表达方式的多样性重视不够、了解不足，没有在编写教材时加以注意有关。这样就会影响教材会话课文开头的编写，使之与实际交际中多种多样的会话开头有很大的差距，教材课文的丰富性、多样性也因此受到影响。

在汉语口语教材中，应当尽量多地展示出汉语会话开头的各种表达方式。有学者提出了很好的建议："如果我们不仅把熟人之间的会话开头方式搞清楚，也把陌生人之间的会话开头方式搞清楚，而且把不同类型的会话结尾方式也搞清楚，把这些研究成果编入汉语口语教材中，就可以使学习者在短期内掌握汉语会话的结构框架，可以使他们在日常言语交际中只要先判断出自己要进行的会话活动属于哪种类型，就可以采用哪种会话结构形式，顺利完成交际任务。"（刘虹，2004：167）当前一些汉语口语教材在这方面的不足，也正说明了汉语口语教材编写今后要努力的方向、要填补的一些空白。这其实也是教材编写创新和发展的良好契机，可以使教材编写避免重复、老套，而且更接近汉语口语交际的实际。

在自然口语交际中，完全陌生的人们之间的会话开头，还有一些特殊的表达方式，在汉语口语教材中较少展示出来。例如：

（1）询问式的会话开头表达方式。这种表达方式，并非是通常的一方提出问题由另一方回答："询问性开头常以问话方式出现，但接着仍是发话人继续说话，用问话方式只是为了提醒听话人注意听下面的话，如'你知道吗？火车票又涨价了。'"（赵燕皎，1998）这种询问式的会话开头表达方式有些类似"自言自语"，但如果能够引发人的交谈兴趣，则是一种有效的陌生人之间的会话开头方式。这种在陌生人之间比较有效的开始会话交谈的方式，也应当在教材中设法展示一下。

（2）非言语的会话开头方式。"当一方想和另一方会话时，他总得先以某种方式发出'召唤'。他可以采取不同的语言形式，如可以用对方的称谓……对于陌生人，尤其是不知道其姓名的人，可以通过其他方式礼貌地引起他的注意……当然有时也可以用一些非语言的方式，例如拍一下别人的肩膀，举手，乃至干咳一声等等。"（何兆熊主编，2000：325）尽管汉语交际中的非言语会话开头的表达方式并非是教学的重点，但是在教材编写时介绍和展示一些，也有助于学习者对这类汉语会话开头方式的了解以及在实际交际当中的应用。非言语的表达方式在面对面的口头交际中有着更为重要的作用："在双向视觉交流中，非言语手段，以及交际者的社会行动和行为都会成为交际的媒体。"（张德禄、刘汝山，2003：62）尽管常见的纸介质口语教材是以书面的形式存在的，但是也可以在课文中通过场景说明、动作说明等途径，把非言语的表达手段表现出来。

已经编写出版的有些汉语口语教材的会话开头，在编写处理方面还存在着一些值得改进之处。如：

⑩L、M：请进！　　　　　　　　　　　　　　　　　　　　　　T_1

　A：你们想看话剧《茶馆》吗？我这儿有张票。　　　　　　T_2

　L：我不爱看话剧。　　　　　　　　　　　　　　　　　　T_3

　A：玛丽，你呢？　　　　　　　　　　　　　　　　　　　T_4

　M：我也不喜欢看话剧。你把这张票给三木吧，他很想看。　T_5

……　……

在这段会话语篇开头的话轮 T_1 之前，还应当有话语交谈或对于场景情况的说明，如，说话者表达的要找某人的话语，或者是非言语行为，如敲门等。否则，在话轮 T_1 中就以突然出现的"请进！"作为开头，太突兀了，似并非从会话的起始开始编写课文，课文的会话语篇结构不够完整。可以与下一例对比一下：

⑪A：小雷在吗？　　　　　　　　　　　　　　　　　　　　T_1

　B：是谁，这么早？　　　　　　　　　　　　　　　　　　T_2

　A：是我。可以进来吗？　　　　　　　　　　　　　　　　T_3

　B：请进！……啊，是小罗。　　　　　　　　　　　　　　T_4

　A：我想告诉你……　　　　　　　　　　　　　　　　　　T_5

　B：告诉我什么好消息？　　　　　　　　　　　　　　　　T_6

　A：我刚才听了上海电台的天气预报。　　　　　　　　　　T_7

　B：看你又在操心旅行的事了，怪不得你这么早起床。　　　T_8

……　……

在话轮 T_4 中的"请进！"出现以前，编写者已经在课文中安排了 T_1 到 T_3 三个话轮作为会话的开头。这样，当"请进！……"这一话轮出现时已经不显得突兀了，课文的会话开头语篇结构也比较完整。

目前的口语教材课文中展示得比较多的是熟人之间的会话开头，而陌生人之间的会话开头展示得非常少。但是对第二语言学习者来说，在实际交际时，面对陌生人时的会话开头难度更大，因而实际运用的价值也更高、重要性也更强。"对于把汉语作为外语的人来说，会话的开头要比结尾困难得多，因为不同的会话目的、不同的对象有不同的开头方式，而结尾虽然方式也有不同，但是如果一个人不了解怎样结尾，他就可以用沉默表示结束。"（刘虹，2004：140）因此，在汉语课堂教学和教材编写时，对陌生人之间会话开头时的话语表达能力更应注意培养。在教材中，要更多地呈现各种具体情境下汉语会话开头的各种表达方式，以便学习者能够有机会体验和模仿练习。

附　　记

这篇论文是许嘉璐先生作为导师指导的我的博士论文的一部分，也仅是先生多方面的教学成果中的一个小小的见证。我以此篇论文作为祝贺先生从教五十年的一份微薄的贺礼。我获益于先生的教导不仅体现在攻读博士期间先生开设的课程和对我的论文的指导，还包括 20 多年前我们上大学时先生开设的课程以及与同学们的座谈，更包括从阅读先生的谦逊而实际上广博而渊深的论著以及聆听先生内容广泛而深入的讲座中所获得的无尽的教益。

参考文献

[1] 戴桂芙、刘立新、李海燕：《初级汉语口语》上册，北京大学出版社 1997 年版。

[2] 何兆熊主编：《新编语用学概要》，上海外语教育出版社 2000 年版。

[3] 黄为之：《经贸初级汉语口语》上册，华语教学出版社 1999 年修订版。

[4] 金椿姬：《从韩国到中国·CA126 航班——初级汉语口语》，北京语言大学出版社 2003 年版。

[5] 李德津、李更新主编：《现代汉语教程·说话课本》第 1 册，北京语言文化大学出版社 1999 年版。

[6] 李德津、李更新主编：《现代汉语教程·说话课本》第 2 册，北京语言文化大学出版社 1989 年版。

[7] 李克谦、胡鸿：《交际文化汉语》（上），北京大学出版社 1998 年版。

[8] 刘虹：《会话结构分析》，北京大学出版社 2004 年版。

[9] 刘焕辉主编：《言语交际学教程》，中央广播电视大学出版社 1995 年版。

[10] 马箭飞主编：《汉语口语速成·入门篇》（下），北京语言文化大学出版社 2000 年版。

[11] 张德禄、刘汝山：《语篇连贯与衔接理论的发展及应用》，上海外语教育出

版社 2003 年版。

［12］张辉:《汉语普通话教程·口语课本》第 1 册,北京语言文化大学出版社 1997 年版。

［13］赵燕皎:《走出语篇教学的盲区》,载赵金铭等编《对外汉语教学探讨集——北京地区第一届对外汉语教学讨论会论文选》,北京大学出版社 1998 年版。

［14］朱旗:《实用汉语会话》(二),上海外语教育出版社 1985 年版。

汉语口语课中的师生互动与学生口语交际能力的培养

北京师范大学汉语文化学院　　汝淑媛

摘　要　许嘉璐先生指出汉语口语课堂上师生的交流如果不进行科学的设计，就会出现"瞎侃"的问题。为了克服"瞎侃"及相关问题，本文认为在汉语口语课堂中，师生交流互动时应遵循交际目标的明确性原则，交际内容的渐进性原则，交际重点的反复性原则和交际话题的相关性原则。

关键词　汉语口语　师生交流互动　语言交际能力

引　言

许嘉璐先生是当代著名的语言学家，他的学术成就虽然主要在训诂学方面，但是许先生的学术视野很广阔，在对外汉语教学方面也有自己很多独到的见解，对目前对外汉语教学界存在的一些问题有清醒的认识。例如他在《未了集》中就曾尖锐地指出："有的学校的对话课就是老师去了瞎扯，侃到哪儿是哪儿，认为这是最好的方式，能给学生广博的知识……与其这样在课堂上跟老师侃，不如拿着小板凳到胡同去找老太太侃；或者雇辆三轮，就在三轮车上跟人家侃。"（第43页）

许先生的这段话给我们指出了两个问题：一个问题是，我们的口语课教什么，是不是广博的汉语文化知识？另一个问题是，口语课应该怎样教，是不是老师一个人唱主角？还是应该师生互动，应该如何互动？口语课应该遵循什么样的原则和方法进行设计才能切实提高学生的口语交际能力，避免在课堂上出现老师自己"瞎侃"，或者老师和学生"瞎侃"的情况？本文结合自己的教学实践尝试着来回答先生提出的这两个问题。

对于第一个问题，对外汉语教学界已经几乎没有分歧了，认为第二语言教学以培养学习者的语言技能为教学目标，语言技能又分为听、说、读、写、译等几个方面。而汉语口语课就是培养外国学习者的汉语口头表达能力和汉语交际能力的主要课型。

虽然大家对汉语口语课的教学任务和教学目标没有太大的分歧，但是对于如何完成这个教学任务和实现这个教学目标却存在着不同的认识和做法。虽然在口语课堂上为了节约时间和提高学生的开口率，现在我们常常采用小组讨论的方式，让学生与学生用汉语进行交流，但是这样的交流毕竟都是第二语言学习者之间进行的，他们无法互相监控和修正语言，也无法在原有语言水平的基础上获得进一步的提高。因此，我认为口语课上的师生互动交流对提高学生汉语口语能力起着至关重要的作用。

在本文中，我们第一讨论在汉语口语课堂上进行师生交流互动的必要性和有利因素；第二讨论在口语课堂上师生可能遇到的一些典型的常见问题；第三根据第二语言习得规律和相关的教学法理论，结合具体的教学实例讨论在汉语口语课堂上如何实现师生交流互动，从而帮助学生更好地提高汉语口语能力。

一　汉语口语课上师生交流互动的必要性和有利条件

语言的本质是交际，语言教学的最终目标是发展语言学习者的交际能力，对外汉语教学是培养学生理解汉语和使用汉语的能力，而不是传授汉语知识，这已经成为对外汉语教学界的一个共识。尤其是在以"说"为本质特点的口语教学中，培养学生在实际生活中运用汉语进行口头交际的能力是对这门课最基本也是最重要的要求。

"交际能力"这一术语最初是由美国社会语言学家 Dwell Hymes 提出来的。从某种意义讲，它是对 20 世纪 50 年代末美国转换生成语言学家 Chomsky 提出的"语言能力"概念的一种修正。口语交际能力的培养则是汉语口语课最基本的教学任务，而成功达到人际交流互动的最有效办法就是通过交流互动本身去学习。在对外汉语的课堂上，教师是外国学生唯一可以与之用汉语进行交流的中国人，与教师的交流互动也是学生在课堂上灵活自主地实践和检验所学内容的唯一途径。因此有效的师生交际互动是成功的语言课必备的条件，是帮助学生提高语言能力的重要方法。

汉语口语课的性质特点决定了在口语课上采用师生交流互动的教学方法有着其他课型所不具备的有利因素：

- 主要目的就是培养学生的口语交际能力，而与教师用汉语交流的全过程就是在锻炼学生的口语交际能力。

- 学习汉字和语法的压力较小，学生有较多的开口机会。
- 具有真实交际所需要的自然语境，比以学习语言结构和语法规则为主体的形式语境更有利于学习口语。

因此，师生交流互动应该是一种很适合口语课的教学方式。

二 口语课师生交流互动中可能存在的问题

口语课虽然是学生很喜欢的一门课，可是并不是每个教师的每一堂口语课都会受到学生的欢迎，都能取得理想的教学效果，在对外汉语的口语课堂上还存在很多问题。靳洪刚（2002）认为学生在实际交流过程中常会有以下几种不尽如人意的情况出现：

- 学生的句子过于简短。
- 句式不够复杂。
- 表达低于应有的语言水平。
- 句子或段落层次的连词用得不够多。
- 会话交流中主动转换话题和对答不够。
- 没有把学到的语言形式使用在实际交流中。

我们认为，在口语课堂上的师生互动交流也是学生与以汉语为母语的人一种实际交流，同样会存在上述不尽如人意的地方。不过，以上的几种情况是从学生的角度来说的。我们知道，课堂上的师生交流还有其特殊性：在师生互动的过程中，教师既是学生谈话的对象，也是学生语言的监控者。作为互动交流的监控者，教师在交际过程中应发挥主导作用，使教学目标得以顺利实现。而很多对外汉语教师由于缺乏经验或是对互动交流的认识不够，往往会忘记自己的后一种角色，使得这种交流除上述问题之外还存在其他的一些问题。这些问题的存在不仅成为课堂上师生成功互动的障碍，而且会直接影响学生汉语口语交际能力的提高：

1. 表现欲强的学生长时间霸占话语权，使其他学生没有开口的机会。

由于来中国学汉语的学生来自世界各地，不同的民族特性和性格特点都会对学生在课堂上的表现欲产生影响，因此，在课堂上常常出现开口率不平均的现象，表现欲强的学生与老师交流的机会远远多于不善于表达的学生。

2. 机械的句型操练代替了真实情境中的对话。

口语课虽然以培养学生的口头语言交际能力为主要任务，但是同时也会出现一些新的词汇和语法结构，在学习这些语言点时有时需要用机械操练的形式，但是这样的形式在口语课上不宜多，更不能用机械的句型操练代替真实情景中的对话。因为人们"不是通过造句交流，而是利用句子来阐述不同的事件，来描述、记录、分类，来询问、要求、命令"（H. G. Widdoson, 2000）。机械的句型操练对培养学生在社会文化语境中恰当使用语言的能力意义不大。

此外还有：

3. 教师的解释不够精当，占用了太多的课堂时间。

4. 教师的问题过于难，或太笼统、抽象，或跳跃性过于大，使学生无从回答。

5. 教师的问题过于简单，学生不屑于回答。

6. 教师不了解学生的生活，不能把握学生的兴趣所在，所谈话题不能引起学生的兴趣。

7. 教师不能监控学生的言语，不能帮助学生提升他的语言层次，不能及时指出和改正他的语言错误。

8. 教师在自己感兴趣的话题上把持话语权，无视学生的存在，剥夺了学生的练习机会。

9. 教师不能把握交际话题，由学生牵着鼻子走。

10. 师生之间的交流变成了没有教师存在的学生之间的交流。

要解决以上出现的这些问题，必须分析如何才能做到成功的师生互动交流。

三　口语课堂上师生交流互动中应该遵循的原则

目前，对外汉语教学领域在对口语课课堂教学与言语交际的关系上，比较重视两个方面，一是加强交际性训练，减少讲解和机械操练，二是从总体上使课堂教学交际化，将"交际性原则"贯穿在课堂教学的每个环节之中。但是"交际"有成功的也有不成功的，应该如何加强和贯彻"交际性原则"却较少有人谈及，如果不对教学和学生进行认真的研究，将可能会出现我们上面所谈到的一些问题。我们从最有效地提高学生汉语口语交际能力的角度来看课堂上的师生交流，那么成功的师生互动交流应该遵循以下四条原则：

1. 交际目标的明确性原则

汉语口语课上师生间的交际互动应该是有明确目标的，不能是天南海北地瞎聊胡侃。交际式教学法与机械性重复训练的区别就在于它依托于一个真实语境，在这个语境中学生与教师进行有意义的交流。但是这个交流的目的却与我们日常生活中的人际交往不同，既不是为了认识某人某事，也不是为了获取新的知识信息，或者抒发自己的思想感情，而是为了帮助学生练习学习的词汇、语法结构或表达方法。作为口语课的教师应该始终明确这个交际目标，不能把太多的注意力集中在学生所表达的思想上，不能因为学生的意见与自己相左就与学生展开争论甚至剥夺学生说话的权利。当然，有时教师为了激发学生开口说话的欲望，会故意抛出一个对立的观点以引发争辩，但是即使在这样的时候，教师也始终是话题的发起者和引导者。教师所做的一切都是为了引导学生说话，而且还应该时刻注意学生在交际中的语言形式是否正确、是否得体，适时地给予点拨和引导。只有明确了师生交流目标，教师才能在与学生的对话中做到进得去，也出得来，让学生站在交流舞台的中心位置，但是其行为又在教师的掌控之中，使其在不知不觉间锻炼并提高口头交际能力。

2. 交际内容的渐进性原则

Krashen（1982）指出，老师在课堂上提供可使学生理解的目的语言（comprehensible input）将比教授语言（instruction）本身更有助于学生习得。只有教师在课堂中使用比学生已知但稍难一点的目的语言（i+1）进行教学，学生才可能学会目的语言并更上一层楼。这就要求在口语课堂上师生交际互动的过程中，教师要把握好交际内容的难度，遵循渐进性的原则。渐进性原则表现在很多的教学细节上，例如：在语言项目的安排上，要按照由字词到单句，由复句到句段的顺序进行；在同一个语法结构的练习上，应该强调从新句型套用熟悉的词语说简单具体的内容到新句型套用新词语说复杂抽象的内容的操练顺序；在交谈的话题上，应该以课文复述为基础，从近身性的生活话题逐渐深入到抽象的社会话题。交际内容的难度一定要根据学生的汉语水平逐步增加，不但在不同年级的学生之间要体现出渐进性的原则，即使是对同一个年级的学生在不同的学习阶段，甚至是在一堂课从开始到结束的过程中都应该遵循渐进性的原则。

3. 交际重点的反复性原则

心理学的研究证明，学习时对所学内容的重复次数与记忆所保持的时间有直接的关系，无论是汉语口语课的教学安排、教案设计还是课堂练习，都应该从学生习得第二语言的规律出发，遵循循环往复、螺旋式上升（Jianhua Bai, 2001）的教学规律，而不是直线式地推进教学。大量的反复练习不仅仅是量的增加，更会引起质的飞跃，可以帮助学生提高他们使用汉语进行交际的流利程度和准确程度。

可是对于成人来说，单纯的重复不但会让他们感到厌倦，而且也不能使他们做到灵活地运用汉语。同时 Brown（1994）在讨论"有意义的学习原则"（The Principle of Meaningfullearning）中指出，可以使学习者将知识信息储存于长期记忆中的是有意义的学习而不仅是死记硬背。因此教师应该设计各种不同的语境来鼓励学生进行反复的有意义的练习，为了保证大量的充分的练习，螺旋式上升的教学原则是至关重要的。所谓螺旋式上升是指我们在介绍和首次练习完一个新的语言点以后，教师要有系统地在更高的层次上给学生反复的练习，直到学生完全掌握并达到可以灵活运用程度。

4. 交际话题的相关性原则

Grice（1975）提出的合作行为四准则，其中第二条准则就是相关性准则，其意义就是每个参与交流者都必须遵循与主题相关的交谈原则。这个原则也应该成为我们汉语口语课堂上师生交际互动的一个原则。按照这个原则，教师在作教学准备的时候应该始终以教学目标所确定的主话题为中心，将交际控制在与之相关的几个范围内进行，使课堂交流既不会陷于冷场也不会离题失控，还可以创造更多机会帮助学生练习所学习的语言点。

例如，在讲中国传统的节日春节的时候，教师可以根据课文的中心话题"春节"整理出"春节的由来"、"过春节时的习俗"、"春节对中国人的意义"等几个小话题，还可以由此准备几个与之相关的平行话题，如，你们国家的传统节日，传统节日在现代社会的演变等。这样，使学生在与教师的交流互动中不仅可以自然地进行话题内转换，而且也可以自然地把与春节有关的一些词语重复使用，从而达到了复习巩固的目的。

四　小结

除了以上几个师生交流互动的基本原则之外，在汉语口语课堂上，教师还应该注意给每个学生均等的交际机会、创造真实的语言环境、提高交际语言的幽默感、适时地鼓励学生等一些细微的方面。在对外汉语教学的课堂上，通过师生之间的交流互动来学习汉语是一种行之有效的教学方法，但是要做到成功的师生交流互动，对交流的主导者——教师也提出了很高的要求：既要解决好汉语口语课堂上经常出现的冷场或话题失控的问题，又要充分激发学生开口说话的兴趣和欲望，最大限度地提高学生与教师对话的积极性，从而培养学生的汉语口语交际能力。在师生交流互动中如果能切实贯彻交际目标明确、交际内容渐进、交际重点反复和交际话题相关这四个基本原则，使师生的课堂交流能在教师的充分准备和控制下有组织有系统地进行，语言形式、新旧词汇都能在教师的主导下重复出现，学生汉语口语交际能力就一定会得到很大的提升，也就可以避免前文许先生提到的"瞎侃"的情况。

参考文献

［1］许嘉璐：《未了集——许嘉璐讲演录》，贵州人民出版社 2002 年版。

［2］吕必松：《对外汉语教学概论》，《世界汉语教学》1995 年连载。

［3］梁新欣（Hsin-hsin Liang）：《从师生互动谈如何上好单班课》，*Journal of the Chinese Language*，2004，The Chinese Language Teachers Association。

［4］张和生：《试论第二语言学习中口语交际能力的培养》，《北京师范大学学报》（社会科学版）1997 年第 6 期。

［5］Brown, H. Douglas, *Teaching by Principle*: *An Interactive Approach to Language Pedagogy*, Englewood Cliffs. , New Jersey: Prentice-Hall, 1994.

［6］Jianhua Bai, *The Spiraling Principle and the Chinese Curriculum Design*, Presented at the JCLTA, 2001.

［7］Jin, Hong Gang：《语言定式教学法在中文习得和中文教学中的作用》，Manuscript presented at the ACTFL Conference, 2002。

［8］Krashen, Stephen, D. , *Principles and Practice in Second Language Acquisition*, Oxford: Pergamon Press, 1982.

［9］H. G. Widdowson, *The teaching of English as communication*, Keith Johnson & C. J. Brumfit, *The communicative Approach to Language Teaching*，上海外语教育出版社 2000 年版。

中文信息处理中的 HNC 语境研究

北京师范大学中文信息处理研究所　**刘智颖**

一　引言

语境（context）这一概念最早是由英国人类学家马林诺夫斯基（B. Malinowski）在 1923 年提出来的。此后人们从不同的研究领域，对语境进行过各种定义。从语言学的角度来说，语境就是言语的环境，是交际过程中语言表达所依赖的各种表现为言词的上下文或不表现为言词的主客观语言环境。

语境有广义和狭义之分。狭义的语境指书面语言的上下文或口头语言的前言后语。广义的语境除了言语活动所处的情景之外，还包括表达思想时的社会环境，它由交际的时间、地点、场合、对象、内容等客观因素和语言使用者的身份、思想、性格、教养等主观因素构成。随着人们对语境研究的深入，对语境的关注也逐渐从狭义的语境向广义的语境扩展。

对于语境应该包括哪些因素，学者们的看法并不一致。上下文、前言后语、时间、空间、情景、对象、知识背景、共知前提等都是语境因素。归纳起来大致有三种：

1. 语言语境（context of language）

语言材料构成的语境，也就是口语中的前言后语，书面语中的上下文构成的语境。

2. 情景语境（context of situation）

情景语境指语言行为发出时周围情况，包括时间、地点、方式、话题、目的、场合、言语活动的参加者等。进一步扩展还可包括参与者的年龄、性别、职业和文化素养等。

3. 文化语境（context of culture）

文化语境指言语活动的参加者所拥有的历史文化背景、社会规范习俗和价值标准等。

　　语境的这三大类因素中，语言环境最为具体，即指具体的话语和篇章。情景语境需要听读者从具体的上下文中分析提炼才有可能获得。文化语境则更多地表现为隐性语境，听读者不容易从上下文中得到，需要结合更多的世界知识才能理解。

　　中文信息处理是用计算机来处理语言，因此更多关注可把握的因素。也就是，尽可能将无限的语境用有限的、确定性的因素来表示，以进一步达到实现对语境的整体理解的目标。

二　信息处理中的语境研究

　　随着计算机技术的高速发展，人们开始探索利用计算机进行语境的研究和处理。如何让计算机读懂人的语言，进而理解语境，是人们对信息处理提出的更高要求。要想让计算机具有语境的理解和生成能力，必须让计算机具备像人一样的大脑。也就是说，需要给计算机装载一个类似人脑的理解系统，让计算机具备人一样的认知能力。于是，人们从认知科学的角度开始对语境进行研究，以使其能为信息处理所用。

　　随着认知科学的不断发展，人们发现，语境具有认知的属性，它是人脑逐渐形成的认识世界、理解世界的构造储备。

　　认知语言学认为，人们对于任何形式的语言的理解都要从认知语境框架中去生成。认知语境是人们对世界的认识在大脑中的投射。从认知的角度，人们对语境的研究产生了各种理论和方法。比较著名的有框架理论、脚本理论、图式理论、心理空间以及认知模式等。

　　框架概念是由人工智能专家 Minsky 提出的。框架代表典型的场景结构。Charles Fillmore 最先把框架的概念引入到语言学领域。提出"场景——框架语义学"理论，Fillmore（1982）认为，认知框架是体现人类经验的知识结构，具有图式的特征。这种认知框架也就是我们先验构造的语境。框架语义学理论的核心思想是，人们对词义的理解需要建立在对认知域，也就是"框架"（frame）的理解的基础上。一个框架中包含了若干"框架元素"（frame element）。如，商业交易框架的核心框架元素包括 buyer、goods、money、seller。非核心框架元素包括 means、rate、unit 等。这样就构成一个基本的商业交易认知语境。在英语中，类似这样的框架 Fillmore 共描写了 800 多个。

　　Schank 的脚本理论认为，段落、篇章的意义不是单个句子意义的简单相加，而是与人们的心理密切相关的。知识结构是对事件的意义表示。

共有四种知识结构：脚本（script）、规划（plan）、目标（goal）、主题（theme）。四种知识结构构成因果链。脚本结构是影响最大和发展比较完备的知识结构。对于经常发生的情境，其发生的特定序列的事件就会形成脚本。脚本实际上是我们对某一领域连续事件的一种心理表征。

Fillmore 的框架思想，Schank 的脚本理论实际上就是在构建一个个语境。黄曾阳先生经过多年的研究思考，近几年来对 HNC 的语义网络作了大幅度的修改和扩充，丰富了概念的语义表达。并以语义网络为信息源，提出了 HNC 的语境思想。从某种意义上讲，HNC 语境说也属于认知语境的范畴。

三　HNC 的语境研究

自然语言理解是一个从自然语言空间到语言概念空间的映射过程。由于语种千差万别，人类社会的每一种语言都是一个符号系统，拥有各自的词语和语法。但是，语言概念空间符号体系却只有一个，这是我们进行自然语言理解的前提。HNC 假设：语言概念空间是一个四层级的结构体，从基层到上层分别对应着概念基元空间，句类空间，语境单元空间和语境空间。四级空间及其对应的世界知识共同构成了语言思维的载体。概念基元空间和句类空间大体对应语言空间的词语和语句，HNC 已经给出了相应的表述模式。语境单元空间大体对应语言空间的句群，HNC 也给出了语境单元表示式。语境空间是对语境单元空间的再抽象，HNC 相应地给出了语境框架表示式。与传统语境研究相区别，HNC 语境研究并不关注语境的运用，而是关注语境的认知与生成。语境生成所必需的三个要素就是领域、情景和背景。

HNC 语境说注重的是语境的认知性，语境的构建，而非语境的具体语用功能。语境必然和必须具有共同的框架特征。构成语境框架的基础就是语境单元。HNC 理论认为，任一语言段落或篇章构成的语境都是由有限类型的基本构件组合而成的，这些基本构件就是语境单元。语境是无限的，但构成语境的语境单元却是有限的。如此就能够以有限的语境单元来驾驭无限的语境。对语境单元信息的提取可限定在固定的语言单位——句群中，这种确定的表现形式便于计算机对语境的理解和生成。

语境单元是一个三要素的结构体，这三个要素分别是领域 DOM（domain）、情景 SIT（situation）和背景 BAC（background）。

语境单元表示式的构成如下：

SGUN =（DOM；SIT；BACE；BACA）

SGUN 表示语境单元，DOM 表示领域，SIT 表示情景，BACE 和 BA-CA 表示背景，分别对应事件背景和述者背景。

领域（1）

领域用来描述事件的类型。领域这一要素类似于框架语义学中的框架。在 HNC 理论中，领域框架是一个完备的分类系统。HNC 理论对事件类型有自己的划分依据。认为一个事件类型必将在一个或多个句群中体现，将句群领域（DOM）定义为句群陈述内容应归属的 HNC 领域。所谓 HNC 领域，意指 HNC 理论所定义的领域，也就是 HNC 理论所设计的领域分类方案，它以语义网络中的扩展基元概念为领域分类的主要依据。考虑到人类活动是自然语言表述的主体，因此扩展基元概念全部用来描述人类活动。HNC 的领域概念总共分 11 种类型，它们是：心理活动及精神状态，人类思维活动，专业及追求活动（第二类劳动），理念活动，第一类劳动，业余活动，信仰活动，本能活动，灾祸和状态。除了后两种类型的概念来自于语义网络的主体基元概念外，其余的类型都来自于扩展基元概念。领域信息都可以从信息本体有关词语的映射符号中获得。

例：国际经济观察：从美联储连续五次减息看美国经济

这句标题的领域信息表示为：

{DOM//811：Eg}

领域类型为人类思维活动（8 行概念节点），是从"观察"这一概念中获得的。

情景（2）

情景用来描述事件的因果（作用效应链）表现。情景对应于狭义的语境，指具体的上下文。

语境单元的情景要素 SIT 由领域句类 SCD 描述。对领域句类 SCD 概念的引入是使情景 SIT 可计算的关键步骤。情景是领域句类表示式的情景框架的归一化组合。如同句子的意义在 HNC 中用句类表示式来表示一样，句群的意义也可以通过形式化的表示式来表达，称为领域句类表示式。因为句群是由一个或多个句子构成的，每个句子或带有或不带有领域信息，HNC 将带有领域信息的句类作为领域句类。情景框架就是把领域句类表示式所包含的各主块要素按照约定顺序以框架单元的形式排列起来，这样就可以把句群的主干抽离出来呈现给计算机，使计算机获得句群的语义框架。

如：全总号召职工积极参加经济技术创新工程

这个句子的情景信息表示为：

$\{SIT//T3XY [vc239ea1] | TA [fpj2*01/pea03a*m] | | Er [vc39e619] | YB [(pa, p96)] | YC [ga21b]\}$

其中，"T3XY"是该句的领域句类，为信息转移—作用效应句。领域句类中包含的主块信息分别为 TA、Er、YB 和 YC。TA 为信息转移者"全总"，"[fpj2*01/pea03a*m]"是"全总"这一词语在 HNC 概念符号中的映射。Er 为块扩中的特征语义块"参加"，YB 为效应对象"职工"，YC 为效应内容"经济技术创新工程"。

背景（3）

背景用来描述事件发生的主客观条件。对应于广义的语境。

这里所说的背景大体对应于语言学中的情景语境，包括言语活动的参加者、场合（时间和地点）、话题、方式等。构成情景语境的这些要素一般被视为言外信息。但言外信息通过一定的手段在一定程度上同样能够在句群或篇章中提取出来。

背景又分为事件背景 BCAE 和述者背景 BCAC。事件背景描述事件发生的主客观条件。事件背景的符号描述与辅语义块概念树 l1（包括方式、工具、途径、比照、条件、动因、目的等）同构，述者背景描述叙述者或论述者的特定视野。述者背景的符号描述与概念节点 50α（包括自然状态、生命体状态、人的状态、情况等）同构。将背景信息形式化并对应于具体的概念节点，这使得背景信息的提取成为可能。

如：新疆发生 5.1 级地震

这个句子的背景信息表示为：

$\{BCA//Cn1 [VOID] | Cn2 = YB\}$

Cn1 表示时间条件，其值为 VOID（空），意思是句子没有出现时间背景。Cn2 表示空间条件，取值为 YB，意思是空间信息蕴涵在全句的效应对象中，即空间为"新疆"。

计算机理解文本进入语境单元萃取阶段时，首先是进行句群领域的认定，接着在语境单元知识库中按图索骥，找到这个领域概念节点所挂接的领域句类代码及领域句类知识，把文本中符合预期的 HNC 符号填充到相应的语境单元框架中，这是语境单元萃取的基本步骤和主要内容。其他内容还包括把辅块信息填充到事件背景框架中，获得述者背景信息并进行立场判定，等等。

语境单元有限性的本质在于领域类型的有限性、领域句类数量的有限性和事件背景类型的有限性。语境三要素说，是对语境形式化的探索。

四 领域句类及其知识

领域概念是指具有领域信息的根概念及其延伸概念。领域句类是指为领域概念配置的特定句类。领域内的每一棵概念树，都拥有自己的领域句类，对概念树进行框架的描述。领域句类与含有领域信息的概念树挂钩，通过相应概念树的世界知识来表达领域的世界知识，从而使每一个领域句类都相应地拥有一定的世界知识。概念层面的领域句类及其知识映射到语言层面，大体相当于句群。领域句类表示式描述的就是一个领域完整的语境信息。虽然在实际的语言运用中，句群不能给出语境单元的完整信息，但是句群总能给出语境单元的关键信息。正是从这个意义上，我们针对每一个领域的不同概念树，设计相对应的领域句类表示式，建立该领域概念树下的世界知识形式化表示框架，由此，通过建立领域句类表示式，就可以实现语言空间的句群到语言概念空间的概念树之间的映射。

领域句类及其世界知识具有先验性，只能通过演绎的方法进行设计。在 HNC 理论的总体框架下，通过领域句类表示式的设计及其配置，把不同领域的世界知识以一种领域句类表达式的方式提前装入计算机中，建立语境单元萃取所需的领域句类知识库，这就使得计算机在处理句群时能得到充分的有效的知识支持，从而能够实现句群处理的最终目标。

五 结语

继词语的概念表述模式、句子的句类表示式之后，HNC 经过几年的探索又进一步提出了 HNC 语境说，并给出了具体的语境构成与处理方案，使语境的获得成为可能。这为自然语言理解从句子一级到句群和篇章一级的理解提供了可能，使语言处理从句处理阶段向篇章处理阶段迈进了一大步。依据 HNC 的领域类型划分进行语境单元的萃取，也为文本的自动分类和自动摘要的技术实现提供了一条途径。

参考文献

［1］Fillmore，C. J. Frame Semantics，*Linguistics in the Morning Calm*，Seoul：Hanshin Publishing Co，1982.

［2］池毓焕、杜燕玲、雒自清：《人事管理的领域代码及其知识》，载《中文信息处理的探索与实践》，北京师范大学出版社 2006 年版。

中文信息处理中的 HNC 语境研究

[3] 郝惠宁、缪建明、雒自清：《浅析语境单元萃取》，载《中文信息处理的探索与实践》，北京师范大学出版社 2006 年版。

[4] 黄曾阳：《HNC（概念层次网络）理论》，清华大学出版社 1998 年版。

[5] 黄曾阳：《语言概念空间的基本定理和数学物理表示式》，海洋出版社 2004 年版。

[6] 贾宁：《政治斗争的领域句类表示式设计》，载《中文信息处理的探索与实践》，北京师范大学出版社 2006 年版。

[7] 李德华、刘根辉：《面向信息处理的语境形式化研究》，中文信息学报 2004 年第 18 期。

[8] 李桔元：《语境的多维研究：国内语境研究十年发展综述》，《东北大学学报》（社会科学版）2008 年第 2 期。

[9] 苗传江：《HNC（概念层次网络）理论导论》，清华大学出版社 2005 年版。

[10] 缪建明、郝惠宁、雒自清：《国家治理与管理的领域世界知识描述》，载《中文信息处理的探索与实践》，北京师范大学出版社 2006 年版。

[11] 缪建明、郝惠宁、雒自清：《外交活动的领域句类表示式的设计》，载《中文信息处理的探索与实践》，北京师范大学出版社 2006 年版。

[12] 邱莉榕、史忠植、林芬、万长林：《基于本体的语境信息模型与推理的研究及实现》，《计算机工程》2007 年第 33 期。

[13] 王建华、周明强：《现代汉语语境研究》，浙江大学出版社 2002 年版。

[14] 王轶群：《语境对语义的解释功能》，《安徽大学学报》2001 年第 1 期。

[15] 王占馥：《汉语语境学概论》，南方出版社 1998 年版。

[16] 许葵花：《语境研究的认知渐进性探源》，《美中外语》2005 年第 3 期。

[17] 杨平：《语境的形式化研究》，《华南理工大学学报》（社会科学版）2004 年第 6 期。

[18] 尤爱莉：《语境与语言运用》，《语言教学与研究》1995 年第 5 期。

从哈耶克的"心智理论"看语言禁忌

北京师范大学中文信息处理研究所　**王宏丽**

哈耶克（Friedrich A. Hayek），奥地利经济学家，1974 年诺贝尔经济学奖获得者，在经济学、政治学、法学、社会哲学等领域取得了杰出的成就，对中国当代的社会科学产生了极大的影响。心智理论是哈耶克整个理论体系的哲学基础，集大成者是《感觉的秩序：理论心理学原理探究》（1952）一书。

哈耶克认为心智理论的研究，有助于澄清他在社会理论方面的许多问题，对他形成有关社会科学的方法论起到了极大的作用。例如：通过哈耶克对人类心智有限性的描述，可以找到他提倡对政府的范围加以宪制约束的根据，因为人类心智的有限性，所以，行为着的人类需要有宪制约束。从认识论讲，社会秩序由此产生。哈耶克提出了一套自由秩序理论，以不完美理性著称。他认为，人类制度是人类行动的结果，而不是人类设计的产物，因为人是"无知"的，构成社会结构的要素没有、也不可能被某一单个人或团体的心智把握。

本文试图从哈耶克的心智理论的角度出发，探讨语言禁忌形成的心理、社会原因及发展方式，并结合当代社会的一些语言现象进行一些分析。

一　哈耶克"心智理论"的主要内容

1. 心智秩序的分类

哈耶克的心智理论的核心问题是：人的心智秩序如何形成和进化，人认识周遭世界及自身的方式和限度是什么。主要探讨的问题是：作为"规则综合体"的心智，如何产生"共同结构"，从而使得人与人之间的理解和行为互动成为可能，以及心智和社会、文化如何共同进化。

所谓"心智"，是发生在有机体中的一组事件的一种特殊的秩序，这种秩序以某种方式相关于、但并不等同于外部环境中的事件的物理秩序。可见，哈耶克理解的心智本身就是一种感觉质性的秩序。[①]

在哈耶克看来，人的心智秩序是一种自发自生的秩序，可以划分为物理秩序和现象秩序两种形式。外部刺激作为物理事件被划归于物理秩序，同时，感觉质性通过一定的神经效应过程与物理秩序相分离，这种感觉质性构成的秩序就是现象秩序。

在哈耶克看来，心智是这两个过程演进的结果。一方面，大脑的物理和生理结构一直以某种方式进化着，这种方式为大部分人所共享，保持着高度的一致性。而另一方面，每一特别个体的环境和体验又使个体心智朝着不同的方向进化，经不同的方式引导知觉。

比如，语言禁忌的地域性，反映了不同地区的人们自身对世界某些特有的知觉体验。鄂伦春族世代生活在白山黑水间，靠狩猎游牧为生，以虎和熊为图腾。人们称公熊为"雅亚"，即祖父之意，又称为"阿玛哈"，意为舅舅之意。称母熊为"太帖"，意为祖母，禁止猎熊，熊死了，不能说"死"，要说"睡着了"，要举行仪式，下跪磕头。这些禁忌，在汉族，是没有的。

不同的行为集团有不同的语言禁忌，比如在北京的小商品批发市场，一旦与商家进行了讨价还价的语言交流，就意味着你将购买该商品。如果只讲价而不购买，商家就会翻脸。

2. 心智秩序的一般结构

哈耶克认为，感觉经验必须以前感觉经验为前提才有可能。前感觉经验在神经系统中的生理对应物就是"结联"，这种"结联"是相对稳定的。

由所有"结联"构成了心智中的"准恒定结构"，是个人所有前感觉经验的集合体，反映了个人生活经历或外部环境中的各事件的相对稳定的关系。这种结构是长期形成的，并且可以逐渐被修的，就整体而言，起着意义判断的作用。但是，人的神经系统对某一事件产生何种反应，不仅取决于长期形成的准恒定结构的意义，也取决于当下环境所具备的特殊意

---

① 马永翔：《哈耶克对现象秩序和物理秩序的区分》，《中国人民大学学报》2004 年第 1 期。

义。哈耶克将后者称之为"模式"，它短暂而富于变化，必须在"准恒定结构"中发生，反映了其动态的一面，对应的就是当下的感觉经验。同时由于"关联"的作用，"模式"实际上总是倾向于超前当下的实际情境，因此它所再现的不仅仅是当下的环境，也包括预期的可能的变化。过去、现在、未来三个维度，被哈耶克同时串了起来。

纵观我们的生活，我们经历各种各样的经验，这些经验都会影响到我们心灵的进化与发展。故在任一既定点上，心智都可被视做这些历史和经验事件的产物。因此，心智是一种从特定的物理结构出发演进而来的，是一种文化的产物。

在哈耶克看来，意识和无意识没有本质区别，都是意识领域的一般性分类，而我们的心智准恒定结构就是无意识的结构。

正如美国著名的心理学家艾里克松指出：人们无意识地知道的东西，比他们有意识地知道的东西多得多。

例如：语法可能是天生的吗？有人认为 walking 和 talking 之间有密切的联系。目前还没有人解释语法的生物学基础，但不应排除语法天生的可能性。

尽管许多人认为语法是天生的这一观点是荒谬的，但人类的许多特性确实是天生的，比如运动。还有某些特别行为，如高兴时微笑，因为人类的面部表情具有先天预成性。先天盲童的表情在早期与正常婴儿发展是一致的，是慢慢才滞后的，社会强化对表情的维持和发展起着重要的作用。[1]

3. 有限的心智与自发的秩序

哈耶克反对马赫的还原主义，认为社会科学是不能由物理科学完全还原的。就像诗人任洪渊写过：可惜没有一颗星的速度，能够飞进李白的天空……[2]在哈耶克看来，我们只可能解释比心智复杂程度低的对象，在实践层面上总是有限的。比如：市场、语言、法律，都不可能完全理性地解释，因为其秩序不能完全放到心志中去。事实上，法律语言一直在告诉我们"不要做什么"，而不是"应该做什么"。

他相信，人的心智是有限的，人总是"无知"的，必然要借助于自发产生的社会制度来克服这种局限性。

---

① 孟昭兰主编：《普通心理学》，北京大学出版社 1994 年版，第 398 页。

② 王一川：《文学理论演讲录》，广西师范大学出版社 2004 年版，第 99 页。

首先，单个人的理性或心智能力不可能完全把握复杂现象的所有细节，相对于这些细节而言，个人是无知的。其次，就文化进化理论而言，哈耶克认为，一般性行为规则是在文化进化过程中逐渐形成的，对于这种规则，我们能够默然地遵循，但我们不能对之作出完全的解释。

既然个人心灵不可能统一于社会整体之下，就应该允许个人追求个人心智下的自由。正如我们的生活中，总是在出现种种新的语言现象，而这些现象往往由个人开始出现。

就个人而言心智体系总是不同的，但我们又总有共同的心智结构，因此产生了一般性的行为规范，正如我们日常所说，语言是社会的，个人的语言使用必须符合社会的一般性规则，交际才得以实现。

比如，汉语的双音化的语言表现反映了一种心理禁忌，大家都习惯了就不觉得是规则，然而一旦违反会自然觉得别扭。

另外，任何规则的建立都应以原有的规则为基础，不能凭空建造规则，总有先验在起作用。法官造法、政府制定规则，莫不如此。

行为规则是社会成员经由模仿成功有效的制度、习惯和传统所作出的选择，它并不是有意构建的结果。在哈耶克那里，自由、竞争是使自发秩序成其为良好的社会秩序的必要条件，而一般性规则乃是自由和竞争存在的前提。

4. 心智与社会、文化并发进化

思想是文明的产物，而并非文明是思想的产物。哈耶克指出，人的思想是环境的产物、文明的产物。人的思想是为了适应社会环境而产生的，其中渗透着文明，只是可能不为人们所意识到。风俗、习惯、道德、信仰、生活方式和思维方式等都不知不觉地融入了人的思想中。人并非作为生物学意义上的人而存在，而是作为社会动物而存在。对于作为个体的人，环境不能由他自己选择，他面临既定的风俗习惯、价值观念、生活方式、思维方式等，他的思想在很大程度上只是对既往文明的个体内化。

对于作为群体的人，他们所面临的生产力水平、生产关系状况、社会制度、文化传统等也绝无选择余地，其群体意识的形成也是既往文明影响的结果。

在哈耶克看来，文明生成的模式是这样的：首先是少数人甚至是个别人偶然采取异乎寻常的方法、手段、工具（广义）、态度、情感等使知识和资质比以前更好地结合起来。少数人率先追求更有价值的新目标——然后大多数人通过模仿和学习使少数人所开创的新知识流行起来。这种解决问题的方案并非多数人经过共同协商而选定的，而是在利益的驱动下或在道德价值和审美价值的评价下进行的，也就是说他们根据某种符号或评价不自觉地采用少数人的方法。简而言之，人类文明的进步就是通过少数人的成功的适应环境需要的偶然创举为大多数人所模仿和学习而得以推动的。

语言是社会的，也是个人的。某一个词是如何出现的无法追其根源，但常常是个人使用后，再向社区甚至全民社会扩展，比如高校及其流行的一词"郁闷"，没有人知道最初的使用者是谁。

再如，英文中，to curry favor 是"讨好"的意思，curry 的名词义指调味用的咖喱粉，动词义指梳洗马的毛。一首很有名的 14 世纪的法文长诗"romade favel"里，有一头叫做 fauvel 的驴子，被作为狡猾、善变、谄媚的表征。To curry fauvel 直译就是梳洗清洁 fauvel 这头驴子，因而表示讨好、谄媚。几百年前，英国人把 fauvel 的发音听成 favor，这就是 to curry favor 的来源。[①]

二　从哈耶克的心智理论看语言禁忌

1. 语言禁忌是语言规则的一种表现形式

语言是记忆历史的工具，是文化特性的体现。人作为社会型的生物，在千万年的进化发展中，处于纷繁复杂的社会规则之下，而语言规则也是社会规则之一。

从心智角度出发，语言在人们千百年的使用中，已经成为了一种"准恒定结构"，成为了一般性的行为规则，使得人与人之间的互动成为可能。与其说语言告诉我们应该怎么说，不如说语言一直在告诉我们"不要怎么说"。所以，很早以前，人们就已经"入境而问禁，入国而问俗，入门而问讳"。

关于禁忌的文章，对禁忌有各种分类，如：宗教禁忌、行为禁忌、饮食禁忌、生产禁忌，等等，但都将语言禁忌单独列出。各种禁忌最终都要通过语言（口语、书面、体态）表示，因为语言是最容易使用、最容易模仿的工具。

---

① 《南方周末》2004 年 12 月 9 日，刘炯郎专栏《拍马说》。

当某些语言规则在某一语言社区或行为团体表现突出，甚至上升到了全民范围时，就产生了所谓的各种语言禁忌。比如各方言区有不同的"讨口彩"的说法，粤方言禁忌说的一些事物在北方是无所谓的。而"死"，恐怕则是全世界的最通行的语言禁忌了。

总的来说，语言禁忌是语言规则的一种表现形式，是人们在使用语言时的特定心智的反映。

可口可乐（Coca-Cola）最初到中国来的音译为"口渴口辣"，令中国人畏惧三分。百事可乐（Pepsi-Cola）最初在台湾做广告时，它想使用这样的口号："快来和百事可乐共度一生！"然而，台湾的翻译却是"百事可乐能使你的祖先起死回生"。同样的广告在德国被译成："带着百事可乐从坟墓中出来！"令当地的消费者摸不着头脑。

这些国际营销中失败的案例，都是在语言文字的使用中触犯了当地的语言禁忌的典型。

2. 语言禁忌产生的原因

弗洛伊德谈到语言禁忌时，也认为出于两种社会心理：神圣、神秘。从哈耶克的心智理论来看，是这两种社会心理在人类的心智总结构中产生了集合，然后通过语言反映了出来。语言禁忌最常见的表现形式，就是委婉语的使用。

英语 euphenism（委婉语）一词源于希腊语的前缀 eu（好）和词根 pheme（说话），意为 good speak（说好听的或者善辞令）。

无论是趋吉还是避凶，都符合哈耶克的"在利益的驱动下或在道德价值和审美价值的评价下进行"这一文明进化模式。不言而喻，委婉语具有重要的社会功能，可以用来保持良好的人际关系，促进言语交际的正常进行。

"避凶"，是"无知"的表现。人类最初的思维，仅仅是对客观事物刺激感官的直接感受，他们不可能考虑自己与自然的关系。当人类社会生产发展到一定程度，人才开始考虑自己与自然的关系。但是，人们的社会关系和自然关系的狭隘性，使他们未能认识事物的因果关系，于是，便把幻影幻象以及大自然中许多神秘莫测的现象，都看做神灵的表现；人们认识自然的渴求与极低的思维能力之间形成了尖锐的矛盾，从而产生对神灵化的自然的崇拜，从而反映到初民对神灵、死亡的语言禁忌中来。

但是，语言禁忌并没有随着人类文明的进步而消失，因为人的心智总是"无知"的。比如，对死亡的禁忌。尽管现代物理已经向我们解释了死亡是怎么一回事，但是，在人们的内心，始终由于不了解而恐惧。

汉族没有宗教，因此对死亡的禁忌语特别多。有学者认为，宗教的出现是为了解决死亡问题。然而，即使是在西方，对死亡也有诸多委婉的表达方式。人们讳言 die（死），有了 pass away, pass out, passover（去世）之类的委婉说法。比如还有：to go to a better world（到极乐世界去了）；to go to another world（到另一个世界去了）；to go to heaven（上天堂去了）；to depart（故去）；to be gone（走了，没了）；to pay one's debt to nature（向大自然还债了）；to breathe one's last（咽下了最后一口气）；troubles be over now（罪受完了），等等。死对人们来说是一种不愉快的事情，但英语在委婉陈述这一事实时多数用了比喻的手段，表达了人们一种良好的愿望，要去天堂，要去极乐世界。另外，认为死是一种解脱，受完了罪还完了债，一切都了结了。

而对"性"、"排泄"的语言禁忌，则是人类在文明的进步中，产生的趋雅的心理，符合人们的审美要求。当某一个人或言语社区没有这种要求时，是不会有相应的禁忌的。比如：在色情场所，对"性"的语言描述是无所禁忌的；小孩子或文化水平极低的人，对"排泄"显然也没有文化人那么多的顾虑。

语言现象总是以不断变化的复杂面目出现在我们面前，如果将语言禁忌看做语言规则的一部分，新的语言现象如果不能被旧有的总的心智结构接纳，往往会令人们产生不符合规则之感。新的规则的出现，越符合已有的规则，就越容易被人们接受。比如，汉语从没有停止过对外来词的汉化，因为字母词比意译词难接受得多。

哈耶克认为，"人类文明的进步就是通过少数人的成功的适应环境需要的偶然创举为大多数人所模仿和学习而得以推动的"，语言禁忌的产生也不例外。

语言也是一个自然选择的竞争过程。新形式可以看做是一种"文化进化"，少数人提倡之后，如果成功地被多数人模仿，则将纳入总的心智结构之中。如果处于这一过程中，则往往给人"犯禁"之感。

比如：汉语的"副 + 名"结构，学者议论纷纷，至今未见统一的说法。根据笔者的调查，在《看电影》、《瑞丽服饰》之类的时尚杂志上，已经屡见不鲜了。更有学者认为"汉语的灵动在于它的名词运动，凡是现代文学写得漂亮的都是在这方面显示出汉语的魅力，纯逻辑的语言是苍白的"①。至于这一形式能否通过全民的审美标准进入全民语言，还有待观察。正如哈耶克所说，语言禁忌"并非多数人经过共同协商而选定的，而是在利益的驱动下或在道德价值和审美价值的评价下进行的，也就是说他们根据某种符号或评价不自觉地采用少数人的方法"。

目前在中国的广播电视媒体，主持人本应说普通话，但是，一些所谓的时尚栏目的主持人，常常操着一种介于普通话和港式普通话之间的语言，"有 + 动词 + 过"这一形式也频频出现，是全民对粤方言的接受的反映。但对其他方言，更多的表现的是抗拒甚至调侃。究其原因，不过是经济地位的上升带动了语言地位的上升。

又如，在美国，在种族歧视方面的语言用词禁忌很多。"尼各罗"一词，来源于葡萄牙语，含有"黑色"和"黑夜"的意思，一向在美国用于称呼黑人。马丁·路德·金在讲话中，还自称"尼各罗"。可见人们并不认为有什么贬义。可是在意思是"黑鬼"的"尼格"成为语言禁忌之后，渐渐地人们就连"尼各罗"一词也自动不用了。虽然至今没有人认为"尼格罗"就是歧视用语，可从 70 年代起始这个词就消失了。凡是在正式场合，今天美国人用的都是"非洲裔美国人"这个新造词。对于美国人，这简直是一个语言奇迹。因为，这是一个最讲究言论自由的国家，也拥有最自由散漫的民众，居然在如此广泛的范围内，人们出现了明显的语言自律。这种无形的语言压力，并不是语言禁忌本身带来的，而是隐藏在其后的社会道德和审美价值。

在美国，为了照顾各类人群的想法，很多词都不能在课本中使用。如为了避免引起女权主义者的抗议，不得使用"美丽"一词；"游艇"和"打马球"这样的词也禁用，因为它们会刺伤穷人的自尊心。为了不刺激残疾人，课本里不能出现"聋子"、"跛子"；"猫头鹰"也进了"禁忌词汇"的黑名单，因为它触犯了印第安人的禁忌（印第安人认为儿童患病是因为有鸟的影子投射到他身上，任何关于鸟的联想都是不吉利的）。

其实，政府只要求课本中不得出现有性别、年龄或民族歧视之嫌的词语和引述，并没有这样多的禁忌。课本出版商如此谨慎小心，纯

学为人师　行为世范——庆祝许嘉璐先生从教 50 周年学术研讨会论文集

---

① 任洪渊：《汉语诗学与汉语哲学》，北京师范大学文学院研究生入学教育讲座，2004 年 9 月 5 日。

粹是为了怕得罪某些读者而减少其销量，影响利润。在美国课本出版业的年利润高达 40 亿美元。

3. 对语言禁忌发展的一点思考

语言禁忌的发展也可以看做一种心灵秩序上的自发自由的竞争。随着人类社会的不断进步，禁忌的观念和习俗也在不断地发展变化，很多禁忌已经开始甚至永远地告别人们的生活了，在语言表达上则自由了。比如，在笔者的家乡，正月里年轻人不再避讳说和做"剪头"这件事情，因为人们不再相信"正月里剪头死舅舅"。

但是，历史又把许多新的禁忌补充进来，我们不可能随心所欲地把它们排除掉。人类的求知欲和进取心是无止境的，只要有未知的、必然的情况存在，人类无把握的忧虑和失败、受挫的恐惧就会形成禁忌心理。①

但是，在目前的社会条件下，能否像哈耶克所认为的那样，任由语言禁忌自由竞争与发展呢？

未必所有的语言禁忌的消失都是好的事情，后现代的网络语言是实用主义的表现，但有用不一定等于有益，有用是对一时一地一部分人的，网络聊天中的错字连篇已经成了该语言社区的标志，在那里，我要说"偶"，同志们则变成了"桶子们"，版主甚至成了"版猪"。

每一次媒介变革都会带来语言表达的分化，大众传媒正在打破各种语言禁忌，最明显的就是"性"的禁忌。语言总是行为的反映，语言都不再禁忌，行为上应该是更为开放了。当今人们语言上对"性"的随意性，反映出对传统文化心理积淀中的语言禁忌的冲击。

由于封建主义禁欲主义的影响与作祟，人们对涉性文学作品谈虎色变。严肃文学从社会与人生的角度把握"性"，所以对人类文化社会心理层面的发掘是至关重要的。然而，在今日的大众传媒上，更多见的是从迎合读者低级趣味的心理出发的媚俗文学。

随便打开中国的门户网站，比如新浪或者网易，首页就会出现这样的链接：偷情大法、暧昧关系、女人期待怎样的"性"福……

甚至出现了"熟女"（有多个性伙伴的女人）一词向"淑女"挑战，并公开在杂志中露面、讨论。柯达广告中也这样写："我有艳遇，不相信吗，有相片为证。"

---

① 《现代人还相信禁忌吗？》，中国商报网站 2004 年 11 月 23 日。

从哈耶克的『心智理论』看语言禁忌

哈耶克之所以将自发秩序的概念予以强调，因为他认为这种在社会生活中自我生存的秩序，能够应付我们对无数事实的无知状态。反对那种"我"在光亮中，"你们"（民众）皆在蒙蔽中的启蒙师式的文化和知识的强权。

我们应该"允许个人追求个人心智下的自由"。但是，当一种粗俗的大众文化开始挑战精英文化时，在目前的信息爆炸的时代，任其自由发展下去会产生什么样的社会后果呢？

参考文献

［1］程虹：《自由秩序与制度变迁——对哈耶克的一种解释》，《江汉论坛》1999 年第 12 期。

［2］［德］郝维茨：《从感觉秩序到自由秩序》，陈德中译，经济学茶坊网站。

［3］顾志龙：《哈耶克心灵学说述评》，《中国矿业大学学报》（社会科学版）2000 年第 3 期。

［4］郭俊：《浅谈图腾文化元素与社会效能》，《中央社会主义学院学报》2000 年第 3 期。

［5］马永翔：《哈耶克对现象秩序和物理秩序的区分》，《中国人民大学学报》2004 年第 1 期。

［6］王一川：《文学理论演讲录》，广西师范大学出版社 2004 年版。

［7］张文喜：《对哈耶克的"理性有限"观和"自发秩序"观的解读》，《社会科学家》1999 年第 1 期。

"文革"中的一缕记忆

北京师范大学　王　彬

梦魇般的"文化大革命"已经结束33年了。遥想"文革"中的十年，在人生的长河中，也许那只是弹指一挥间，但是，对于我们这些曾亲历"文革"、饱看了人间百态的人们来说，十年仍然显得有些漫长。自1976年拨乱反正之后，关于"文革"的回忆，何其多；关于"文革"的话题，又何其丰富！其中，有悲愤的控诉，也有激烈的声讨，有思念亲人的撕心裂肺，也有忏悔自身的捶胸顿足……所有这些，都是我们能够理解的。

然而，在形形色色的文字中，我们却发现了厚颜无耻的造假者，他们用今天的语言描绘自己当年的一切。初读者，一定会以为这些文字的缔造者是很崇高或很清高、很善良或很温情、是很清醒或很先知的一批历史人物，然而，在我们这些过来人看来，这些人物得了同一种病——健忘病，或曰思维紊乱症，他们也许以为只有他们还活着，故狂妄地认定，当年的同事、同窗或者说一切知道他们底细的人看不到他们编织的谎言。其实，"文革"的真正受害者，大多在保持着沉默。就像佛，悟得真谛，心皈于恕，皈于平，皈于和，皈于静。我不是佛，只是个心善的俗人，我不齿欺骗世人，我又多少悟得一些忘我境界的美妙，于是，当建国兄命我写一篇回忆许嘉璐先生在"文革"中的小文时，我欣然接旨。在我的思维深处，一想起那段难忘的岁月，似乎总在心中闪现着一丝甜美与亲切，她虽然纤细，却又十分顽强，她在由惨烈、奸虞、残忍、愚钝层层包裹起来的茧筒上拨开了一条缝隙，让人们还是看到了人性的另一面。

"文革"之前，和许先生并没有直接的接触，但是知道。我们的古代汉语课是萧璋先生讲授，这是我们极其幸运的享受。当年，萧先生50多岁，我们20岁。我们逐渐了解到，中文系古汉语教研室还有陆宗达先生、俞敏先生，都是极有名的大师。他们的下一代，是几位崭露头角的青年教师，作为他们的助手，也是接班人。其中，就有许嘉璐先生。

与许先生认识并熟悉起来，似乎是在"文革"开始以后。真的有些记不清了。"文革"的记忆，现在也只是朦胧的、概念化的。"文革"中，大至全国各省市，小到一个单位，乃至家庭，人人都被卷入其中。这其中，有举大旗者，有谋划者，有忠诚追随者，有掩身求存者。每个人或彰扬高风亮节，或尽显聪明才智，或搬弄鬼蜮雕虫，或释泄凶残刁蛮。这是历史的悲剧，政治的必然；这也是人性的原罪，冥神的布道。因此，作为凡人，我们不用再去探究原委，那是毫无意义的事情，我们只是把那一段时间，仅仅作为生活内容重现出来，作为一种纪念，也作为一种财富。

在这样的思路引导下，想想当年的许先生，不到30岁，是很聪明的，头脑极清楚，有青年人的蓬勃朝气但又明显内敛节制，言行锋芒昭示但不失亲和逶迤。自然，谁都要吸引一些人，得罪一些人。就是到了现在，也还是这样。当时，中文系好像分成了三派。我没有加入许先生隶属的那个什么团，可被视为是一派的，不知是政治的类聚还是感情的群分。一直到今天，尤其是陈绂考回来做萧璋先生研究生、同时受业许先生之后，我们俩人对许先生、许夫人白老师，一直是非常尊敬的。我们尊许先生、白老师为师长，许、白二师一直友待我们，从没有师辈的架子。我们不能常伴老师左右、嘘寒问暖，却时刻想着老师，虔诚地祝福着老师。这种情感的基础渊源，要追溯到上个世纪70年代初。

北师大的"文革"是比较有名的，除了有个谭厚兰之外，其他革命群众的能量也不可小觑。伴随着"文化大革命"的进程，每个阶段都有一个主题，都有一个或几个上层主要人物。运动往往会涉及基层群众，为了些莫须有的罪名，人们就被冠上"反革命"的帽子，被实施"无产阶级专政"。

一天，许先生家被抄了，这是我们事后才听说的。究竟是为什么呢？我们一点儿也不明白。记得曾在某张大字报上看到有几个老师被点名批判为"修正主义的业务基础"，其中就有许先生，难道就为了这个？听说是当时与许先生同住一个单元的李秀春老师听到了风声，事先将先生劝出了家门，否则先生会受到什么样的"待遇"，就不得而知了。直到深夜，先生溜回家时，看到的是满地的卡片和被摔碎的瓶瓶罐罐。"文革"结束、我们又考回师大之后，闲聊中曾问起此事，先生只说了一句："我永远感谢李秀春一家人。"其他，竟什么也不讲了。

1971年，我也亲历了一场对青年学生的弹压，许先生则亲自品味了被关押的特殊生活。这一年的4月26日，北师大中南楼的所有房间的门，在深夜12点的时候，被同时叫开或撞开。当时，我带着一个亲戚的八岁的孩子住在二楼靠中间楼梯的那个房间。听到外面的喧哗，我赶紧打开门，只见门外站立一个警察、两个中国人民解放军战士，厉声呵斥：赶快穿衣跟我们走！在我的一再要求下，小男孩获准留在房间里，我则被押解出门。此时，楼道已经乱成一团，有的房间门被整扇推倒，有的被击穿大洞。房间里的人都被押解出来了，一般的人心里明白是冲谁，也就不吱声、不反抗了。那个团的成员，大多表现出难得的大无畏气概，他们不论男女，一样地拼命抗争，死命拽住暖气管，高呼"毛主席万岁"、"共产党万岁"，与前来抓捕的人们抗争着。最终，全楼的人都被押下楼，进而被押上停在北师大南墙外马路上的面包车。后来，一部分人被释放了，另一部分人则被拉到河北沙城，直到林彪摔死之后才放回来。

这一天之所以难以忘却，除了这些让人无法理解的事情之外，还有一个原因——我和陈绂的结婚登记日期就是 1971 年 4 月 26 日。真的，我们为什么选这么一个日子呢？

婚礼同样让人难忘。同年的 6 月，我们举行了革命化的婚礼。我们家住在北京一条比较宽阔的胡同里，父亲是老工人，母亲是家庭妇女，俩人群众关系极好，从街坊四邻借来许多桌椅。那天晚上也确实来了很多人，我们是广为邀请，除了同学，我们还邀请了中文系的几位老师，结果班上不同派别的同学几乎都来了，刘锡庆、陈子艾、李秀春、齐大卫等几位老师也来了，但许先生没有来。刘老师他们特意向我们转达了许先生的祝贺，说许先生觉得还是不亲身来贺为好，以免给我们带来麻烦。祝贺是真挚的、热烈的，老师们送给我们一个锅，这在我们收到的大量的革命化礼品中显得那么亲切。这是我始终记于心、暖于心的，是永远的美好回忆。

许先生不来参加我们的婚礼，似乎他对有些事已有预感。好像没有多久，先生就被"隔离"了。那时，没有法制，工宣队、军宣队就是王法，他们说关谁就关谁！关押的地方就是西南楼四层的一间窗户向东的宿舍，从南数第二间。罪名是反康生，还是反林彪？我至今没有向先生核实过，但他失去了自由，是实实在在的事情。我们常常在窗下徜徉，为的是能够与先生及其他被关押的朋友们遥对相望。记得许先生时常伫立窗前，向我们发出会心的一笑。在先生的笑容中，我们看到的是铮铮傲骨和永恒的信心。

我们毕业分配时，先生仍在关押之中，所以，他关押时的具体情况以及何时被放出，我们并不清楚。"文革"结束后，我们又考回母校，才陆陆续续听说了一些关于先生在那段折磨人的日月里的点滴细节。

在先生被关押期间，白老师带着两个年幼的孩子艰苦度日，系里的善良的老师给予了他们无私的关爱。一次，先生钟爱的小女儿冬冬被开水烫伤了，是王云诗老师冒着被打成"同伙"的危险送冬冬去医院，并千方百计地为许先生说话，希望军宣队、工宣队能放他回来看看孩子，但是，没能实现。我们还听说，在被关押期间，工宣队、军宣队为了扩大战果再抓几个，就不断施压，让许先生交代问题。然而，他们不大了解他的性格。据看押过他的人不无敬佩地说起，许先生在被隔离的近一年半的时间里，没有写过一个字的"认罪"材料，没有交代过任何问题，也没有"供出"任何一个人。我们还听说，最后，被关押的人都被放出来了，而让许先生离开隔离室却费了不少气力，因为他非要人家就他的"问题"给出一个明确的结论来！结论当然是很清楚的，但他们会给吗？于是，许先生就待在隔离室里，天天读书。据说，先生就是在他被关押的时间里，通读了《史记》、《资治通鉴》等大部头的古籍以及《反杜林论》、《哥达纲领批判》、《家庭、私有制和国家的起源》等马列著作。直到看管的人也都撤了，楼里就剩下先生一个人了，他才"不得不"回到了久别的家中。后来，他曾经开玩笑地提起过此事，说是军宣队、工宣队给了他认真读书的好机会。每谈及此，许先生也会显出几丝得意。至于其他，先生则很少细说。我听别人说，隔离时有一位看守者，是相熟的同学，曾打过许先生，但先生却以疑惑的反诘把此事掩略过去了。这种态度，一直延续至今。多年来，反对、讽刺、编造、挑战的声音，与先生的学术影响的不断加强和仕途的不断升迁并存。以我的孤陋寡闻，也听到一些、看到一些，但我从未从先生口中听到过他的反驳、解释、气愤或还击，甚至连激动似乎都没有。在我们俗人看来，这些是可以有的，但真的没有。

我们于 1972 年 4 月 22 日被发配到辽宁本溪，此后六七年间再没有见过许先生和白老师。直到 1978 年我改换门庭考入教育系、1979 年陈绂作为入门弟子师从萧、许二位先生，我们才有机会来到先生身边，近距离地接触先生，也才真正感受到先生的品性。特别是陈绂，得以经常领略先生渊博的学识，聆听先生深刻生动的教导，越发体会到先生的为人。"文革"中那点点滴滴的回忆，也就越发显得亲切起来。

自 1978 年至今，已 30 余年。其间，无论是在学业上还是生活上，我们已经习惯把自己的一切讲述给先生，倾听先生的意见。不时与先生沟通，时时向先生请教，已经成为我们生活中的一个重要的组成部分。

而今，我们也已是 60 多岁的翁妪，面对先生，我们深感惭愧。尤其是我，远离学术日久，无颜以深奥之文庆先生从教 50 周年，惶集小句忆小事忝列诸师兄弟之后以贺。

三载受教　终身受益

——听许嘉璐先生讲课是一种享受

中国人民公安大学文学系　　贺友龄

　　1979 年，我有幸考入北京师范大学中文系攻读硕士学位，专业方向是训诂学，开始了我的求学之路。在学业上，我是"先天不足"的，1966 年初中毕业就赶上了"文革"，两年后又"上山下乡"，干了近十年农活，恢复高考进入大学读了一年半就"投机取巧"考了研。基本上就是初中水平，对于"训诂学"几乎可以说"闻所未闻"。当时，许嘉璐先生给我们讲授"训诂学基础"，许先生的课旁征博引，深入浅出，即便是像我这样毫无训诂学习基础的，听起来也不觉得枯燥繁难。毕业后机缘巧合，1985 年我参加全国高校古籍整理研修班，在复旦大学又有幸听了一遍许嘉璐先生的训诂学课，更加深了我对训诂学的理解。这两次课程，使我对训诂学有了一个基本的了解，将我这个门外汉带入了学术殿堂。这两次课的笔记，我至今珍藏着，时常翻翻，每次都让我回忆起当时许先生授课的情景，特别是许先生睿智而生动的讲授风格，深深地印在我的脑海。当时在北师大学习的三年之中，研究生课程之余，我经常去旁听许先生给本科生讲授的"古代汉语"课。众所周知，这门课是中文系本科的"重头课"，对学生来说难学，对教师来说难教，但许先生讲得生动活泼、挥洒自如，无论是"文选"部分还是"通论"知识，学生们都听得津津有味、兴趣盎然。可以说，许先生是北师大中文系的学生们最喜爱的老师之一。而对于我来说，听许先生的课——无论是研究生的课程还是本科生的课程，都是一种精神上的享受！

　　许先生非常重视对我们教学法的指导。我们毕业前的实习是给本校79 级本科生讲授"古代汉语"，具体内容是"古书注释"，也就是讲授几篇古注，分配给我的是《孟子》之《不见诸侯》和《离娄之明》两篇，讲东汉赵岐的《孟子章句》。这对我来说是太难了！我连小学的讲堂都没有登过，现在却要登上大学讲堂讲课，而且79级的同学中还有许多老三届的高中生，他们比我的年龄还大几岁，更加上系里非常重视，领导、导师和师兄弟们都要听课，所以我当时的思想压力非常大。许先生鼓励我，半开玩笑地说："不要怕！上了讲台，你就是皇上，你说了算！"而且从讲授内容到讲课方式，都不厌其烦地给予我细心的指导。正是由于许先生的鼓励和帮助，我比较顺利地完成了毕业实习任务。在实习总结会上，许先生讲，要从两个方面考查：一是主观的，准备是否充分，是否有深度，这是态度和水平问题；二是看你讲的内容对于授课对象是否合适，这是客观的条件。而这二者往往不是统一的，好的教师就是要将这二者统一起来。教学工作一定要兢兢业业，备课要充分，要把教材吃透，文章要"活"于心中，讲两三遍后就能游刃有余。更进一步要求，教师讲课要"动情"，这样对同学们才有感染力，才能把课讲好……

许先生的言传身教，对于我是受益终身的。1982年毕业后，我也正式走上大学讲堂，在至今将近30年的教学工作中，先生的教导时时刻刻萦绕耳畔，先生讲堂上的风采时时刻刻浮现眼前，时时刻刻激励着我以先生为榜样，做个对学生有益的、受欢迎的好老师！

值此许嘉璐先生从教50周年庆祝大会，衷心祝愿先生健康长寿，学术青春永驻！

我认识的许嘉璐先生

湖南商务职业技术学院　　王箕裘

1985 年 5 月，我接叔公王伯熙来信，告我"导师已找好，北师大许嘉璐"，命我放假前进京办理下学期到北师大学习的有关手续，并叮嘱"复习准备考试"。7 月 5 号从长沙乘火车进京赶考，既无卧铺，又没空调，经 20 多小时的颠簸，6 号抵京，稍作休息，随即去师大。路上伯熙叔公告我：嘉璐师从陆宗达先生，与他是同门师兄弟（伯熙是黄耀老的学生），是个好老师。未见其人，先生敬意。说话间已到师大，许先生在办公室等着。他们朋友相见的高兴劲，立马感染了我，旅途的疲乏荡然无存。魁梧的身材，深度的近视眼镜，儒雅风范，让人敬畏；爽朗的笑声，标准的京腔，又是那么平易、和蔼可亲。询问了我的有关情况后，将通知和表格交给我，命我回学校办理有关手续。一颗悬着的心总算放下了，估计不用再考试。话题转到了周秉老，言谈中流露对师辈的敬重，并嘱我回长代问秉老好。随后叔公领我拜见了陆先生。遵嘱专程拜访秉老，转达先生的问候，我才有机会结识令人敬仰的秉老，使我日后获益良多，也许是先生的有意安排。

在第一个教师节庆祝大会上，先生以教师代表身份发言，他说教师"价廉物美，经久耐用"。这是对教师品德和待遇的高度概括，给我印象极深。这也是先生的自我画像。不久，我与易敏、吕云生、萧腾蛟四人随先生赴复旦大学讲学。讲授训诂学，对先生来说应当是驾轻就熟，可他每堂课都认真准备，从不懈怠。课堂上旁征博引，音韵学、文字学、文献学知识运用自如，尤其对《说文》的熟练程度，让人惊讶。更难得的是用生活中鲜活的语言来印证古人造字。如"活"字从水，用云南方言求证，并且探及古人的逻辑思维。本来枯燥深奥的知识，经先生阐释，变得生动浅显，加上富有磁性的语言，让人在轻松愉悦中接受知识，开阔视野，增强思辨能力。讲学期间，先生北京、上海两地奔波，别看他课堂上精神饱满，越讲越来劲，可下了讲台却显得十分疲乏。但是再忙再累，也不忘抽时间拜访老先生，看望老朋友。先生曾领着我们四人拜访了濮之珍先生。濮先生盛赞训诂学会成立以来，工作有声有色，卓有成效。从濮先生家出来，先生告诉我们，濮先生的丈夫蒋孔阳是我国著名的美学专家，一心做学问，不善家务。濮先生包揽全部家务，拉扯大两个孩子，均送到国外深造，却没妨碍科研，仍然出了不少成果。学问靠勤，时间要挤。我知道，先生意在让我们明白此理，他不也正是这样身体力行的吗？印象最深的还是我们一行五人专程到杭州浙江医院看望郭在贻先生。其时郭先生胆囊炎复发住院已有时日，快要出院了，精神尚可，正在病床上翻阅《昭明文选》。好友相见的兴奋自不待言。郭先生一定要拉我们去喝龙井。初冬时节，天气阴沉，茶室之外，透着丝丝寒意，茶室之内，挚友攀谈，轻言细语，温暖如春，其乐融融。不知不觉两个多小时过去了，先生似乎忘了第二天上午有课，丝毫没有告辞的迹象，我不得不从旁提醒离上火车不到一个小时，这才匆匆握手告别。谁又能料到这次竟成为两位挚友的最后相见，我真后悔没让他们再多聊一会。在贻先生辞世，先生倡议训诂学会同仁捐资修墓。不到三年，唐文先生又走了，我们再次捐资为之修墓。我们都知道，在贻与唐文跟先生是无话不说的最好的朋友，先生倡议为他俩修墓，不仅是个人的情感，更重要的是纪念两位先生为训诂学会和训诂学的发展作出的巨大贡献，以弘扬朴学精神。

北京市古汉语沙龙，是由我叔公王伯熙、郭锡良和许先生三位发起成立的。沙龙聚集了北京市从事古汉语教学和科研的中坚力量，像王克仲、何乐士、王海棻、敖镜浩、郭锡良、唐作藩、蒋绍愚、赵克勤、赵诚等学者。他们定期聚会，轮流坐庄，就学术问题共同探讨、交流。常有热烈的讨论，激烈的争论，可始终是在和谐的气氛中进行。沙龙的活动，先生必带我们参加，名为服务，实则给我们提供拜师学习的机会，以致沙龙的学者都成了我的老师，使我受益终身。打破门户之见，广交学界朋友，推动学术的发展，正是先生的一贯主张。沙龙正是在践行这一主张，先生常以此为乐。正如先生在《郑玄辞典》序言中所言："作为一个读书人，何者为幸？一生中能有一二尽管学术道路不同，却可以无话不谈，甚至无言默契的朋友，当是幸中之大者。"

可惜聆听先生教诲时间太短，两年眨眼就过去了。先生的教诲未敢须臾忘怀，先生对我的关怀一如从前。小女不幸患病，单位又在远郊，给治疗和上学带来诸多不便，我全家困惑不安。先生闻知此事，随即给时任长沙市委书记的夏赞忠写信，请他协助解决。我知道，先生是不愿求人的，可弟子有难，他绝不会不管。一次我自费到北京参加训诂学研究会理事会，临近散会，朱小健交给我300元钱，说是先生交代从他科研经费中支出，让我买返程票。一听此话，不知是自责还是感激，强忍着泪，什么都说不出。"什么也不要说，拿着吧。"小健大概是看出了我的心事。

2000年，我领小女润珏到北广参加复试。从上火车开始，润珏就一再要求带她去见许爷爷。说实在话，我也很长时间没见先生，怎么不想见呢？可先生是国家领导人，怎敢随便打搅。想见心切，我还是给秘书通了电话，没想到第二天上午秘书通知我下午3点到办公室见先生。因为塞车，我快四点才到，先生一直等着，并无半点责怪。先生不主张小女进北广，语重心长，跟我聊了一个多小时。我父女也唯先生命是从，后来读了武大，明年博士毕业。

先生身为国家领导人，而在百忙之中接见我这升堂而未入室的学生，又有几位老师能做到？怎不让人感动！我事先生时日短，先生不仅影响我此生，而且影响我儿女。为人师者，若能全都如此，何愁教育不兴、人才缺乏、国力不强？

最后我要提及的是师母——白老师，爱生如子。在师大两年，生活上给我无微不至的关怀。离校时，亲自到街上买菜、亲自下厨，招待我们四个。后来随先生到张家界开会，我陪师母游宝锋湖，师母见我穿着皮鞋，不声不响给我买来一双旅游鞋，非叫我换上鞋才肯走。时隔十多年，至今我还保留着。

我有何能，能得许先生、白师母如此厚爱？爱我尚且如此，其他弟子又何尝不是呢？

我所认识的许嘉璐先生

四川外语学院中文系　曹保平

引　言

跟诸位学兄学姐相比，弟子接触、认识许先生较晚。12 年前一个偶然的机会在人民大会堂见到过许先生，听同学介绍才知道先生是国家领导人。远远地望见先生坐在会议的主席台上，会后又远远地望着先生的黑色小轿车缓缓驶出人民大会堂。那时，想都不敢想日后会有幸成为先生的弟子。

感谢幸运女神的顾怜，2004 年再次来到北京，此时却是执弟子礼受教于先生。作为许门弟子又加上民进会员的身份，对先生有了更深了解的机会；又曾作为北京师范大学校友会《优秀校友风采》的特约记者奉命采访先生，却因为先生没有接受采访，弟子只有侧面多方了解才能完成任务，最后上交了《先生之风　山高水长》这篇不太成熟的文字。

北京匆匆三年，又离京到重庆开始新的生活。常用电子邮件跟先生汇报学习生活情况，先生每每给弟子的教诲并不异于当年的耳提面命。

欣逢先生从教 50 周年庆祝会，弟子把接触和了解先生的种种感触、感动与大家分享。

弟子深感所认识的先生是一个感情深重的仁者，广博勤思的学者，幽默亲切的长者。

一　感情深重的仁者

先生常给大家讲儒家的"仁者爱人"，这是先生最喜欢的话语。其实这也是先生为人处世的宗旨。

先生曾讲过儒家的"爱"，不仅仅是英语"I love you"中的"love"那么简单。弟子则要说先生是仁者，先生的"爱人"包含着对我们的祖国、我们的民族的爱,对我们的社会、我们的人民的爱,以及对世界友好和平朋友的爱,当然还有对我们做晚辈做弟子的尽力呵护关爱。同时也包含先生深深的感恩情怀。

先生一直都在践行着儒家的"仁爱"精神,从言语到行动,并以深重的感情感染周围的每一个人。

在先生身边常能感受这一点,听先生的报告、读先生的著述能强烈感受这一点,通过新闻报道了解先生在老区边区山区贫困地区考察调研事迹能深深感受这一点。

先生每讲起陆宗达、俞敏、萧璋等授业先师以及曾"所私淑的"王力、洪诚、周祖谟、徐复、胡厚宣、殷孟伦、黄典诚等先生,总是神情恭谨、充满着感恩之情,多次提到没有像样的文章纪念恩师诱导哺育之恩而遗憾自愧。

《未淡集》中忆叙师友,"时刻都怀着感恩的心情,不但未尝稍淡,而且随着年纪的增长,愈来愈浓了"。弟子被集子中的一篇篇文字深深打动了。从忆侯宝林、朱星到纪念谭丕模、追思赵朴老,从忆郭在贻、唐文、紫晨到贺周有光、白寿彝、王均,从"母校杂忆"到"敬以寸草心,报答三春晖",等等等等。先生在《读侯宝林自传》中充满深情地讲述了侯宝林这位艺术大师生活道路的价值和对相声艺术发展的贡献,高度赞扬侯宝林先生达到崇高艺术境界的那种对待人生和艺术的态度、意志力的主观精神,赞颂侯宝林先生"薪火相传,朝着'底'走去"和乐于"做铺路的工作"的宽广的胸怀和超前眼光,先生希望"一切严肃地面对人生、具有事业心的人们"都应从侯宝林先生的艺术生涯中得到重要的启示。弟子读后百感交集,有对艺术家振兴民族文化艺术事业的崇敬,有想以侯宝林先生为范例来规划自己未来和事业的激动,有想让朋友们都来看看《读侯宝林自传》多了解艺术家们生活道路的冲动,更有对先生讲述中流露细腻真切感情的感动。

先生的感情深重在文化教育事业上表现最为明显,从先生言行中经常遇到先生动容动情之处。先生对我们民族的教育改革充满了关注,对教育发展充满了热情,对第一线的教师充满了敬佩和奖掖。《未安集》中对残疾模范教师张纯和动情地说:"感谢你们为教育事业所做的一切。我是含着泪读完《残荷有藕》的。我已经是近六十岁的人,人间的酸甜苦辣尝得多了,看到听过的就更多了,本不该这样容易动情,为什么这次却'情不自禁'?这是因为在我的脑子里把你们夫妇的思想境界和社会上以权谋私、花天酒地的现象进行了对比,我为我们的民族、国家高兴:当社会滋生一些腐朽事物的时候，足以代表历史、无愧时代、预示未来的健康事物也在出生、成长。"

先生授课时总不忘叮嘱弟子们要学会做人、学会做学问，殷切地期望学生们都能勤奋多思，成为国家的有用之才。先生对学生们付出了太多太多的心血，且不乏为学生"提心吊胆"，每当有同学顺利毕业时先生的喜悦和激动丝毫不亚于当事同学。

先生有一句口头禅——"带着感情做事"，从湖南的大瑶山腹地，到云南边境保山、德宏等地的村寨，从黄土高坡上的甘肃定西、庄浪县，到革命老区井冈山、大别山区，再到塔克拉玛干沙漠的和田地区，他的足迹遍布这些贫困地区。先生在考察时常教育身边的民进年轻人："农民的苦，农民的需要和期望都在我的心里！""我们今天为农民呼吁做点事情是应该的，那是我们的父母，是我们的兄弟姐妹。没有农民，就没有中国五千年的文化。没有农民，就没有我们共和国。没有农民，也就没有改革开放的成果。"

2004年第12期的《中华儿女》刊登了一篇关于先生到贫困地区考察屡遇险情的报道，引起了很大反响，读者、网友们评论说"这才是真正的考察调研"，"人民需要就是我的需要！这才是真正的人民公仆所为啊"。弟子看到报道也非常感动，在电邮里跟先生谈到自己的感受，"我为许主席富民兴农的赤子之情而感动，更为许主席的健康而担忧。沉浸在对许主席情怀的感动中，我也似乎明白了人生的意义、责任和追求。"先生当即回复道："我只是在尽一个中华民族儿女应尽的责任。我在接受记者采访时从来不谈自己，这位记者是从别人那里了解我过去的事情的。过去了的事情何必多说？多少先烈、前辈付出的比我多得多，甚至不能看到今天，我做的这点事，哪里值得一提。"

"我发现要做的事情太多，做不完，需要去爱的人太多，爱不过来。"先生多次对采访记者深情地说。仁爱、深情，这是先生给弟子最深刻的印象。

二　广博勤思的学者

先生的书房叫"日读一卷书屋"，弟子们作业上的详细批语也出自这个让人神往的地方。先生常说工作之余最喜欢的就是读书，不管多忙多累每天必读一卷书。先生讲课作报告总是声情并茂、慷慨激昂，语言、文化、教育等方面自不用说，甚至涉及参政议政的农林、工商、金融、法律等领域，先生渊博的知识也常让人折服。"很多人以为主席天生是个演说家，其实不是，他比我们都刻苦，都好学，他在台前的风光是他后台努力学习得来的！"中国民主促进会的高部长曾这样告诉媒体。先生自己说过："有的时候我也不知道我的灵感是从哪里来的，就像蚕一口一口地吃桑叶，当蚕吐丝的时候你不知道哪段丝是来自哪棵树上的哪片桑叶。"

正是常"夜深人静之时"广泛涉猎其他领域，先生在学术方面取得了一个又一个的突破。先生早年从事中国传统语言学研究，训诂学的研究被学术界认为弘扬了"章黄学派"。1986 年，先生获国务院颁发的"有突出贡献的中青年专家"称号，并当选为中国训诂学研究会会长。

然而先生近 60 岁时（1994 年）受命担任国家语言文字工作委员会主任，处理繁重的政务之余，"夜里和可用的节假日"还钻研全新的语言学领域——语言规划和计算语言学。先生成了语言文字应用研究的鼓吹者和实施者，语言文字规范化工作、中文信息处理以及语言文字立法工作是先生主抓的重点。在先生等人的倡导和努力下，《国家通用语言文字法》制订并于 2001 年 1 月 1 日正式实施。我国的语言文字工作在原有的基础上取得了全面的进步。

2000 年，应北京师范大学的邀请，先生担任了汉语文化学院的院长，研究工作又开始转向一个新的领域——语言学及应用语言学，先生招收的博士研究生包括两个研究方向：对外汉语教学和计算语言学。为了弘扬祖国传统文化，也为了汉语国际推广事业发展的需要，先生又把中华传统文化的研究当作重点。先生担任了中华民族文化促进会会长、中华炎黄文化研究会会长，为中华文化重新振兴而努力不懈。先生曾告诫大家，作为一个从事社会科学的人，如果对佛教与中华文化融合不了解，那就不是瘸腿，而是根本没腿。缺乏中华文化，那是对外汉语教学的致命缺陷。

近几年，先生又满腔热情地投入到汉语国际推广事业中。2006 年先生筹办汉语国际推广北京基地，并担任主任。基地下的教材编辑部，已跟美国合作编写 AP 汉语教材；而网络孔子学院、《汉语世界》杂志在国内外产生了非常大的影响。

这时期，先生著有《未成集》、《未安集》、《未了集》、《未辍集》、《未惬集》、《未淡集》、《语言文字学及其应用研究》等著作，其中《语言文字学及其应用研究》获得了第 12 届"中国国家图书奖"。先生主编了《传统语言学辞典》、《中国古代礼俗辞典》、《中国语言学的现状与展望》等著作，并主持《文白对照十三经》、《文白对照诸子集成》、《二十四史全译》等大型文化工程。尤其是历经七年于 2004 年出版、被称为

"国家项目民间担"的《二十四史全译》，耗费了先生大量心血。这部书被台湾图书馆馆长、汉学研究中心主任庄芳荣誉为"嘉惠当代，贻惠将来，传布历史，厥功甚伟"。

先生还主持完成了国家社科基金"九五"重大课题"面向中文信息处理的现代汉语词汇研究"和国家 863 项目"中文信息处理应用基础研究"，目前正主持国家科技支撑计划项目"中文信息处理应用研究与系统开发"。

先生总站在历史的高度，以一个当代学者的责任感、危机感、紧迫感，回顾过去，展望未来，指出成绩，更挑明困境，并为走出困境寻找出路。

先生不管多么繁忙都不忘"日读一卷"，关注学术的最新动态，并永远像年轻人一样"喜欢挑战性的工作"，"边干，边读书"，"活到老，学到老"，不停地突破和超越自我。广阔的学术视野使先生总站在学术研究的最前沿，在语言文化研究的田地里"锲而不舍"，耕耘不辍。

现在先生仍担任世界汉语教学学会会长，为汉语走向世界作不懈努力。

三　幽默亲切的长者

凡是跟先生打过交道的人都知道，先生是个平易近人、幽默亲切、充满哲理睿智的长者。弟子都乐意跟先生待在一起，谈人生、谈社会、谈理想、谈学术。

还记得 2004 年 9 月 17 日下午的情景。我们几个刚入学的 2004 级新生怀着激动的心情去民进中央，毕竟是第一次听课，心里难免有些紧张，不知许先生是不是很严肃。进民进中央的路上，遇上几个老生，他们介绍说许先生很风趣，大家在一起常互相开玩笑。听到这些，我们轻松了许多。

两点半，许先生准时来到了上课的民进活动室，大家都站起来齐声说："许先生好！"先生微笑着让大家坐下，并指名让后排的同学坐到他的身边来。看到那些老生跟许主席亲密无间的情形，才明白我们的紧张是多余的。

先生说："今天主要是欢迎新生加盟，再讲一些大家应注意的事项。"先生高兴地说，今天把新老学生都请来，是让大家相互认识。许门里是家庭和睦的集体，二十多年来，大家都亲如姐妹兄弟。同门中人来自中国、俄罗斯、越南、伊朗、韩国，大家不分国籍，关系处理得很好，都是一家人。大家都是为人类、为自己的民族和国家积累智慧，共同的目的是世界和平。特别是研究过程中的互相帮助支持，沙列文（俄）感受最深。和睦互助是做人的准则，也是这里的传统。这么个大家庭，大家亲亲热热，多么好。先生接着谈到学习要求，也是妙趣横生。先生要求大家"耳别失聪、眼别闲着、脑别放松，注意语料收集"，读书要分层次，广泛阅读古今、传统、现代、西方的社科著作。

整整三个小时一晃就过去了，大家的兴致都很高，不仅因为我们得到了非常多的东西，更因为先生是这么一个亲切的长者。

弟子们印象较深的是每年都有一次与先生野外学习同游的活动。每一次出游，弟子们都围在先生身旁畅谈、合影。给我印象最深的是 2007 年"八大处的文化游"，先生亲自教导的"汉推班"的 47 个师弟师妹，围在先生身边载歌载舞。这些被先生称为汉语国际推广的"黄埔一期"的硕士弟子们，深情地对先生唱起了《感恩》……

不仅平日对学生弟子，就是在重大的学术场合，也不改幽默亲切本色。先生在香港作的《禅宗——中外文化相融的范例》和《中华文化的振兴》演讲，深受香港同胞的欢迎。据介绍，港媒体称先生"旁征博引，妙趣横生，博得听众热烈的掌声"；称赞先生"谦谦学者风度与渊博的学识"，"有分量的见解与幽默风趣的风格"，赢得了人们的尊敬与信任。

幽默亲切，先生给每一个接触他的人都留下这样的印象。

弟子不能常随先生左右，只能通过在京的师长学友，通过网络接触了解敬爱的先生。但是弟子们感恩的心永远不会有时空的阻隔。最后，弟子诚挚祝愿先生、师母白老师永远健康。

我所认识的许嘉璐先生

从师散记

　　余少也顽陋，初识先生之名，要到上大学之后。上古代汉语课时，用的是王力先生主编的教材，编写者中就有许嘉璐先生。那时在我的想象中，王力先生是一位饱学诗书的老先生了，于是就想当然地以为，同他一起编书的，一定是他的同代人，也该是位学富五车的"老"先生吧。后来才了解到，许先生参编这套教材是在1961年，方才二十四岁，大学毕业留校任教的第三年。我感到十分惊异，若非天资异禀者，孰堪以弱冠之身肩此大任？及至亲见教材编写组当年的合影，许先生目光炯炯，雄姿英发，方始信然。这套教材，是我踏入古汉语研究的入门读物，大学四年与我朝夕相伴，由此也暗暗结下了我与许先生的师生缘。

　　后来，我在华东师范大学从李玲璞先生攻读文字学硕士学位，毕业后又在上海教育出版社担任《古文字诂林》的责编，多次听李先生谈及许先生对《诂林》编纂工作的支持，特别是1993年在北京召开《古文字诂林》编纂工作论证会之事。当时适逢许先生在西北视察工作时因车祸脖子严重受伤，正回京接受治疗，听说《诂林》开会的消息后，许先生竟然不顾伤痛，脖子上上着夹板就赶到会场来了。每念及此，李先生总要感叹，许先生对待朋友总是一片赤诚，对待学术事业总是不遗余力地支持。这令我对素未谋面的许先生油然而生出一种敬意。

　　没想到几年后我竟然能忝列先生门下，亲聆先生传道、授业、解惑了。记得第一次见先生时，是在上海的衡山宾馆。其时先生已担任全国人大常委会副委员长了。第一次如此近距离地接触素所敬仰的先生，而且又是一位如此有学问的国家领导人，心里不免惴惴，且自己平素又拙于辞令。正犹疑间，许先生大概是看出了我的紧张，就故意从轻松的话题入手。他首先问起我的家庭情况。当他得知我的老家是安庆时，不由得爽朗地笑了，说："我的祖辈也是安庆的。"接着就说起了他的先人是如何从安庆到的淮安，又从淮安到的北京。几句话下来，我凭空"结交了"这样一位和蔼的"老乡"，紧张的心情逐渐平复下来，就比较放松地向许先生汇报了自己的学习计划。

不过先生也并非总是这样"和蔼"的。记得第一次到先生家听课，那大概是个初冬时节的北京，我们穿着厚厚的羽绒服赶到先生家里。进入宽大、温暖的客厅，我们顿时暖和过来了，就将棉墩墩的外套脱了下来。我平常是个大大咧咧的人，见到先生家布置得十分雅致，便不忍心"破坏"这优雅的环境，一瞧地板拖得一尘不染，便将羽绒服倚着自己坐着的沙发脚"立"在地板上。没想到这一幕给从另一个房间里走出来的先生看见了，他马上叫我拿起衣服放到沙发的靠手上，接着就给我上了一"课"，关于行为举止的礼仪，如何做到大方得体，不卑不亢。我当时还不十分理解先生的用意。后来读了先生的著作《中国古代衣食住行》，其中谈到了许多古人在进退揖让之间"礼"与"非礼"的故事，又了解到先生在主持《文白对照十三经》等大型文化工程时，自己在百忙中还特意亲自注译了艰深的"三礼"中的《周礼》和《仪礼》，可见先生对于"礼"的重视，这也正是作为中国文化主流的儒家文化的一个重要的组成部分，于是我更深地理解了大力提倡中华民族优秀传统文化的先生当初给我上的这一"课"。

但大多数时候先生不是那种板着面孔、不苟言笑的人。相反，常常是为了活跃课堂气氛，许先生故意和我们说一些学界掌故、遗闻轶事，或编出一些小笑话，使大家在一乐之余，加深对所学内容的印象。再加上先生又有很强的模仿能力，并且他似乎也很乐意展示自己的这种"才华"，所以课堂上经常是他自导自演，模仿得惟妙惟肖，而台下则是笑声一片，互动十分热烈。例如有一次讲到"逆"的"迎接"义，他先从字形结构分析入手，从甲骨文到小篆，接着征引许慎在《说文解字》中的解释，最后引了《左传·桓公元年》中的一段用例："宋华父督见孔父之妻于路，目逆而送之，曰：'美而艳。'"他着重讲了"逆"和"送"两个动作，孔父之妻从对面远远地走来，华父督始则惊艳，以目"逆迎"之，行"注目礼"；待其错身而过后，依然恋恋不舍，不断"回头留恋地张望"，以目"送"之。许先生一边讲解，一边模仿，听者皆进入了他所营造的那种情境中，这时他猛地又来了一句大白话："可能在座的女同学也碰到过这样的'华父督'吧。"同学们一时联想到现实生活中许多这样的"马路求爱者"，不禁哄堂大笑，"逆"字的用法牢牢地记住了！

许先生还喜欢模仿各地的方言，我所听到的就有"粤语"、"沪语"、

"四川话"、"湖北话"等，每一种方言似乎都能够得其仿佛，传其精神。不过就我所熟悉的上海话而言，乍一听很像，可回过头一琢磨，则又不免带有点"洋泾浜"的味道，在韵味上有点"那个"。然而我们也不愿点破，让先生继续在那里讲得眉飞色舞，怡然自乐。印象较深的是有一次讲到"义界"问题，许先生左手把着烟斗，保持着他那"硝烟弥漫"中的经典动作，学起了黄侃的蕲春话："季刚（黄侃字）先生曾经说过：'一个名词底面即是一句话。'"一边说还一边摇晃着脑袋，如以前的私塾先生吟四书一般，作陶醉状，仿佛真在"回忆"黄侃先生说这句话时的神态。不过似乎又想起了他本人并无缘面见黄侃，于是又在后面加了一句："这是当年陆颖明（宗达）先生告诉我的。"我们当时就这样给他"蒙"过去了，以为蕲春话真的如其所言。后来同复旦大学吴金华教授谈起此事，吴先生说"很玄"，蕲春话是一种比较独特的湖北方言，黄侃先生当年还专门写过讨论蕲春话的论文，应该很难学，并且说再见许先生时，他要当面"请益"，请许先生把黄侃的那句蕲春话再"回放"一遍。不过我心里嘀咕："'回放'一遍的结果恐怕依然是'待考'，你吴先生又不知道蕲春话'长啥模样'，那许先生说的，至少在目前我们眼里还可以说：'很像!'"然而许先生所引的这句话对我后来的毕业论文有很大的启发，这是后话。

先生身居高位，行动没有我们这些老百姓"自由"，不过出于学者的敏感，他对社会语言现象依然十分关注。他常利用上网、视察等机会，一方面了解社情民意，另一方面也顺便发现一些社会语言发展的动态。他随身携带有一个巴掌大小的便笺本，一遇新鲜的语言材料，便随手记录下来，为以后的教学、研究积累素材。有一次，为了说明民间语言的鲜活生动，他马上掏出这本便笺本，给我们念了一段"采风"所得："远看羊角风，近看法轮功。走近再细看，在打'小灵通'。"这段新民谣，以调侃的笔调描绘了一幅打"小灵通"的人因信号不好而呼天抢地的画面，十分生动传神。

许先生讲课很有气势，而且又博闻强识，对古代文献极熟，所以往往旁征博引，滔滔万言。但尽管如此，每次给我们上课前，许先生依然做了认真的准备。有一次讲《左传》，大概是讲一次战争，人物关系复杂，战争形势错综，许先生事先亲自做了很多PPT课件，画了多幅示意图，就像一位指挥若定的大将军一样，详细介绍作品的人物关系、战略布局，战术演进，条分缕析，让人一目了然，课堂效果非常好。还有一次，大概是2006年，许先生在北师大作了一场题为《词义是怎么演变并被解释的——词义的主观因素考察》的学术报告，偌大的报告厅被学生挤得水泄不通。先生从人的主观视角入手，探讨了心理认知在语义研究中的作用，其中关于语义的可解与不可解、语境与语义理解的关系、语言的社会性和个人性、语言形音义各部分的统一与不统一等论述，让人有耳目一新的感觉。演讲中，先生引用了德国的赫尔曼·保罗、法国的房德里耶斯、瑞士的索绪尔、英国的马林诺夫斯基、美国的布龙菲尔德等西方学者的观点，与中国传统语言学作比较，并征引《左传》、《国语》、《论语》、《墨子》、《孟子》等著作中的相关论述；为了说明训诂释义与经学释义、历史释义与即时释义的区别，先生举了《大学》中的“致知在格物”中“格”字的例子，用郑玄注、孔颖达疏、朱熹《章句》、《尔雅》、《说文》、段注等来作说明。所有这些，讲座前不花费大量的时间做精心的准备，是不可能讲得那样充分、全面而富有启发性的。而先生白天又整日忙于国务，这些备课都是在夜深人静，别人进入梦乡后进行的。先生的书斋名曰“日读一卷书屋”，他自我解嘲地说：“现在恐怕只能是天天‘夜读’一卷书了。”从先生那被灯光“漂白”的书桌上，我们可以深深地感受到其主人的教师本色和学者本色。

在学术上，先生继承了近代以来开一代风气之先的“章黄学派”的优良传统，强调文字、音韵、训诂相结合，义理、考据、辞章相贯通，追求的是一个“朴”字，对时下某些没有实质内容，仅靠故弄玄虚、玩弄名词游戏来哗众取宠的所谓“新说”十分反感。但先生的思想绝不保守，他所提倡的是在尊重历史的前提下的推陈出新。他常要求我们不要只局限在自己专业的小圈子里，要“抬头看看天”，除语言学专业的书要多看外，历史学、宗教学、哲学等相关领域的知识也要有所涉猎。许先生是这样要求我们的，他自己也是这样做的。近年来，许先生除在传统的训诂学、《说文》学方面继续钻研外，还在文化学、应用语言学等领域奋勇开拓，特别是在推动中华优秀传统文化的继承和发展、推动中华文明走向世界的国家战略，促进中文信息处理应用研究等领域做了很多实实在在的工作。从2004年首座孔子学院在韩国首尔开办以来，现在全球已经建立了数百座孔子学院和孔子课堂，这中间固然有中国综合国力不断增强、世界渴望了解中国的客观需要，但许先生的大力提倡和推动也功不可没。

在教学方式上，许先生也是不拘一格，并不局限在课堂上。我们最喜欢的，是跟着他四处“游学”。我所经历的就有两次。一次是在2005年4月，先生带着我们一班弟子游览北京的潭柘寺。他首先给我们讲了“先有潭柘寺，后有北京城”的历史掌故，接着在参观寺院的时候，又给我们当起了"解说员",其间穿插着说了很多我们以前没有听说过的佛教历史和文化。站在潭柘寺的苍天古木下,沐浴着和煦的春风,我们真的有了"冠者五六人,童子六七人,浴乎沂,风乎舞雩,咏而归"的感觉。还有一次,是在 2006 年秋,我们和北师大国际汉语教育硕士班一起跟着先生到京郊进行文化考察。印象最深的是在许先生宴请我们的餐桌上,他首先发表了充满激情的讲话,鼓励从事国际汉语教育的同学们不辱使命,把源远流长的中华文化和中国人民的盛情和友谊带到世界各地,接着他又像一位慈母一样叮嘱这批即将远行的同学们要劳逸结合,注意身体。最后,热泪盈眶的同学们激动得齐声唱起了《歌唱祖国》。那雄壮、嘹亮的歌声,至今还回荡在我的耳畔。

俯首甘为孺子牛　不待扬鞭自奋蹄

——逢先生本命年有感

北京师范大学文学院　刘士红

今年（2009 年）恰逢中国农历的牛年，是我的导师许嘉璐先生的本命年。先生已经 72 岁高龄了，但仍然孜孜不倦地奋斗在工作岗位上，真是勤勤恳恳为人民服务的老黄牛呀！

最早促使我产生这个想法的是先生给我的一封简短的电子邮件。这个中国农历牛年的春节前夕，我给先生发了一封电子邮件向他老人家问安好、贺新春，先生很快便回复道：

> 士红：谢谢！属牛之人只知奋蹄，本命年更需如此。祝你一切顺畅！

看到先生的回信时，我感慨万千。"属牛之人只知奋蹄"这句话不禁使我想起了生活在中国大地上的牛。

中国的牛与西方的牛是不同的。在中国，牛是一个劳动者，是人们的朋友；人们尊重牛，爱护牛，甚至把它当作家庭中的一分子。郭沫若在《水牛赞》中称牛是"中国国兽、兽中泰斗"。北宋著名诗人梅尧臣在《牛衣》诗中写道："覆牛畏严霜，爱之如爱子。"国人爱牛之情可见一斑。而在西方社会，牛仅仅是一种食物来源，只是牛肉和牛奶等物用的提供者；人们不仅不尊牛、重牛，甚至有些地方还把戏牛发展成为一种比赛以娱乐大众——斗牛，在那种比赛中对牛的摧残成了人们取乐的方式，这绝对是一个中国人所不能接受的。这种不同应该是根源于中国与西方两种文明形态的不同——中国是农耕文明的社会，而西方是商业文明的社会。因而，牛在两种文明形态的生产生活中所扮演的角色也不一样——一个是工具，一个是产品。

中国的牛是伟大的，因为它承载了太多。

在中国的远古传说中便有叔均始作牛耕、王亥创制牛车的故事，可见牛是与我们的先民一起默默走来、一直为我们的先民默默奉献着的。而且，中国的牛在很早以前便具有了非常特殊的、重要的地位，它是国家举行种种大事时的必用之物。古代祭祀，牛、羊、豕三牲具备谓之太牢，只用羊、豕二牲叫少牢。可见，牛牲是最高级别的独享。《礼记·王制》中规定："天子社稷皆大①牢，诸侯社稷皆少牢。"除祭祀外，宾客之事、飨食、宾射、军事、丧事等都要用到牛。国家还有专门负责养牛的官员。《周礼·地官·司徒》中记载："牛人：中士二人，下士四人；府二人，史四人，胥二十人，徒二百人。……牛人：掌养国之公牛，以待国之政令。凡祭祀，共其享牛、求牛，以授职人而刍之。凡宾客之事，共其牢礼积膳之牛；飨食、宾射，共其膳羞之牛；军事，共其槁牛；丧事，共其奠牛。凡会同、军旅、行役，共其兵车之牛与其牵旁，以载公任器。凡祭祀，共其牛牲之互与其盆簝以待事。"而且还有明文规定不可无故杀牛，《礼记·王制》中规定："诸侯无故不杀牛，大夫无故不杀羊，士无故不杀犬豕。"连诸侯都不能随便杀牛，何况其他人呢。

牛对中国人来说很重要，最大的原因还因为它是人们生产生活中不可或缺的好帮手。它可以拉车（牛车是以前民间主要的交通运输工具）、可以耕田（至今在中国的许多地方它仍然没有被"铁牛"拖拉机所代替）、可以骑行（老子骑青牛过函谷、牧童骑牛放牧）。应该说它是中国人所蓄养的牲畜中最有用、最有价值、性价比最高的。所以"亡羊得牛"、"以羊易牛"便是得了大便宜；"争猫丢牛"便是因小失大。牛是用来做大事的，让牛来做小事，或者用与牛有关的工具做小事，像"牛刀割鸡"、"牛鼎烹鸡"便是大材小用了，所以"杀鸡焉用牛刀"。而"牛刀小试"也就是指有大本领的人先在小事情上略展才能、初露锋芒。牛的力气大，现代汉语中我们还用"气壮如牛"、"壮气吞牛"、"牛气冲天"、"九牛二虎之力"等来形容力气大、气势强。而能"扛鼎抃牛"的人也就是非常勇武有力、超越常人的人了。

牛总是在默默地做着贡献，不求人知。所有的中国人都知道"老黄牛"精神，那就是勤奋、奉献、执著、忠诚。宋代名臣李纲的一首咏牛诗写道："耕犁千亩实千箱，力尽筋疲谁复伤？但得众生皆饱暖，不辞羸病卧残阳！"此诗以朴实的笔墨勾勒出牛的崇高形象，赞颂了牛但为众

---

① 此处同"太"。

生、不辞羸病、默默奉献、不求人知的坚韧品格和精神境界。实际上，李纲在这首诗中是以牛自喻抒发抱负：虽然他遭受打击，但仍然要以国家兴亡和苍生为念。牛的精神与人的精神在这首诗里融为一体，这正是那种可贵的奉献精神的真实写照。鲁迅先生的名言"横眉冷对千夫指，俯首甘为孺子牛"，写出了革命者不畏敌人的威胁而甘做人民的老黄牛的闪光品格。诗人臧克家在《老黄牛》一诗中写道："块块荒田水和泥，深耕细作走东西。老牛亦解韶光贵，不待扬鞭自奋蹄。"热情称赞了牛的勤奋，其中后两句更是表现了奋斗不息、鞠躬尽瘁的"老黄牛"精神。鲁迅与臧克家的两句诗，一"俯首"，一"奋蹄"，牛之风采淋漓尽致矣！

　　鲁迅先生还说过牛"吃的是草，挤出来的是牛奶和血"。牛毕生都在为我们做贡献，即使自己病了，得了结石，那也是不可多得的中医之良药——牛黄。有谚曰"牛耕田、马吃谷"，它在"牛衣岁月"中"做牛做马"而毫无怨言，它给予人者多，而取于人者寡，这是多么伟大的精神啊！

　　牛是和谐的象征，它是温顺的、憨厚的、宽容的。《周易·说卦》："乾为马，坤为牛。"朱熹在他的《晦庵先生朱文公文集·卷第六十七·易象说》中解释这句话说："乾之为马，坤之为牛，说卦有明文矣。马之为健，牛之为顺，在物有常理矣。"成语"散马休牛"、"买牛卖剑"、"买牛息戈"原指放下武器从事耕种，后也比喻坏人弃恶从善，可见牛的善良平和深入人心。马会踢人，驴也会踢人，但好像从来没有听说过牛会踢人。清代诗人王恕《牧牛词》中"牛蹄彳亍牛尾摇，背上闲闲立春鸟"，写出了牛与其他动物和睦相处的情景，体现了牛的宽厚慈祥。我国瑶族有谚云"对牛生气没有用，向马动脚无益处"，也说明了牛的性情之温顺，不像马那样不可亲近。牛无论在什么情况下都不会大吼大叫，它只会柔柔地慢慢地轻悠悠地发出"哞哞"的叫声。成语"一牛吼地"、"一牛鸣地"便是指牛鸣之声不响，可及之地很近，从而比喻距离较近。

　　牛是慈父慈母，对子女无比疼爱、倍加关怀，成语"老牛舐犊"、"舐犊情深"、"舐犊之情"至今仍被大家广泛使用，老黄牛也往往被作为父亲的喻体出现在文学作品中。

　　牛与中国的文人自古便有奇缘。"牛角挂书"、"牛角书生"、"骑牛读汉书"被传为美谈。牛也是中国诗画中的常见角色。"日落问津处，云霞残碧空。牧牛避田烧，退鹢随潮风。"[①] "斜阳照墟落，穷巷牛羊归。野老

---

① （唐）钱起：《沭阳古渡作》。

念牧童，倚杖候荆扉。"① "夕阳牛背无人卧，带得寒鸦点点归。"② "樵归野烧孤烟尽，牛卧春犁小麦低。"③ 甚至禅诗中都有牛的身影："骑牛迤逦欲还家，羌笛声声送晚霞，一拍一歌无限意，知音何必鼓唇牙。"④ 古人以牛入画者亦甚多，单单是被归入中国传世名画名单中的以牛为名的画就有唐代韩滉的《五牛图》、清代杨晋的《石谷骑牛图》等。

但与此同时，牛也默默忍受着大家强加于它的批评与指责。"对牛弹琴"是牛之过欤？"吴牛喘月"也只不过是生物的条件反射自然原理而已。"牛鬼蛇神"则更是人类关于虚幻世界的主观思维的产物了。更有甚者，在成语"牛骥同槽"中牛成为拖马的后腿的累赘，更是创此成语者的一厢情愿。面对这些人们对它的丑化，牛并不理会，仍默默地劳动着、奉献着。

想先生一生做学问，为使祖国传统的语言文字之学获得新生、重放光芒；为人师，为把后学之人培育成才；理万机，为把人民交付的事情办好；扬文化，为使祖国光辉灿烂的文化复兴、光大。先生就像一头老黄牛一样，坚毅、无私、拓大、和蔼，"任是怎样的辛劳，你都能够忍耐"⑤，静静地默默地耕耘着。"俯首甘为孺子牛"、"不待扬鞭自奋蹄"这两句话真可算是先生的真实写照。先生这种"只知奋蹄"的精神也激励着我们，我辈也应该而且一定会像先生一样，默默奉献、勇毅力行，将这种伟大的牛之精神发扬光大。

① （唐）王维：《渭川田家》。
② （宋）张舜民：《村居》。
③ （宋）李弥逊：《云门道中晚步》。
④ （宋）廓庵师远：《十牛图颂》。
⑤ 郭沫若：《水牛赞》。

会通古今，瞩望未来

——随许嘉璐先生问学有感

暨南大学　杨万兵

2002 年 9 月，我有幸考入北京师范大学，随许嘉璐先生攻读语言学及应用语言学博士学位。在备考过程中，我即对先生的研究范畴及学术思想有了初步的了解，十分渴望有机会侍立先生左右随先生问学。但当机会真的垂青于我，伴随着这份喜悦的，还有从名师游的动力与压力，这从我随先生问学的第一天起就深有感触了。

我在北师大读书期间，先生除担任带博士生的教学和科研任务外，同时担任着繁重的行政工作。尽管如此，先生仍保证每个月给我们上一次课，上课方式灵活多样，或者在北师大做学术报告，或者在民进中央的会议室授课、讨论。先生上课有个特点，即授课内容不断延伸，从不重复，且往往没有详细的教案，只有一个基本的提纲，讲课时却内容丰富、逻辑严密，课后凭录音即可整理成文。学生也不分年级，全部都去。每次上课，也都因此成为我们师兄弟姐妹的欢聚时刻。现在想来，我们这些师兄弟姐妹平时都忙于学业，集体授课这样的形式无疑为我们提供了交流学习心得与感情的绝佳机会，大家相互之间感情笃厚，在一定程度上与此密不可分。

随着时间推移，我日益体会到随先生问学的幸福感，并逐渐对先生的治学精神与领域有了更为清晰的认识。值此先生从教 50 周年之际，我尝试对这些认识和感悟进行梳理，既为重温求学岁月，感受先生的大家风范和道德文章，亦借以自勉，鞭策自己在问学的路上奋力前行。

一　敬重恩师，治学严谨

许先生年轻时考入北京师范大学中文系，自毕业之后，"除动荡年代有八年没有教书，从未脱离教学与研究"①，其间随陆宗达先生、萧璋先生、俞敏先生研习文字音韵训诂之学，博采众长，臻于大成。先生也"学无常师"，虚心向其他先生学习。在给我们讲课的时候，许先生经常提及他的老师们，讲当年他是如何向几位恩师学习的，怀念之情，溢于言表。先生新近出版的《未淡集》，也多有记述师生交往、论述恩师学术贡献、治学精神的文章，字里行间无不透露出先生对老师至真至诚的敬重之情，这些都使我们这些后学深受感染。关于这一点，先生在他的一次演讲中谈到，古代的"天、地、君、亲、师"，在实际生活中则是"师、亲、君、地、天"，老师是引领自己进入社会、对自己进行文化教育的第一人。② 从这个角度说，我们就不难理解先生对他的老师那份敬重与感恩之情了。

不独对恩师们真诚敬重，先生对朋友、同道也襟怀坦荡，待人以诚。《未淡集》中先生给朋友们的众多信札，以及回忆郭在贻教授、唐文教授、侯宝林先生等的文字，无不感人至深，令人动容。先生为人的真诚在其学问方面也一以贯之，我想，这就是常言所说的"文品即人品"吧！

在为人为文方面，先生要求我们力求"三实"，即诚实、踏实和朴实，力戒"三浮"，即浮夸、浮躁和肤浅，进行研究绝不掠美，要做到"无一字无出处"③。先生是这样要求我们的，他首先就是这样做的。就学术传统而言，"小学"被称为"朴学"，意即"朴实之学"，上述要求即是这"朴实"精神的具体体现。在先生的众多研究成果中，引证翔实、思考深入而又"脚踏实地"者不乏其例，为我们树立了学习的榜样和典范。于我而言，每写好一篇文章必反复斟酌，直至自我感觉较为成熟才敢投稿，发表前往往还希望先生过目才觉放心，大概就是受了这样的影响。我想，治学严谨也是维护师尊、敬重恩师的一种表现吧！

二　会通古今，从善如流

众所周知，先生的"本行"是古代汉语和中国古代文化的教学和研

① 语见《未辍集——许嘉璐古代汉语论文选》"自序"，中国社会科学出版社2000年版。

② 见《中华文化源流概述》（上），《未了集——许嘉璐讲演录》，贵州人民出版社2002年版。

③ 这是先生在2005届毕业生博士论文答辩后给大家的毕业赠言。

究，同样众所周知的是，先生担任过国家语委主任，对我国的语言文字工作尤其是中文信息处理倾注了大量心血，而今，又在为我国的汉语国际传播事业谋划蓝图。纵观先生学术领域和工作重心的几次跨越，我们不难发现，先生治学有一个重要特点，就是不泥古，不保守，善于接受新鲜事物，善于开拓新的学术增长点，且"迎新而不辞旧"，新的学术领域与"本行"相互辉映。举个例子，在给我们讲中文信息处理网型词义系统时，先生将其与《尔雅》所代表的树型词义系统进行比较，分析《尔雅》分类体系的语言学、文化学意义及其对中文信息处理的启示，会通古今，揭示异同，帮助我们拓宽思路，并启发我们要用系统的眼光来看待古今的语言现象，挖掘其中共同的规律。在面对中文信息处理不同的理论流派时，先生也毫无门户之见，而是鼓励几家多交流碰撞，以长短互补、集思广益。

先生也鼓励学生接受新事物。关于这一点，我还有个更深切的体会，就是先生对我博士论文的指导。在确定论文题目的时候，经过一段时间的思考，我初步打算以现代汉语语气副词的主观性和主观化为考察对象。这是在先生的思想以及国内外该领域的研究现状的启发下想到的。① 当我把这个想法报告给先生的时候，先生给了我极大的支持和信心，并要我扎扎实实从历时与共时结合的角度出发，把研究落脚到每一个（组）语气副词，用事实提炼汉语在这个方面的特点和规律。后来，在论文答辩结束之后，先生才说，确定题目时很为我捏着一把汗，怕我只是掉进概念游戏而没有实质的东西，等到论文完成，才多少松一口气。听罢此言，感慨万千，如果当时先生没有开放的心态鼓励我去探索当时汉语学界还较少涉足的这个领域，或许我就不能较顺利地完成学业。

会通古今，从善如流，使先生的学术研究和工作领域能保持常做常新的状态，能站在学术前沿引领潮流，指明方向。视野开阔，大胆跨越，这一点，在"隔行如隔山"、很多人不愿越雷池半步的情形下，显得尤为难能可贵。

会通古今，瞩望未来

---

① 许先生认为语言的客观性与主观性是应用语言学的哲学基础之一，语见《应用语言学概述》（下），《未了集——许嘉璐讲演录》，贵州人民出版社 2002 年版；研究虚词应关注其表神态的语法意义，语见许先生课堂笔记（2005. 3. 31，民进中央），笔者理解这种语法意义即主观性。关于这个话题，当时西方语言学界已有较丰富基于西方语言的相关研究，国内对汉语主观性和主观化的研究则较为缺乏。

三 广为涉猎，纵横捭阖

从善如流的另一个侧面，即先生对相关学科营养的吸取和合理运用。在给我们讲课及进行研究的时候，先生总能"跳出三界外"，从语言本体以外的视角来审视语言现象，从而得出更为深刻和富有新意的结论。这些相关学科，主要有文化学、人类学、宗教学、历史学、社会学和哲学等。这些相关学科的理论储备使先生的讲课、报告和论文等立论深刻，视角新颖，论述严密，纵横捭阖。举个例子，在谈汉语汉字及语言计划时，从哲学和辩证法角度，另辟蹊径，言人之所未言；研究《尔雅》、《说文》等，从文化学角度深入阐发；而先生的《未惬集》，更可看作先生专论文化的一个小结。

先生时常告诉我们，学语言学，不懂哲学、文化学等相关学科，研究就容易就事论事，不能深入，由此要求我们做真正的"博士"而不是"狭士"。从先生的治学领域而言，我们可以看出，先生通过自己的努力，构建了一个纵横交织（会通古今）、经纬共生（横向相关学科）的学术研究网络。先生曾给我们讲过一个"专切葱末"的故事，至今言犹在耳。先生也经常说他的很多想法和尝试，是结合语言学与相关学科进行探索的一些尝试，是想为我们"趟趟路"，引领我们进入一些值得深入探索的领域。

四 肩负使命，力推大业

先生除要完成指导博士生的教学与科研任务外，还肩负着繁重的行政工作。作为学者，先生能站在前沿从理论上为我国语言文字工作进行呼吁呐喊；作为国家领导人，先生有能力推动这些事业的进一步大发展。在这一点上，两种身份的有机结合，使先生在国家语言文字工作，尤其是中文信息处理、语言文字规范化、普通话水平测试以及汉语国际传播等方面，能充分整合人力、财力、物力等各项资源，集中力量办大事，为我国的语言文字工作、汉语国际传播等领域作出了并正作着巨大的贡献，使汉语的国际竞争力、世界语言文化多样性得到了更好的保障。

先生的教学研究及所做的各项工作，都折射出先生强烈的社会责任感和使命感，这与章太炎、黄侃以及陆宗达等先生也是一脉相承的。从学校到国家语委后，为抓好语言文字工作，先生在 57 岁时开始学习计算语言学，为赶论文而牺牲健康；为丰富世界语言文化多样性，促进汉语和中国文化的海外传播，先生在卸任后又挑起了世界汉语教学学会会长的重担。凡此种种，不一而足。在平时对我们的教育中，先生也要求我们不要只看到自己的一亩三分地，要为社会、为人类奉献所学。一名教师，一名学者的精神境界，由此该可见一斑了。

值此先生从教 50 周年之际，我谨写下以上文字，感谢先生多年的栽培与教诲，感谢先生给我们为人为文的启发与感悟。这些感悟将伴随我们殷勤传学，刻苦为人，① 在未来的工作中作出更多的贡献。

会通古今，瞩望未来

---

① 这是 2005 年 8 月 29 日，先生通过邮件对我的勉励。全句是："殷勤教学，刻苦为人。不追时尚，不羡名利，唯是之求，终生努力。如是而已。"

入学之初的教导

首都师范大学国际文化学院　吕玉兰

2001 年，我如愿考取了许先生的博士生。入学后第一次见面，先生特别安排为我们几个新生进行了入学教育。先生指出，西方式的教育是以传承知识能力为主的，而东方式的教育则是教书与育人并重。所以在入学之初，他把自己总结提炼出的为学、为人的一些准则，传达给我们，希望我们在今后的生活道路和研究道路上能够有所借鉴。当时先生信手拈来了不少古代典籍中的名言用以说明自己的观点，达到了言简意赅、画龙点睛的效果。这次谈话让我至今受益匪浅，所以我乐于把当时所聆听到的与大家共享，并谈一下自己的粗浅理解。

先生说，"知之者不如好之者，好之者不如乐之者"，要热爱自己的专业，才能学有所成。他还强调，为学要清楚自己治学的出发点，要弄清楚是从学术发展的目的，还是从眼前利益出发。目前，学界学风普遍比较浮躁，而很多单位的论文指标又为这种不良风气推波助澜，他要我们深以为戒。我入门之初对先生的这番教诲并没有深刻的体会，而且曾经为此碰过壁。有一次贸然对先生讲：您能不能推荐一下我们的论文。先生当时就"变了脸"，批评我：浮躁！不好好做研究，只急着发论文！先生在后来的一些场合也曾告诫我们，虽然他并不完全赞同"述而不作"的古训，但是青年学者不要总一门心思着急发表论文，要先进行踏实细致的研究。

进行学术研究的道路常常是漫长和艰难的，治学者一定要有坚忍的毅力。先生说，逆水行舟，也应知难而进。对待自己的研究结论，要坚持"知之为知之，不知为不知，是知也"。这一点我深有体会，先生在我们好几位同学的论文指导过程中，都非常强调研究范围的科学的严格界定，他教育我们，只有对研究范围进行严格界定，才不会言过其实，方能得出科学严谨的结论。

关于求师，先生举出如下一些说法："三人行，必有我师焉"；"如切如磋，如琢如磨"；"师不必贤于弟子，弟子不必不如师"；学无常师，要打破门户之见。我的体会是，先生教导我们要多虚心学习别人的长处，特别指出同学之间学习探讨的好处与必要性。我回顾博士生学习的几年中，先生还特别为我们提供这样的机会：我们一般是一起上课，在论文准备和撰写阶段，要在课堂上宣读自己的研究进度，先生会鼓励我们互相讨论，提出自己的意见和建议，同学们常常把这种讨论和切磋延长到课下，可以说，每个同学的论文中，都有来自其他同学的启发和提点的成分。

关于治学方法，先生举了以下一些名言进行说明：

一，既见舆薪，复查秋毫之末，立足舆薪，以察秋毫之末。就是说治学要兼顾宏观与微观，注重从细节和小处着眼，还要升华建构自己的理论。

二，既为长者折枝，亦挟泰山以超北海。与其�而望之，不如登高之博见。他教育我们，既要立足基础研究，又关注前沿，有所超越。同时要高屋建瓴，提升理论高度。

三，不积跬步，无以至千里，不积小流，无以成江河。兵马未到，粮草先行。这些教诲告诉我们，作为一个研究者，研究资源和研究成果绝不可能凭空而来，需要长期的学习积累，因此在生活中要做个有心人，所谓厚积而薄发。比如先生谈到自己会随时把感想和得到的信息做成卡片，积累了丰富的研究资源。

先生还引用《说文》对人才的"才"字的解释勉励我们："才，草木之初也。"他说，"才"就是幼苗，将生枝叶。他对我们这些学生都寄予了厚望，我想我们都将以此为激励，做国家有用之才。

师门二年先生细事闻见记

张学涛　崔金涛　刘士红

　　丁亥季春（2007年4月），余三人始入先生门下。沐先生之风，闻先生之教，于今二年矣。然性根驽钝，未窥堂奥；景行瞻仰，深愧不肖。适先生从教五十载，诸师长学长皆以学术文章为先生贺，余小子俦疏浅，惶敢论学术也？遂窃录数岁所闻先生之细事琐语，分别部居，杂缀成章，成小说家之文。子曰："虽小道，必有可观者焉。"细事琐语，亦得窥先生之道德文章也。①

德　　行

　　先生书斋曰"日读一卷书屋"，斋内著闲章二枚，一曰"乐乎斯道，安于清贫"，一曰"不知老之将至"。

言　　语

　　1. 先生思理明晰，措辞准当。朱师小健尝言："许先生回答别人的问题时，回答的是人家问的那个问题。"
　　2. 先生讲演恒不用稿，朱师小健甚异之。某夕见先生书提纲数条于一纸，且翻检典籍笔录不辍，良久乃罢。迫视之，乃翌日讲演之内容也，其梗概框架共确要处咸条列简核。自是知先生之脱稿讲演而文辞适切、神思清明之密妙也。

---

　　①　篇中言辞之外，咸用文言。夫言辞以白话者，秉实录云。

方　正

尝闻诸师长曰：

"文革"板荡，先生亦在难中。辛亥春（1971年），造反派大索校园，因囚先生西南楼①，胁之"交代问题"，先生志意伉直，未书一言之"悔过"，亦不"揭发"一人，平原独无②之态，诚可敬也。造反派乃深文周纳，构先生以"反林彪罪"，临决，会林逆坠机死，罪状立消。造反派欲释之，先生坚不出囚室，诛尪"革命将领"以诠解，且于囚室读书不辍，通览《史记》、《通鉴》、《反杜林论》、《哥达纲领批判》、《判断力批判》等一过。造反派无可如何，一夕潜去，独遗先生空楼。逾数日，先生坦然归宅，时距被囚之日期年有余矣。

清　慎③

先生久居高位，然与门生之交若水。每授课逾时，恒云："对不起，耽误大家吃饭了。"师徒辄别。

尊　师

1. 先生少尝受慈溪陆宗达先生、三台萧璋先生亲炙。每忆陆萧二先生，未尝不正襟动容也；二先生授业之情状，先生亦能写放，宛在目前。摹陆先生，则微合双目而安坐，首共上躯并徐然摇晃曰："季刚先生说过，最聪明的人，用的是最笨的方法。"摹萧先生，则颔首蹙眉，以指指书，切然曰："这个这个这个……段玉裁……"

---

① 今北师大校内学生宿舍。

② 《后汉书·史弼传》（卷64）："（史）弼迁尚书，出为平原相。时诏书下举钩党，郡国所奏相连及者多至数百，唯弼独无所上。诏书前后切却州郡，髡笞掾史。从事坐传责曰：'诏书疾恶党人，旨意恳恻。青州六郡，其五有党，近国甘陵，亦考南北部，平原何理而得独无？'弼曰：'先王疆理天下，画界分境，水土异齐，风俗不同。它郡自有，平原自无，胡可相比？若承望上司，诬陷良善，淫刑滥罚，以逞非理，则平原之人，户可为党。相有死而已，所不能也。'从事大怒，即收郡僚职送狱，遂举奏弼。会党禁中解，弼以俸赎罪得免，济活者千余人。"

③ 《三国志》（卷18）裴注引李秉《家诫》："为官长，当清、当慎、当勤。"

先生曰："萧先生想问题想得很深、很细，学生不明白了，老先生就着急，但是那是老先生对学问的忠诚和对学生的爱护。"

先生又曰："陆先生当年为了学习音韵学，曾经背过《集韵》的全部反切。"

2. 陆先生精于《说文》，欲寻《说文》某字，不检目录，乃以食指、中指一捻而至某页，则某字正在某页上。

3. 先生尝遇疑窦，遍索书而不得解，乃谒陆先生。陆先生曰："你看《周礼正义》了吗？"对曰："没有。"曰："你去查查看。"先生遽反家求之，果得解。后先生尝曰："老师给学生的点拨，不在于车轱辘话来回说，不在于滔滔不绝的长篇大论，有时候就是画龙点睛。当然也需要学生的悟性，要知道这句话的可贵，剩下的工作自己去做。"

上诸情状，先生数写放。陆萧二先生驾鹤廿年矣，后生晚辈，未睹其风采，赖先生之写放而睹之。

勤　学

1. 先生尝自谦曰"先天不足，后天失调"，国初诸运动，大耗其青春，是以闲时则读书恶补也。

2. 先生有闲章曰"嘉璐苦读"。

3. 朱师小健曰："许先生当年读书时，曾经晚上拿着手电筒和星象图跑到北师大的操场上，对着星空辨认星宿——当然，那时候大气污染没有现在这么严重——所以许先生教我们古代汉语的时候，会讲天文。"

4. 先生曰："《昭明文选》、《杜诗镜诠》、《李太白集》都点读过两遍，《二十四史》点读过一遍。"

5. 先生位高任重，几无闲暇，然每日夜半12时30分至1时30分必读书，故书斋名"日读一卷书屋"也。

6. 先生恒携一小册，于开会、授课、答辩时，凡所获与所思悟辄记之，无讳其驳杂，尝言此乃一宝，若偶遗某所，必阖家索之，得而方休。

7. 先生曰："研究语言要做有心人，生活中处处都有语料。"某日，先生问宅中新替之冀州小阿姨，曰："院子里的花还开吗？"对曰："花罢了。"问："你说什么？"兢兢然对曰："我说'花罢了'。"先生笑曰："这'罢'字，你们那里还用在什么地方？"彼思之顷，曰："没有别处的用法。"异日课上言此事，曰："罢，止也。如'罢工'、'罢课'、'饮罢了杯中酒'。"

8. 先生曰："自己累了，喜欢躺在床上看哲学。"

精　　深

1. 先生与诸生燕坐，偶言"牟"字，先生曰："牟字《说文》训什么？"诸生莫对，先生曰："牛鸣也。"

2. 某师长言先生明音韵，曰："许先生对《广韵》哪里只是熟（shóu），那是熟（shóu）着呢。"

宏　　博

1. 先生尝曰："古代的语言绝大部分没有死，而是化在方言里了。"先生祖籍江苏淮安，淮扬菜系有名"软兜长鱼"者。一日赴宴①，见软兜长鱼，遂招经理至，问："软兜的'兜'字怎么讲？"

对曰："不晓得（dei），委员长。"先生遂以乡音语之曰："做长鱼呀，是我们淮安的特色②。"又曰："这个兜字错了，应该是肉月边加一个豆腐的豆。"对曰："哎呀，委员长，我不晓得（dei），什么意思呀？"

曰："这个字见于《说文解字》，这是 2100 年前写的一本书，上面说：'脰，项也。'就是指脖子后面。软脰长鱼这道菜只取黄鳝头后面背上的一条黑脊，把它片下来，做成菜，因为它是软的，所以叫软脰。"

2. 先生尝为诸生讲王维诗，至"雊雉麦苗秀"句，曰："我当年干过的农活现在北方农民都不会了——全部机械化了。但只是那些知识还留着，先是麦子返青，再浇头水，然后分蘖、拔节、秀穗、再灌浆，最后用暴太阳晒，到六月中旬北京收麦子。'秀穗'在北京话里念成儿化音'秀穗儿'。野鸡求偶叫的时候③，正是麦子秀穗的时候。"又曰："而所谓'秀才'，就是冒出尖儿的材。在座诸位都是。"诸生皆笑。

授　　业

1. 朱师小健尝以"金针度人"为喻，谓先生非唯授人学识，且授以

---

① 谨案：时先生在淮安视察。
② 淮安人谓黄鳝为长鱼。
③ 谨案：谓雊雉。

治学之方也。

2. 先生尝语训诂专业之博士生曰："读古书要与读《人民日报》一个速度。"

3. 某日，先生讲《论语》首章，至"人不知而不愠，不亦君子乎"句，引何晏《集解》"凡人有所不知，君子不怒"，曰："何晏似乎只是把'人不知而不愠，不亦君子乎'这句话的次序颠倒过来说一遍，但是他的用意在于：君子不怒，非君子要怒；怒了，就不是君子。所以说，读古书要字字斟酌，读古注也要字字斟酌。"

4. 先生曰："平时吃饭聊天时也能学东西，甚至学到的东西更有用。"

5. 先生曰："费孝通先生说过，他的学问，'是在老师的客厅里被雪茄烟薰出来的'。"又曰："我当年从陆萧二先生处学到的东西，不是在课堂上学的。本科时候在陆先生课堂上听的内容，我现在只记得有阴阳入对转，而且当时只有二年级，也没听懂，直到毕业以后钻研音韵学才弄明白。真学问是在他们家里吃饭聊天时学到的。"又曰："有时候萧先生边打苍蝇边跟你聊天，聊的都是学问。"

6. 先生曰："听课时要听话外音，也就是要听讲课人的方法，听他的思路。"

7. 某研讨会，余三人以主讲人学识粗浅，未卒听乃去。其夕，先生问及内容，某对以讲演平平，未仔细听。先生曰："'三人行，必有我师焉'，一般里也有不一般的。比方说某个人讲了半个小时的话，聪明人能从半小时的话里抓住一句有用的，那么这半小时就没有白听，所以每次会议我都会全神贯注地听，从中吸取营养。这是我求学的经验。"

8. 先生恒勉诸生多所涉猎，不必抱守专门，要在融会贯通也。

排　　调

1. 刘建梅学长复试时，心甚惶恐，形于颜色。先生乃侃侃与之言，曰："你炒不炒股呀？"对曰："不炒。"先生笑曰："那你可发不了财了。"

2. 刘士红身颀长，复试时，衣裳随意，T恤衫、牛仔裤、篮球鞋而已，亦惶恐形于颜色。先生目之顷，乃笑曰："你是不是喜欢打篮球啊？"对曰："是，昨天晚上刚打过学校的联赛呢，可惜输了。"云云。士红心遂定。

3. 某宴有扬州炒饭，先生微视之，语服务员曰："这个扬州炒饭做得不地道，正宗的扬州炒饭，里面的火腿要切得比米粒还细。"适师母亦在，遂笑谓诸人曰："你们问问他，家里的厨房他去过吗?"先生欣然而笑。

4. 洋人或讥国人不洁，先生不平之。某岁造法兰西，睹巴黎市举凡十字街口、大学门前烟头遍地，遂质诸巴黎某校长曰："what's these?"彼婉言曰："巴黎艺术。"

勖　勉

1. 杨丽姣学长毕业时，先生赠言曰："漠视毁誉。"

2. 高光新学长毕业时，先生赠言曰："对于人生，最宝贵的不是财富，而是一种精神，永远达不到但永远追求的高尚境界。"

3. 戊子岁十二月庚午除夕（2009 年 1 月 25 日），刘士红以电邮敬颂先生春禧，己丑年正月初某日，先生赐复曰："士红：谢谢！属牛之人只知奋蹄，本命年更需如此。祝你一切顺畅!"①

海宁王国维尝曰："国家与学术为存亡。"② 小子徒忝逢治世，何所奢望，惟伏祈先生师辈共先生辈哲人寿越期颐，多掖后生，则幸天之欲存斯文，中华文化之弘宣有日也。

---

① "奋蹄"乃今人新典，出臧克家《老黄牛》："块块荒田水和泥，深耕细作走东西。老牛亦解韶光贵，不待扬鞭自奋蹄。"

② 王国维：《沈乙庵先生七十寿序》，见《观堂集林》卷二三。

那些花儿

——写给许爷爷和他的 47

北京师范大学中文信息处理研究所　　**王宏丽**

"那片笑声让我想起我的那些花，在我生命每个角落静静为我开着，我曾以为我会永远守在它身旁，今天我们就要离去在人海茫茫……"

对我而言每个 47 的孩子都美好得像一朵花。他们年少如花，青春正好。在有梦想的年纪恰好可以实现梦想，是美好的。因为这样的美好岁月和情感，让他们本身也变得格外美好。

我喜欢这支歌，每次听到这支歌，就会想起 47，想起和他们一起度过的点点滴滴，想起那些在潞河的日日夜夜，那些欢笑和泪水，那些艰辛和喜悦。

他们出国后，我做了一个博客，名字就叫：那些花儿在海外。收集他们在海外的信息，将他们的照片和博客汇集这里。有一次登录一个同学的博客，发现在她那里，那些花儿在海外的名字变成了：种花人在国内，不禁莞尔。

种花人这个名字真好，亲手种下的种子，看到了花开，是多么幸福的事情。

我总觉得，47 是先生带着和他一样有梦想的人们种下的种子，是一位充满激情的老人的一场关于理想的青春梦。

在毕业典礼上，先生发来这样的短信：孩子们，今天是你们大喜的日子，是你们生活道路上的一个里程碑。三年的锤炼，你们成长了，成长的速度和幅度都超越了我和你们自己的预料。你们为中华文化走出国门奉献了力量，今后将在各自的领域和道路上继续书写人生的乐章。我相信你们会珍惜这段生活的收获，一定会过得很好，一定能承担起越来越重的责任，一定能从容地应对未来的顺利、坎坷和意外。请记住母校，记住同窗手足，记住这段有意义的生活。我永远爱你们，永远祝福你们！许爷爷！

　　在 47 那里，先生一直是他们的许爷爷，他们也一直是先生的孩子们。开学典礼的释疑解惑、潞河的看望、精彩的授课、一起去郊游、新年在博客上留言祝福……先生带给孩子们的，不仅仅是知识、开阔的胸襟和世界观，更有一种信仰，一种相信理想、相信梦想的信仰，还有，就是那份深深的爱，爱祖国、爱民族、爱我们的语言和文化、爱家人和师长、爱朋友、爱自己。

　　许先生在一封电邮中写道：孩子们都很可爱；不仅仅是他们的进步显得可爱，他们的那股报国之情，要为伟大祖国的文化走出去而奉献的心更可爱。

　　是的，我也欣赏这份豪情，不是每个年轻人都有这样的豪情。只有带着激情去做事，才会做得投入和幸福。47 是幸运的，因为许先生带领的种花人们赋予了他们这份豪情，并让他们相信这份信仰，对这份信仰充满忠诚和信心。

　　记得有一年的元旦，47 送给先生一张卡片：您是汉推大潮的领路人，我们愿做潮头朵朵晶莹的浪花。

　　在爱中长大的孩子学会的是爱和感恩，带着爱走出国门的孩子同样地把他们的爱给了他们的学生和朋友。

　　他们在照片中，总是在笑，仿佛那些远在异乡的孤独、压力都很遥远。我想，是因为他们始终没有分离过，即使远隔天涯，他们仍是亲密无间的一家人。在他们身后，还有祖国，还有母校和他们亲爱的许爷爷。

　　有时候看到他们在网络群里叽叽喳喳如同快活的小鸟，会忍不住微笑，仿佛一副清凉剂，舒缓我们在烦劳尘世中紧锁的眉头。

　　时光的脚步轻巧掠过，许爷爷的 47 朵花儿们就要各奔东西，踏上人生的旅途。如同歌中所唱，"幸运的是我，曾陪它们开放"。许爷爷和 47 让我懂得，无论世事怎样变幻，心可以永远年轻，有梦想的岁月永远镶着金边。

那些花儿